抗日战争时期中国人口伤亡和财产损失调研丛书

主　编　李忠杰
副主编　李　蓉　姚金果
　　　　霍海丹　蒋建农

山东省百县(市、区)抗日战争时期
死难者名录

6

山东省委党史研究室　编

中共党史出版社

山东省抗日战争时期人口伤亡和财产损失课题研究办公室

（2006 年 9 月）

主　任（重大专项课题组组长）　　常连霆

副主任（重大专项课题组副组长）　　席　伟

成　员　　岳绍红　张绍麟　丁广斌　于文新　王成华

　　　　　陈金亮　李清汉　郑世诗　宋继法　亓　涛

　　　　　张启信　范伟正　李秀业　崔维志　张宜华

　　　　　刘如峰　李双安　苗祥义　韩立明　刘桂林

　　　　　魏子焱　张艳芳　王增乾

山东省抗日战争时期人口伤亡和财产损失课题研究办公室

（2008 年 2 月）

主　任（重大专项课题组组长）　　常连霆

副主任（重大专项课题组副组长）　　席　伟

成　员　　岳绍红　张绍麟　丁广斌　侯希杰　张开增

　　　　　陈金亮　李清汉　郑世诗　秦佑镇　亓　涛

　　　　　张启信　范伟正　李秀业　李克彬　李风华

　　　　　刘如峰　李双安　魏玉杰　韩立明

山东省抗日战争时期人口伤亡和
财产损失课题研究办公室

（2010 年 7 月）

主　任（重大专项课题组组长）　　常连霆

副主任（重大专项课题组副组长）　　席　伟　韩立明

成　员　岳绍红　张绍麟　丁广斌　张开增　褚金光

　　　　李清汉　郑世诗　秦佑镇　亓　涛　张启信

　　　　范伟正　李秀业　李克彬　李凤华　刘如峰

　　　　李双安　魏玉杰

山东省抗日战争时期人口伤亡和
财产损失课题研究办公室

（2014 年 8 月）

主　任（重大专项课题组组长）　　常连霆

副主任（重大专项课题组副组长）　　席　伟　韩立明

成　员　刘　浩　冯　英　司志兰　张开增　褚金光

　　　　杨仁祥　郑世诗　崔　康　牛国新　肖　怡

　　　　肖　梅　李秀业　李洪彦　刘宝良　张绪阳

　　　　李文进　李允富　张　华

《山东省百县（市、区）抗日战争时期死难者名录》编纂委员会

（2014 年 8 月）

主　任	常连霆			
副主任	邱传贵	林　杰	席　伟	李晨玉
	韩延明	吴士英	臧济红	
成　员	姚丙华	韩立明	田同军	郭洪云	危永安
	许　元	刘　浩	冯　英	司志兰	张开增
	褚金光	杨仁祥	郑世诗	崔　康	牛国新
	肖　怡	肖　梅	李秀业	李洪彦	刘宝良
	张绪阳	李文进	李允富		

主　编	常连霆			
副主编	席　伟	韩立明		
编　辑	赵　明	李　峰	吕　海	李草晖	邱吉元
	王华艳	尹庆峰	郑功臣	贾文章	韩　莉
	姜俊英	曹东亚	高培忠	刘佳慧	韩百功
	李治朴	李耀德	宋元明	李海卫	封彦君
	韩庆伟	刘　可	邵维霞	潘维胜	郭纪锋
	刘兆东	吉薇薇	杨兴文	王玉玺	宁　峰
	陈　旭	罗　丹	焦晓丽	赵建国	孙　颖

王红兵	张　丽	樊京荣	曾世芳	田同军
郭洪云	危永安	许　元	肖　夏	张耀龙
闫化川	乔士华	邱从强	刘　莹	孟红兵
王增乾	左进峰	马　明	潘　洋	吴秀才
张　华	张江山	朱伟波	耿玉石	秦国杰
王小龙	齐　薇	柳　晶		

编纂说明

  本名录以2006年山东省抗日战争时期人口伤亡和财产损失大型调研活动收集的见证人、知情人口述资料为基础整理编纂而成。

  按照中央党史研究室关于开展抗日战争时期中国人口伤亡和财产损失调研方案的总体要求，在中央党史研究室的精心组织和科学指导下，山东省于2006年开展了抗日战争时期人口伤亡和财产损失大型调研活动。调研期间，全省组织32万余名乡村走访调查人员，走访调查了省内95%以上的行政村和80%以上的70岁以上老人，收集见证人和知情人关于日军屠杀平民的证言证词79万余份。此后，在中央党史研究室的指导下，山东省委党史研究室组织各市、县（市、区）委党史研究室以县（市、区）为单位认真梳理证言证词等调研资料，于2010年整理形成了包括140个县（市、区）和16个经济开发区、高新技术开发区的《山东省抗日战争时期伤亡人员名录》，共收录现山东行政区域范围内抗日战争期间（1937年7月至1945年8月）因战争因素造成伤亡的人员46.9万余名。2014年初，根据中央党史研究室关于编纂出版《抗日战争时期中国人口伤亡和财产损失调研丛书》的部署，我们以《山东省抗日战争时期伤亡人员名录》为基础，选择信息比较完整、填写比较规范的100个县（市、区）抗日战争时期死难人员名录，经省市县三级党史部门进一步整理、编纂，形成了《山东省百县（市、区）抗日战争时期死难者名录》，共收录死难者169173人。

  本名录所收录的死难者，系指抗日战争时期因日本发动侵略战争，在山东境内造成死难的平民。包括被杀死、轰炸及其引起火灾等致死和因生化战、被奸淫、被迫吸毒等而死，以及因战争因素造成的饿死、冻死、累死等其他非正常死亡的平民。死难者信息主要来源于2006年乡村走访调查的口述资料，也有个别县（市、区）收录了文献资料中记载的部分死难者。死难者信息包含"姓名"、"籍贯"、"年龄"、"性别"、"死难时间"5项要素。在编纂过程中，我们尽量使各项要素达到规范、完整。但由于历史已经过去了60多年，行政区划有很大变动，人口迁徙规模很大，流动状况非常复杂，有的见证人和知情人对死难者信息的记忆本身就不完整；由于参与调查笔录和名录整理的人员多达数万人，对死难者信息各要素的规范和掌握也难以做到完全一致，所以，名录编纂工作非常复杂。为了保证科学性、规范性和准确性，我们尽可能采取了比较合理的处理方式，现特作如下说明：

1. "姓名"一栏中，一律以见证人和知情人的证言证词记录的死难者姓名为依据。证言证词怎么记录的，名录就怎么记载，在编纂中未作改变和加工。有些死难者姓名为乳名、绰号，有的乳名、绰号多则四个字，少则一个字；有些死难者姓名是以其家人或关联人的姓名记录的，用"××之子"、"××之家属之一"、"××之家属之二"等表述；还有些死难人员无名无姓但职业指向明确，如"卖炸鱼之妇女"、"老油匠"等；还有个别情况，是死难人员的亲属感到死难人员的乳名、绰号不雅，为其重新起了名字。上述情况都依据证言证词上的原始记录保留了其称谓。有的死难者只知道姓氏，如"杨某某"、"李××"等，在编纂中我们作了适当规范，其名字统一用"×"号代替，如"杨××"、"李××"等。

2. "籍贯"一栏中，地名为2006年调研时的名称。部分县（市、区）收录了少量非本县（市、区）籍或非山东籍，但死难地在本县（市、区）的死难者。凡山东省籍的死难人员均略去了省名，一般标明了县（市、区）、乡（镇）、村三级名称。但也有个别条目，由于证言证词记录不完整，只记录了县名或县、乡（镇）两级名称或县、村两级名称。村一级名称，有些标注了"村"字，有些标注了"社区"，有些既未标注"村"字，也未标注"社区"，在编纂中我们未作规范。对于死难者籍贯不明，但能够说明其死难时居住地点或工作、就业的组织（单位）情况的，也在此栏中予以保留。

3. "年龄"一栏中，死难者的岁数大多是见证人或知情人回忆或与同龄人比对后估算的，所以整数相对较多。由于年代久远，亦不可避免地存在着部分死难者年龄要素缺失的情况。

4. "性别"一栏中，个别死难者的性别因调查笔录漏记，其性别难以判断和核查，只能暂时空缺。另外，由于乡村风俗习惯造成的个别男性取女性名字，如"张二妮"性别为"男"等情况均保持原貌。

5. "死难时间"一栏中，由于年代久远，当事人或知情人记忆模糊，部分死难者遇难时间没有留下精确的记录。凡确认抗日战争时期死难，但无法确定具体年份的用"—"作了标示。另外，把农历和公历混淆的情况也较多见，也不排除个别把年份记错的情况。

在编纂中，对于见证人或知情人证言证词中缺漏的要素，在对应的表格栏目内采用"—"标示。

本名录所收录的 100 个县（市、区）的名称、区域范围，均为 2006 年山东省开展抗日战争时期人口伤亡和财产损失大型调研活动时的名称和区域范围。各县（市、区）死难者名录填报单位、填表人及填报时间，保留了 2009 年各县（市、区）伤亡人员名录形成时的记录，核实人、责任人除保留原核实人和责任人外，增加了 2014 年各县（市、区）复核时的核实人和责任人。名录所依据的证言证词原件存于各县（市、区）党史部门或档案馆。

编　者

2014 年 8 月

目　　录

编纂说明

潍坊市潍城区抗日战争时期死难者名录

姓　名	籍　贯	年　龄	性　别	死难时间
官忠堂	潍城经济开发区官家村	27	男	1938 年 1 月
官风昌	潍城经济开发区官家村	26	男	1938 年 1 月
古永杰之父	潍城区南关街道青年路居委会	42	男	1938 年 1 月
苏　贵	潍城经济开发区北小于河村	42	男	1938 年 1 月
高福经	潍城区南关街道高家楼村	27	男	1938 年 1 月
高××	潍城区军埠口镇北张友村	35	男	1938 年 1 月
崔大来	潍城区西关街道南小于河村	19	男	1938 年 1 月
陈德×	潍城区	—	男	1938 年 1 月
姚文举	潍城区西关街道南三里村	34	男	1938 年 2 月 25 日
周龙珍	潍城区符山镇官路村	40	男	1938 年 3 月 15 日
周龙德	潍城区符山镇官路村	38	男	1938 年 3 月 16 日
周龙兆	潍城区符山镇官路村	27	男	1938 年 3 月 16 日
张会忠	潍城经济开发区考家西村	36	男	1938 年 3 月
裴淘气	潍城区军埠口镇艄翁庙村	28	男	1938 年 3 月
孙修申	潍城区符山镇上二甲村	9	男	1938 年 3 月
于建中	潍城区西关街道于家居委会	—	男	1938 年 3 月
刘连福	潍城区符山镇郭家成章村	25	男	1938 年 4 月
王　佳	潍城区西关街道南小于河村	33	男	1938 年 5 月 6 日
赵　春	潍城经济开发区赵家村	28	男	1938 年 5 月
周　瑚	潍城区符山镇官路村	45	男	1938 年 5 月
王恩明之妻	潍城区军埠口镇南季村	35	女	1938 年 5 月
王恩明之女	潍城区军埠口镇南季村	13	女	1938 年 5 月
魏光安	潍城经济开发区小庄村	—	男	1938 年 6 月 15 日
郭新华	潍城经济开发区东七甲张村	19	男	1938 年 6 月 19 日
谭陈氏	潍城经济开发区东七甲张村	52	女	1938 年 6 月 19 日
谭老六	潍城经济开发区东七甲张村	56	男	1938 年 6 月 19 日
谭　氏	潍城经济开发区东七甲张村	60	女	1938 年 6 月 19 日
郭孟庆之妻	潍城经济开发区东七甲张村	61	女	1938 年 6 月 19 日
郭世龙之妻	潍城经济开发区东七甲张村	62	女	1938 年 6 月 19 日
于端然	潍城经济开发区东七甲张村	50	男	1938 年 6 月 19 日
于端然之母	潍城经济开发区东七甲张村	70	女	1938 年 6 月 19 日

姓 名	籍 贯	年 龄	性 别	死难时间
于瑞士	潍城经济开发区东七甲张村	15	男	1938 年 6 月 19 日
谭王氏	潍城经济开发区东七甲张村	52	女	1938 年 6 月 19 日
李家足	潍城区于河镇史家村	40	男	1938 年 6 月
王瑞华之母	潍城区军埠口镇西季村	35	女	1938 年 7 月
王瑞华之妹	潍城区军埠口镇南季村	13	女	1938 年 7 月
陈士弼	潍城区于河镇皂户王村	31	男	1938 年 7 月
陈考氏	潍城区于河镇皂户王村	54	女	1938 年 7 月
陈士禄	潍城区于河镇皂户王村	33	男	1938 年 7 月
王泽松	潍城区于河镇流饭桥村	38	男	1938 年 7 月
王传友	潍城区于河镇流饭桥村	62	男	1938 年 7 月
李玉勇	潍城区符山镇南乐埠村	—	男	1938 年 7 月
陈璞	潍城经济开发区臧家村	—	男	1938 年 9 月
亓仁道	潍城经济开发区远东村	28	男	1938 年 9 月
亓伦元	潍城经济开发区远东村	45	男	1938 年 9 月
王 琳	潍城经济开发区考东村	35	男	1938 年 9 月
姜 氏	潍城区军埠口镇河西岭村	—	女	1938 年 9 月
辛 章	潍城区于河镇流饭桥村	54	男	1938 年 9 月
吴 氏	潍城区于河镇流饭桥村	65	女	1938 年 9 月
张洪晓	潍城区符山镇郭家成章村	20	男	1938 年 9 月
刘遵禹	潍城区符山镇大成章西村	20	男	1938 年 9 月
刘 玉	潍城区符山镇大成章西村	40	男	1938 年 9 月
巴巴占	潍城区符山镇大成章西村	19	男	1938 年 9 月
刘 臣	潍城区符山镇大成章西村	25	男	1938 年 9 月
隋××	潍城区西关街道西关大街居委会	10	男	1938 年 11 月
胥小猛	潍城区西关街道大胥家村	17	男	1938 年 11 月
王汉利	潍城区符山镇北大于河村	21	男	1938 年 12 月 9 日
徐把头	潍城区符山镇北大于河村	36	男	1938 年 12 月 9 日
丁坤姆	潍城区符山镇北大于河村	—	女	1938 年 12 月 9 日
马来福	潍城区符山镇北大于河村	25	男	1938 年 12 月 9 日
魏 ×	潍城经济开发区北小于河村	—	男	1938 年 9 月
高福增	潍城经济开发区北小于河村	70	男	1938 年 9 月
苏 贞	潍城经济开发区北小于河村	32	男	1938 年 12 月
官作校	潍城经济开发区官家村	30	男	1938 年
蒋胜之之叔	潍城区城关街道增福堂居委会	29	男	1938 年

姓　名	籍　贯	年　龄	性　别	死难时间
毛永江	潍城区城关街道长胜社区居委会	35	男	1938 年
刘京会	潍城区符山镇大成章东村	35	男	1938 年
谭礼昌	潍城区西关街道西园东社区居委会	15	男	1938 年
韩清元	潍城区望留镇韩家村	28	男	1938 年
颜克勤	潍城区西关街道高家村	50	男	1939 年 1 月 7 日
李传道	潍城区西关街道高家村	35	男	1939 年 1 月 7 日
周　琳	潍城区符山镇官路村	35	男	1939 年 3 月
王京祥	潍城区符山镇北大于河村	35	男	1939 年 3 月
王才华	潍城区军埠口镇大崖头村	21	男	1939 年 3 月
周丰善	潍城区望留镇望留屯村	53	男	1939 年 3 月
王河太	潍城区望留镇柴家村	37	男	1939 年 3 月
吴　一	潍城区符山镇平寿村	37	男	1939 年 3 月
马宝清	潍城经济开发区南曹村	30	男	1939 年 3 月
陈国宝	潍城经济开发区赫家村	36	男	1939 年 3 月
来　头	潍城经济开发区赫家村	21	男	1939 年 3 月
陈　爱	潍城经济开发区赫家村	13	男	1939 年 3 月
大张成	潍城经济开发区赫家村	30	男	1939 年 3 月
刘　瘦	潍城区符山镇大成章西村	45	男	1939 年 4 月
刘中庆之祖父	潍城区符山镇大成章西村	35	男	1939 年 4 月
季同乡	潍城区符山镇道口村	22	男	1939 年 4 月
于经兰	潍城经济开发区葛埠村	27	男	1939 年 4 月
宋熙来	潍城区	—	男	1939 年 4 月
于宝学	潍城区西关街道南小于河村	32	男	1939 年 5 月 15 日
李瑞祥	潍城区符山镇宋家村	60	男	1939 年 5 月 18 日
李福祥	潍城区符山镇宋家村	51	男	1939 年 5 月 18 日
宋书信	潍城区符山镇宋家村	36	男	1939 年 5 月 18 日
潘全庆	潍坊浮烟山开发区潘家村	50	男	1939 年 5 月 28 日
王运发	潍城区符山镇北大于河村	40	男	1939 年 5 月
陈思贤	潍城经济开发区西七甲张村	72	男	1939 年 6 月 19 日
陈洪斌	潍城经济开发区西七甲张村	34	男	1939 年 6 月 19 日
陈洪书	潍城经济开发区西七甲张村	62	男	1939 年 6 月 19 日
李世帮	潍城区于河镇史家村	72	男	1939 年 6 月
李家修	潍城区于河镇史家村	52	男	1939 年 6 月
夏光先	潍城区望留镇夏家村	54	男	1939 年 6 月

姓名	籍贯	年龄	性别	死难时间
丁×	潍城区南关街道南关大街居委会	25	男	1939年6月
李××	潍城区南关街道仓南西街居委会	35	男	1939年7月8日
张守本	潍城区符山镇楼子村	27	男	1939年7月15日
于世新	潍城经济开发区远里西村	60	男	1939年7月
季望永	潍城区符山镇道口村	60	男	1939年8月
季邦宁	潍城区符山镇北乐埠村	60	男	1939年8月
李仁福	潍城区符山镇道口村	48	男	1939年9月
姜氏	潍城区于河镇北考村	22	女	1939年9月
长顺	潍城区南关街道青年路居委会	18	男	1939年9月
卢××	潍城区南关街道青年路居委会	38	男	1939年9月
卢××之子	潍城区南关街道青年路居委会	19	男	1939年9月
李广武	潍城区符山镇道口村	—	男	1939年12月
谭海	潍城区	—	男	1939年12月
杨保义	潍城经济开发区固家村	26	男	1939年
崔齐街	潍城经济开发区固家村	29	男	1939年
胥大安	潍城经济开发区徐家小庄村	15	男	1939年
于大跑	潍城经济开发区徐家小庄村	50	男	1939年
季福云之祖父	潍城区符山镇南乐埠村	37	男	1939年
季景年	潍城区符山镇南乐埠村	25	男	1939年
季星孔之父	潍城区符山镇南乐埠村	26	男	1939年
牛海带	潍城区军埠口镇北张友村	35	男	1939年
李胜	潍城区符山镇	—	男	1939年
付善宝	潍城区符山镇	—	男	1939年
范之源	潍城区符山镇范家村	30	男	1940年1月29日
玄焕光	潍坊浮烟山开发区玄家村	54	男	1940年3月
李明启	潍坊浮烟山开发区油房村	21	男	1940年3月
王德明	潍城区北关街道蔡家庄村	32	男	1940年3月
王汉星	潍城经济开发区考家西村	34	男	1940年3月
考群绪	潍城经济开发区考家西村	37	男	1940年3月
王恒顺	潍城区于河镇前王村	18	男	1940年5月10日
王尚口	潍城区于河镇前王村	19	男	1940年5月10日
王建功	潍城区于河镇前王村	18	男	1940年5月10日
孙景昌	潍城区符山镇新二甲村	—	男	1940年5月
李务本	潍城区于河镇史家村	30	男	1940年6月19日

姓 名	籍 贯	年 龄	性 别	死难时间
李家奇	潍城区于河镇史家村	50	男	1940 年 6 月 19 日
李思密	潍城区于河镇史家村	14	男	1940 年 6 月 19 日
李家奎	潍城区于河镇史家村	60	男	1940 年 6 月 19 日
郑良顺	潍城区于河镇史家村	40	男	1940 年 6 月 19 日
刘玉梅	潍城区于河镇史家村	70	女	1940 年 6 月 19 日
李文奎	潍城区于河镇史家村	24	男	1940 年 6 月 19 日
庄 栾	潍城经济开发区考家西村	30	男	1940 年 6 月
张明科	潍城经济开发区赵家村	20	男	1940 年 7 月
曹传新	潍城经济开发区南曹村	28	男	1940 年 9 月
曹守松	潍城经济开发区南曹村	31	男	1940 年 9 月
刘忠宝	潍城经济开发区潘里村	26	男	1940 年 9 月
亓良图	潍城经济开发区远东村	24	男	1940 年 9 月
陈 黑	潍城经济开发区赫家村	34	男	1940 年 9 月
红 喜	潍城经济开发区赫家村	43	男	1940 年 9 月
王小京	潍城区于河镇前王村	15	男	1940 年 10 月 5 日
鞠德新	潍城区符山镇鞠家村	40	男	1940 年 10 月 8 日
于会川	潍城区于河镇杨家庄	36	男	1940 年 10 月 15 日
孙开祯	潍城区符山镇三甲村	44	男	1940 年 10 月
董金亮	潍城区于河镇槐埠村	26	男	1940 年 11 月 25 日
李文光	潍城区军埠口镇东北董村	36	男	1940 年 12 月
杨××	潍城区城关街道长胜社区居委会	27	男	1940 年
叶大昌	潍城区南关街道站西居委会	45	男	1940 年
丁玉凤之小姑	潍城区南关街道南关大街居委会	13	女	1940 年
丁立祯之祖母	潍城区南关街道南关村	42	女	1940 年
周丰秀	潍城区南关街道南关村	22	男	1940 年
亓恩培	潍城经济开发区远东村	40	男	1940 年
李家志	潍城区	—	男	1940 年
牟文斗	潍城经济开发区牟家村	17	男	1941 年 1 月
唐启厚	潍城区军埠口镇河西岭村	—	男	1941 年 3 月
牛廷贵	潍城区军埠口镇前张友村	28	男	1941 年 4 月
王守福	潍坊浮烟山开发区玄家村	45	男	1941 年 5 月
考斌之	潍城经济开发区考家西村	37	男	1941 年 8 月
杨丰吉	潍城经济开发区潘里村	32	男	1941 年 9 月
刘廷聘	潍城经济开发区潘里村	20	男	1941 年 9 月

姓 名	籍 贯	年 龄	性 别	死难时间
崔起勇	潍城经济开发区赵家村	33	男	1941 年 9 月
高占元	潍城区符山镇道口村	45	男	1941 年 10 月
吕寿山	潍城区	—	男	1941 年 12 月
陈国瑞	潍城经济开发区赫家村	—	男	1941 年 12 月
张志诚	潍城区	—	男	1941 年 12 月
高培伍	潍城区南关街道高家楼村	40	男	1941 年
朱安平	潍城经济开发区河崖头村	35	男	1941 年
李效文	潍城区城关街道增福堂居委会	—	男	1942 年
吴恒友	潍城区符山镇柴家河村	32	男	1942 年 2 月
曹祥起	潍城经济开发区南曹村	—	男	1942 年 3 月
崔耀灯	潍城经济开发区赵家村	22	男	1942 年 4 月
郑锡福	潍城区望留镇郑家村	—	男	1942 年 4 月
邵怀搞	潍城区望留镇郑家村	—	男	1942 年 4 月
杨和井	潍城区望留镇郑家村	—	男	1942 年 4 月
王振水	潍城区于河镇前王村	52	男	1942 年 5 月 10 日
王云光	潍城区于河镇前王村	29	男	1942 年 5 月 10 日
侯明昌	潍城区于河镇槐埠村	23	男	1942 年 5 月 12 日
崔文昌	潍城区军埠口镇崔家官庄村	25	男	1942 年 5 月
于宗纪	潍城经济开发区远里西村	38	男	1942 年 7 月
陈怀欣	潍城经济开发区西七甲张村	—	男	1942 年 7 月
陈洪喜	潍城经济开发区西七甲张村	—	男	1942 年 7 月
侯明章	潍城经济开发区小庄村	20	男	1942 年 8 月 15 日
陈文亮	潍城经济开发区小庄村	20	男	1942 年 8 月 15 日
亓传章	潍城经济开发区远东村	25	男	1942 年 8 月
曹丰告	潍城经济开发区北曹村	20	男	1942 年 9 月
高士宗	潍城区南关街道高家楼村	25	男	1942 年 9 月
白彩云	潍城区南关街道高家楼村	35	女	1942 年 10 月
栾学文	潍城区符山镇栾家村	—	男	1942 年 10 月
栾学仁	潍城区符山镇栾家村	—	男	1942 年 10 月
栾景伦	潍城区符山镇栾家村	—	男	1942 年 10 月
萧德富	潍城区符山镇栾家村	—	男	1942 年 10 月
栾星文	潍城区符山镇栾家村	—	男	1942 年 10 月
栾学田	潍城区符山镇栾家村	—	男	1942 年 10 月
黄宝城	潍城区西关街道胜利支路社区居委会	30	男	1942 年 11 月

姓 名	籍 贯	年龄	性别	死难时间
张士钊	潍城区符山镇栾家村	—	男	1942 年 12 月
刘守伦	潍城区符山镇栾家村	—	男	1942 年 12 月
高培才	潍城区南关街道高家楼村	25	男	1942 年
王理平	潍城区	—	男	1943 年 1 月
马相林	潍城区	—	男	1943 年 3 月 20 日
陈德信	潍城区	—	男	1943 年 3 月
马重兴	潍城区	—	男	1943 年 3 月
姜兆绪	潍城区望留镇姜家村	39	男	1943 年 3 月
张××	潍城区南关街道人民街社区居委会	28	男	1943 年 3 月
刘恩河	潍坊浮烟山开发区刘家庄子村	40	男	1943 年 4 月 10 日
刘玉田	潍城区	—	男	1943 年 4 月
张化宝	潍城区	—	男	1943 年 4 月
王守家	潍坊浮烟山开发区玄家村	48	男	1943 年 6 月
王明俭	潍城区军埠口镇大崖头村	25	男	1943 年 6 月
刘洪海	潍坊浮烟山开发区刘家庄子村	21	男	1943 年 7 月 8 日
于连奎	潍城经济开发区赵家村	31	男	1943 年 8 月
文丕英	潍城经济开发区文家村	45	男	1943 年 9 月
文希读	潍城经济开发区王家村	46	男	1943 年 9 月
黄 县	潍城区南关街道高家楼村	18	男	1943 年
陈仁禄	潍城经济开发区掛角子村	39	男	1943 年
李淑慧之母	潍城区	—	女	1944 年 4 月
李淑慧之三哥	潍城区	—	男	1944 年 4 月
李淑慧之三弟	潍城区	—	男	1944 年 4 月
邵××	潍城区	—	男	1944 年 4 月
王元峰	潍城区	—	男	1944 年 5 月
陈京桐	潍城区	—	男	1944 年 5 月
刘召庆	潍城经济开发区潘里村	24	男	1944 年 9 月
刘同意	潍城经济开发区潘里村	19	男	1944 年 9 月
陈维梁	潍城经济开发区掛角子村	42	男	1944 年
夏洪训	潍城区望留镇孟家村	36	男	1945 年 5 月
臧继忠	潍城经济开发区臧家村	56	男	1945 年 5 月
王茂体	潍城区军埠口镇小洼村	24	男	1945 年
谭长发	潍城区	—	男	—
彭静儒	潍城区	—	男	—

姓　名	籍　贯	年　龄	性　别	死难时间
李明顺	潍城区	—	男	—
牟华堂	潍城区	—	男	—
吕老师	潍城区	—	男	—
刘庋瑞	潍城区	—	男	—
刘清源	潍城区	—	男	—
张忠廷之姐夫	潍城区符山镇官路村	—	男	—
玄申之	潍坊浮烟山开发区玄家村	56	男	—
扁　燕	潍城区西关街道西关大街居委会	28	男	—
程素娥之大姐	潍城区南关街道西市场居委会	5	女	
程素娥之二姐	潍城区南关街道西市场居委会	2	女	
周兆吉	潍城经济开发区固家村	25	男	—
于长湘	潍城区符山镇山下于村	40	男	—
徐寿芝	潍城区符山镇向阳村	27	男	1938 年 2 月
周　征	潍城区符山镇向阳村	22	男	1938 年 2 月
王玉斗	潍城区西关街道中和街	27	男	1938 年 4 月
陈文法	潍城区北关街道前姚村	46	男	1938 年 9 月
毛永江之母	潍城区城关街道长胜社区居委会	—	女	1938 年
程桂胜	潍城区城关街道北门大街居委会	26	男	1938 年
李王氏	潍城区南关街道五道庙村	69	女	1938 年
王　×	潍城区南关街道五道庙村	42	男	1938 年
武茂能	潍城区南关街道武家村	33	男	1938 年
武光钱	潍城区南关街道武家村	36	男	1938 年
武光成	潍城区南关街道武家村	36	男	1938 年
武尔泽	潍城区南关街道武家村	38	男	1938 年
李洪吉	潍城经济开发区河崖头村	50	男	1939 年 3 月
朱和尚	潍城经济开发区河崖头村	18	男	1939 年 3 月
王　护	潍城经济开发区河崖头村	17	男	1939 年 3 月
张希伍	潍城经济开发区河崖头村	—	男	1939 年 3 月
李刘氏	潍城区南关街道仓南西街居委会	32	女	1939 年 7 月
大　憨	潍城经济开发区臧家村	—	男	1939 年 7 月
谭协志	潍城区北关街道偏凉村	—	男	1939 年 8 月
丁　十	潍城区西关街道胜利西居委会	—	女	1939 年 9 月
刘其正	潍城区南关街道站西居委会	21	男	1939 年 11 月
季怀颜	潍城区符山镇南乐埠村	20	男	1939 年

姓 名	籍 贯	年 龄	性 别	死难时间
季孝文	潍城区符山镇南乐埠村	19	男	1939 年
岳怀胜	潍城经济开发区河崖头村	—	男	1940 年 2 月
高满京	潍城区西关街道西关大街居委会	33	男	1940 年 5 月
盛时忠	潍城区军埠口镇舵翁庙村	40	男	1940 年 6 月
官佐书	潍城区西关街道胜利支路社区居委会	42	男	1940 年 9 月
官佃龙	潍城区西关街道胜利支路社区居委会	12	男	1940 年 9 月
韩淑弟	潍城区南关街道站东居委会	30	男	1940 年
韩淑荣	潍城区南关街道站东居委会	32	男	1940 年
丁孝武	潍城区南关街道颜家村	38	男	1940 年
郑福鸿	潍城区望留镇北岭村	51	男	1940 年
郑 润	潍城区望留镇北岭村	52	男	1940 年
于五臣	潍城区北关街道偏凉村	—	男	1941 年 1 月
考宗室	潍城经济开发区考家西村	29	男	1941 年 3 月
考宗柴	潍城经济开发区考家西村	30	男	1941 年 3 月
毕玺书	潍城区于河镇东毕村	41	男	1941 年 5 月
王功勋	潍城区于河镇流饭桥村	42	男	1941 年
范之兰	潍城区符山镇范家村	35	男	1941 年
范培吉	潍城区符山镇范家村	40	男	1941 年
刘步乔	潍城区符山镇郭家成章村	28	男	1941 年
曹远之	潍城区南关街道站西居委会	55	男	1941 年
刘兰柱	潍城经济开发区潘里村	17	男	1941 年
于同之	潍城经济开发区徐家小庄村	28	男	1942 年 3 月
常学文	潍城经济开发区宋家庄子村	16	男	1942 年 3 月
王新堂	潍城区于河镇后王村	22	男	1942 年 5 月
王升堂	潍城区于河镇后王村	45	男	1942 年 6 月
王况之	潍城区于河镇后王村	23	男	1942 年 7 月
王 印	潍城区于河镇后王村	23	男	1942 年 7 月
张德泉	潍城区南关街道青年路居委会	28	男	1942 年 8 月
张 勤	潍城经济开发区北小于河村	40	男	1942 年 8 月
苏寒食	潍城经济开发区北小于河村	51	男	1942 年 8 月
宋 孟	潍城经济开发区北小于河村	50	男	1942 年 8 月
吴 泽	潍城经济开发区北小于河村	55	男	1942 年 8 月
张茂胜	潍城区南关街道高家楼村	46	男	1942 年 9 月
张大朝	潍城区南关街道高家楼村	20	男	1942 年 9 月

姓 名	籍 贯	年 龄	性 别	死难时间
徐光里	潍城区南关街道高家楼村	51	男	1942 年 9 月
王玉之	潍城区于河镇后王村	38	男	1942 年 12 月
李月修	潍城区南关街道高家楼村	40	男	1942 年
王颜禄	潍城区符山镇楼子村	45	男	1942 年
孙和尚	潍城区符山镇楼子村	27	男	1942 年
周丰瑞	潍城区望留镇望留屯村	41	男	1942 年
曹丰明	潍城经济开发区北曹村	47	男	1942 年
孙立臣	潍城经济开发区西羊角埠村	19	男	1942 年
姜兆连	潍城区望留镇姜家村	30	男	1943 年 3 月
姜玉田	潍城区望留镇姜家村	30	男	1943 年 3 月
唐念宣	潍城区军埠口镇河西岭村	42	男	1943 年 3 月
唐念起	潍城区军埠口镇河西岭村	38	男	1943 年 3 月
丁书正	潍城区	—	男	1943 年 3 月
孙××	潍城区	—	男	1943 年 3 月
范锡之	潍城区	—	男	1943 年 3 月
刘××	潍城区	—	男	1943 年 3 月
庞寿清	潍城区	—	男	1943 年 3 月
孙金石	潍坊浮烟山开发区庙子村	42	男	1943 年 4 月
尹老头	潍坊浮烟山开发区庙子村	—	男	1943 年 4 月
文希福	潍城经济开发区文家村	47	男	1943 年 4 月
文介贵	潍城经济开发区文家村	47	男	1943 年 4 月
文商升	潍城经济开发区文家村	48	男	1943 年 4 月
文希孝	潍城经济开发区文家村	47	男	1943 年 4 月
孙环德	潍城区符山镇许家村	53	男	1943 年 4 月
陈安国	潍城经济开发区西七甲张村	55	男	1943 年 4 月
史鸿举	潍城区于河镇前徐村	27	男	1943 年 9 月
唐念华	潍城区军埠口镇河西岭村	38	男	1943 年 9 月
唐连群	潍城区军埠口镇河西岭村	42	男	1943 年 9 月
王长友	潍城区军埠口镇杨家庄子村	32	男	1943 年 12 月
夏茂河	潍城区望留镇北岭村	52	男	1943 年
曹公奎	潍城区军埠口镇曹家村	29	男	1943 年
胡洛安	潍城区军埠口镇申家村	26	男	1943 年
刘 车	潍城区军埠口镇北季村	34	男	1943 年
于福昌	潍城经济开发区西羊角埠村	33	男	1944 年 1 月

姓　名	籍　贯	年　龄	性　别	死难时间
徐　迁	潍城经济开发区西羊角埠村	—	男	1944 年 1 月
王道之	潍城区	—	男	1944 年 3 月
崔发清	潍城区	—	男	1944 年 3 月
王治精	潍城区军埠口镇西北董村	48	男	1944 年 10 月
于义平	潍城区于河镇殷赫庄村	35	男	1944 年 11 月
季奎海	潍城区军埠口镇南季村	38	男	1944 年
王　臻	潍城经济开发区尧里王村	42	男	1944 年
王东振	潍城经济开发区尧里王村	17	男	1944 年
李　禄	潍城经济开发区尧里王村	39	男	1944 年
王道之	潍城区于河镇后王村	45	男	1945 年 2 月
邢栋春	潍城区军埠口镇崔家官庄村	25	男	1945 年 4 月
薛同道	潍城区	—	男	1945 年 5 月
崔发清	潍城经济开发区崔家村	41	男	1945 年 6 月
吕晓琳	潍城区南关街道站西居委会	—	女	
吕慧琳	潍城区南关街道站西居委会	—	女	
吕学庆	潍城区南关街道站西居委会	12	男	
吕庆祥	潍城区南关街道站西居委会	32	男	
高绍正	潍城区军埠口镇小洼村	28	男	
陈　氏	潍城区北关街道前姚村	43	女	
尹×××	潍城区	—	—	
孙伯信	潍城区	—	男	
刘华龄	潍城区	—	男	
范毓炳	潍城区	—	男	
谭湘平	潍城区	—	男	
刘　×	潍城区	—	男	
合　计	362			

责任人：谭宝胜　　　　　　　核实人：王瑞强　李鹏鑫　　　　填表人：刘晓慧
填报单位（签章）：潍坊市潍城区委党史研究室　　　　填报时间：2009 年 5 月 7 日

潍坊市坊子区抗日战争时期死难者名录

姓 名	籍 贯	年 龄	性 别	死难时间
张华恩	坊子区坊安街道河北村	28	男	1938 年 10 月
王 氏	坊子区坊安街道东王松村	45	女	1938 年 10 月
徐文臣	坊子区坊城街道徐家大路村	45	男	1938 年 1 月
郎益远	坊子区坊安街道北坡子村	32	男	1938 年 10 月
李永亮	坊子区凤凰街道前营村	23	男	1938 年 2 月
商克有	坊子区凤凰街道大营子村	20	男	1938 年 2 月
张焕训	坊子区坊安街道河北村	22	男	1938 年 2 月
牟兰室	坊子区坊城街道高家村	33	男	1938 年 2 月
李香亭	坊子区九龙街道丁村赵家村	25	男	1938 年 2 月
赵立兴	坊子区九龙街道赵家村	26	男	1938 年 2 月
于好乐	坊子区九龙街道赵家村	28	男	1938 年 2 月
赵会皆	坊子区九龙街道赵家村	27	男	1938 年 2 月
赵德仁	坊子区九龙街道赵家村	28	男	1938 年 2 月
赵会诚	坊子区九龙街道赵家村	29	男	1938 年 2 月
杨传贵	坊子区凤凰街道响河子村	22	男	1938 年 3 月
赵大川	坊子区凤凰街道赵家村	72	男	1938 年 3 月
赵怀善	坊子区凤凰街道赵家村	50	男	1938 年 3 月
赵保坤	坊子区凤凰街道赵家村	22	男	1938 年 3 月
赵大庆	坊子区凤凰街道赵家村	63	男	1938 年 3 月
赵大点	坊子区凤凰街道赵家村	65	男	1938 年 3 月
赵洪河	坊子区凤凰街道赵家村	70	男	1938 年 3 月
赵大海	坊子区凤凰街道赵家村	56	男	1938 年 3 月
赵大教	坊子区凤凰街道赵家村	60	男	1938 年 3 月
赵文旺	坊子区凤凰街道赵家村	30	男	1938 年 3 月
赵大明	坊子区凤凰街道赵家村	68	男	1938 年 3 月
赵太华	坊子区凤凰街道赵家村	65	男	1938 年 3 月
赵大善	坊子区凤凰街道赵家村	56	男	1938 年 3 月
赵大范	坊子区凤凰街道赵家村	57	男	1938 年 3 月
商克福	坊子区凤凰街道河西营村	24	男	1938 年 3 月
李志方	坊子区凤凰街道大营子村	32	男	1938 年 3 月
许 迁	坊子区凤凰街道河南头村	33	男	1938 年 3 月

姓 名	籍 贯	年 龄	性 别	死难时间
许太胜	坊子区凤凰街道河南头村	21	男	1938 年 3 月
付 同	坊子区凤凰街道河南头村	51	男	1938 年 3 月
杨德春	坊子区凤凰街道河南头村	61	男	1938 年 3 月
张丰伍	坊子区凤凰街道河南头村	21	男	1938 年 3 月
于相起	坊子区凤凰街道河南头村	35	男	1938 年 3 月
许 青	坊子区凤凰街道河南头村	43	男	1938 年 3 月
徐 带	坊子区凤凰街道南范村	—	男	1943 年 7 月
赵 滋	坊子区坊安街道高陵官庄村	43	男	1938 年 3 月
赵 江	坊子区坊安街道高陵官庄村	39	男	1938 年 3 月
王佃斌	坊子区坊安街道高陵官庄村	48	男	1938 年 3 月
李孝友	坊子区坊安街道高陵官庄村	29	男	1938 年 3 月
申麻子	坊子区坊安街道高陵官庄村	38	男	1938 年 3 月
王怀理	坊子区坊安街道高陵官庄村	42	男	1938 年 3 月
李会昌之祖父	坊子区坊安街道高陵官庄村	48	男	1938 年 3 月
李会山之祖父	坊子区坊安街道高陵官庄村	40	男	1938 年 3 月
赵河之三弟	坊子区坊安街道高陵官庄村	21	男	1938 年 3 月
李天光之二叔	坊子区坊安街道高陵官庄村	20	男	1938 年 3 月
王怀庭之三叔	坊子区坊安街道高陵官庄村	32	男	1938 年 3 月
张立亭	坊子区坊安街道高陵官庄村	40	男	1938 年 3 月
张 坤	坊子区坊安街道高陵官庄村	36	男	1938 年 3 月
李会义	坊子区坊安街道高陵官庄村	32	男	1938 年 3 月
张红建	坊子区坊安街道高陵官庄村	30	男	1938 年 3 月
李山扛	坊子区坊安街道高陵官庄村	28	男	1938 年 3 月
赵 浩	坊子区坊安街道高陵官庄村	45	男	1938 年 3 月
李会客	坊子区坊安街道高陵官庄村	42	男	1938 年 3 月
李会知	坊子区坊安街道高陵官庄村	40	男	1938 年 3 月
李柏陵	坊子区坊安街道高陵官庄村	35	男	1938 年 3 月
李 传	坊子区坊安街道高陵官庄村	35	男	1938 年 3 月
徐正宗	坊子区坊安街道高陵官庄村	32	男	1938 年 3 月
律家昌	坊子区坊安街道高陵官庄村	18	男	1938 年 3 月
王福知	坊子区坊安街道高陵官庄村	42	男	1938 年 3 月
王怀义	坊子区坊安街道高陵官庄村	30	男	1938 年 3 月
杨文德	坊子区坊安街道高陵官庄村	27	男	1938 年 3 月
李××	坊子区坊安街道高陵官庄村	22	男	1938 年 3 月

姓　名	籍　贯	年　龄	性　别	死难时间
李会昌之二叔	坊子区坊安街道高陵官庄村	26	男	1938 年 3 月
李纪德之祖父	坊子区坊安街道高陵官庄村	43	男	1938 年 3 月
孙思财之母	坊子区坊安街道西曹庄村	42	女	1938 年 3 月
赵安新	坊子区九龙街道后邓村	40	男	1938 年 8 月
王培礼之母	坊子区九龙街道王三村	20	女	1938 年 3 月
王士昌	坊子区九龙街道王家屯村	40	男	1938 年 3 月
张希康	坊子区九龙街道东河下村	39	男	1938 年 3 月
张希荣	坊子区九龙街道东河下村	36	男	1938 年 3 月
张洪雁	坊子区九龙街道东河下村	25	男	1938 年 3 月
陈世教	坊子区九龙街道东河下村	43	男	1938 年 3 月
张洪禄	坊子区九龙街道东河下村	24	男	1938 年 3 月
张洪星	坊子区九龙街道东河下村	21	男	1938 年 3 月
李新河之弟	坊子区坊城街道蒋家一村	28	男	1938 年 3 月
王世福	坊子区九龙街道王四村	60	男	1938 年 4 月
王　耀	坊子区九龙街道王四村	60	男	1938 年 4 月
刘子健之父	坊子区坊城街道石河园村	40	男	1938 年 4 月
刘佃刚之父	坊子区坊城街道石河园村	40	男	1938 年 4 月
刘佃刚之二伯	坊子区坊城街道石河园村	50	男	1938 年 4 月
高货货	坊子区坊城街道石河园村	20	男	1938 年 4 月
刘子元之大伯	坊子区坊城街道石河园村	60	男	1938 年 4 月
高货货之母	坊子区坊城街道石河园村	45	女	1938 年 4 月
徐世敬	坊子区坊城街道徐家大路村	75	男	1938 年 4 月
王　起	坊子区坊城街道徐家大路村	80	男	1938 年 3 月
张怀登	坊子区坊城街道夹河套村	43	男	1938 年 3 月
张振南	坊子区坊城街道夹河套村	45	男	1938 年 4 月
鞠太学	坊子区坊安兴华村	40	男	1938 年 4 月
卢东森	坊子区坊城街道高村	22	男	1941 年
杨安林	坊子区凤凰街道辛冬三村	31	男	1938 年 5 月
王延福	坊子区凤凰街道大营子村	38	男	1938 年 5 月
李文华	坊子区九龙街道肖家营村	32	男	1938 年 5 月
吉德成	坊子区坊安街道荒里村	39	男	1938 年 6 月
卢焕祥	坊子区坊城街道高村	17	男	1938 年 6 月
卢翠森	坊子区坊城街道高村	33	男	1938 年 6 月
张刘氏	坊子区坊安街道张家村	18	女	1938 年 6 月

姓 名	籍 贯	年 龄	性 别	死难时间
王青海	坊子区九龙街道北眉一村	50	男	1938 年 7 月
辛向荣	坊子区九龙街道北眉一村	40	男	1938 年 7 月
辛善波之父	坊子区九龙街道北眉一村	45	男	1938 年 7 月
辛善波	坊子区九龙街道北眉一村	18	男	1938 年 7 月
高品三之母	坊子区坊城街道武建家村	46	女	1938 年 7 月
吴卧肚	坊子区坊城街道武建家村	—	男	1938 年 7 月
韩兆瑞	坊子区坊城街道武建家村	51	男	1938 年 7 月
韩 邦	坊子区坊城街道武建家村	30	男	1938 年 7 月
王瑞祥	坊子区坊城街道武建家村	57	男	1938 年 7 月
王昌邑	坊子区坊城街道武建家村	28	男	1938 年 7 月
吴志仁	坊子区坊城街道武建家村	43	男	1938 年 7 月
季官俊	坊子区坊城街道武建家村	48	男	1938 年 7 月
宋希来	坊子区坊安街道宋家	35	男	1938 年 7 月
孙文长	坊子区凤凰街道西曹庄	—	男	1938 年 7 月
李良庆	坊子区九龙街道北李村	39	男	1938 年 9 月
刘乃信之祖母	坊子区坊城街道马四村	53	女	1938 年 9 月
徐荒荒	坊子区坊城街道徐家大路村	20	男	1938 年 9 月
王 德	坊子区坊城街道莲花池村	27	男	1938 年 9 月
齐恒亮	坊子区九龙街道北眉二村	42	男	1938 年 11 月
刘志民	坊子区坊城街道马二村	50	女	1938 年 12 月
刘艳来	坊子区坊城街道马四村	36	男	1938 年 12 月
栾思信	坊子区九龙街道陈村	24	男	1938 年 12 月
郎 氏	坊子区坊安街道兴华村	42	女	1938 年 12 月
郎 氏	坊子区坊安街道兴华村	40	女	1938 年 12 月
郎丰仁	坊子区坊安街道流戈庄	47	男	1938 年 12 月
杜绪周	坊子区九龙街道穆四村	42	男	1938 年
杜光增	坊子区九龙街道穆四村	43	男	1938 年
李文新	坊子区坊城街道裴家河村	60	男	1938 年
李英合	坊子区坊城街道裴家河村	—	男	1938 年
刘成文	坊子区坊城街道马四村	38	男	1938 年
李 征	坊子区坊城街道盖家庄村	55	男	1938 年
宋乃勤	坊子区坊城街道石沟河	30	男	1938 年
李玉佩	坊子区坊城街道后张村	25	男	1938 年
李应信	坊子区坊城街道后张村	24	男	1938 年

姓 名	籍 贯	年龄	性别	死难时间
韩学忠	坊子区凤凰街道葛家	—	男	1938 年
孙思增	坊子区凤凰街道西曹庄	—	男	1938 年
孙文敏	坊子区凤凰街道西曹庄	—	男	1938 年
孙为平	坊子区九龙街道罗家宅子	—	男	1938 年
成 科	坊子区凤凰街道辛王家庄村	20	男	1939 年 10 月
徐 营	坊子区凤凰街道辛王家庄村	19	男	1939 年 10 月
许 运	坊子区凤凰街道河南头村	39	男	1939 年 10 月
李生来	坊子区九龙街道西李二村	52	男	1939 年 10 月
张宝胜	坊子区坊城街道王柳村	33	男	1939 年 10 月
张宝胜之内弟	坊子区坊城街道王柳村	30	男	1939 年 10 月
王 目	坊子区坊城街道王柳村	30	男	1939 年 10 月
耿淄川	坊子区坊城街道耿柳村	24	男	1939 年 10 月
李云朋	坊子区坊城街道土楼子村	28	男	1939 年 1 月
马顺亭	坊子区九龙街道西河下村	40	男	1939 年 1 月
郎会春	坊子区坊安街道北坡村	22	男	1939 年 10 月
郎益醒	坊子区坊安街道建华村	38	男	1939 年 10 月
张传文	坊子区凤凰街道南沟西村	—	男	1939 年 1 月
李太文	坊子区坊城街道土楼子村	20	男	1939 年 2 月
李太武	坊子区坊城街道土楼子村	32	男	1939 年 2 月
韩苏氏	坊子区坊安街道滕家庄	60	女	1939 年 2 月
许发云	坊子区坊城街道后埠头村	57	男	1939 年 3 月
许炳乾	坊子区坊城街道后埠头村	22	男	1939 年 3 月
许召显	坊子区坊城街道后埠头村	17	男	1939 年 3 月
李金田	坊子区坊城街道泉河村	43	男	1944 年
马俊臣	坊子区九龙街道西河下村	50	男	1939 年 3 月
马郝氏	坊子区九龙街道西河下村	60	女	1939 年 3 月
张承宗	坊子区坊城街道夹河套村	25	男	1939 年 3 月
陈步堂	坊子区坊安街道南王皋村	41	男	1939 年 3 月
镰	坊子区坊安街道南王皋村	34	男	1939 年 3 月
于江庭	坊子区坊安街道于家村	30	男	1939 年 3 月
于丁四	坊子区坊安街道于家村	24	男	1939 年 3 月
于 豁	坊子区坊安街道于家村	22	男	1939 年 3 月
于长发	坊子区坊安街道于家村	25	男	1939 年 3 月
于长街	坊子区坊安街道于家村	28	男	1939 年 3 月

姓　名	籍　贯	年　龄	性　别	死难时间
丁其瑞	坊子区坊安街道张疃村	58	男	1939 年 4 月
辛京田	坊子区九龙街道北眉一村	60	男	1939 年 4 月
陈岭头	坊子区坊城街道后埠头村	54	男	1939 年 4 月
陈岭头之父	坊子区坊城街道后埠头村	75	男	1939 年 4 月
刘　来	坊子区坊城街道中宁村	22	男	1939 年 4 月
王显伦	坊子区九龙街道王家屯村	43	男	1939 年 4 月
王道智	坊子区九龙街道王家屯村	50	男	1939 年 4 月
王学律	坊子区九龙街道王家屯村	45	男	1939 年 4 月
赵恒兴	坊子区九龙街道丁村赵家村	30	男	1939 年 4 月
赵维德	坊子区九龙街道丁村赵家村	29	男	1939 年 4 月
赵会联	坊子区九龙街道丁村赵家村	29	男	1939 年 4 月
梁福胜	坊子区九龙街道梁家庄村	29	男	1939 年 4 月
郎丰因	坊子区坊安街道北坡子村	41	男	1939 年 4 月
郎益考	坊子区坊安街道北坡子村	34	男	1939 年 4 月
郎益因	坊子区坊安街道北坡子村	42	男	1939 年 4 月
郎丰胜	坊子区坊安街道北坡子村	31	男	1939 年 4 月
郎益松	坊子区坊安街道北坡子村	23	男	1939 年 4 月
苏之让	坊子区坊安街道东苏村	45	男	1939 年 4 月
王世恩	坊子区坊安街道大尚庄村	26	男	1939 年 4 月
丁文谦	坊子区坊安街道张疃村	27	男	1939 年 5 月
范玉牛	坊子区坊城街道马司四村	25	男	1939 年 5 月
蒋山林	坊子区坊城街道蒋二村	21	男	1939 年 5 月
郭际述	坊子区凤凰街道郭家村	26	男	1939 年 6 月
李家琛之母	坊子区坊城街道下寨村	27	女	1939 年 6 月
杨光太	坊子区凤凰街道辛冬一村	18	男	1939 年 7 月
李付本之祖父	坊子区九龙街道尚庄村	54	男	1939 年 7 月
于元瑞	坊子区九龙街道小沼于家	27	男	1939 年 7 月
张洪德	坊子区九龙街道朱家营村	35	男	1939 年 7 月
郎益芬	坊子区坊安街道流戈庄	24	男	1939 年 7 月
刘纪世	坊子区坊安街道西曹村	38	男	1939 年 7 月
李华森	坊子区九龙街道北李村	46	男	1939 年 8 月
李福柱	坊子区九龙街道北李村	44	男	1939 年 8 月
王应高	坊子区九龙街道王三村	55	男	1939 年 8 月
刘学孔	坊子区凤凰街道郭家村	23	男	1939 年 9 月

姓　名	籍　贯	年龄	性别	死难时间
王增森	坊子区九龙街道孙家庄村	40	男	1939 年 9 月
刘　行	坊子区坊城街道马司一村	30	男	1939 年 9 月
刘瑞仕	坊子区坊城街道范家沟村	43	男	1939 年 9 月
刘圣洪	坊子区坊城街道范家沟村	19	男	1939 年 9 月
王清代	坊子区坊城街道王裴村	47	男	1939 年 9 月
徐文社	坊子区坊城街道徐家大路村	20	男	1939 年 9 月
张树同	坊子区九龙街道穆四村	52	男	1939 年 9 月
杜崇昇	坊子区九龙街道穆四村	42	男	1939 年 9 月
朱兆庆	坊子区坊安街道大尚庄村	27	男	1939 年 9 月
于增才	坊子区坊安街道于家村	31	男	1939 年 11 月
丁　海	坊子区坊安街道张疃村	27	男	1939 年 12 月
郎益醇	坊子区坊安街道流戈庄	56	男	1939 年 12 月
于顺来	坊子区坊安街道于家村	31	男	1939 年 12 月
杜绪宗	坊子区九龙街道穆四村	47	男	1944 年 9 月
韩延太	坊子区坊城街道武建家村	48	男	1939 年
李良汉	坊子区坊城街道候家村	21	男	1939 年
候正臣	坊子区坊城街道候家村	30	男	1939 年
宋德奎	坊子区坊城街道石沟河	28	男	1939 年
宋述亮	坊子区坊城街道石沟河	30	男	1939 年
羊	坊子区坊城街道河湾村	20	男	1939 年
王倾厚	坊子区坊城街道莲花池村	39	男	1939 年
杨效林	坊子区凤凰街道响河子村	17	男	1940 年 10 月
王培成	坊子区九龙街道尚庄村	12	男	1940 年 1 月
张德明	坊子区坊安街道张家村	32	男	1940 年 10 月
郎益德	坊子区坊安街道兴华村	25	男	1940 年 10 月
郎　冲	坊子区坊安街道建华村	20	男	1940 年 10 月
许麻五	坊子区坊安街道王松四村	30	男	1940 年 2 月
李怀义	坊子区坊安街道李家村	34	男	1940 年 2 月
李志武	坊子区凤凰街道大营子村	34	男	1940 年 3 月
张继祥	坊子区凤凰街道东白杨埠村	27	男	1940 年 3 月
李博山	坊子区坊安街道李家水坡村	29	男	1940 年 3 月
于恩池	坊子区九龙街道肖家营村	28	男	1940 年 3 月
于恩江	坊子区九龙街道肖家营村	29	男	1940 年 3 月
王顺田	坊子区九龙街道孙家庄村	28	男	1940 年 3 月

姓　名	籍　贯	年龄	性别	死难时间
范夕兔	坊子区坊城街道马四村	37	男	1940 年 3 月
刘文武	坊子区坊城街道刘柳村	31	男	1940 年 3 月
王　德	坊子区坊城街道莲花池村	27	男	1940 年 3 月
善之女	坊子区九龙街道丁村赵家村	—	女	1940 年 3 月
赵维璋	坊子区九龙街道丁村赵家村	23	男	1940 年 3 月
赵全杰	坊子区九龙街道丁村赵家村	28	男	1940 年 3 月
赵恒礼	坊子区九龙街道丁村赵家村	25	男	1940 年 3 月
赵会金	坊子区九龙街道丁村赵家村	27	男	1940 年 3 月
梁德友	坊子区九龙街道梁家庄村	30	男	1940 年 3 月
张兆起	坊子区九龙街道胡家庄	35	男	1940 年 3 月
卢秀英之兄	坊子区坊城街道三马路居委会	40	男	1940 年 3 月
王京堂	坊子区坊城街道三马路居委会	—	男	1940 年 3 月
王京道	坊子区坊城街道三马路居委会	—	男	1940 年 3 月
郎益坡	坊子区坊安街道流戈庄	23	男	1940 年 3 月
郎根礼	坊子区坊安街道流戈庄	17	男	1940 年 3 月
郎丰磊	坊子区坊安街道流戈庄	43	男	1940 年 3 月
苏二章	坊子区坊安街道王家庄子	50	男	1940 年 3 月
刘兴陌	坊子区坊安街道西曹村	46	男	1940 年 3 月
郎会松	坊子区坊安街道西曹村	35	男	1940 年 3 月
郎猴子	坊子区坊安街道西曹村	29	男	1940 年 3 月
赵昌邑	坊子区坊安街道田家庄	19	男	1940 年 3 月
郎　课	坊子区坊安街道田家庄	18	男	1940 年 3 月
刘举利	坊子区坊安街道河湾村	31	男	1940 年 3 月
宋希昌	坊子区坊安街道宋家	28	男	1940 年 3 月
二光棍	坊子区坊安街道腾家庄	22	男	1940 年 3 月
懒　汉	坊子区凤凰街道西白杨埠村	31	男	1940 年 4 月
陈相昌	坊子区坊城街道西房仕村	42	男	1940 年 4 月
刘兰台	坊子区坊城街道马司二村	40	男	1940 年 4 月
王配寿	坊子区九龙街道王家屯村	25	男	1940 年 4 月
王显相	坊子区九龙街道王家屯村	26	男	1940 年 4 月
刘善祝	坊子区九龙街道北流村	36	男	1940 年 4 月
刘之庆	坊子区九龙街道北流村	31	男	1940 年 4 月
于长涛	坊子区坊安街道于家村	32	男	1940 年 4 月
范夕平	坊子区坊城街道马四村	29	男	1940 年 5 月

姓 名	籍 贯	年 龄	性 别	死难时间
范天梅	坊子区坊城街道马四村	20	男	1940 年 5 月
郎均绪之妻	坊子区坊安街道兴华村	55	女	1940 年 5 月
赵克敬	坊子区坊城街道土楼子村	35	男	1940 年 6 月
郎会兴	坊子区坊安街道北坡村	18	男	1940 年 6 月
孟显堂	坊子区九龙街道前车村	30	男	1940 年 7 月
刘正江	坊子区坊安街道河湾村	24	男	1940 年 8 月
刘举京	坊子区坊安街道河湾村	26	男	1940 年 8 月
赵安田	坊子区九龙街道后邓村	40	男	1940 年 9 月
范效武	坊子区九龙街道何家村	30	男	1940 年 9 月
范效坤	坊子区九龙街道何家村	28	男	1940 年 9 月
王兆展	坊子区坊城街道王裴村	48	男	1940 年 9 月
王 坤	坊子区坊城街道王裴村	18	男	1940 年 9 月
陈霞林	坊子区坊城街道前张村	35	男	1940 年 9 月
刘佃香	坊子区坊城街道石河园	—	男	1940 年 9 月
刘子民	坊子区坊城街道石河园	—	男	1940 年 9 月
刘明坤	坊子区坊城街道石河园	—	男	1940 年 9 月
周同胜	坊子区坊城街道石河园	17	男	1940 年 9 月
刘吉长	坊子区九龙街道北流村	37	男	1940 年 9 月
刘善壁	坊子区九龙街道北流村	34	男	1940 年 9 月
郎北孟	坊子区坊安街道建华村	26	男	1940 年 11 月
苏其先	坊子区坊安街道东苏村	20	男	1940 年 11 月
赵德辉	坊子区九龙街道丁村赵家村	32	男	1940 年 12 月
赵德辉之妻	坊子区九龙街道丁村赵家村	—	女	1940 年 12 月
赵德辉之长女	坊子区九龙街道丁村赵家村	—	女	1940 年 12 月
赵德辉之次女	坊子区九龙街道丁村赵家村	—	女	1940 年 12 月
善	坊子区九龙街道丁村赵家村	31	男	1940 年 12 月
善之妻	坊子区九龙街道丁村赵家村	—	女	1940 年 12 月
李永正	坊子区九龙街道小沼李家村	35	男	1940 年 12 月
范振富	坊子区九龙街道小沼李家村	34	男	1940 年 12 月
崔世荣	坊子区坊安街道梁家村	53	男	1940 年 12 月
郎会科	坊子区坊安街道兴华村	36	男	1940 年 12 月
郎咸林	坊子区坊安街道兴华村	18	男	1940 年 12 月
郎会绍	坊子区坊安街道兴华村	27	男	1940 年 12 月
胥正义	坊子区坊安街道兴华村	28	男	1940 年 12 月

姓 名	籍 贯	年 龄	性 别	死难时间
郎丰江	坊子区坊安街道兴华村	50	男	1940 年 12 月
苏守约	坊子区坊安街道前苏村	36	男	1940 年 12 月
刘兴邦	坊子区坊安街道西曹村	37	男	1940 年 12 月
刘益福	坊子区坊安街道西曹村	34	男	1940 年 12 月
宋夕庆	坊子区坊城街道石沟河村	32	男	1940 年
宋余书	坊子区坊城街道石沟河村	28	男	1940 年
宋述荣	坊子区坊城街道石沟河村	40	男	1940 年
耿来芜	坊子区坊城街道耿柳村	48	男	1940 年
李乐图	坊子区坊城街道后张村	21	男	1940 年
李 培	坊子区坊城街道后张村	38	男	1940 年
孙文胜	坊子区凤凰街道西曹庄村	—	男	1940 年
丁文允	坊子区坊安街道张疃村	25	男	1941 年 1 月
孙德昌	坊子区九龙街道北眉二村	24	男	1941 年 1 月
徐 氏	坊子区坊安街道石坑村	38	女	1941 年 10 月
宋希升	坊子区坊安街道宋家	45	男	1941 年 1 月
郭炳符	坊子区凤凰街道郭家村	37	男	1941 年 2 月
丁洪敏	坊子区坊安街道张疃村	22	男	1941 年 3 月
李启元	坊子区坊安街道沙埠村	28	男	1941 年 3 月
梁丕贞	坊子区坊安街道沙埠村	29	男	1941 年 3 月
徐文通	坊子区坊城街道徐家大路村	50	男	1941 年 3 月
程道士	坊子区九龙街道赵家村	32	男	1941 年 3 月
于元超	坊子区坊安街道于家村	28	男	1941 年 3 月
郎会江	坊子区坊安街道北王皋村	31	男	1941 年 3 月
夺	坊子区坊安街道北王皋村	30	男	1941 年 3 月
冯友亮	坊子区坊安街道大尚庄村	25	男	1941 年 3 月
冯敬宗	坊子区坊安街道大尚庄村	37	男	1941 年 3 月
张 氏	坊子区坊安街道石坑村	41	女	1941 年 3 月
陈万兆	坊子区坊安街道石坑村	46	男	1941 年 3 月
姜呈泰	坊子区坊安街道石坑村	61	男	1941 年 3 月
仇继荣之妻	坊子区坊安街道石坑村	51	女	1941 年 3 月
梅树文	坊子区坊安街道石坑村	56	男	1941 年 3 月
宋久友之妻	坊子区坊安街道石坑村	51	女	1941 年 3 月
刘正平	坊子区坊安街道河湾村	30	男	1941 年 3 月
李会行	坊子区坊安街道兴华村	24	男	1941 年 4 月

姓 名	籍 贯	年 龄	性 别	死难时间
韩兴哲	坊子区坊安街道韩家村	40	男	1941 年 4 月
于连晋	坊子区坊安街道于家村	38	男	1941 年 4 月
徐守福之母	坊子区坊安街道石坑村	43	女	1941 年 4 月
徐守让之母	坊子区坊安街道石坑村	45	女	1941 年 4 月
焦 氏	坊子区坊安街道石坑村	65	女	1941 年 4 月
梅树礼	坊子区坊安街道石坑村	54	男	1941 年 4 月
徐守信之母	坊子区坊安街道石坑村	54	女	1941 年 4 月
梁龙宾	坊子区坊安街道沙埠村	35	男	1941 年 5 月
代龙德	坊子区九龙街道代家庄	45	男	1941 年 5 月
郎会祥	坊子区坊安街道建华村	22	男	1941 年 5 月
梅连五娘	坊子区坊安街道石坑村	30	女	1941 年 5 月
孙德友	坊子区坊安街道东王松四村	—	男	1941 年 6 月
于光来	坊子区九龙街道尚庄村	60	男	1941 年 7 月
乱	坊子区坊安街道西曹庄村	18	男	1941 年 7 月
抗	坊子区坊安街道西曹庄村	19	男	1941 年 7 月
小 妮	坊子区坊安街道西曹庄村	18	男	1941 年 7 月
三 月	坊子区坊安街道西曹庄村	24	男	1941 年 7 月
刘 奎	坊子区坊安街道后曹庄村	49	男	1941 年 7 月
蒋永年	坊子区坊城街道蒋西村	24	男	1941 年 8 月
郎会荣	坊子区坊安街道兴华村	34	男	1941 年 8 月
郎大屯	坊子区坊安街道北坡村	21	男	1941 年 11 月
刘太顺	坊子区坊安街道前曹村	40	男	1941 年 11 月
刘太江	坊子区坊安街道前曹村	41	男	1941 年 11 月
鸟毒毒	坊子区坊安街道前曹村	39	男	1941 年 11 月
户	坊子区坊安街道前曹村	32	男	1941 年 11 月
刘太刚	坊子区坊安街道前曹村	51	男	1941 年 11 月
刘玉斗	坊子区坊安街道前曹村	50	男	1941 年 11 月
宋法欣	坊子区坊安街道宋家	46	男	1941 年 11 月
郎二屯	坊子区坊安街道北坡村	18	男	1941 年 12 月
陈会川	坊子区坊城街道西房仕村	32	男	1941 年
刘 庄	坊子区坊城街道马四村	20	男	1941 年
刘麦来	坊子区坊城街道马四村	18	男	1941 年
刘老婆	坊子区坊城街道马四村	22	男	1941 年
刘 成	坊子区坊城街道马四村	24	男	1941 年

姓　名	籍　贯	年　龄	性　别	死难时间
李　坦	坊子区坊城街道盖家庄村	27	男	1941 年
李向典之母	坊子区坊城街道后张村	60	女	1941 年
徐洪祥	坊子区凤凰街道河南头	—	男	1941 年
梁学强	坊子区坊安街道梁家村	36	男	1942 年 1 月
臧栓栓	坊子区坊安街道建华村	21	男	1942 年 1 月
郑王松	坊子区坊安街道东埠郎君庄	29	男	1942 年 1 月
王京达	坊子区坊安街道东埠郎君庄	51	男	1942 年 1 月
张丰闹	坊子区坊安街道东埠郎君庄	29	男	1942 年 1 月
郎六月	坊子区坊安街道田家庄	27	男	1942 年 1 月
郎小营	坊子区坊安街道田家庄	20	男	1942 年 1 月
牟田信	坊子区坊安街道田家庄	20	男	1942 年 1 月
郎会连	坊子区坊安街道田家庄	43	男	1942 年 1 月
吕天集	坊子区坊安街道田家庄	18	男	1942 年 1 月
刘举全	坊子区坊安街道河湾村	34	男	1942 年 1 月
王　四	坊子区坊安街道河湾村	32	男	1942 年 1 月
刘举正	坊子区坊安街道河湾村	31	男	1942 年 1 月
韩法仁	坊子区坊安街道腾家庄	25	男	1942 年 1 月
李吉兴	坊子区坊城街道泉河头村	—	男	1942 年 1 月
岳贤来	坊子区九龙街道岳家村	20	男	1942 年 2 月
苏狗夺	坊子区坊安街道东苏村	23	男	1942 年 2 月
刘桂华	坊子区坊城街道前宁村	40	男	1942 年 3 月
张老连	坊子区九龙街道前车村	13	男	1942 年 3 月
刘培元	坊子区九龙街道北流村	42	男	1942 年 3 月
岳守奎	坊子区九龙街道岳家村	35	男	1942 年 3 月
岳振礼	坊子区九龙街道岳家村	33	男	1942 年 3 月
岳守伦	坊子区九龙街道岳家村	23	男	1942 年 3 月
郎　田	坊子区坊安街道北坡村	24	男	1942 年 3 月
苏东昊	坊子区坊安街道东苏村	23	男	1942 年 3 月
于　碗	坊子区坊安街道于家村	35	男	1942 年 3 月
刘　乐	坊子区坊安街道西曹村	22	男	1942 年 3 月
仇　磨	坊子区坊安街道石坑村	24	男	1942 年 3 月
刘之功	坊子区坊安街道河湾村	22	男	1942 年 3 月
结巴样	坊子区九龙街道北流村	38	男	1942 年 4 月
张占洪	坊子区九龙街道阿陀村	25	男	1942 年 4 月

姓 名	籍 贯	年 龄	性 别	死难时间
苏着东	坊子区坊安街道前苏村	18	男	1942 年 4 月
苏 桌	坊子区坊安街道前苏村	18	男	1942 年 4 月
苏 补	坊子区坊安街道前苏村	23	男	1942 年 4 月
苏 义	坊子区坊安街道前苏村	23	男	1942 年 4 月
苏 超	坊子区坊安街道前苏村	39	男	1942 年 4 月
苏守廷	坊子区坊安街道前苏村	40	男	1942 年 4 月
郎老天	坊子区坊安街道田家庄	53	男	1942 年 4 月
刘正亮	坊子区坊安街道河湾村	54	男	1942 年 4 月
张花子	坊子区坊安街道庙后郎君庄	23	男	1942 年 4 月
许玉昌	坊子区坊安街道东王松二村	—	男	1942 年 4 月
李清芹	坊子区九龙街道尚庄村	38	男	1942 年 5 月
蒋益水	坊子区坊城街道蒋一村	25	男	1942 年 5 月
莲	坊子区坊城街道丰铁村	—	女	1942 年 5 月
郎益喜	坊子区坊安街道兴华村	32	男	1942 年 5 月
郎丰顺	坊子区坊安街道流戈庄	22	男	1942 年 5 月
陈相芬	坊子区坊安街道于家石埠村	22	男	1942 年 6 月
刘清海	坊子区坊安街道圈子郎君庄	32	男	1942 年 6 月
武法福	坊子区坊安街道东王松四村	—	男	1942 年 6 月
郎益松	坊子区坊安街道北坡村	23	男	1942 年 7 月
郎益忠	坊子区坊安街道北坡村	26	男	1942 年 7 月
苏太留	坊子区坊安街道王家庄子	35	男	1942 年 7 月
刘益如	坊子区坊安街道小尚庄村	32	男	1942 年 7 月
韩德胜	坊子区坊安街道腾家庄	30	男	1942 年 7 月
郭际介	坊子区凤凰街道郭家村	31	男	1942 年 9 月
王来之	坊子区九龙街道王四村	27	男	1942 年 9 月
王振东	坊子区九龙街道望庄村	18	男	1942 年 9 月
董成功	坊子区九龙街道望庄村	35	男	1942 年 9 月
稽星先	坊子区坊城街道陈家庙	34	男	1942 年 9 月
唐念礼	坊子区坊城街道陈家庙	36	男	1942 年 9 月
王西富	坊子区坊城街道石河园	30	男	1942 年 9 月
刘玉贤	坊子区坊城街道后宁村	42	男	1942 年 9 月
王学超	坊子区九龙街道前车村	32	男	1942 年 9 月
王道恩	坊子区九龙街道王家屯村	54	男	1942 年 9 月
王士彦	坊子区九龙街道王家屯村	53	男	1942 年 9 月

姓 名	籍 贯	年 龄	性 别	死难时间
王恩礼	坊子区九龙街道王家屯村	52	男	1942 年 9 月
王克礼	坊子区九龙街道王家屯村	50	男	1942 年 9 月
王士友	坊子区九龙街道王家屯村	50	男	1942 年 9 月
王士瑞	坊子区九龙街道王家屯村	51	男	1942 年 9 月
王绪忠	坊子区九龙街道王家屯村	48	男	1942 年 9 月
刘培汉	坊子区九龙街道北流村	44	男	1942 年 9 月
郎会林	坊子区坊安街道流戈庄	50	男	1942 年 9 月
于在滨	坊子区坊安街道河湾村	30	男	1942 年 11 月
于在胜	坊子区坊安街道河湾村	31	男	1942 年 11 月
刘大珠	坊子区坊城街道马司村	—	男	1942 年 11 月
刘罗汉	坊子区坊城街道马司村	—	男	1942 年 11 月
刘 成	坊子区坊城街道西刘家埠	24	男	1942 年 11 月
方邦邦	坊子区坊城街道石河园	—	男	1942 年 12 月
王丰德	坊子区坊安街道梁家村	30	男	1942 年 12 月
张彦起	坊子区坊安街道张家村	25	男	1942 年 12 月
张永良	坊子区坊安街道张家村	42	男	1942 年 12 月
张跟治	坊子区坊安街道张家村	60	男	1942 年 12 月
张丕功	坊子区坊安街道张家村	14	男	1942 年 12 月
刘忠义	坊子区坊城街道马四村	30	男	1942 年
刘大集	坊子区坊城街道马四村	36	男	1942 年
宋金川	坊子区坊城街道石沟河	28	男	1942 年
徐文学	坊子区坊城街道徐家大路村	32	男	1942 年
郭家利	坊子区凤凰街道郭家	—	男	1942 年
孙学三	坊子区坊安街道西曹庄	—	男	1942 年
蔡其义	坊子区坊安街道蔡家石埠村	48	男	1943 年 1 月
王永和	坊子区坊安街道蔡家石埠村	47	男	1943 年 1 月
王福彬	坊子区九龙街道肖家营村	29	男	1943 年 1 月
杜宗明	坊子区九龙街道袁刘李村	27	男	1943 年 1 月
李延石	坊子区九龙街道袁刘李村	28	男	1943 年 1 月
栾思荣	坊子区九龙街道陈村	—	男	1943 年 10 月
张邦俊	坊子区坊安街道张家村	41	男	1943 年 1 月
宁	坊子区坊安街道张家村	13	男	1943 年 1 月
南 孟	坊子区坊安街道张家村	41	男	1943 年 1 月
宋	坊子区坊安街道张家村	21	男	1943 年 1 月

姓　名	籍　贯	年　龄	性　别	死难时间
张彦杞	坊子区坊安街道张家村	25	男	1943年1月
张彦格	坊子区坊安街道张家村	23	男	1943年1月
张德亮	坊子区坊安街道张家村	30	男	1943年1月
冯友德	坊子区坊安街道大尚庄村	32	男	1943年10月
刘玉星	坊子区坊安街道前曹村	46	男	1943年1月
仇继荣	坊子区坊安街道石坑村	24	男	1943年1月
韩保贤	坊子区坊安街道腾家庄	31	男	1943年1月
许兆泮	坊子区坊安街道王松村	38	男	1943年2月
许夕凡	坊子区坊安街道王松村	23	男	1943年2月
刘佐帮	坊子区九龙街道北流村	53	男	1943年2月
王庆祥	坊子区坊安街道张疃村	31	男	1943年3月
许际太	坊子区坊安街道东王松村	54	男	1943年3月
许应麟	坊子区坊安街道东王松村	57	男	1943年3月
许太昌	坊子区坊安街道东王松村	22	男	1943年3月
许德昇	坊子区坊安街道东王松二村	54	男	1943年3月
刘　班	坊子区坊城街道后埠头村	25	男	1943年3月
李田培	坊子区坊城街道泉河村	33	男	1943年3月
王　氏	坊子区坊城街道前埠头村	34	女	1943年3月
岳长席	坊子区九龙街道岳家村	37	男	1943年3月
岳俊晓	坊子区九龙街道岳家村	20	男	1943年3月
王长敏	坊子区坊安街道大尚庄村	22	男	1943年3月
冯法宗	坊子区坊安街道大尚庄村	31	男	1943年3月
冯友义	坊子区坊安街道大尚庄村	25	男	1943年3月
许立善	坊子区凤凰街道大辛冬一村	—	男	1943年3月
宋柳疃	坊子区坊安街道小庄子	32	男	1943年4月
宋佃金	坊子区坊安街道小庄子	35	男	1943年4月
韩兴亭	坊子区坊安街道韩家村	40	男	1943年4月
韩令同	坊子区坊安街道韩家村	42	男	1943年4月
韩　工	坊子区坊安街道韩家村	20	男	1943年4月
郑学校	坊子区坊安街道东埠郎君庄	43	男	1943年4月
郑学志	坊子区坊安街道东埠郎君庄	32	男	1943年4月
王永青	坊子区坊安街道大尚庄村	30	男	1943年4月
郎益强	坊子区坊安街道田家庄	25	男	1943年4月
刘留住	坊子区坊安街道河湾村	22	男	1943年4月

姓　名	籍　贯	年　龄	性　别	死难时间
郭立品之母	坊子区凤凰街道郭家村	35	女	1943 年 5 月
郭玉贵	坊子区坊安街道东王松二村	27	男	1943 年 5 月
郎橡州	坊子区坊安街道兴华村	25	男	1943 年 5 月
李明梓	坊子区坊安街道兴华村	42	男	1943 年 5 月
郎郡贵	坊子区坊安街道流戈庄	77	男	1943 年 5 月
王佰让	坊子区九龙街道王四村	18	男	1943 年 6 月
吴法军	坊子区坊城街道王柳村	34	男	1943 年 6 月
丁文贞	坊子区坊安街道张疃村	56	男	1943 年 6 月
刘长富	坊子区坊安街道洼里村	—	男	1943 年 7 月
张其同	坊子区九龙街道阿陀村	40	男	1943 年 7 月
马佃义	坊子区九龙街道西河下村	30	男	1943 年 7 月
郎会华	坊子区坊安街道兴华村	42	男	1943 年 7 月
刘念温	坊子区坊安街道营子村	22	男	1943 年 7 月
刘绵平	坊子区坊安街道营子村	32	男	1943 年 7 月
韩言功	坊子区凤凰街道小吴家村	38	男	1943 年 8 月
韩绪正	坊子区凤凰街道小吴家村	40	男	1943 年 8 月
林长富	坊子区凤凰街道葛家村	40	男	1943 年 8 月
刘济宽	坊子区坊安街道西曹村	32	男	1943 年 8 月
刘金章	坊子区坊安街道西曹村	31	男	1943 年 8 月
王启之	坊子区凤凰街道韩尔庄王家	—	男	1943 年 8 月
吴叙光	坊子区凤凰街道小吴家村	16	男	1943 年 9 月
丁文敏	坊子区坊安街道张疃村	25	男	1943 年 9 月
王相常	坊子区九龙街道涌泉村	32	男	1943 年 9 月
王汝好	坊子区九龙街道涌泉村	35	男	1943 年 9 月
董书祥	坊子区九龙街道望庄村	40	男	1943 年 9 月
杜大文	坊子区九龙街道穆四村	37	男	1943 年 9 月
杜宗修	坊子区九龙街道穆四村	51	男	1943 年 9 月
杜宗廷	坊子区九龙街道穆四村	47	男	1943 年 9 月
张善孝	坊子区九龙街道穆四村	30	男	1943 年 9 月
张宗顺	坊子区九龙街道穆四村	32	男	1943 年 9 月
张伟邦	坊子区九龙街道穆四村	56	男	1943 年 9 月
杜　荒	坊子区九龙街道穆四村	48	男	1943 年 9 月
张洪义	坊子区九龙街道穆四村	38	男	1943 年 9 月
陈　哲	坊子区坊安街道肖家村	45	男	1943 年 9 月

姓 名	籍 贯	年龄	性别	死难时间
陈 兵	坊子区坊安街道肖家村	42	男	1943 年 9 月
陈 三	坊子区坊安街道肖家村	39	男	1943 年 9 月
满陈玉	坊子区坊安街道肖家村	43	男	1943 年 9 月
马 营	坊子区坊安街道石龙村	23	男	1943 年 9 月
闫锡贞	坊子区坊安街道王家庄子	41	男	1943 年 9 月
宋文斗	坊子区坊安街道小庄子	43	男	1943 年 9 月
宋佃吉	坊子区坊安街道小庄子	13	男	1943 年 9 月
刘黄县	坊子区坊安街道圈子郎君庄	55	男	1943 年 9 月
焦九文	坊子区坊安街道庙东郎君庄	38	男	1943 年 9 月
郎会荣	坊子区坊安街道吴家庄	35	男	1943 年 9 月
李云峰	坊子区坊安街道李家村	24	男	1943 年 11 月
苏曰秀	坊子区坊安街道东苏村	45	男	1943 年 11 月
苏之平	坊子区坊安街道东苏村	49	男	1943 年 11 月
苏曰东	坊子区坊安街道东苏村	32	男	1943 年 11 月
苏曰柱	坊子区坊安街道东苏村	30	男	1943 年 11 月
苏曰选	坊子区坊安街道东苏村	29	男	1943 年 11 月
苏其林	坊子区坊安街道东苏村	28	男	1943 年 11 月
二 庆	坊子区坊安街道南王皋村	25	男	1943 年 11 月
杨树举	坊子区坊安街道南王皋村	30	男	1943 年 11 月
张洪泮	坊子区坊安街道庙东郎君庄	23	男	1943 年 11 月
张丰女	坊子区坊安街道庙东郎君庄	24	男	1943 年 11 月
刘小董	坊子区坊安街道庙后郎君庄	19	男	1943 年 11 月
殷风祥	坊子区九龙街道北流村	40	男	1943 年 12 月
殷振宇	坊子区九龙街道北流村	23	男	1943 年 12 月
苏三毛	坊子区坊安街道王家庄子	25	男	1943 年 12 月
刘兴智	坊子区坊安街道西曹村	31	男	1943 年 12 月
郎金厂	坊子区坊安街道西曹村	19	男	1943 年 12 月
宋麦川	坊子区坊城街道石沟河	40	男	1943 年
宋咸勤	坊子区坊城街道石沟河	39	男	1943 年
宋广存	坊子区坊城街道石沟河	28	男	1943 年
唐念公	坊子区坊城街道陈家庙	40	男	1943 年
郭树星	坊子区凤凰街道郭家	—	男	1943 年
孙石乐	坊子区坊安街道西曹庄	—	男	1943 年
许 浩	坊子区凤凰街道河南头村	37	男	1944 年 1 月

姓 名	籍 贯	年 龄	性 别	死难时间
张玉祥	坊子区九龙街道前车村	40	男	1944 年 1 月
张法祥	坊子区九龙街道前车村	38	男	1944 年 1 月
杜崇尊	坊子区九龙街道穆四村	43	男	1944 年 1 月
李之富	坊子区坊安街道李家村	41	男	1944 年 1 月
陈步云	坊子区坊安街道南王皋村	33	男	1944 年 1 月
刘金生	坊子区坊安街道西曹村	28	男	1944 年 1 月
刘念梨	坊子区坊安街道营子村	49	男	1944 年 1 月
韩化南	坊子区坊安街道腾家庄	57	男	1944 年 1 月
王立平	坊子区凤凰街道韩尔庄王家	—	男	1944 年 1 月
灰 材	坊子区九龙街道北流村	38	男	1944 年 2 月
宁永智	坊子区九龙街道宁家村	34	男	1944 年 3 月
宋守杰	坊子区坊城街道陈家庙	43	男	1944 年 3 月
张乐因	坊子区九龙街道张家屯村	49	男	1944 年 3 月
张建茂	坊子区九龙街道张家屯村	36	男	1944 年 3 月
河 河	坊子区九龙街道北流村	21	男	1944 年 3 月
窝	坊子区九龙街道北流村	34	男	1944 年 3 月
王 禄	坊子区九龙街道北流村	39	男	1944 年 3 月
刘善怀	坊子区九龙街道北流村	42	男	1944 年 4 月
刘培佐	坊子区九龙街道北流村	45	男	1944 年 4 月
刘新安	坊子区九龙街道北流村	26	男	1944 年 4 月
刘家松	坊子区九龙街道北流村	16	男	1944 年 4 月
郎令先	坊子区坊安街道韩家村	50	男	1944 年 4 月
王目之父	坊子区坊城街道王柳村	54	男	1944 年 5 月
王目之妻	坊子区坊城街道王柳村	33	女	1944 年 5 月
王清溪	坊子区坊城街道王裴村	32	女	1944 年 5 月
孟宪池	坊子区九龙街道孟家村	30	男	1944 年 5 月
滚 档	坊子区坊安街道营子村	23	男	1944 年 6 月
唐玉和	坊子区坊城街道刘家柳沟村	—	男	1944 年 6 月
王读书	坊子区九龙街道翟家埠	21	男	1944 年 8 月
孙文彬	坊子区坊安街道西曹庄村	—	男	1944 年 8 月
韩起顺	坊子区凤凰街道小吴家村	20	男	1944 年 9 月
王高俊	坊子区九龙街道王三村	19	男	1944 年 9 月
梁学俊	坊子区坊安街道梁家村	23	男	1944 年 9 月
杨会堂	坊子区坊安街道西曹村	33	男	1944 年 11 月

姓 名	籍 贯	年 龄	性 别	死难时间
宋桂兰	坊子区坊城街道陈家庙	28	女	1944 年 12 月
刘克能	坊子区九龙街道北流村	27	男	1944 年 12 月
梁中秀	坊子区坊安街道梁家村	65	男	1944 年 12 月
王丰善	坊子区坊安街道梁家村	33	男	1944 年 12 月
梁学嫚	坊子区坊安街道梁家村	20	男	1944 年 12 月
崔学颜	坊子区坊安街道梁家村	16	男	1944 年 12 月
邓会震	坊子区坊安街道兴华村	26	男	1944 年 12 月
刘 然	坊子区坊城街道盖家庄村	60	男	1944 年
曹志刚	坊子区坊城街道龙山坡	40	男	1944 年
于孟江	坊子区坊安街道河湾村	—	男	1944 年
刘在祥	坊子区坊城街道西刘家埠	—	男	1944 年
刘凤涂	坊子区坊城街道西刘家埠	—	男	1944 年
刘麦来	坊子区坊城街道西刘家埠	—	男	1944 年
刘烟台	坊子区坊城街道西刘家埠	—	男	1944 年
刘 光	坊子区坊城街道西刘家埠	—	男	1944 年
李明文	坊子区坊安街道西曹庄	—	男	1944 年
王发廷	坊子区九龙街道院上村	28	男	1945 年 3 月
侯 氏	坊子区坊城街道陈家庙	31	女	1945 年 3 月
宋守文	坊子区坊城街道陈家庙	40	男	1945 年 3 月
杜乃玉	坊子区九龙街道穆三村	40	男	1945 年 3 月
唐念修	坊子区坊城街道陈家庙	38	男	1945 年
卢宗森	坊子区坊城街道高村	—	男	1945 年
张凤官	坊子区凤凰街道河南头	—	男	1945 年
孙思乾	坊子区坊安街道西曹庄	—	男	1945 年
武法进	坊子区九龙街道罗家宅子	—	男	1945 年
刘佃生	坊子区坊城街道石河园	—	男	—
王淘气	坊子区坊城街道石河园	—	男	—
高宝宝	坊子区坊城街道石河园	—	男	—
张夕元	坊子区坊安街道张家村	—	男	1945 年
刘 学	坊子区坊安街道河湾村	36	男	—
朱刘氏	坊子区坊安街道港市村	23	女	1945 年
焦其敬	坊子区坊安街道河南郎君庄	27	男	1945 年
徐光亭	坊子区坊安街道河南郎君庄	22	男	1945 年
徐寿千	坊子区坊安街道河南郎君庄	23	男	1945 年

姓 名	籍 贯	年 龄	性 别	死难时间
于子修	坊子区坊安街道河南郎君庄	61	男	1945 年
宋培成	坊子区坊安街道宋家	32	男	1945 年
英	坊子区坊安街道宋家村	39	男	1945 年
李县城	坊子区凤凰街道辛李村	23	男	1938 年 3 月
付国玉	坊子区凤凰街道河南头	13	男	1938 年 5 月
付国昌	坊子区凤凰街道河南头	—	男	1938 年 7 月
赵世堂	坊子区凤凰街道赵家村	50	男	1939 年 3 月
赵大俭	坊子区凤凰街道赵家村	45	男	1939 年 3 月
赵小驴	坊子区凤凰街道赵家村	17	男	1939 年 3 月
赵怀深	坊子区凤凰街道赵家村	30	男	1939 年 5 月
赵怀荣	坊子区凤凰街道赵家村	37	男	1939 年 5 月
赵怀富	坊子区凤凰街道赵家村	48	男	1939 年 5 月
赵怀珍	坊子区凤凰街道赵家村	20	男	1939 年 5 月
赵大龙	坊子区凤凰街道赵家村	38	男	1939 年 5 月
赵怀先	坊子区凤凰街道赵家村	16	男	1939 年 5 月
赵 耕	坊子区凤凰街道赵家村	14	男	1939 年 5 月
赵 耙	坊子区凤凰街道赵家村	—	男	1939 年 5 月
赵新树	坊子区凤凰街道赵家村	—	男	1939 年 5 月
赵辛氏	坊子区凤凰街道赵家村	35	女	1939 年 5 月
谭玉章	坊子区坊安街道张家石埠村	—	男	1939 年 7 月
谭玉芹	坊子区坊安街道张家石埠村	—	男	1939 年 7 月
冯正宗之妻	坊子区坊安街道大尚庄村	23	女	1940 年 3 月
王德汗	坊子区坊安街道东曹村	52	男	1940 年 3 月
王德秀	坊子区坊安街道东曹村	45	男	1940 年 3 月
王 升	坊子区坊安街道东曹村	46	男	1940 年 3 月
王德友	坊子区坊安街道东曹村	47	男	1940 年 3 月
姜明智	坊子区坊安街道东曹村	53	男	1940 年 3 月
王德花	坊子区坊安街道东曹村	46	男	1940 年 3 月
王德贵	坊子区坊安街道东曹村	48	男	1940 年 3 月
商克新	坊子区凤凰街道大营子村	17	男	1940 年 4 月
商怀云	坊子区凤凰街道大营子村	17	男	1940 年 4 月
夏文修	坊子区凤凰街道东白杨埠村	26	男	1940 年 4 月
程 战	坊子区凤凰街道东白杨埠村	25	男	1940 年 4 月
马风岭	坊子区凤凰街道东白杨埠村	28	男	1940 年 7 月

姓 名	籍 贯	年 龄	性 别	死难时间
张怡书	坊子区坊安街道侯家庄村	45	男	1941 年 10 月
朱学敏	坊子区坊安街道港市村	18	男	1941 年 1 月
正 月	坊子区坊安街道港市村	17	男	1941 年 1 月
朱孟国	坊子区坊安街道港市村	19	男	1941 年 1 月
朱广运	坊子区坊安街道港市村	20	男	1941 年 1 月
五老汉	坊子区坊安街道港市村	19	男	1941 年 1 月
唠唠之祖父	坊子区坊安街道营子村	52	男	1941 年 1 月
唠唠之叔	坊子区坊安街道营子村	26	男	1941 年 1 月
唠 唠	坊子区坊安街道营子村	16	男	1941 年 1 月
王 田	坊子区坊安街道营子村	32	男	1941 年 1 月
刘蛋子	坊子区坊安街道营子村	31	男	1941 年 1 月
信	坊子区坊安街道营子村	33	男	1941 年 1 月
张佃友	坊子区凤凰街道南沟西村	36	男	1941 年 3 月
于文秀	坊子区坊安街道吴家庄	46	男	1941 年 6 月
郎会收	坊子区坊安街道吴家庄	21	男	1941 年 8 月
郎会成	坊子区坊安街道吴家庄	23	男	1941 年 8 月
满天飞	坊子区坊安街道营子村	40	男	1941 年 11 月
韩继良	坊子区坊安街道滕家庄	50	男	1941 年 11 月
黄 头	坊子区坊安街道滕家庄	49	男	1941 年 11 月
一眼猴	坊子区坊安街道滕家庄	20	男	1941 年 11 月
潍县客	坊子区坊安街道滕家庄	55	男	1941 年 11 月
冯 氏	坊子区坊安街道大尚庄村	32	女	1941 年 12 月
郎益玉	坊子区坊安街道吴家庄	22	男	1942 年 1 月
李 汕	坊子区凤凰街道韩尔庄李家	55	男	1942 年 2 月
李树国	坊子区凤凰街道韩尔庄李家	57	男	1942 年 2 月
李传勤	坊子区凤凰街道韩尔庄李家	16	男	1942 年 2 月
李 湝	坊子区凤凰街道韩尔庄李家	21	男	1942 年 2 月
李 溪	坊子区凤凰街道韩尔庄李家	17	男	1942 年 2 月
李 鸿	坊子区凤凰街道韩尔庄李家	25	男	1942 年 2 月
王大起	坊子区凤凰街道葛家村	19	男	1942 年 2 月
王汉汾	坊子区凤凰街道葛家村	21	男	1942 年 2 月
孔庆泰	坊子区凤凰街道葛家村	20	男	1942 年 2 月
李佰奎	坊子区凤凰街道葛家村	46	男	1942 年 2 月
李法文	坊子区凤凰街道葛家村	12	男	1942 年 2 月

姓 名	籍 贯	年龄	性别	死难时间
李 法	坊子区凤凰街道辛冬三村	45	男	1942 年 3 月
刘 旺	坊子区凤凰街道辛冬三村	35	男	1942 年 3 月
韩庆成	坊子区坊安街道西曹村	42	男	1942 年 3 月
小 礼	坊子区坊安街道西曹村	37	男	1942 年 3 月
连 进	坊子区坊安街道西曹村	35	男	1942 年 3 月
刘代兰	坊子区坊安街道西曹村	40	男	1942 年 3 月
山	坊子区坊安街道后曹村	16	男	1942 年 3 月
刘代高	坊子区坊安街道后曹村	18	男	1942 年 3 月
刘代旺	坊子区坊安街道后曹村	19	男	1942 年 3 月
韩明海	坊子区坊安街道后曹村	50	男	1942 年 3 月
二 锄	坊子区坊安街道后曹村	47	男	1942 年 3 月
刘振垦	坊子区坊安街道后曹村	26	男	1942 年 3 月
刘法俭	坊子区坊安街道后曹村	51	男	1942 年 3 月
刘恒祥	坊子区坊安街道后曹村	33	男	1942 年 3 月
铺	坊子区坊安街道后曹村	40	男	1942 年 3 月
刘代贤	坊子区坊安街道后曹村	38	男	1942 年 3 月
茅顿子	坊子区坊安街道营子村	42	男	1942 年 3 月
孔宪峕	坊子区凤凰街道葛家村	52	男	1942 年 4 月
孔庆全	坊子区凤凰街道葛家村	21	男	1942 年 4 月
苏守廷	坊子区坊安街道前苏村	40	男	1942 年 4 月
李 沂	坊子区凤凰街道韩尔庄李家	55	男	1942 年 8 月
张彦溪	坊子区坊安街道张家村	42	男	1942 年 12 月
李 马	坊子区凤凰街道河西营村	37	男	1942 年 12 月
张德佃	坊子区坊安街道张家村	50	男	1942 年 12 月
孙乐洪	坊子区坊安街道西曹庄村	55	男	1942 年
孙天顺	坊子区坊安街道西曹庄村	53	男	1942 年
许勤业	坊子区凤凰街道辛冬一村	42	男	1943 年 1 月
张天友	坊子区坊安街道张家村	53	男	1943 年 1 月
张子峰	坊子区坊安街道张家村	47	男	1943 年 1 月
张彦明	坊子区坊安街道张家村	48	男	1943 年 1 月
张彦伪	坊子区坊安街道张家村	51	男	1943 年 1 月
张曰卫	坊子区坊安街道张家村	53	男	1943 年 1 月
刘观成	坊子区坊安街道石坑村	65	男	1943 年 1 月
邓学敏	坊子区凤凰街道邓家村	19	男	1943 年 2 月

姓　名	籍　贯	年　龄	性　别	死难时间
邓永胜	坊子区凤凰街道邓家村	21	男	1943 年 2 月
邓光辉	坊子区凤凰街道邓家村	25	男	1943 年 2 月
邓学良	坊子区凤凰街道邓家村	28	男	1943 年 2 月
邓光福	坊子区凤凰街道邓家村	42	男	1943 年 2 月
邓延世	坊子区凤凰街道邓家村	48	男	1943 年 2 月
邓永忠	坊子区凤凰街道邓家村	17	男	1943 年 2 月
邓学信	坊子区凤凰街道邓家村	55	男	1943 年 2 月
许学孟	坊子区凤凰街道辛冬一村	40	男	1943 年 2 月
王善增	坊子区凤凰街道韩尔庄王家	50	男	1943 年 2 月
李同峰	坊子区凤凰街道韩尔庄李家	35	男	1943 年 2 月
李德高	坊子区凤凰街道韩尔庄李家	32	男	1943 年 2 月
孔宪维	坊子区凤凰街道葛家村	19	男	1943 年 2 月
王久令	坊子区凤凰街道葛家村	20	男	1943 年 2 月
孔兆明	坊子区凤凰街道葛家村	27	男	1943 年 2 月
王汉海	坊子区凤凰街道葛家村	21	男	1943 年 2 月
葛兆年	坊子区凤凰街道葛家村	18	男	1943 年 2 月
林　玉	坊子区凤凰街道葛家村	36	男	1943 年 2 月
林长青	坊子区凤凰街道葛家村	15	男	1943 年 2 月
孔庆来	坊子区凤凰街道葛家村	21	男	1943 年 2 月
葛廷铎	坊子区凤凰街道葛家村	43	男	1943 年 2 月
孔庆义	坊子区凤凰街道葛家村	30	男	1943 年 2 月
孔庆智	坊子区凤凰街道葛家村	27	男	1943 年 2 月
董和现	坊子区凤凰街道葛家村	24	男	1943 年 2 月
葛洪恩	坊子区凤凰街道葛家村	11	男	1943 年 4 月
于洪斌	坊子区坊安街道于家石埠村	30	男	1943 年 5 月
于洪烈	坊子区坊安街道于家石埠村	24	男	1943 年 5 月
王洪培	坊子区坊安街道王家石埠村	24	男	1943 年 6 月
王玉升	坊子区凤凰街道葛家村	54	男	1943 年 7 月
葛兆庆	坊子区凤凰街道葛家村	58	男	1943 年 9 月
许兆敏	坊子区坊安街道东王松四村	52	男	1943 年
许美烈	坊子区坊安街道东王松四村	49	男	1943 年
孔祥地	坊子区坊安街道东王松四村	51	男	1943 年
郭宝林	坊子区坊安街道东王松四村	46	男	1943 年
许子禧	坊子区坊安街道东王松四村	28	男	1943 年

姓 名	籍 贯	年 龄	性 别	死难时间
孔令富	坊子区坊安街道东王松四村	31	男	1943 年
许子成	坊子区坊安街道东王松四村	20	男	1943 年
许飞昌	坊子区坊安街道东王松二村	34	男	1943 年
许兆浦	坊子区坊安街道东王松一村	36	男	1945 年
许应作	坊子区坊安街道东王松一村	47	男	1945 年
合 计	784			

责任人：陈炳华　　　　核实人：刘明君　梁广利　　　　填表人：刘明君　梁广利

填报单位（签章）：潍坊市坊子区委党史研究室　　　　填报时间：2009 年 4 月 23 日

潍坊市寒亭区抗日战争时期死难者名录

姓 名	籍 贯	年龄	性别	死难时间
张希敏	寒亭区开元街道安固二村	28	男	1938 年
王龙书	寒亭区泊子乡王家官庄村	21	男	1938 年
尹伟风	寒亭区南孙乡台底村	33	男	1938 年 1 月 29 日
丑	寒亭区高里镇一空桥村	18	男	1938 年 2 月
孙 宗	寒亭区高里镇一空桥村	20	男	1938 年 2 月
卢振河	寒亭区泊子乡卢家码头村	20	男	1938 年 2 月
张思月	寒亭区固堤镇北王村	30	男	1938 年 2 月
王守文	寒亭区固堤镇北王村	40	男	1938 年 2 月
王普玉	寒亭区固堤镇北王村	25	男	1938 年 2 月
王 宽	寒亭区固堤镇北王村	18	男	1938 年 2 月
王守伦	寒亭区固堤镇北王村	22	男	1938 年 2 月
王天恩	寒亭区固堤镇北王村	15	男	1938 年 2 月
王 寨	寒亭区固堤镇北王村	18	男	1938 年 2 月
王守浩	寒亭区固堤镇北王村	30	男	1938 年 2 月
张乐松	寒亭区固堤镇北王村	50	男	1938 年 2 月
夏延年	寒亭区固堤镇北王村	50	男	1938 年 2 月
夏宗顺	寒亭区固堤镇北王村	60	男	1938 年 2 月
侯桂兴	寒亭区南孙乡台底村	40	女	1938 年 3 月 5 日
尹小曼	寒亭区南孙乡台底村	27	女	1938 年 3 月 6 日
王来德	寒亭区南孙乡台底村	29	女	1938 年 3 月 7 日
孙亭吉之妹	寒亭区寒亭街道北平旺村	72	女	1938 年 3 月 19 日
张 伟	寒亭区寒亭街道北平旺村	57	男	1938 年 3 月 19 日
孙宋亮	寒亭区寒亭街道北平旺村	35	男	1938 年 3 月 19 日
张瑞州	寒亭区寒亭街道北平旺村	35	男	1938 年 3 月 19 日
白 玲	寒亭区寒亭街道北平旺村	17	男	1938 年 3 月 19 日
张丰池	寒亭区寒亭街道北平旺村	72	男	1938 年 3 月 19 日
长 吟	寒亭区寒亭街道北平旺村	22	男	1938 年 3 月 19 日
葛延辉	寒亭区寒亭街道南平旺村	72	男	1938 年 3 月 19 日
王兰田	寒亭区寒亭街道南平旺村	81	男	1938 年 3 月 19 日
潘明钦	寒亭区寒亭街道南平旺村	78	男	1938 年 3 月 19 日
王兰田之妻	寒亭区寒亭街道南平旺村	82	女	1938 年 3 月 19 日

姓 名	籍 贯	年 龄	性 别	死难时间
谭有礼	寒亭区寒亭街道南平旺村	45	男	1938 年 3 月 19 日
潘明胡	寒亭区寒亭街道南平旺村	75	男	1938 年 3 月 19 日
潘明夏	寒亭区寒亭街道南平旺村	77	男	1938 年 3 月 19 日
崔龙法	寒亭区开元街道徐家楼村	31	男	1938 年 3 月
董西亮	寒亭区固堤镇东小官庄村	30	男	1938 年 3 月
于守松	寒亭区泊子乡北于码头村	23	男	1938 年 3 月
王殿盈	寒亭区泊子乡王家码头村	23	男	1938 年 3 月
崔延年	寒亭区开元街道徐家楼村	20	男	1938 年 4 月
崔汉法	寒亭区开元街道徐家楼村	19	男	1938 年 4 月
张存生	寒亭区寒亭街道隅里村	33	男	1938 年 4 月
孙尧之子	寒亭区高里镇一空桥村	17	男	1938 年 5 月
孙尧之妻	寒亭区高里镇一空桥村	51	女	1938 年 5 月
孙世增之母	寒亭区高里镇一空桥村	36	女	1938 年 5 月
杨起仁之祖父	寒亭区高里镇杨家营子村	34	男	1938 年 5 月
杨起仁之叔	寒亭区高里镇杨家营子村	22	男	1938 年 5 月
王丙善之父	寒亭区高里镇小庄子村	27	男	1938 年 5 月
张玉珍	寒亭区高里镇河南村	33	男	1938 年 5 月
徐会川	寒亭区开元街道辛庄村	33	男	1938 年 6 月
卢光居	寒亭区泊子乡卢家码头村	22	男	1938 年 6 月
卢光兴	寒亭区泊子乡卢家码头村	23	男	1938 年 6 月
于孝荣	寒亭区河滩镇河滩村	71	男	1938 年 6 月
于存祥	寒亭区河滩镇河滩村	69	男	1938 年 6 月
于德年	寒亭区河滩镇河滩村	73	男	1938 年 6 月
周德堂	寒亭区高里镇北埠刘村	25	男	1938 年 7 月
韩春长	寒亭区高里镇南韩村	57	男	1938 年 7 月
张求本	寒亭区寒亭街道隅里村	22	男	1938 年 7 月
王兆铎	寒亭区寒亭街道叶家庄子村	36	男	1938 年 7 月
于存智	寒亭区河滩镇河滩村	68	男	1938 年 8 月
于锡川	寒亭区河滩镇大东庄村	60	男	1938 年 8 月
于桂芳	寒亭区河滩镇大东庄村	23	男	1938 年 8 月
刘恩德	寒亭区河滩镇大东庄村	44	男	1938 年 8 月
吉英彬	寒亭区河滩镇前吉村	41	男	1938 年 8 月
张英挺	寒亭区高里镇河南村	21	男	1938 年 8 月
解风岭	寒亭区固堤镇固堤二村	28	男	1938 年 8 月

姓 名	籍 贯	年 龄	性 别	死难时间
李洪式	寒亭区高里镇西营村	26	男	1938 年 8 月
杨佃选	寒亭区固堤镇固堤三村	32	男	1938 年 8 月
崔汉英	寒亭区开元街道徐家楼村	31	男	1938 年 8 月
高廷军	寒亭区河滩镇北张村	46	男	1938 年 9 月
李若松	寒亭区固堤镇李家沿村	20	男	1938 年 9 月
李佃金	寒亭区固堤镇南王家埠	23	男	1938 年 9 月
张佃武	寒亭区高里镇河南村	35	男	1938 年 10 月
张有功	寒亭区高里镇河南村	28	男	1938 年 10 月
牟明训	寒亭区高里镇牟家院村	34	男	1938 年 10 月
郎益祥	寒亭区开元街道西金马村	23	男	1938 年 11 月
栾庆增	寒亭区双杨店镇华疃一村	22	男	1938 年 11 月
于黄献	寒亭区河滩镇南曹埠村	25	男	1938 年
宋寿玉	寒亭区河滩镇地方寺村	41	女	1938 年
老实人	寒亭区朱里镇前朱里村	40	男	1938 年
高绪京	寒亭区朱里镇会泉庄村	35	男	1938 年
崔有福	寒亭区央子镇崔家央子村	31	男	1938 年
蔡官江	寒亭区央子镇蔡一村	28	男	1938 年
蔡志美	寒亭区央子镇蔡二村	30	男	1938 年
王修传	寒亭区南孙乡南王村	32	男	1938 年
董跃之妻	寒亭区双杨店镇万家村	48	女	1938 年
徐延文	寒亭区双杨店镇万家村	37	男	1938 年
董德林之妻	寒亭区双杨店镇万家村	47	女	1938 年
徐学理	寒亭区双杨店镇万家村	19	男	1938 年
庄奎叶	寒亭区双杨店镇王固庄村	33	男	1938 年
栾英君	寒亭区双杨店镇华疃一村	26	男	1938 年
栾笑庆	寒亭区双杨店镇华疃一村	30	男	1938 年
栾幸福	寒亭区双杨店镇华疃一村	30	男	1938 年
韩风友	寒亭区高里镇韩家朱马村	32	男	1938 年
张有礼	寒亭区南孙乡于家庄子村	43	男	1938 年
张玉坡	寒亭区高里镇一空桥村	21	男	1938 年
李金兴	寒亭区双杨店镇华疃四村	—	男	1938 年
孙恒峰	寒亭区双杨店镇华疃一村	19	男	1938 年
张桂芝	寒亭区固堤镇大常疃村	26	男	1938 年
邢相升	寒亭区固堤镇邢家常疃村	43	男	1938 年

姓　名	籍　　贯	年　龄	性　别	死难时间
邢丰年	寒亭区固堤镇邢家常疃村	44	男	1938 年
邢鲜氏	寒亭区固堤镇邢家常疃村	48	女	1938 年
牟兆吉	寒亭区固堤镇西安村	19	男	1938 年
牟延庆	寒亭区固堤镇西安村	14	男	1938 年
钱老虎	寒亭区固堤镇西安村	13	男	1938 年
王胜令	寒亭区固堤镇西安村	21	男	1938 年
王相顺	寒亭区固堤镇西安村	16	男	1938 年
杨延胜	寒亭区固堤镇固堤三村	35	男	1938 年
解足林	寒亭区固堤镇固堤三村	42	男	1938 年
李曰起之妻	寒亭区固堤镇固堤三村	32	女	1938 年
王佃营	寒亭区固堤镇南王村	27	男	1938 年
魏　氏	寒亭区泊子乡北于村	30	女	1938 年
于传诰	寒亭区泊子乡北于村	24	男	1938 年
于寿思	寒亭区泊子乡北于村	25	男	1938 年
王　顿	寒亭区泊子乡神堂子村	—	男	1938 年
崔洪新	寒亭区泊子乡崔家官庄	17	男	1938 年
李循孟	寒亭区泊子乡李家官庄村	25	男	1938 年
李德彦	寒亭区泊子乡李家官庄村	23	女	1938 年
牟以信	寒亭区固堤镇牟家温庄村	23	男	1938 年
牟以太	寒亭区固堤镇牟家温庄村	20	男	1938 年
魏邢氏	寒亭区固堤镇大魏家村	55	女	1938 年
陈洪泽	寒亭区固堤镇东南牟村	35	男	1938 年
陈汉章	寒亭区固堤镇东南牟村	34	男	1938 年
陈骆驼	寒亭区固堤镇东南牟村	—	男	1938 年
陈洪信	寒亭区固堤镇东南牟村	37	男	1938 年
陈怀荣	寒亭区固堤镇东南牟村	25	男	1938 年
陈宗仁	寒亭区固堤镇东南牟村	25	男	1938 年
李福堂	寒亭区固堤镇东南牟村	27	男	1938 年
李王氏	寒亭区固堤镇东南牟村	30	女	1938 年
李郑氏	寒亭区固堤镇东南牟村	51	女	1938 年
王子元	寒亭区固堤镇北王家埠村	20	男	1938 年
耿锡章	寒亭区固堤镇东小官庄村	52	男	1938 年
李青待	寒亭区寒亭街道李家村	36	男	1938 年
徐其忠	寒亭区开元街道大辛庄村	18	男	1938 年

姓　名	籍　贯	年　龄	性　别	死难时间
陈　轸	寒亭区开元街道陈家官庄村	22	男	1938 年
孙掖县	寒亭区开元街道张氏五村	19	男	1938 年
庞振兴	寒亭区开元街道黄埠村	20	男	1938 年
牟　成	寒亭区开元街道郭家官庄村	51	男	1938 年
王希阳	寒亭区开元街道郭家官庄村	70	男	1938 年
宋作更	寒亭区开元街道郭家官庄村	60	男	1938 年
钱　盛	寒亭区开元街道郭家官庄村	61	男	1938 年
郎玄氏	寒亭区开元街道郭家官庄村	63	女	1938 年
刘张氏	寒亭区开元街道郭家官庄村	62	女	1938 年
徐道一	寒亭区开元街道大辛庄村	20	男	1938 年
刘三洁	寒亭区开元街道张氏三村	39	男	1938 年
范维圣	寒亭区开元街道范家村	18	男	1938 年
范顺之	寒亭区开元街道范家村	23	男	1938 年
尹起悦	寒亭区寒亭街道齐家埠村	65	男	1938 年
尹　氏	寒亭区寒亭街道齐家埠村	67	女	1938 年
尹来福	寒亭区寒亭街道齐家埠村	25	男	1938 年
齐世真	寒亭区寒亭街道齐家埠村	38	男	1938 年
齐化良	寒亭区寒亭街道齐家埠村	55	男	1938 年
尹汉昌	寒亭区寒亭街道齐家埠村	38	男	1938 年
孙广斗	寒亭区寒亭街道东三角埠村	32	男	1938 年
孙　青	寒亭区寒亭街道东三角埠村	—	女	1938 年
邰洪赘	寒亭区寒亭街道齐家道村	27	男	1938 年
王丙春	寒亭区寒亭街道寒二村	48	男	1938 年
高乃和	寒亭区寒亭街道寒二村	47	男	1938 年
张振荣	寒亭区寒亭街道前仉村	51	男	1938 年
牟学关	寒亭区寒亭街道前仉村	52	男	1938 年
张志苟	寒亭区寒亭街道前仉村	55	男	1938 年
徐超听	寒亭区寒亭街道河西村	35	男	1938 年
徐高生	寒亭区寒亭街道河西村	27	男	1938 年
王凤军	寒亭区寒亭街道箕子埠村	46	男	1938 年
徐兆文	寒亭区寒亭街道河西村	35	男	1938 年
王德河	寒亭区央子镇丰渔村	20	男	1938 年
吉于氏	寒亭区河滩镇后吉村	36	女	1939 年 1 月
吉伟胜	寒亭区河滩镇后吉村	31	男	1939 年 1 月

姓　名	籍　贯	年　龄	性　别	死难时间
付希圣	寒亭区南孙乡台底村	33	男	1939 年 2 月
李东升	寒亭区双杨店镇青冢子村	40	男	1939 年 3 月 15 日
曹秀玉	寒亭区固堤镇李家埠村	34	男	1939 年 3 月
于怀瑞	寒亭区河滩镇大东庄村	25	男	1939 年 3 月
刘希京	寒亭区寒亭街道仓上村	18	男	1939 年 4 月
王洪格	寒亭区寒亭街道仓上村	52	男	1939 年 4 月
马悦清	寒亭区河滩镇卜家村	53	男	1939 年 4 月
马洪福	寒亭区河滩镇卜家村	46	男	1939 年 4 月
卜照谦	寒亭区河滩镇卜家村	38	男	1939 年 4 月
纪龙德	寒亭区开元街道胡家朱茂村	59	男	1939 年 4 月
贾老海	寒亭区开元街道胡家朱茂村	43	男	1939 年 4 月
卜照奎	寒亭区河滩镇卜家村	47	男	1939 年 5 月
韩申之	寒亭区高里镇韩家朱马村	19	男	1939 年 5 月
张佃左	寒亭区寒亭街道隔里村	66	男	1939 年 6 月 22 日
张来本	寒亭区寒亭街道隔里村	51	男	1939 年 6 月 22 日
王　氏	寒亭区寒亭街道隔里村	28	女	1939 年 6 月 22 日
张存轮	寒亭区寒亭街道隔里村	62	男	1939 年 6 月 22 日
张京孟	寒亭区寒亭街道隔里村	43	男	1939 年 6 月 22 日
张佃功	寒亭区寒亭街道隔里村	65	男	1939 年 6 月 22 日
孙文起	寒亭区寒亭街道王家道村	26	男	1939 年 6 月
于振汗	寒亭区河滩镇河滩村	66	男	1939 年 6 月
牟汉周	寒亭区固堤镇牟家温庄村	24	男	1939 年 6 月
李相政	寒亭区河滩镇东徐村	46	男	1939 年 7 月
李九昌	寒亭区河滩镇东徐村	49	男	1939 年 7 月
李希屋	寒亭区高里镇西营村	31	男	1939 年 7 月
李克田	寒亭区高里镇西营村	46	男	1939 年 7 月
韩志诚	寒亭区高里镇南韩村	33	男	1939 年 7 月
耿振甲	寒亭区固堤镇东小官庄村	22	男	1939 年 7 月
高振恒	寒亭区高里镇朱马村	23	男	1939 年 8 月
王振川	寒亭区南孙乡台底村	34	男	1939 年 8 月
王玉堂	寒亭区南孙乡三家王村	30	男	1939 年 8 月
王玉满	寒亭区南孙乡三家王村	33	男	1939 年 8 月
贺学涛	寒亭区固堤镇贺家村	25	男	1939 年 8 月
贺学海	寒亭区固堤镇贺家村	26	男	1939 年 8 月

姓 名	籍 贯	年 龄	性 别	死难时间
王维九	寒亭区固堤镇北王家埠村	21	男	1939 年 8 月
贺 氏	寒亭区固堤镇贺家村	27	女	1939 年 8 月
王凤和	寒亭区寒亭街道王家道村	24	男	1939 年 8 月
王振升	寒亭区南孙乡台底村	34	男	1939 年 8 月
张佃石	寒亭区寒亭街道隔里村	70	男	1939 年 9 月 27 日
张佃芳	寒亭区寒亭街道隔里村	53	男	1939 年 9 月 27 日
冯 氏	寒亭区寒亭街道隔里村	50	女	1939 年 9 月 27 日
马留迁	寒亭区寒亭街道隔里村	25	男	1939 年 9 月 27 日
张介元	寒亭区寒亭街道隔里村	23	男	1939 年 9 月 27 日
张兴民之舅	寒亭区寒亭街道隔里村	43	男	1939 年 9 月 27 日
张 顺	寒亭区寒亭街道隔里村	45	男	1939 年 9 月 27 日
耿振刚	寒亭区固堤镇东小官庄村	20	男	1939 年 9 月
耿锡甲	寒亭区固堤镇东小官庄村	22	男	1939 年 9 月
王学行	寒亭区寒亭街道仓上村	42	男	1939 年 9 月
陈佃敏	寒亭区泊子乡走马岭村	38	男	1939 年 10 月
庞希让	寒亭区双杨店镇庞家村	18	男	1939 年 10 月
牛威武	寒亭区高里镇牛家朱马村	50	男	1939 年 10 月
赵三贤	寒亭区高里镇东营村	34	男	1939 年 10 月
齐中兴	寒亭区寒亭街道寒二村	48	男	1939 年
张春涛	寒亭区寒亭街道寒二村	45	男	1939 年
杨化荣	寒亭区河滩镇杨西村	24	男	1939 年
吉春芳	寒亭区河滩镇财源村	26	男	1939 年
孙永礼	寒亭区河滩镇财源村	28	男	1939 年
刘 温	寒亭区河滩镇财源村	31	男	1939 年
刘长庚	寒亭区河滩镇财源村	20	男	1939 年
乔永欣	寒亭区河滩镇财源村	21	男	1939 年
于方兴	寒亭区河滩镇南曹埠村	28	男	1939 年
陈连邦	寒亭区河滩镇陈家绛埠村	44	男	1939 年
杨凤起	寒亭区河滩镇杨家绛埠村	28	男	1939 年
陈昌龄	寒亭区河滩镇西东坡村	35	男	1939 年
郭立文	寒亭区寒亭街道后仉庄村	47	男	1939 年
楚向太	寒亭区河滩镇财源村	27	男	1939 年
小耳于	寒亭区河滩镇财源村	24	男	1939 年
乔世春	寒亭区河滩镇财源村	27	男	1939 年

姓　名	籍　贯	年　龄	性　别	死难时间
刘明峰	寒亭区河滩镇财源村	29	男	1939 年
王英奎	寒亭区河滩镇财源村	20	男	1939 年
孙孝连	寒亭区朱里镇前周一村	23	男	1939 年
于风义之妻	寒亭区朱里镇富一村	50	女	1939 年
蒋红德	寒亭区朱里镇富一村	18	男	1939 年
蒋洪信	寒亭区朱里镇富一村	24	男	1939 年
王兰芳	寒亭区朱里镇富一村	40	男	1939 年
崔有宾	寒亭区央子镇崔家央子村	40	男	1939 年
崔光星	寒亭区央子镇崔家央子村	38	男	1939 年
王德让	寒亭区央子镇丰农村	24	男	1939 年
杜逢吉	寒亭区双杨店镇杜家庄子村	25	男	1939 年
于兴彦	寒亭区双杨店镇马家村	28	男	1939 年
杨明光	寒亭区双杨店镇马家村	21	男	1939 年
庞书云	寒亭区双杨店镇庞家村	60	男	1939 年
庞留三	寒亭区双杨店镇庞家村	30	男	1939 年
郭子告	寒亭区高里镇后河套村	21	男	1939 年
官清全	寒亭区南孙乡柳科村	20	男	1939 年
肖相镇	寒亭区南孙乡邵吕店村	61	男	1939 年
许来亿	寒亭区南孙乡邵吕店村	39	男	1939 年
肖义聚	寒亭区南孙乡邵吕店村	38	男	1939 年
姜老彬	寒亭区南孙乡邵吕店村	62	男	1939 年
肖相贞	寒亭区南孙乡邵吕店村	65	男	1939 年
肖恩梓	寒亭区南孙乡邵吕店村	38	男	1939 年
王成氏	寒亭区南孙乡南王村	32	男	1939 年
王中传	寒亭区南孙乡南王村	28	男	1939 年
王义堂	寒亭区高里镇小庄子村	20	男	1939 年
李佰起	寒亭区双杨店镇青冢子村	23	男	1939 年
李兴义	寒亭区双杨店镇中小河村	20	男	1939 年
李华迪	寒亭区双杨店镇辛正村	31	男	1939 年
栾云登	寒亭区双杨店镇华疃一村	23	男	1939 年
程荣堂	寒亭区南孙乡西官亭村	48	男	1939 年
王文田	寒亭区南孙乡西官亭村	51	男	1939 年
王文伟	寒亭区南孙乡西官亭村	50	男	1939 年
张万福	寒亭区固堤镇大常疃村	45	男	1939 年

姓名	籍贯	年龄	性别	死难时间
张万喜	寒亭区固堤镇大常疃村	42	男	1939 年
李东甫	寒亭区固堤镇东横沟	25	男	1939 年
于福忠	寒亭区泊子乡北于村	26	男	1939 年
张子忠	寒亭区泊子乡蔡家栏子村	50	男	1939 年
邵京奎	寒亭区泊子乡蔡家栏子村	48	男	1939 年
邵京川	寒亭区泊子乡蔡家栏子村	46	男	1939 年
孙贵成	寒亭区泊子乡蔡家栏子村	45	男	1939 年
赵 栓	寒亭区泊子乡蔡家栏子村	47	男	1939 年
张太俭	寒亭区泊子乡蔡家栏子村	49	男	1939 年
管 氏	寒亭区泊子乡蔡家栏子村	62	女	1939 年
肖 氏	寒亭区泊子乡蔡家栏子村	55	女	1939 年
赵祥亨	寒亭区泊子乡蔡家栏子村	42	男	1939 年
王 氏	寒亭区泊子乡蔡家栏子村	55	女	1939 年
王会珍	寒亭区泊子乡蔡家栏子村	50	男	1939 年
周龙云	寒亭区泊子乡周家官庄村	29	男	1939 年
李 坤	寒亭区泊子乡李家官庄村	21	男	1939 年
李明超	寒亭区泊子乡李家官庄村	48	男	1939 年
李元太	寒亭区固堤镇北王家埠村	28	男	1939 年
魏安荣	寒亭区固堤镇西北魏村	40	男	1939 年
王怀刚	寒亭区开元街道大辛庄村	21	男	1939 年
徐进修	寒亭区开元街道大辛庄村	25	男	1939 年
张官庆	寒亭区开元街道安固一村	28	男	1939 年
李德厚	寒亭区开元街道黄埠村	24	男	1939 年
庞永吉	寒亭区开元街道黄埠村	50	男	1939 年
庞宝连	寒亭区开元街道黄埠村	70	男	1939 年
张效孔	寒亭区开元街道张金杨孟村	18	男	1939 年
张居信	寒亭区开元街道南寨里村	43	男	1939 年
李桂芳	寒亭区开元街道南寨里村	45	女	1939 年
张钦华	寒亭区开元街道西常疃村	62	男	1939 年
张兆瑞	寒亭区寒亭街道南埠子村	25	男	1939 年
杨太贞	寒亭区寒亭街道西杨家埠村	52	男	1939 年
杨盛桂	寒亭区寒亭街道西杨家埠村	40	男	1939 年
徐成修	寒亭区寒亭街道寒二村	45	男	1939 年
齐罗阳	寒亭区寒亭街道寒二村	46	男	1939 年

姓　名	籍　贯	年　龄	性　别	死难时间
齐中茂	寒亭区寒亭街道寒二村	47	男	1939 年
齐树聪	寒亭区寒亭街道齐家道村	38	男	1939 年
邵瑞昌	寒亭区寒亭街道齐家道村	50	男	1939 年
王洪干	寒亭区寒亭街道仓上村	36	男	1939 年
崔玉章	寒亭区寒亭街道仓上村	41	男	1939 年
王洪海	寒亭区寒亭街道仓上村	17	男	1939 年
刘　芳	寒亭区寒亭街道仓上村	16	男	1939 年
周万龙	寒亭区寒亭街道北纸房村	36	男	1939 年
周敦仁	寒亭区寒亭街道徐庄村	24	男	1939 年
周开爽	寒亭区寒亭街道徐庄村	22	男	1939 年
周敦同	寒亭区寒亭街道徐庄村	55	男	1939 年
周延寿	寒亭区寒亭街道徐庄村	60	男	1939 年
袁之起	寒亭区寒亭街道袁家埠村	44	男	1939 年
李学增	寒亭区寒亭街道袁家埠村	30	男	1939 年
袁贵贤	寒亭区寒亭街道袁家埠村	43	男	1939 年
王西福	寒亭区寒亭街道五里埠村	32	男	1939 年
李振好	寒亭区寒亭街道赵家埠村	32	男	1939 年
王思信	寒亭区寒亭街道毛家埠村	31	男	1939 年
王思恒	寒亭区寒亭街道毛家埠村	37	男	1939 年
牟沙河	寒亭区高里镇牟家院村	32	男	1940 年 1 月
牟宋作	寒亭区高里镇牟家院村	22	男	1940 年 1 月
宋君亮	寒亭区河滩镇宋家双庙村	27	男	1940 年 2 月
宋　黄	寒亭区河滩镇宋家双庙村	24	男	1940 年 2 月
宋乃瑞	寒亭区河滩镇宋家双庙村	51	男	1940 年 2 月
宋希富	寒亭区河滩镇宋家双庙村	49	男	1940 年 2 月
宋殿振	寒亭区河滩镇宋家双庙村	60	男	1940 年 2 月
于希勤	寒亭区河滩镇河西于村	38	男	1940 年 2 月
于德友	寒亭区河滩镇河西于村	62	男	1940 年 2 月
于德付	寒亭区河滩镇河西于村	54	男	1940 年 2 月
于桂芳之妻	寒亭区河滩镇河西于村	38	女	1940 年 2 月
牟坎龄	寒亭区高里镇牟家院村	22	男	1940 年 3 月
牟户门	寒亭区高里镇牟家院村	26	男	1940 年 3 月
牟　收	寒亭区高里镇牟家院村	27	男	1940 年 3 月
牟光三	寒亭区高里镇牟家院村	24	男	1940 年 3 月

姓 名	籍 贯	年 龄	性 别	死难时间
牟灵斗	寒亭区高里镇牟家院村	23	男	1940 年 3 月
牟墩义	寒亭区高里镇牟家院村	23	男	1940 年 3 月
牟东宗	寒亭区高里镇牟家院村	25	男	1940 年 3 月
牟 有	寒亭区高里镇牟家院村	27	男	1940 年 3 月
牟灵刚	寒亭区高里镇牟家院村	26	男	1940 年 3 月
许在堂	寒亭区高里镇许家村	41	男	1940 年 3 月
魏占亭	寒亭区固堤镇大魏家村	21	男	1940 年 3 月
陈庆敏	寒亭区双杨店镇王固庄村	19	男	1940 年 4 月
于树涛	寒亭区寒亭街道西冢子村	35	男	1940 年 4 月
张连成	寒亭区寒亭街道东院村	28	男	1940 年 4 月
李清芬	寒亭区寒亭街道李家东庄村	35	男	1940 年 4 月
杜同江	寒亭区寒亭街道南庄村	22	男	1940 年 5 月
郭世祥	寒亭区高里镇后河套村	30	男	1940 年 5 月
郭作征	寒亭区高里镇后河套村	27	男	1940 年 5 月
郭芳东之父	寒亭区高里镇碱滩村	40	男	1940 年 5 月
郭 印	寒亭区高里镇碱滩村	20	男	1940 年 5 月
徐孟祯	寒亭区寒亭街道纪家村	39	男	1940 年 5 月
王启高	寒亭区朱里镇前朱里村	41	男	1940 年 6 月
王小退	寒亭区泊子乡双庙子村	—	男	1940 年 6 月
张 墩	寒亭区南孙乡禹王台村	12	男	1940 年 6 月
李元贞	寒亭区固堤镇李家埠村	37	男	1940 年 6 月
左锡五	寒亭区高里镇桥西一村	43	男	1940 年 6 月
李连奎	寒亭区朱里镇北港涘村	30	男	1940 年 8 月 20 日
李连训	寒亭区朱里镇北港涘村	30	男	1940 年 8 月 20 日
纪云玺	寒亭区高里镇纪家朱马村	26	男	1940 年 8 月
于立修	寒亭区河滩镇北曹埠村	28	男	1940 年 8 月
李建都	寒亭区河滩镇东徐庄村	28	男	1940 年 8 月
陈志仁	寒亭区泊子乡走马岭村	45	男	1940 年 8 月
张福元	寒亭区寒亭街道东院村	29	男	1940 年 8 月
孙宛如	寒亭区南孙乡西北孙村	29	男	1940 年 8 月
孙玉甲	寒亭区南孙乡西北孙村	21	男	1940 年 8 月
徐以明	寒亭区河滩镇西镇村	52	男	1940 年
刘 代	寒亭区河滩镇狮子行村	35	女	1940 年
于阳春	寒亭区河滩镇地方寺寺前村	40	男	1940 年

姓　名	籍　贯	年　龄	性别	死难时间
李悦斌	寒亭区河滩镇大徐庄村	28	男	1940 年
李录江	寒亭区河滩镇黄埠村	30	男	1940 年
侯廷信	寒亭区河滩镇宏伟村	60	男	1940 年
宋德纪	寒亭区河滩镇宋家双庙村	32	男	1940 年
李福君	寒亭区河滩镇大徐庄村	30	男	1940 年
庄好乐	寒亭区河滩镇北庄村	32	男	1940 年
于好光	寒亭区河滩镇东于家庄子村	54	男	1940 年
于禄钦	寒亭区河滩镇河西于村	47	男	1940 年
王安信	寒亭区河滩镇陶里村	58	男	1940 年
王化夏	寒亭区河滩镇陶里村	61	男	1940 年
孙存仁	寒亭区朱里镇前朱里村	33	男	1940 年
孙存贵	寒亭区朱里镇后周一村	40	男	1940 年
刘希贤	寒亭区朱里镇亓家庄村	50	男	1940 年
陈平度	寒亭区朱里镇会泉庄村	36	男	1940 年
徐仁华	寒亭区央子镇横里路村	16	男	1940 年
翟延顺	寒亭区央子镇西利渔村	30	男	1940 年
郭经西	寒亭区高里镇碱滩村	28	男	1940 年
张兰芬	寒亭区高里镇河南村	25	男	1940 年
宋万法	寒亭区高里镇小庄子村	26	男	1940 年
付　荒	寒亭区南孙乡西付家村	—	男	1940 年
付春红	寒亭区南孙乡西付家村	—	女	1940 年
付春英	寒亭区南孙乡西付家村	—	女	1940 年
王振升	寒亭区南孙乡二甲王村	24	男	1940 年
孙河沟	寒亭区南孙乡西常寨村	41	男	1940 年
耿子财	寒亭区双杨店镇耿家村	35	男	1940 年
刘风观	寒亭区双杨店镇耿家村	26	男	1940 年
严有祥	寒亭区双杨店镇耿家村	20	男	1940 年
徐延长	寒亭区双杨店镇万家村	24	男	1940 年
颜　德	寒亭区双杨店镇万家村	24	男	1940 年
孙中信	寒亭区双杨店镇孙家村	20	男	1940 年
于店星	寒亭区双杨店镇孙家村	21	男	1940 年
于成海	寒亭区双杨店镇后阙村	25	男	1940 年
于双太	寒亭区双杨店镇后阙村	25	男	1940 年
于乡林	寒亭区双杨店镇后阙村	26	男	1940 年

姓 名	籍 贯	年 龄	性 别	死难时间
庞希昌	寒亭区双杨店镇庞家村	20	男	1940 年
栾增成	寒亭区双杨店镇华疃一村	30	男	1940 年
栾速成	寒亭区双杨店镇华疃二村	30	男	1940 年
栾 举	寒亭区双杨店镇华疃三村	35	男	1940 年
李超峰	寒亭区双杨店镇湖淋埠村	57	男	1940 年
齐相廷	寒亭区固堤镇齐家沿村	25	男	1940 年
张胜堂	寒亭区固堤镇大常疃村	21	男	1940 年
张振远	寒亭区固堤镇大常疃村	34	男	1940 年
李振江	寒亭区固堤镇李家营村	31	男	1940 年
老 钱	寒亭区固堤镇西安村	22	男	1940 年
李 沐	寒亭区固堤镇东横沟村	20	男	1940 年
曹大同	寒亭区固堤镇东横沟村	23	男	1940 年
郑东春	寒亭区固堤镇东横沟村	21	男	1940 年
朱保刚	寒亭区固堤镇流河一村	29	男	1940 年
朱和绪	寒亭区固堤镇流河一村	30	男	1940 年
牟龙吉	寒亭区固堤镇西安村	17	男	1940 年
于臣亲	寒亭区泊子乡北于村	28	男	1940 年
孙干书	寒亭区泊子乡东常寨村	20	男	1940 年
孙吉贵	寒亭区泊子乡东常寨村	30	男	1940 年
孙天锡	寒亭区泊子乡蔡家栏子村	23	男	1940 年
路士贤	寒亭区泊子乡大湾口村	27	男	1940 年
郑宝勋	寒亭区泊子乡大湾口村	20	男	1940 年
郑德川	寒亭区泊子乡大湾口村	30	男	1940 年
郑福之	寒亭区泊子乡大湾口村	16	男	1940 年
王耀文	寒亭区泊子乡神堂子村	22	男	1940 年
李之振	寒亭区泊子乡神堂子村	22	男	1940 年
王 海	寒亭区泊子乡神堂子村	24	男	1940 年
赵 塞	寒亭区泊子乡赵家官庄村	19	男	1940 年
周维恒	寒亭区泊子乡周家官庄村	29	男	1940 年
牟龙恩	寒亭区泊子乡北仲寨村	30	男	1940 年
牟庆恩	寒亭区固堤镇东庄子村	28	男	1940 年
张长命	寒亭区开元街道西常疃村	22	男	1940 年
金克昌	寒亭区开元街道张金杨孟村	17	男	1940 年
李 留	寒亭区开元街道东里疃村	19	男	1940 年

姓　名	籍　贯	年　龄	性　别	死难时间
孙达朋之妻	寒亭区开元街道东里疃村	20	女	1940年
庞京昌	寒亭区开元街道黄埠村	40	男	1940年
张华周	寒亭区开元街道安固三村	50	男	1940年
孙保太	寒亭区寒亭街道东三角埠村	16	男	1940年
孙佃寿	寒亭区寒亭街道西三角埠村	33	男	1940年
杨华森	寒亭区寒亭街道东杨家埠村	36	男	1940年
杜贡江	寒亭区寒亭街道南庄村	22	男	1940年
纪令兴	寒亭区寒亭街道纪家村	22	男	1940年
纪令会	寒亭区寒亭街道纪家村	23	男	1940年
纪丙章	寒亭区寒亭街道纪家村	22	男	1940年
窦风楷	寒亭区寒亭街道纪家村	42	男	1940年
袁德亮之母	寒亭区寒亭街道袁家埠村	60	女	1940年
魏成叶之母	寒亭区寒亭街道袁家埠村	65	女	1940年
周绪长	寒亭区寒亭街道徐庄村	25	男	1940年
潘恩序	寒亭区寒亭街道北埠子村	23	男	1940年
孙占文	寒亭区寒亭街道北埠子村	18	男	1940年
潘高粱	寒亭区寒亭街道北埠子村	18	男	1940年
潘守忠	寒亭区寒亭街道北埠子村	27	男	1940年
陈洪道	寒亭区寒亭街道西院村	22	男	1940年
周老哼	寒亭区寒亭街道北纸房村	57	男	1940年
韩孝雨	寒亭区寒亭街道北纸房村	60	男	1940年
吴瑞成	寒亭区寒亭街道吴家埠村	21	男	1940年
王法贤	寒亭区寒亭街道箕子埠村	17	男	1940年
崔廷峰	寒亭区寒亭街道南纸房村	50	男	1940年
权排合	寒亭区寒亭街道陈埠村	18	男	1940年
权顺合	寒亭区寒亭街道陈埠村	20	男	1940年
冯修营	寒亭区寒亭街道徐庄村	21	男	1940年
王春风	寒亭区河滩镇王家绛埠村	30	男	1940年
张继甲	寒亭区高里镇一空桥村	40	男	1940年10月
侯学德	寒亭区河滩镇宏伟村	32	男	1940年11月
张明铿	寒亭区高里镇河南村	32	男	1940年11月
韩付氏	寒亭区高里镇北韩村	26	女	1940年11月
韩付氏之女	寒亭区高里镇北韩村	3	女	1940年11月
庄克太	寒亭区河滩镇北张庄村	25	男	1940年12月

姓　名	籍　贯	年龄	性别	死难时间
刘守森	寒亭区河滩镇西坡村	60	男	1940 年 12 月
杨央子	寒亭区高里镇獐羔埠村	21	男	1940 年秋
杨怀路	寒亭区高里镇獐羔埠村	20	男	1940 年秋
杨柳瞳	寒亭区高里镇獐羔埠村	19	男	1940 年秋
杨里瞳	寒亭区高里镇獐羔埠村	23	男	1940 年秋
陈其功	寒亭区双杨店镇埠子头村	29	男	1941 年 1 月
许在学	寒亭区高里镇后河套村	40	男	1941 年 2 月
韩沙河	寒亭区高里镇北韩村	21	男	1941 年 2 月
谭新花	寒亭区开元街道徐家楼村	18	男	1941 年 2 月
李永芝	寒亭区河滩镇埠南头村	33	男	1941 年 3 月
李家成	寒亭区央子镇崔家央子村	33	男	1941 年 3 月
胡劲光	寒亭区双杨店镇王固庄村	38	男	1941 年 3 月
牟武玉	寒亭区固堤镇牟家温庄村	33	男	1941 年 3 月
翟云栋	寒亭区央子镇西利渔村	20	男	1941 年 4 月
朱高居	寒亭区央子镇西利渔村	23	男	1941 年 4 月
肖九寿之妻	寒亭区南孙乡邵吕店村	24	女	1941 年 4 月
张来庆	寒亭区高里镇桥西一村	25	男	1941 年 4 月
张守亮	寒亭区高里镇巩家庄子村	11	男	1941 年 5 月
曹德华	寒亭区高里镇桥西二村	39	男	1941 年 5 月
崔茂林	寒亭区高里镇高里三村	18	男	1941 年 6 月
刘培吉	寒亭区高里镇吴家村	19	男	1941 年 6 月
刘风柱	寒亭区寒亭街道仓上村	40	男	1941 年 6 月
刘东生	寒亭区高里镇高里一村	37	男	1941 年 7 月
刘承刚之叔	寒亭区高里镇北埠刘村	20	男	1941 年 7 月
刘林之	寒亭区高里镇北埠刘村	27	男	1941 年 7 月
韩子林	寒亭区高里镇北韩村	51	男	1941 年 7 月
于守道	寒亭区寒亭街道南纸房村	32	男	1941 年 7 月
尹　氏	寒亭区寒亭街道南纸房村	41	女	1941 年 7 月
于　氏	寒亭区寒亭街道南纸房村	49	女	1941 年 7 月
于　氏	寒亭区寒亭街道南纸房村	42	女	1941 年 7 月
于　氏	寒亭区寒亭街道南纸房村	60	女	1941 年 7 月
陈兴武之父	寒亭区寒亭街道南纸房村	62	男	1941 年 7 月
韩春竹之母	寒亭区寒亭街道南纸房村	35	女	1941 年 7 月
韩清华	寒亭区寒亭街道南纸房村	62	男	1941 年 7 月

姓 名	籍 贯	年 龄	性 别	死难时间
陈怀胜	寒亭区寒亭街道南纸房村	42	男	1941 年 7 月
韩 坤	寒亭区寒亭街道南纸房村	51	男	1941 年 7 月
韩善云	寒亭区寒亭街道南纸房村	47	男	1941 年 7 月
李明章	寒亭区寒亭街道大埠村	32	男	1941 年 7 月
朱崇智	寒亭区固堤镇流河一村	20	男	1941 年 8 月
朱光巨	寒亭区固堤镇流河二村	21	男	1941 年 8 月
朱平绪	寒亭区固堤镇流河一村	21	男	1941 年 8 月
庄明里	寒亭区河滩镇北张庄村	48	男	1941 年 9 月
杨 榜	寒亭区高里镇獐羔埠村	20	男	1941 年 10 月
李廷凯	寒亭区高里镇张庄村	30	男	1941 年 11 月
刘学修	寒亭区固堤镇西横沟村	21	男	1941 年 11 月
李洪药之母	寒亭区高里镇张庄村	24	女	1941 年 12 月
郭锡友	寒亭区固堤镇牟家温庄村	44	男	1941 年 12 月
刘永亭	寒亭区河滩镇西坡村	35	男	1941 年
王邦昌	寒亭区河滩镇陶里村	38	男	1941 年
李高玲	寒亭区河滩镇大徕庄村	25	男	1941 年
尹安兴	寒亭区河滩镇尹家双庙村	32	男	1941 年
王孟清	寒亭区朱里镇前巡栈村	40	男	1941 年
王邓村	寒亭区朱里镇前巡栈村	35	男	1941 年
王 碰	寒亭区朱里镇前巡栈村	30	男	1941 年
乔继功	寒亭区朱里镇朱里一村	20	男	1941 年
方老三	寒亭区朱里镇朱里一村	25	男	1941 年
乔朋祥	寒亭区朱里镇朱里一村	30	男	1941 年
孙修竹	寒亭区河滩镇东庄子村	40	男	1941 年
孙方贤	寒亭区河滩镇东庄子村	30	男	1941 年
孙连福	寒亭区河滩镇东庄子村	30	男	1941 年
孙良成	寒亭区朱里镇会泉庄村	57	男	1941 年
王德胜	寒亭区央子镇丰渔村	17	男	1941 年
朱兆田	寒亭区央子镇西利渔村	—	男	1941 年
翟云功	寒亭区央子镇西利渔村	—	男	1941 年
徐象泉	寒亭区央子镇横里路村	15	男	1941 年
王莱芜	寒亭区央子镇丰渔村	43	男	1941 年
王洪彬	寒亭区南孙乡二甲王村	20	男	1941 年
王学清	寒亭区南孙乡二甲王村	25	男	1941 年

姓　名	籍　贯	年　龄	性　别	死难时间
王　才	寒亭区南孙乡二甲王村	31	男	1941年
王　福	寒亭区南孙乡二甲王村	31	男	1941年
王乐升	寒亭区南孙乡二甲王村	18	男	1941年
牟化成	寒亭区南孙乡大官庄村	48	男	1941年
牟化贞	寒亭区南孙乡大官庄村	27	男	1941年
王宝秀	寒亭区南孙乡西常寨村	45	男	1941年
王福海	寒亭区南孙乡前王村	38	男	1941年
管孟弟	寒亭区南孙乡后王村	25	男	1941年
马文来	寒亭区南孙乡后王村	40	男	1941年
肖同毫	寒亭区南孙乡肖家营村	34	男	1941年
于恒亮	寒亭区双杨店镇后阙村	26	男	1941年
周延年之父	寒亭区高里镇北埠刘村	31	男	1941年
李希智	寒亭区高里镇李家埠村	32	男	1941年
于相之	寒亭区高里镇桥西一村	26	男	1941年
刘光砍	寒亭区高里镇吴家村	22	男	1941年
于国兵	寒亭区双杨店镇后阙村	40	男	1941年
张于氏	寒亭区双杨店镇庞家村	70	女	1941年
庞希良	寒亭区双杨店镇庞家村	25	男	1941年
李乐三	寒亭区双杨店镇前小河村	30	男	1941年
肖希折	寒亭区南孙乡西官亭村	40	男	1941年
程镇忠	寒亭区南孙乡西官亭村	50	男	1941年
程希武	寒亭区南孙乡西官亭村	42	男	1941年
程希刚	寒亭区南孙乡西官亭村	44	男	1941年
程大改	寒亭区南孙乡西官亭村	42	男	1941年
牟秀贞	寒亭区南孙乡后王村	43	男	1941年
赵崇恩	寒亭区固堤镇前大村	24	男	1941年
李福邦	寒亭区固堤镇东横沟村	19	男	1941年
郑盼春	寒亭区固堤镇东横沟村	22	男	1941年
刘守明	寒亭区固堤镇西横沟村	19	男	1941年
卢居来	寒亭区泊子乡卢家码头村	20	男	1941年
于怀思	寒亭区泊子乡北于村	31	男	1941年
郑大印	寒亭区泊子乡大湾口村	23	男	1941年
郑芳顺	寒亭区泊子乡大湾口村	22	男	1941年
郑孟令	寒亭区泊子乡大湾口村	24	男	1941年

姓 名	籍 贯	年 龄	性 别	死难时间
赵连元	寒亭区泊子乡北赵家官庄村	23	男	1941 年
赵梦堂	寒亭区泊子乡北赵家官庄村	23	男	1941 年
周希朋	寒亭区泊子乡周家官庄村	57	男	1941 年
周 去	寒亭区泊子乡周家官庄村	18	女	1941 年
王福伟	寒亭区泊子乡周家官庄村	46	男	1941 年
李福荣	寒亭区泊子乡李家官庄村	26	男	1941 年
王承三	寒亭区泊子乡王家官庄村	30	男	1941 年
牟 谱	寒亭区泊子乡北仲寨村	33	男	1941 年
陈老海	寒亭区固堤镇东南牟村	21	男	1941 年
周 香	寒亭区泊子乡周家官庄村	17	女	1941 年
冯佃财	寒亭区开元街道冯马杨孟村	42	男	1941 年
陈忠和	寒亭区开元街道郭家官庄村	24	男	1941 年
张吉庆	寒亭区开元街道安固一村	27	男	1941 年
王洪奎	寒亭区开元街道鲁家口村	66	男	1941 年
范教之	寒亭区开元街道范家村	23	男	1941 年
孙同玉	寒亭区开元街道孙家村	19	男	1941 年
杨明江	寒亭区寒亭街道西杨家埠村	23	男	1941 年
杨明芳	寒亭区寒亭街道西杨家埠村	21	男	1941 年
杨公臣	寒亭区寒亭街道西杨家埠村	38	男	1941 年
徐绍起	寒亭区寒亭街道北埠子村	25	男	1941 年
张连升	寒亭区寒亭街道东院村	27	男	1941 年
徐 氏	寒亭区寒亭街道大埠村	48	女	1941 年
李佩胜	寒亭区寒亭街道大埠村	25	男	1941 年
李佩庆	寒亭区寒亭街道大埠村	26	男	1941 年
李永辉	寒亭区寒亭街道大埠村	33	男	1941 年
冯秀章	寒亭区寒亭街道徐庄村	26	男	1941 年
张连生	寒亭区寒亭街道东院村	35	男	1941 年
张其禄	寒亭区寒亭街道东院村	28	男	1941 年
徐绍超	寒亭区寒亭街道北埠子村	35	男	1941 年
孙柳瞳	寒亭区寒亭街道北埠子村	25	男	1941 年
王开祥	寒亭区寒亭街道箕子埠村	40	男	1941 年
王风杰	寒亭区寒亭街道箕子埠村	30	男	1941 年
王洪顺	寒亭区寒亭街道箕子埠村	19	男	1941 年
王兆福	寒亭区寒亭街道箕子埠村	20	男	1941 年

姓　名	籍　贯	年　龄	性　别	死难时间
巨	寒亭区寒亭街道箕子埠村	27	男	1941 年
邢明信	寒亭区寒亭街道邢家村	26	男	1941 年
邢守万	寒亭区寒亭街道邢家村	25	男	1941 年
邢连喜	寒亭区寒亭街道邢家村	50	男	1941 年
张洪起	寒亭区寒亭街道邢家村	22	男	1941 年
孙　洲	寒亭区高里镇一空桥村	21	男	1941 年
刘光砚	寒亭区高里镇吴家村	26	男	1941 年
赵福田	寒亭区固堤镇齐家沿村	21	男	1942 年 2 月
朱学法	寒亭区固堤镇流河二村	22	男	1942 年 2 月
朱根来	寒亭区南孙乡八甲朱村	22	男	1942 年 3 月
朱　明	寒亭区南孙乡八甲朱村	22	男	1942 年 3 月
孙曰友	寒亭区双杨店镇王固庄村	20	男	1942 年 3 月
冯中禹	寒亭区高里镇西冯村	51	男	1942 年 3 月
冯奎德	寒亭区高里镇西冯村	30	男	1942 年 3 月
冯奎卯	寒亭区高里镇西冯村	20	男	1942 年 3 月
冯中图	寒亭区高里镇西冯村	42	男	1942 年 3 月
冯布尔	寒亭区高里镇西冯村	20	男	1942 年 3 月
魏聚泰	寒亭区固堤镇大魏家村	21	男	1942 年 3 月
牟殿朋	寒亭区固堤镇牟家温庄村	24	男	1942 年 4 月
曹洪潘	寒亭区固堤镇李家埠村	29	男	1942 年 4 月
高锦章	寒亭区高里镇高家庄子村	25	男	1942 年 4 月
汪京浩	寒亭区高里镇高家庄子村	34	男	1942 年 4 月
庞书盼	寒亭区双杨店镇庞家村	26	男	1942 年 4 月
杜克茂	寒亭区寒亭街道南庄村	30	男	1942 年 4 月
高德昌	寒亭区南孙乡柳科村	44	男	1942 年 5 月
陈之舟	寒亭区高里镇高里三村	19	男	1942 年 5 月
刘早之父	寒亭区高里镇高里三村	31	男	1942 年 5 月
吴朋增	寒亭区高里镇吴家村	31	男	1942 年 5 月
韩伦堂	寒亭区高里镇北韩村	48	男	1942 年 5 月
郑　氏	寒亭区央子镇固堤场村	27	女	1942 年 6 月
管清泉	寒亭区南孙乡柳科村	22	男	1942 年 6 月
邢瑞坡	寒亭区南孙乡荆科村	22	男	1942 年 6 月
刘洪统	寒亭区高里镇高里一村	31	男	1942 年 6 月
玄　安	寒亭区高里镇高里一村	29	男	1942 年 6 月

姓　名	籍　贯	年龄	性别	死难时间
韩　劳	寒亭区高里镇北韩村	25	男	1942 年 6 月
程希年	寒亭区南孙乡西官亭村	26	男	1942 年 6 月
张二月	寒亭区高里镇桥西一村	31	男	1942 年 6 月
于文元	寒亭区固堤镇南王村	58	男	1942 年 7 月
陈之伍	寒亭区高里镇高里三村	29	女	1942 年 7 月
高唤之	寒亭区高里镇高家村	24	男	1942 年 7 月
张世会	寒亭区固堤镇大张家埠村	22	男	1942 年 7 月
左希伍	寒亭区高里镇桥西一村	34	男	1942 年 8 月
孙流汉	寒亭区朱里镇东于渠村	32	男	1942 年 8 月
陈青阳	寒亭区南孙乡禹王台村	22	男	1942 年 8 月
韩风楼之妻	寒亭区高里镇韩家朱马村	55	女	1942 年 8 月
钱在库	寒亭区固堤镇西安村	26	男	1942 年 8 月
李汝玖	寒亭区固堤镇李家沿村	21	男	1942 年 8 月
王洪斌	寒亭区南孙乡台底村	35	男	1942 年 9 月
李兆瑞	寒亭区高里镇李家埠村	35	男	1942 年 10 月
蔡志梅	寒亭区央子镇蔡一村	24	男	1942 年 10 月
朱仁吉	寒亭区南孙乡八甲朱村	18	男	1942 年 10 月
刘守城	寒亭区固堤镇西横沟村	21	男	1942 年 10 月
郭汉升	寒亭区高里镇前沟村	—	男	1942 年 11 月
张化升	寒亭区高里镇河南村	22	男	1942 年 12 月
刘克文	寒亭区高里镇戈翟村	42	男	1942 年 12 月
程教学	寒亭区南孙乡西官亭村	23	男	1942 年 12 月
尹京茂	寒亭区河滩镇尹家双庙村	26	男	1942 年
杨维栋	寒亭区河滩镇大杨村	35	男	1942 年
杨有茂	寒亭区河滩镇前吉村	46	男	1942 年
孙志贤	寒亭区朱里镇前朱里村	20	男	1942 年
孙代贵	寒亭区朱里镇前周二村	50	男	1942 年
孙瑞巡	寒亭区朱里镇后周一村	40	男	1942 年
孙明来之伯	寒亭区朱里镇后周二村	18	男	1942 年
蔡官佃	寒亭区央子镇蔡二村	34	男	1942 年
林佃思	寒亭区央子镇林家央子村	36	男	1942 年
朱延春	寒亭区央子镇崔家央子村	27	男	1942 年
王连登	寒亭区央子镇前岭子村	51	男	1942 年
王存信	寒亭区央子镇河北岭子村	25	男	1942 年

姓 名	籍 贯	年 龄	性 别	死难时间
于武无	寒亭区双杨店镇埠头子村	30	男	1942 年
孙中永	寒亭区双杨店镇孙家村	20	男	1942 年
长	寒亭区双杨店镇孙家村	22	男	1942 年
王林峰	寒亭区南孙乡二甲王村	34	男	1942 年
王福起	寒亭区南孙乡二甲王村	27	男	1942 年
王莱河	寒亭区南孙乡二甲王村	42	男	1942 年
宋青州	寒亭区南孙乡二甲王村	19	男	1942 年
王乐教	寒亭区南孙乡二甲王村	27	男	1942 年
孙玉润	寒亭区南孙乡西常寨村	35	男	1942 年
管 楚	寒亭区南孙乡柳科村	25	男	1942 年
管傻子	寒亭区南孙乡柳科村	32	男	1942 年
刘 椿	寒亭区高里镇高里三村	33	男	1942 年
张功德	寒亭区高里镇前河套村	25	男	1942 年
王守仁	寒亭区南孙乡前王村	—	男	—
杨其智	寒亭区双杨店镇马家村	20	男	1942 年
李超同	寒亭区双杨店镇华疃三村	31	男	1942 年
程教堂	寒亭区南孙乡西官亭村	23	男	1942 年
齐胜德	寒亭区固堤镇齐家沿村	41	男	1942 年
李振华	寒亭区固堤镇李家沿村	32	男	1942 年
李维芝	寒亭区固堤镇李家营村	24	男	1942 年
杨连孔	寒亭区固堤镇固堤三村	23	男	1942 年
王树清	寒亭区固堤镇北王村	28	男	1942 年
孙清云	寒亭区泊子乡东常寨村	45	男	1942 年
孙恒文	寒亭区泊子乡东常寨村	34	男	1942 年
孙训书	寒亭区泊子乡东常寨村	18	男	1942 年
王文德	寒亭区泊子乡北庄子村	50	男	1942 年
路士贞	寒亭区泊子乡大湾口村	34	男	1942 年
袁义起	寒亭区泊子乡大湾口村	36	男	1942 年
郑洪邦	寒亭区泊子乡大湾口村	42	男	1942 年
路英灿	寒亭区泊子乡大湾口村	25	男	1942 年
郑群邦	寒亭区泊子乡大湾口村	30	男	1942 年
路英武	寒亭区泊子乡大湾口村	29	男	1942 年
袁日起	寒亭区泊子乡大湾口村	36	男	1942 年
王龙田	寒亭区泊子乡崔家官庄村	22	男	1942 年

姓　名	籍　贯	年龄	性别	死难时间
王桂盛	寒亭区泊子乡王家官庄村	21	男	1942 年
王会亭	寒亭区泊子乡高庄村	36	男	1942 年
李　茂	寒亭区固堤镇北王家埠村	19	男	1942 年
张学三	寒亭区开元街道张金杨孟村	23	男	1942 年
张树虎	寒亭区开元街道安固二村	30	男	1942 年
刘鸿儒	寒亭区开元街道王家朱茂村	28	男	1942 年
王玉显	寒亭区开元街道张氏一村	26	男	1942 年
冯兆福之父	寒亭区开元街道冯家杨孟村	43	男	1942 年
王寿山	寒亭区开元街道王谭村	30	男	1942 年
马德胜	寒亭区开元街道冯马村	26	男	1942 年
孙玉俊	寒亭区寒亭街道北埠子村	22	男	1942 年
幕　后	寒亭区双杨店镇埠头子村	32	男	1942 年
孙永志	寒亭区寒亭街道北平旺村	23	男	1942 年
张祥成	寒亭区寒亭街道北平旺村	23	男	1942 年
孙寒兴	寒亭区寒亭街道北平旺村	46	男	1942 年
封义静	寒亭区寒亭街道北埠子村	42	男	1942 年
张大友	寒亭区寒亭街道东院村	33	男	1942 年
张光元	寒亭区寒亭街道东院村	35	男	1942 年
张维生	寒亭区寒亭街道东院村	43	男	1942 年
张怀元	寒亭区寒亭街道东院村	30	男	1942 年
周邦来	寒亭区寒亭街道北纸房村	28	男	1942 年
恒春祥	寒亭区寒亭街道北纸房村	20	男	1942 年
于庆礼	寒亭区寒亭街道叶家庄子村	30	男	1942 年
于学亮	寒亭区寒亭街道叶家庄子村	29	男	1942 年
王玉显	寒亭区寒亭街道大埠村	26	男	1942 年
吴恒太	寒亭区寒亭街道吴家埠村	34	男	1942 年
王福智	寒亭区寒亭街道毛家埠村	19	男	1942 年
韩广季	寒亭区寒亭街道南纸房村	25	男	1942 年
马　训	寒亭区寒亭街道隔里村	36	男	1942 年
徐春光	寒亭区寒亭街道北埠子村	22	男	1942 年
张维禄	寒亭区寒亭街道东院村	43	男	1942 年
魏　祥	寒亭区寒亭街道袁家埠村	26	男	1942 年
王　吉	寒亭区寒亭街道南营村	51	男	1942 年
庞书泽	寒亭区双杨店镇庞家村	36	男	1942 年

姓　名	籍　贯	年　龄	性　别	死难时间
李召众	寒亭区双杨店镇华疃村	27	男	1942 年
王俊民	寒亭区泊子乡高庄村	21	男	1942 年
刘洪山	寒亭区河滩镇西坡村	42	男	1943 年
田云峰	寒亭区南孙乡三官庙村	75	男	1943 年 1 月 29 日
付尔秃	寒亭区南孙乡三官庙村	61	男	1943 年 1 月 29 日
王子芸	寒亭区南孙乡赵家庄子村	56	男	1943 年 3 月 5 日
王子浩之妻	寒亭区南孙乡赵家庄子村	53	女	1943 年 3 月 5 日
孙　氏	寒亭区南孙乡赵家庄子村	23	女	1943 年 3 月 5 日
王海堂	寒亭区南孙乡赵家庄子村	25	男	1943 年 3 月 5 日
王　真	寒亭区南孙乡赵家庄子村	25	女	1943 年 3 月 5 日
焉老婆	寒亭区南孙乡赵家庄子村	75	女	1943 年 3 月 5 日
焉　印	寒亭区南孙乡赵家庄子村	50	女	1943 年 3 月 5 日
王子深	寒亭区南孙乡赵家庄子村	42	男	1943 年 3 月 5 日
赵洪林	寒亭区南孙乡赵家庄子村	38	男	1943 年 3 月 5 日
赵　彩	寒亭区南孙乡赵家庄子村	—	女	1943 年 3 月 5 日
王　当	寒亭区南孙乡赵家庄子村	18	女	1943 年 3 月 5 日
王　诺	寒亭区南孙乡赵家庄子村	16	女	1943 年 3 月 5 日
王孙氏	寒亭区南孙乡赵家庄子村	43	女	1943 年 3 月 5 日
王海堂	寒亭区南孙乡赵家庄子村	42	男	1943 年 3 月 5 日
孙　氏	寒亭区南孙乡西南孙村	18	女	1943 年 3 月 5 日
程　氏	寒亭区南孙乡西官亭村	56	女	1943 年 3 月 5 日
赵守增之母	寒亭区南孙乡赵家庄子村	74	女	1943 年 3 月 5 日
赵梅增	寒亭区南孙乡赵家庄子村	45	男	1943 年 3 月 5 日
赵守本	寒亭区南孙乡赵家庄子村	65	男	1943 年 3 月 5 日
赵守本之妻	寒亭区南孙乡赵家庄子村	66	女	1943 年 3 月 5 日
赵圣吉	寒亭区南孙乡赵家庄子村	56	男	1943 年 3 月 5 日
高风志	寒亭区南孙乡赵家庄子村	60	男	1943 年 3 月 5 日
赵　佩	寒亭区南孙乡赵家庄子村	—	女	1943 年 3 月 5 日
赵　珊	寒亭区南孙乡赵家庄子村	—	女	1943 年 3 月 5 日
赵圣祥	寒亭区南孙乡赵家庄子村	42	男	1943 年 3 月 5 日
赵圣德之妻	寒亭区南孙乡赵家庄子村	42	女	1943 年 3 月 5 日
赵　本	寒亭区南孙乡赵家庄子村	—	男	1943 年 3 月 5 日
张守东	寒亭区南孙乡赵家庄子村	—	男	1943 年 3 月 5 日
赵万升之母	寒亭区南孙乡赵家庄子村	—	女	1943 年 3 月 5 日

姓 名	籍 贯	年 龄	性 别	死难时间
赵林选	寒亭区南孙乡赵家庄子村	17	男	1943 年 3 月 5 日
赵成元	寒亭区南孙乡赵家庄子村	54	男	1943 年 3 月 5 日
赵成元之妻	寒亭区南孙乡赵家庄子村	50	女	1943 年 3 月 5 日
赵 赶	寒亭区南孙乡赵家庄子村	16	女	1943 年 3 月 5 日
赵涤元	寒亭区南孙乡赵家庄子村	50	男	1943 年 3 月 5 日
赵涤元之妻	寒亭区南孙乡赵家庄子村	50	女	1943 年 3 月 5 日
赵 珍	寒亭区南孙乡赵家庄子村	15	男	1943 年 3 月 5 日
赵珍之母	寒亭区南孙乡赵家庄子村	42	女	1943 年 3 月 5 日
赵全元	寒亭区南孙乡赵家庄子村	42	男	1943 年 3 月 5 日
赵全元之母	寒亭区南孙乡赵家庄子村	68	女	1943 年 3 月 5 日
赵新元	寒亭区南孙乡赵家庄子村	52	男	1943 年 3 月 5 日
赵居元	寒亭区南孙乡赵家庄子村	49	男	1943 年 3 月 5 日
赵广元	寒亭区南孙乡赵家庄子村	46	男	1943 年 3 月 5 日
赵宏刚	寒亭区南孙乡赵家庄子村	62	男	1943 年 3 月 5 日
赵文元	寒亭区南孙乡赵家庄子村	22	男	1943 年 3 月 5 日
赵宏升	寒亭区南孙乡赵家庄子村	62	男	1943 年 3 月 5 日
孙 氏	寒亭区南孙乡赵家庄子村	35	女	1943 年 3 月 5 日
赵守东之妻	寒亭区南孙乡赵家庄子村	30	女	1943 年 3 月 5 日
张孟更	寒亭区南孙乡赵家庄子村	48	男	1943 年 3 月 5 日
张守本	寒亭区南孙乡赵家庄子村	68	男	1943 年 3 月 5 日
张孟会之母	寒亭区南孙乡赵家庄子村	74	女	1943 年 3 月 5 日
张孟会之妻	寒亭区南孙乡赵家庄子村	45	女	1943 年 3 月 5 日
张小妮	寒亭区南孙乡赵家庄子村	15	女	1943 年 3 月 5 日
张 纵	寒亭区南孙乡赵家庄子村	—	女	1943 年 3 月 5 日
赵刚义	寒亭区南孙乡赵家庄子村	25	男	1943 年 3 月 5 日
赵 焕	寒亭区南孙乡赵家庄子村	18	女	1943 年 3 月 5 日
赵延令	寒亭区南孙乡赵家庄子村	55	男	1943 年 3 月 5 日
赵延康	寒亭区南孙乡赵家庄子村	52	男	1943 年 3 月 5 日
赵延康之妻	寒亭区南孙乡赵家庄子村	50	女	1943 年 3 月 5 日
王兆堂	寒亭区南孙乡赵家庄子村	43	男	1943 年 3 月 5 日
王凤楼	寒亭区南孙乡赵家庄子村	14	男	1943 年 3 月 5 日
王 先	寒亭区南孙乡赵家庄子村	16	女	1943 年 3 月 5 日
付 氏	寒亭区南孙乡赵家庄子村	28	女	1943 年 3 月 5 日
王 俏	寒亭区南孙乡赵家庄子村	18	女	1943 年 3 月 5 日

姓　名	籍　贯	年　龄	性　别	死难时间
王青堂	寒亭区南孙乡赵家庄子村	44	男	1943 年 3 月 5 日
王双喜	寒亭区南孙乡赵家庄子村	—	男	1943 年 3 月 5 日
王子礼	寒亭区南孙乡赵家庄子村	58	男	1943 年 3 月 5 日
朱　氏	寒亭区南孙乡赵家庄子村	56	女	1943 年 3 月 5 日
王子琪	寒亭区南孙乡赵家庄子村	—	男	1943 年 3 月 5 日
孙　氏	寒亭区南孙乡赵家庄子村	42	女	1943 年 3 月 5 日
王林堂之女	寒亭区南孙乡赵家庄子村	10	女	1943 年 3 月 5 日
王京堂	寒亭区南孙乡赵家庄子村	40	男	1943 年 3 月 5 日
王子渔	寒亭区南孙乡赵家庄子村	56	男	1943 年 3 月 5 日
王清贤	寒亭区南孙乡赵家庄子村	—	男	1943 年 3 月 5 日
王子钦	寒亭区南孙乡赵家庄子村	61	男	1943 年 3 月 5 日
李　氏	寒亭区南孙乡赵家庄子村	35	女	1943 年 3 月 5 日
根祥之祖父	寒亭区南孙乡三官庙村	39	男	1943 年 3 月 5 日
付永亭之祖母	寒亭区南孙乡三官庙村	72	女	1943 年 3 月 5 日
付希吉	寒亭区南孙乡三官庙村	74	男	1943 年 3 月 5 日
田振河	寒亭区南孙乡三官庙村	55	男	1943 年 3 月 5 日
付永贵	寒亭区南孙乡三官庙村	25	男	1943 年 3 月 5 日
田振京	寒亭区南孙乡三官庙村	50	男	1943 年 3 月 5 日
刘　玉	寒亭区南孙乡柳科村	32	男	1943 年 3 月 5 日
陈王告	寒亭区南孙乡禹王台村	16	男	1943 年 3 月 5 日
朱　丰	寒亭区南孙乡禹王台村	20	男	1943 年 3 月 5 日
朱二月	寒亭区南孙乡八甲朱村	20	男	1943 年 3 月 5 日
付怀令	寒亭区南孙乡三官庙村	65	男	1943 年 3 月 5 日
付英令	寒亭区南孙乡三官庙村	60	男	1943 年 3 月 5 日
东升之祖母	寒亭区南孙乡三官庙村	48	女	1943 年 3 月 5 日
付望林之父	寒亭区南孙乡三官庙村	51	男	1943 年 3 月 5 日
魏永汉	寒亭区南孙乡三官庙村	25	男	1943 年 3 月 5 日
魏兆贵	寒亭区南孙乡三官庙村	48	男	1943 年 3 月 5 日
田振武	寒亭区南孙乡三官庙村	32	男	1943 年 3 月 5 日
付希高	寒亭区南孙乡三官庙村	29	男	1943 年 3 月 5 日
田振德	寒亭区南孙乡三官庙村	65	男	1943 年 3 月 5 日
田振德之儿媳	寒亭区南孙乡三官庙村	35	女	1943 年 3 月 5 日
田振德之儿媳	寒亭区南孙乡三官庙村	32	女	1943 年 3 月 5 日
田昌乐	寒亭区南孙乡三官庙村	36	男	1943 年 3 月 5 日

姓 名	籍 贯	年 龄	性 别	死难时间
田益都	寒亭区南孙乡三官庙村	34	男	1943 年 3 月 5 日
田金普	寒亭区南孙乡三官庙村	32	男	1943 年 3 月 5 日
田金普之女	寒亭区南孙乡三官庙村	2	女	1943 年 3 月 5 日
田振庆	寒亭区南孙乡三官庙村	38	男	1943 年 3 月 5 日
付永太	寒亭区南孙乡三官庙村	35	男	1943 年 3 月 5 日
孙拉撒	寒亭区南孙乡东南孙村	17	男	1943 年 3 月 5 日
肖九朋	寒亭区南孙乡朱王村	27	男	1943 年 3 月 5 日
肖九云	寒亭区南孙乡朱王村	21	男	1943 年 3 月 5 日
孙 梅	寒亭区南孙乡朱王村	31	男	1943 年 3 月 5 日
孙光奎	寒亭区南孙乡西南孙村	43	男	1943 年 3 月 5 日
孙光兰	寒亭区南孙乡西南孙村	17	男	1943 年 3 月 5 日
孙光端	寒亭区南孙乡西南孙村	25	男	1943 年 3 月 5 日
孙孟书	寒亭区南孙乡东北孙村	16	男	1943 年 3 月 5 日
李学道	寒亭区南孙乡北里村	19	男	1943 年 3 月 5 日
李清田	寒亭区南孙乡北里村	28	男	1943 年 3 月 5 日
李罗横	寒亭区南孙乡北里村	20	男	1943 年 3 月 5 日
曹庆常	寒亭区南孙乡三官庙村	62	男	1943 年 3 月 5 日
曹庆山	寒亭区南孙乡三官庙村	48	男	1943 年 3 月 5 日
曹奎元	寒亭区南孙乡三官庙村	17	男	1943 年 3 月 5 日
曹广东	寒亭区南孙乡三官庙村	—	男	1943 年 3 月 5 日
付 文	寒亭区南孙乡三官庙村	70	男	1943 年 3 月 5 日
田 折	寒亭区南孙乡三官庙村	35	男	1943 年 3 月 5 日
付 说	寒亭区南孙乡三官庙村	20	女	1943 年 3 月 5 日
付永明	寒亭区南孙乡三官庙村	31	男	1943 年 3 月 5 日
付希丑	寒亭区南孙乡三官庙村	45	男	1943 年 3 月 5 日
付桂河	寒亭区南孙乡三官庙村	21	男	1943 年 3 月 5 日
付张氏	寒亭区南孙乡三官庙村	22	女	1943 年 3 月 5 日
付孙氏	寒亭区南孙乡三官庙村	—	女	1943 年 3 月 5 日
付孙氏	寒亭区南孙乡三官庙村	21	女	1943 年 3 月 5 日
付赵氏	寒亭区南孙乡三官庙村	18	女	1943 年 3 月 5 日
付在洋	寒亭区南孙乡三官庙村	55	男	1943 年 3 月 5 日
付 氏	寒亭区南孙乡三官庙村	43	女	1943 年 3 月 5 日
付氏之子	寒亭区南孙乡三官庙村	4	男	1943 年 3 月 5 日
付玉珍	寒亭区南孙乡三官庙村	82	男	1943 年 3 月 5 日

姓 名	籍 贯	年 龄	性 别	死难时间
付赵氏	寒亭区南孙乡三官庙村	31	女	1943 年 3 月 5 日
付 ×	寒亭区南孙乡三官庙村	6	女	1943 年 3 月 5 日
付在上之妻	寒亭区南孙乡三官庙村	49	女	1943 年 3 月 5 日
付 氏	寒亭区南孙乡三官庙村	21	女	1943 年 3 月 5 日
付香令	寒亭区南孙乡三官庙村	46	男	1943 年 3 月 5 日
李博兴	寒亭区南孙乡北里村	18	男	1943 年 3 月 5 日
李福川	寒亭区南孙乡北里村	20	男	1943 年 3 月 5 日
程若钟	寒亭区南孙乡西官亭村	29	男	1943 年 3 月 5 日
程同堂	寒亭区南孙乡西官亭村	41	男	1943 年 3 月 5 日
程大光	寒亭区南孙乡西官亭村	24	男	1943 年 3 月 5 日
程希四	寒亭区南孙乡西官亭村	33	男	1943 年 3 月 5 日
程若伦	寒亭区南孙乡西官亭村	27	男	1943 年 3 月 5 日
程希赞	寒亭区南孙乡西官亭村	35	男	1943 年 3 月 5 日
王子英	寒亭区南孙乡赵家庄子村	—	男	1943 年 3 月 5 日
陈 氏	寒亭区南孙乡赵家庄子村	30	女	1943 年 3 月 5 日
靳 氏	寒亭区南孙乡赵家庄子村	28	女	1943 年 3 月 5 日
孙 氏	寒亭区南孙乡赵家庄子村	25	女	1943 年 3 月 5 日
王风山	寒亭区南孙乡赵家庄子村	32	男	1943 年 3 月 5 日
王风山之女	寒亭区南孙乡赵家庄子村	3	女	1943 年 3 月 5 日
王百川	寒亭区南孙乡赵家庄子村	61	男	1943 年 3 月 5 日
王风喈	寒亭区南孙乡赵家庄子村	38	男	1943 年 3 月 5 日
王风喈之子	寒亭区南孙乡赵家庄子村	4	男	1943 年 3 月 5 日
王风桐	寒亭区南孙乡赵家庄子村	—	女	1943 年 3 月 5 日
王百华	寒亭区南孙乡赵家庄子村	55	男	1943 年 3 月 5 日
王风起	寒亭区南孙乡赵家庄子村	26	男	1943 年 3 月 5 日
孙 氏	寒亭区南孙乡赵家庄子村	30	女	1943 年 3 月 5 日
王风起之女	寒亭区南孙乡赵家庄子村	4	女	1943 年 3 月 5 日
王同庆	寒亭区南孙乡赵家庄子村	45	男	1943 年 3 月 5 日
孙××	寒亭区南孙乡赵家庄子村	30	女	1943 年 3 月 5 日
王百顺	寒亭区南孙乡赵家庄子村	18	男	1943 年 3 月 5 日
王风学	寒亭区南孙乡赵家庄子村	13	男	1943 年 3 月 5 日
王同祥	寒亭区南孙乡赵家庄子村	52	男	1943 年 3 月 5 日
王百寿之女	寒亭区南孙乡赵家庄子村	5	女	1943 年 3 月 5 日
王华堂	寒亭区南孙乡赵家庄子村	45	男	1943 年 3 月 5 日

姓　名	籍　贯	年　龄	性　别	死难时间
王寿增	寒亭区南孙乡赵家庄子村	63	男	1943 年 3 月 5 日
王寿增之女	寒亭区南孙乡赵家庄子村	12	女	1943 年 3 月 5 日
王　氏	寒亭区南孙乡赵家庄子村	43	女	1943 年 3 月 5 日
王全堂	寒亭区南孙乡赵家庄子村	—	男	1943 年 3 月 5 日
王春增之妻	寒亭区南孙乡赵家庄子村	40	女	1943 年 3 月 5 日
王春增之女	寒亭区南孙乡赵家庄子村	10	女	1943 年 3 月 5 日
王德增之妻	寒亭区南孙乡赵家庄子村	40	女	1943 年 3 月 5 日
王怀增	寒亭区南孙乡赵家庄子村	45	男	1943 年 3 月 5 日
王连增	寒亭区南孙乡赵家庄子村	48	男	1943 年 3 月 5 日
王伯堂	寒亭区南孙乡赵家庄子村	15	男	1943 年 3 月 5 日
王学增之妻	寒亭区南孙乡赵家庄子村	55	女	1943 年 3 月 5 日
王学增之长女	寒亭区南孙乡赵家庄子村	22	女	1943 年 3 月 5 日
王学增之次女	寒亭区南孙乡赵家庄子村	18	女	1943 年 3 月 5 日
王学增之三女	寒亭区南孙乡赵家庄子村	16	女	1943 年 3 月 5 日
王德林	寒亭区南孙乡赵家庄子村	—	男	1943 年 3 月 5 日
王　准	寒亭区南孙乡赵家庄子村	20	女	1943 年 3 月 5 日
王　专	寒亭区南孙乡赵家庄子村	18	女	1943 年 3 月 5 日
王风箫	寒亭区南孙乡赵家庄子村	18	男	1943 年 3 月 5 日
王风杨	寒亭区南孙乡赵家庄子村	12	男	1943 年 3 月 5 日
王子芹	寒亭区南孙乡赵家庄子村	45	男	1943 年 3 月 5 日
王子芹之长工	寒亭区南孙乡赵家庄子村	26	男	1943 年 3 月 5 日
王子燕之妻	寒亭区南孙乡赵家庄子村	52	女	1943 年 3 月 5 日
王中明	寒亭区南孙乡赵家庄子村	46	男	1943 年 3 月 5 日
王　氏	寒亭区南孙乡赵家庄子村	63	女	1943 年 3 月 5 日
管　氏	寒亭区南孙乡赵家庄子村	36	女	1943 年 3 月 5 日
王子兴	寒亭区南孙乡赵家庄子村	65	男	1943 年 3 月 5 日
王子贵	寒亭区南孙乡赵家庄子村	66	男	1943 年 3 月 5 日
孙　氏	寒亭区南孙乡赵家庄子村	65	女	1943 年 3 月 5 日
李　氏	寒亭区南孙乡赵家庄子村	36	女	1943 年 3 月 5 日
王　培	寒亭区南孙乡赵家庄子村	—	男	1943 年 3 月 5 日
王会芳	寒亭区南孙乡赵家庄子村	—	女	1943 年 3 月 5 日
王文臣	寒亭区南孙乡赵家庄子村	35	男	1943 年 3 月 5 日
王　娟	寒亭区南孙乡赵家庄子村	—	女	1943 年 3 月 5 日
孙　氏	寒亭区南孙乡赵家庄子村	22	女	1943 年 3 月 5 日

姓　名	籍　贯	年龄	性别	死难时间
王莨臣	寒亭区南孙乡赵家庄子村	45	男	1943 年 3 月 5 日
王介臣	寒亭区南孙乡赵家庄子村	42	男	1943 年 3 月 5 日
王风伍	寒亭区南孙乡赵家庄子村	18	男	1943 年 3 月 5 日
高不尔	寒亭区南孙乡赵家庄子村	24	男	1943 年 3 月 5 日
王亮臣之祖母	寒亭区南孙乡赵家庄子村	69	女	1943 年 3 月 5 日
王景臣	寒亭区南孙乡赵家庄子村	74	男	1943 年 3 月 5 日
王子云	寒亭区南孙乡赵家庄子村	45	男	1943 年 3 月 5 日
孙　氏	寒亭区南孙乡赵家庄子村	42	女	1943 年 3 月 5 日
王子云之妻	寒亭区南孙乡赵家庄子村	46	女	1943 年 3 月 5 日
赵万寿	寒亭区南孙乡赵家庄子村	50	男	1943 年 3 月 5 日
赵延祥	寒亭区南孙乡赵家庄子村	27	男	1943 年 3 月 5 日
赵延端	寒亭区南孙乡赵家庄子村	24	男	1943 年 3 月 5 日
赵延太	寒亭区南孙乡赵家庄子村	20	男	1943 年 3 月 5 日
赵万福	寒亭区南孙乡赵家庄子村	47	男	1943 年 3 月 5 日
赵万福之妻	寒亭区南孙乡赵家庄子村	46	女	1943 年 3 月 5 日
赵万相	寒亭区南孙乡赵家庄子村	50	男	1943 年 3 月 5 日
赵延河	寒亭区南孙乡赵家庄子村	20	男	1943 年 3 月 5 日
赵万瑞	寒亭区南孙乡赵家庄子村	38	男	1943 年 3 月 5 日
妮　子	寒亭区南孙乡赵家庄子村	12	女	1943 年 3 月 5 日
焕	寒亭区南孙乡赵家庄子村	—	女	1943 年 3 月 5 日
赵万升	寒亭区南孙乡赵家庄子村	45	男	1943 年 3 月 5 日
赵汶阁	寒亭区南孙乡赵家庄子村	47	男	1943 年 3 月 5 日
赵汉阁	寒亭区南孙乡赵家庄子村	52	男	1943 年 3 月 5 日
赵延秋	寒亭区南孙乡赵家庄子村	18	男	1943 年 3 月 5 日
赵延平	寒亭区南孙乡赵家庄子村	16	男	1943 年 3 月 5 日
赵　怀	寒亭区南孙乡赵家庄子村	—	男	1943 年 3 月 5 日
王武和	寒亭区南孙乡赵家庄子村	18	男	1943 年 3 月 5 日
王李氏	寒亭区南孙乡赵家庄子村	22	女	1943 年 3 月 5 日
王沈阳	寒亭区南孙乡赵家庄子村	—	男	1943 年 3 月 5 日
王和堂之女	寒亭区南孙乡赵家庄子村	3	女	1943 年 3 月 5 日
王子真之长工	寒亭区南孙乡赵家庄子村	27	男	1943 年 3 月 5 日
王子科	寒亭区南孙乡赵家庄子村	26	男	1943 年 3 月 5 日
王子科之长工	寒亭区南孙乡赵家庄子村	25	男	1943 年 3 月 5 日
王子林	寒亭区南孙乡赵家庄子村	23	男	1943 年 3 月 5 日

姓　名	籍　贯	年龄	性别	死难时间
王乐岭	寒亭区南孙乡赵家庄子村	—	男	1943年3月5日
王新堂之长工	寒亭区南孙乡赵家庄子村	28	男	1943年3月5日
王子贞之长工	寒亭区南孙乡赵家庄子村	30	男	1943年3月5日
王子贞之妻	寒亭区南孙乡赵家庄子村	32	女	1943年3月5日
庞乐田	寒亭区南孙乡赵家庄子村	42	男	1943年3月5日
王子山	寒亭区南孙乡赵家庄子村	45	男	1943年3月5日
王子山之妻	寒亭区南孙乡赵家庄子村	45	女	1943年3月5日
王灵堂	寒亭区南孙乡赵家庄子村	21	男	1943年3月5日
王归堂	寒亭区南孙乡赵家庄子村	18	男	1943年3月5日
赵吉升	寒亭区南孙乡赵家庄子村	40	男	1943年3月5日
陈　氏	寒亭区南孙乡赵家庄子村	39	女	1943年3月5日
王　树	寒亭区南孙乡赵家庄子村	—	男	1943年3月5日
赵宏慈	寒亭区南孙乡赵家庄子村	62	男	1943年3月5日
赵宏德	寒亭区南孙乡赵家庄子村	52	男	1943年3月5日
程修堂	寒亭区南孙乡西官亭村	33	男	1943年3月5日
朱新河	寒亭区南孙乡二甲朱村	30	男	1943年3月6日
陈　里	寒亭区南孙乡禹王台村	18	男	1943年3月
王维叶	寒亭区固堤镇北王家埠村	19	男	1943年3月
王明堂之大孙子	寒亭区南孙乡赵家庄子村	5	男	1943年4月10日
王明堂之二孙子	寒亭区南孙乡赵家庄子村	3	男	1943年4月10日
王明堂之大孙女	寒亭区南孙乡赵家庄子村	4	女	1943年4月10日
王明堂之小孙女	寒亭区南孙乡赵家庄子村	3	女	1943年4月10日
王凤嗜之女	寒亭区南孙乡赵家庄子村	4	女	1943年4月10日
王学贵	寒亭区央子镇固堤场村	62	男	1943年4月
王　云	寒亭区央子镇固堤场村	—	女	1943年4月
王学清	寒亭区南孙乡台底村	18	男	1943年4月
刘海杰之弟	寒亭区高里镇高里三村	28	男	1943年4月
庞文甫	寒亭区开元街道陈家官庄村	24	男	1943年4月
刘维信	寒亭区高里镇戈翟村	26	男	1943年5月
管大五	寒亭区高里镇戈翟村	25	男	1943年5月
刘维成	寒亭区高里镇戈翟村	22	男	1943年5月
张同华	寒亭区高里镇河南村	29	男	1943年5月
张化传	寒亭区高里镇河南村	29	男	1943年5月
张建邦	寒亭区寒亭街道大埠村	20	男	1943年5月

姓 名	籍 贯	年 龄	性 别	死难时间
曹锡玉	寒亭区固堤镇李家埠村	23	男	1943 年 6 月
刘庆信	寒亭区高里镇高里一村	30	男	1943 年 6 月
陈华程	寒亭区高里镇高里三村	30	男	1943 年 6 月
魏宽武	寒亭区固堤镇大魏家村	23	男	1943 年 6 月
李 氏	寒亭区高里镇戈翟村	60	女	1943 年 7 月
张林起	寒亭区高里镇河南村	21	男	1943 年 7 月
韩 山	寒亭区高里镇北韩村	25	男	1943 年 7 月
韩兴礼	寒亭区高里镇北韩村	38	男	1943 年 7 月
韩 瓦	寒亭区高里镇北韩村	30	男	1943 年 7 月
付光梅	寒亭区南孙乡台底村	39	男	1943 年 8 月
王 臻	寒亭区南孙乡台底村	40	男	1943 年 8 月
丁兆同	寒亭区河滩镇西镇村	25	男	1943 年 8 月
王孟春	寒亭区泊子乡东官亭村	20	男	1943 年 8 月
王 如	寒亭区泊子乡东官亭村	23	男	1943 年 8 月
李廷兰	寒亭区央子镇横里路村	41	男	1943 年 9 月
王文升	寒亭区南孙乡台底村	40	男	1943 年 9 月
李 茂	寒亭区固堤镇东横沟村	30	男	1943 年 10 月
高乐之	寒亭区南孙乡高家村	22	男	1943 年 10 月
王昌善	寒亭区泊子乡南泊子村	35	男	1943 年 10 月
陈贤昌	寒亭区河滩镇陈家绛埠村	34	男	1943 年 11 月
张同春	寒亭区高里镇河南村	21	男	1943 年 12 月
朱万宗	寒亭区央子镇西利渔村	23	男	1943 年 12 月
丁效德	寒亭区河滩镇西芝庄村	22	男	1943 年
吉涛之妻	寒亭区河滩镇后吉村	60	女	1943 年
于效书	寒亭区河滩镇北曹埠村	52	男	1943 年
陈立志	寒亭区河滩镇陈家绛埠村	34	男	1943 年
尹玉杰	寒亭区河滩镇尹家双庙村	30	男	1943 年
于洪德	寒亭区河滩镇陈家绛埠村	56	男	1943 年
孙明书	寒亭区朱里镇前朱里村	25	男	1943 年
孙贵良	寒亭区朱里镇西于渠村	30	男	1943 年
孙长奎	寒亭区朱里镇东于渠村	43	男	1943 年
王长理	寒亭区央子镇河北岭子村	21	男	1943 年
刘长经	寒亭区央子镇西利渔村	34	男	1943 年
陈京相	寒亭区央子镇走马岭村	27	男	1943 年

姓 名	籍 贯	年 龄	性 别	死难时间
崔云海	寒亭区央子镇崔家央子村	24	男	1943 年
崔云秋	寒亭区央子镇崔家央子村	26	男	1943 年
王 氏	寒亭区泊子乡走马岭村	44	女	1943 年
王文升	寒亭区南孙乡二甲王村	23	男	1943 年
李光义	寒亭区南孙乡大官庄村	25	男	1943 年
任效由	寒亭区南孙乡大官庄村	24	男	1943 年
房振海	寒亭区南孙乡大官庄村	32	男	1943 年
任效千	寒亭区南孙乡大官庄村	26	男	1943 年
李 收	寒亭区南孙乡大官庄村	25	男	1943 年
孙德刚	寒亭区南孙乡西常寨村	32	男	1943 年
王振湖	寒亭区南孙乡后王村	16	男	1943 年
张成文	寒亭区南孙乡后王村	26	男	1943 年
沈单河	寒亭区南孙乡沈家营村	20	男	1943 年
李松青	寒亭区双杨店镇庞家村	29	男	1943 年
李若聪	寒亭区双杨店镇湖淋埠村	30	男	1943 年
王乐善	寒亭区双杨店镇王固庄村	23	男	1943 年
于福恩	寒亭区双杨店镇埠子头村	30	男	1943 年
韩平章	寒亭区高里镇北韩村	35	男	1943 年
纪克恩	寒亭区高里镇纪家朱马村	25	男	1943 年
张化云	寒亭区高里镇河南村	23	男	1943 年
张明文	寒亭区高里镇河南村	32	男	1943 年
路光起	寒亭区南孙乡朱王村	30	男	1943 年
姜叶举	寒亭区双杨店镇华疃一村	23	男	1943 年
孙同和	寒亭区南孙乡西常寨村	40	男	1943 年
张海丰	寒亭区固堤镇大常疃村	21	男	1943 年
李采澡	寒亭区固堤镇李家营村	46	男	1943 年
李振江	寒亭区固堤镇东横沟村	35	男	1943 年
李振深	寒亭区固堤镇东横沟村	29	男	1943 年
朱延奎	寒亭区固堤镇流河一村	22	男	1943 年
王守起	寒亭区泊子乡北王家码头村	20	男	1943 年
于北京	寒亭区泊子乡南于村	—	男	1943 年
于康年之母	寒亭区泊子乡南于村	23	女	1943 年
于传浩	寒亭区泊子乡北于村	25	男	1943 年
王云林	寒亭区泊子乡王家村	32	男	1943 年

姓　名	籍　贯	年龄	性别	死难时间
高　氏	寒亭区泊子乡东常寨村	28	女	1943 年
王有利	寒亭区泊子乡大泊子村	23	男	1943 年
王崇德	寒亭区泊子乡北庄子村	22	男	1943 年
李恒瑞	寒亭区泊子乡大湾口村	27	男	1943 年
路士聪	寒亭区泊子乡大湾口村	25	男	1943 年
郑芳勤	寒亭区泊子乡大湾口村	29	男	1943 年
孙明怀	寒亭区泊子乡东常寨村	—	男	—
路同元	寒亭区泊子乡大湾口村	23	男	1943 年
郑　凡	寒亭区泊子乡大湾口村	23	女	1943 年
郑凡之子	寒亭区泊子乡南泊子村	1	男	1943 年
郑德普	寒亭区泊子乡南泊子村	40	男	1943 年
郑　氏	寒亭区泊子乡大湾口村	45	女	1943 年
郑兵仁	寒亭区泊子乡大湾口村	33	男	1943 年
刘玉佩	寒亭区泊子乡大湾口村	54	男	1943 年
胡普玉	寒亭区泊子乡大湾口村	55	男	1943 年
胡绍然	寒亭区泊子乡大湾口村	40	男	1943 年
胡　橡	寒亭区泊子乡大湾口村	42	男	1943 年
路　车	寒亭区泊子乡大湾口村	19	男	1943 年
张之刚	寒亭区泊子乡曲范村	—	男	—
赵林城	寒亭区泊子乡南赵家官庄村	23	男	1943 年
王金玉	寒亭区泊子乡崔家官庄村	26	男	1943 年
刘怀珠	寒亭区泊子乡南仲寨村	19	男	1943 年
王云连	寒亭区泊子乡王家官庄村	33	男	1943 年
宋乐成	寒亭区泊子乡高庄村	25	男	1943 年
宋乐法	寒亭区泊子乡高庄村	26	男	1943 年
曲德龙	寒亭区泊子乡高庄村	32	男	1943 年
张丰辉	寒亭区开元街道南寨里村	32	男	1943 年
庞胜利	寒亭区开元街道黄埠村	25	男	1943 年
杨树春	寒亭区寒亭街道西杨家埠村	40	男	1943 年
徐化太	寒亭区寒亭街道北埠子村	22	男	1943 年
杜明伍	寒亭区寒亭街道南庄村	16	男	1943 年
李锡庚	寒亭区寒亭街道大埠村	34	男	1943 年
王云全	寒亭区寒亭街道南营村	44	男	1943 年
孙　艾	寒亭区寒亭街道北埠子村	15	男	1943 年

姓　名	籍　贯	年　龄	性　别	死难时间
周开蓝	寒亭区寒亭街道徐庄村	26	男	1943 年
柏　顺	寒亭区寒亭街道吴官庄村	18	男	1943 年
吕瑞林	寒亭区寒亭街道吴官庄村	19	男	1943 年
张国栋	寒亭区寒亭街道东院村	36	男	1943 年
张其荣	寒亭区寒亭街道东院村	43	男	1943 年
李福庆	寒亭区寒亭街道北埠子村	30	男	1943 年
徐玉路	寒亭区寒亭街道北埠子村	20	男	1943 年
王好江	寒亭区寒亭街道毛家埠村	51	男	1943 年
王好林	寒亭区寒亭街道毛家埠村	54	男	1943 年
王恒石	寒亭区寒亭街道毛家埠村	55	男	1943 年
王存本	寒亭区寒亭街道毛家埠村	15	男	1943 年
王德武	寒亭区寒亭街道毛家埠村	58	男	1943 年
王百勋	寒亭区寒亭街道毛家埠村	35	男	1943 年
王多世	寒亭区寒亭街道毛家埠村	65	男	1943 年
栾素城	寒亭区双杨店镇华疃二村	33	男	1943 年
张化宝	寒亭区高里镇河南村	45	男	1943 年
肖玉庄	寒亭区南孙乡肖家营村	23	男	1944 年 3 月
张秀勤	寒亭区高里镇河南村	24	男	1944 年 3 月
张玉琛	寒亭区高里镇河南村	37	男	1944 年 3 月
杨寿春之母	寒亭区高里镇杨家营子村	60	女	1944 年 3 月
孙街之弟	寒亭区高里镇戈翟村	24	男	1944 年 3 月
张同学	寒亭区高里镇河南村	28	男	1944 年 3 月
孙福芝	寒亭区朱里镇富戈庄村	24	男	1944 年 3 月
张修贵	寒亭区高里镇后沟村	30	男	1944 年 4 月
张元甲之弟	寒亭区高里镇后沟村	—	男	1944 年 4 月
张三江	寒亭区高里镇河南村	24	男	1944 年 4 月
杜作祥	寒亭区寒亭街道南庄村	18	男	1944 年 4 月
张祥池	寒亭区高里镇河南村	25	男	1944 年 5 月
李洪傲	寒亭区固堤镇李家沿村	22	男	1944 年 5 月
李振泽	寒亭区固堤镇东横沟村	31	男	1944 年 5 月
王昌义	寒亭区泊子乡南泊子村	24	男	1944 年 6 月
王化龙	寒亭区泊子乡东官亭村	24	男	1944 年 6 月
蔡　普	寒亭区泊子乡东官亭村	28	男	1944 年 6 月
王忠贤	寒亭区泊子乡东官亭村	20	男	1944 年 6 月

姓 名	籍 贯	年 龄	性 别	死难时间
李玉成	寒亭区固堤镇东横沟村	26	男	1944 年 6 月
刘庆熙	寒亭区高里镇高里一村	27	男	1944 年 7 月
肖明智	寒亭区南孙乡肖家营村	18	男	1944 年 7 月
孙延开	寒亭区高里镇戈瞿村	30	男	1944 年 7 月
牟滨志	寒亭区固堤镇牟家温庄村	29	男	1944 年 7 月
朱振玉	寒亭区固堤镇流河三村	23	男	1944 年 7 月
孙天祯	寒亭区泊子乡蔡家栏子村	22	男	1944 年 8 月
纪云福	寒亭区寒亭街道纪家村	17	男	1944 年 9 月
王鸿喜	寒亭区开元街道王家朱茂村	26	男	1944 年 10 月
冯秀璋	寒亭区寒亭街道徐庄村	28	男	1944 年 12 月
丁希宗	寒亭区河滩镇西芝庄村	20	男	1944 年
陈锡昌	寒亭区河滩镇陈家绛埠村	31	男	1944 年
于立通	寒亭区河滩镇黄埠村	27	男	1944 年
满	寒亭区朱里镇前朱里村	15	女	1944 年
孙百全	寒亭区朱里镇东于渠村	36	男	1944 年
孙京珍	寒亭区朱里镇东于渠村	35	男	1944 年
孙公堂	寒亭区朱里镇东于渠村	21	男	1944 年
孙永田	寒亭区朱里镇东于渠村	40	男	1944 年
孙良广	寒亭区朱里镇会泉庄村	40	男	1944 年
于孝周	寒亭区朱里镇富一村	23	男	1944 年
郑祥春	寒亭区央子镇固堤场村	25	男	1944 年
崔凤彩	寒亭区央子镇崔家央子村	21	男	1944 年
崔好勤	寒亭区央子镇崔家央子村	60	男	1944 年
崔京年	寒亭区央子镇崔家央子村	65	男	1944 年
郑兰户	寒亭区央子镇固堤场村	16	男	1944 年
朱臣宗	寒亭区央子镇西利渔村	27	男	1944 年
蔡昌进	寒亭区央子镇蔡一村	78	男	1944 年
蔡昌友	寒亭区央子镇蔡一村	60	男	1944 年
蔡志梅	寒亭区央子镇蔡一村	55	男	1944 年
蔡玉珠	寒亭区央子镇蔡二村	40	男	1944 年
郑兵武	寒亭区央子镇固堤场村	43	男	1944 年
翟保田	寒亭区央子镇西利渔村	—	男	1944 年
王爱珠	寒亭区央子镇河北岭子村	28	男	1944 年
郑芳美	寒亭区泊子乡大湾口村	28	男	1944 年

姓　名	籍　贯	年　龄	性　别	死难时间
路俊风	寒亭区泊子乡大湾口村	25	男	1944 年
王武吉	寒亭区泊子乡北辛庄子村	30	男	1944 年
王子亮	寒亭区泊子乡前岭子村	31	男	1944 年
于兰成	寒亭区泊子乡南于村	19	男	1944 年
林延胜	寒亭区央子镇林家央子村	33	男	1944 年
朱吉孔	寒亭区央子镇西利渔村	—	男	1944 年
翟云祥	寒亭区央子镇西利渔村	—	男	1944 年
张祥乃	寒亭区高里镇河南村	29	男	1944 年
张建邦	寒亭区高里镇河南村	30	男	1944 年
孙中伍	寒亭区双杨店镇孙家村	23	男	1944 年
于其昌	寒亭区双杨店镇孙家村	21	男	1944 年
孙中杰	寒亭区双杨店镇孙家村	20	男	1944 年
于佩莲	寒亭区双杨店镇后阙村	26	男	1944 年
孙思秀	寒亭区双杨店镇前岭村	27	男	1944 年
宋佃华	寒亭区双杨店镇前岭村	20	男	1944 年
张思华	寒亭区双杨店镇前岭村	23	男	1944 年
贾洪义	寒亭区双杨店镇前岭村	22	男	1944 年
牟新之	寒亭区高里镇牟家院村	21	男	1944 年
刘德友	寒亭区高里镇吴家村	25	男	1944 年
吴朋三	寒亭区高里镇吴家村	17	男	1944 年
耿为忠	寒亭区高里镇小庄子村	20	男	1944 年
宋万成	寒亭区高里镇小庄子村	17	男	1944 年
于万祥	寒亭区双杨店镇前阙庄村	25	男	1944 年
张月明	寒亭区南孙乡禹王台村	17	男	1944 年
程志堂	寒亭区南孙乡西官亭村	48	男	1944 年
朱明秀	寒亭区南孙乡八甲朱村	27	男	1944 年
肖同相之妻	寒亭区南孙乡肖家营村	38	女	1944 年
肖　贞	寒亭区南孙乡邵吕店村	18	男	1944 年
肖李氏	寒亭区南孙乡邵吕店村	22	女	1944 年
李京堂	寒亭区固堤镇李家营村	31	男	1944 年
郑功春	寒亭区固堤镇东横沟村	22	男	1944 年
李振党	寒亭区固堤镇东横沟村	28	男	1944 年
曹长义	寒亭区固堤镇东横沟村	30	男	1944 年
许乃梦	寒亭区固堤镇东横沟村	22	男	1944 年

姓 名	籍 贯	年 龄	性 别	死难时间
刘义杰	寒亭区固堤镇西横沟村	20	男	1944 年
刘启华	寒亭区固堤镇西横沟村	20	男	1944 年
牟汉举	寒亭区固堤镇北安村	18	男	1944 年
王兆珩	寒亭区泊子乡王家码头村	19	男	1944 年
于传瑞	寒亭区泊子乡北于村	26	男	1944 年
王法唐	寒亭区泊子乡东官亭村	27	男	1944 年
赵家成	寒亭区泊子乡蔡家栏子村	27	男	1944 年
王太森	寒亭区泊子乡大泊子村	20	男	1944 年
郑兰田	寒亭区泊子乡大湾口村	26	男	1944 年
路英贤	寒亭区泊子乡大湾口村	21	男	1944 年
王好之	寒亭区泊子乡高庄村	22	男	1944 年
李 顶	寒亭区泊子乡神堂子村	17	女	1944 年
赵天明	寒亭区泊子乡北赵家官庄村	28	男	1944 年
赵林兆	寒亭区泊子乡南赵家官庄村	17	男	1944 年
赵 氏	寒亭区泊子乡王家官庄村	60	女	1944 年
牟玉坤	寒亭区泊子乡北仲寨村	30	男	1944 年
牟玉梅	寒亭区泊子乡北仲寨村	20	男	1944 年
王秀全	寒亭区泊子乡高庄村	20	男	1944 年
王县亭	寒亭区泊子乡高庄村	35	男	1944 年
牟翠堂	寒亭区固堤镇牟家温庄村	24	男	1944 年
张 麦	寒亭区开元街道西常疃村	23	男	1944 年
胡万福	寒亭区开元街道王家朱茂村	30	男	1944 年
刘延寿	寒亭区开元街道西里疃村	19	男	1944 年
王宁臣	寒亭区开元街道北张氏村	—	男	—
王其恩	寒亭区开元街道范家村	—	男	—
王世吉	寒亭区寒亭街道吴官庄村	37	男	1944 年
张大唐	寒亭区寒亭街道东院村	28	男	1944 年
周俊贵	寒亭区寒亭街道徐庄村	24	男	1944 年
周官祥	寒亭区寒亭街道徐庄村	26	男	1944 年
张小友	寒亭区寒亭街道东院村	31	男	1944 年
张国柱	寒亭区寒亭街道东院村	28	男	1944 年
韩世明	寒亭区寒亭街道北纸房村	23	男	1944 年
周俊秀	寒亭区寒亭街道徐庄村	23	男	1944 年
周延瑞	寒亭区寒亭街道徐庄村	27	男	1944 年

姓 名	籍 贯	年 龄	性 别	死难时间
吴洪朋	寒亭区寒亭街道吴家埠村	47	男	1944 年
路英和	寒亭区泊子乡大湾口村	21	男	1944 年
郑汉林	寒亭区泊子乡大湾口村	27	男	1944 年
张同喜	寒亭区高里镇河南村	26	男	1944 年
牟洪洲	寒亭区泊子乡北仲寨村	25	男	1944 年
王连胜	寒亭区泊子乡高庄村	29	男	1944 年
张振迁	寒亭区高里镇河南村	29	男	1944 年
郭五晨	寒亭区高里镇后河套村	27	男	1945 年 3 月
郭世忠	寒亭区高里镇后河套村	37	男	1945 年 3 月
郭学鸥	寒亭区高里镇碱滩村	21	男	1945 年 3 月
郭学汉	寒亭区高里镇碱滩村	20	男	1945 年 3 月
张效文	寒亭区高里镇河南村	22	男	1945 年 3 月
李兴道	寒亭区高里镇高家庄子村	34	男	1945 年 3 月
郑延法	寒亭区泊子乡大湾口村	25	男	1945 年 3 月
王庆令	寒亭区河滩镇王家绛埠村	22	男	1945 年 3 月
贾付景	寒亭区开元街道胡家朱茂村	31	男	1945 年 3 月
王恒禄	寒亭区泊子乡大泊子村	20	男	1945 年 4 月
辛杨春	寒亭区开元街道东金马村	20	男	1945 年 4 月
周桂兰	寒亭区泊子乡蔡家栏子村	20	女	1945 年 5 月
张兰溪	寒亭区高里镇河南村	27	男	1945 年 6 月
王相通	寒亭区泊子乡王家码头村	25	男	1945 年 6 月
魏连礼	寒亭区固堤镇大魏家村	24	男	1945 年 6 月
牟学勤	寒亭区固堤镇牟家庄子村	25	男	1945 年 6 月
翟云德	寒亭区央子镇西利渔村	37	男	1945 年 7 月
程洪恩	寒亭区南孙乡西官亭村	42	男	1945 年 7 月
吴玉连	寒亭区南孙乡沈家营村	21	男	1945 年 7 月
李长升	寒亭区高里镇牟家院村	44	男	1945 年 7 月
张志华	寒亭区固堤镇大张家埠村	32	男	1945 年 7 月
张成杰	寒亭区固堤镇大张家埠村	22	男	1945 年 8 月
于西顺	寒亭区河滩镇官桥村	54	男	1945 年
王启云	寒亭区朱里镇前朱里村	38	男	1945 年
孙布元	寒亭区朱里镇前朱里村	25	男	1945 年
王德意	寒亭区央子镇丰渔村	18	男	1945 年
翟云美	寒亭区央子镇西利渔村	34	男	1945 年

姓 名	籍 贯	年 龄	性 别	死难时间
朱广宗	寒亭区央子镇西利渔村	24	男	1945 年
林学河	寒亭区央子镇林家央子村	35	男	1945 年
宋曰华	寒亭区央子镇固堤场村	24	男	1945 年
郑祥凯	寒亭区央子镇固堤场村	38	男	1945 年
崔友升	寒亭区央子镇崔家央子村	26	男	1945 年
徐 奎	寒亭区双杨店镇万家村	40	男	1945 年
牟灵坤	寒亭区高里镇牟家院村	41	男	1945 年
王建楹	寒亭区高里镇前河套村	23	男	1945 年
刘安梅	寒亭区高里镇北埠刘村	29	男	1945 年
许在嘉	寒亭区高里镇许家村	21	男	1945 年
张风连	寒亭区高里镇一空桥村	27	男	1945 年
许志同	寒亭区高里镇许家村	24	男	1945 年
管 信	寒亭区南孙乡后王村	36	男	1945 年
党良贵	寒亭区南孙乡党家营村	28	男	1945 年
崔振远	寒亭区南孙乡崔家营村	26	男	1945 年
李采会	寒亭区固堤镇李家营村	32	男	1945 年
李采芝	寒亭区固堤镇李家营村	36	男	1945 年
潘恩科	寒亭区固堤镇潘家庵村	25	男	1945 年
李甲田	寒亭区固堤镇固堤三村	26	男	1945 年
李振山	寒亭区固堤镇东横沟村	25	男	1945 年
王玉帮	寒亭区固堤镇东横沟村	20	男	1945 年
牟传舜	寒亭区固堤镇北安村	20	男	1945 年
赵祥亭	寒亭区泊子乡蔡家栏子村	67	男	1945 年
于林芳	寒亭区泊子乡蔡家栏子村	68	男	1945 年
王伦选	寒亭区泊子乡大泊子村	25	男	1945 年
王太礼	寒亭区泊子乡大泊子村	22	男	1945 年
王延喜	寒亭区泊子乡大泊子村	28	男	1945 年
罗延昌	寒亭区泊子乡北庄子村	21	男	1945 年
路士科	寒亭区泊子乡大湾口村	22	男	1945 年
王善京	寒亭区泊子乡东官亭村	23	男	1945 年
王三圣	寒亭区泊子乡东官亭村	20	男	1945 年
王从顺	寒亭区泊子乡东官亭村	25	男	1945 年
王 锥	寒亭区泊子乡东官亭村	22	男	1945 年
王高步	寒亭区泊子乡东官亭村	30	男	1945 年

姓　名	籍　贯	年　龄	性　别	死难时间
王耕田	寒亭区泊子乡崔家官庄村	18	男	1945 年
王福彬	寒亭区泊子乡崔家官庄村	20	男	1945 年
李浩然	寒亭区泊子乡李家官庄村	26	男	1945 年
王　隋	寒亭区固堤镇北王家埠村	30	男	1945 年
李桂香	寒亭区固堤镇牟家温庄村	25	女	1945 年
魏林成	寒亭区固堤镇大魏家村	32	男	1945 年
牟洪矗	寒亭区固堤镇牟家庄子村	27	男	1945 年
牟学芹	寒亭区固堤镇牟家庄子村	23	男	1945 年
王年芳	寒亭区泊子乡北王码头村	40	男	1945 年
王世法	寒亭区开元街道大辛庄村	26	男	1945 年
张维起	寒亭区寒亭街道东院村	20	男	1945 年
陈世金	寒亭区寒亭街道西院村	19	男	1945 年
权怀宝	寒亭区寒亭街道北埠子村	20	男	1945 年
韩义兴	寒亭区寒亭街道北纸房村	19	男	1945 年
张胜才	寒亭区泊子乡北仲寨村	26	男	1945 年
牟恒河	寒亭区泊子乡北仲寨村	19	男	1945 年
李　丁	寒亭区泊子乡高庄村	26	男	1945 年
王来临	寒亭区泊子乡高庄村	27	男	1945 年
张恒瑞	寒亭区高里镇河南村	22	男	1945 年 8 月
崔友光	寒亭区央子镇崔家央子村	26	男	1945 年 8 月
刘国兴	寒亭区固堤镇西横沟村	23	男	1945 年 8 月
卢其珩	寒亭区泊子乡卢家码头村	37	男	1945 年 8 月
丁效贤	寒亭区河滩镇西芝庄村	24	男	1945 年 8 月
于杰之	寒亭区双杨店镇碑子村	—	男	—
王桂华	寒亭区泊子乡王家官庄村	22	男	—
王钦照	寒亭区泊子乡王家官庄村	21	男	—
陈太昌	寒亭区河滩镇陈家绛埠村	22	男	1938 年
刘长祥	寒亭区河滩镇东芝庄村	32	男	1938 年
刘松年	寒亭区河滩镇东芝庄村	32	男	1938 年
刘永德	寒亭区河滩镇东芝庄村	32	男	1938 年
刘云江	寒亭区河滩镇东芝庄村	32	男	1938 年
庄　庄	寒亭区河滩镇财源村	16	男	1938 年
杨明伦	寒亭区河滩镇财源村	14	男	1938 年
杨兆贞	寒亭区高里镇杨家营子村	45	男	1938 年

姓　名	籍　贯	年　龄	性　别	死难时间
张孟里	寒亭区双杨店镇双杨店村	27	男	1938 年
邢明东	寒亭区固堤镇砧后村	20	男	1938 年
庞有伦	寒亭区开元街道黄埠村	32	男	1938 年
齐文臣	寒亭区寒亭街道齐家埠村	15	男	1938 年
齐十五	寒亭区寒亭街道齐家埠村	45	男	1938 年
尹希章	寒亭区寒亭街道齐家埠村	45	男	1938 年
尹明印	寒亭区寒亭街道齐家埠村	15	男	1938 年
齐二毛	寒亭区寒亭街道齐家埠村	45	男	1938 年
于振续	寒亭区寒亭街道寒一村	32	男	1938 年
付百令	寒亭区寒亭街道寒一村	55	男	1938 年
齐孝成	寒亭区寒亭街道河西村	37	男	1938 年
郭俊礼	寒亭区寒亭街道河西村	35	男	1938 年
贾友庚	寒亭区寒亭街道北平旺村	57	男	1938 年
张瑞先	寒亭区寒亭街道北平旺村	36	男	1938 年
齐振帮	寒亭区寒亭街道北平旺村	35	男	1938 年
王　柱	寒亭区寒亭街道北平旺村	37	男	1938 年
于光太	寒亭区寒亭街道叶家庄子村	31	男	1938 年
王青田	寒亭区寒亭街道叶家庄子村	53	男	1938 年
于　生	寒亭区寒亭街道叶家庄子村	21	男	1938 年
于　斗	寒亭区寒亭街道叶家庄子村	17	男	1938 年
于大集	寒亭区寒亭街道叶家庄子村	32	男	1938 年
王兆昌	寒亭区寒亭街道叶家庄子村	33	男	1938 年
卜兆刚	寒亭区寒亭街道卜家庄子村	51	男	1938 年
卜贤柱	寒亭区寒亭街道卜家庄子村	13	男	1938 年
卜庆吉	寒亭区寒亭街道卜家庄子村	18	男	1938 年
卜万令	寒亭区寒亭街道卜家庄子村	35	男	1938 年
卜庆良	寒亭区寒亭街道卜家庄子村	55	男	1938 年
卜庆辑	寒亭区寒亭街道卜家庄子村	24	男	1938 年
卜庆松	寒亭区寒亭街道卜家庄子村	25	男	1938 年
王思瑞	寒亭区寒亭街道毛家埠村	21	男	1938 年
王福奎	寒亭区朱里镇财源村	19	男	1939 年
于连堂	寒亭区朱里镇财源村	17	男	1939 年
于连荣	寒亭区朱里镇财源村	25	男	1939 年
天　才	寒亭区河滩镇财源村	28	男	1939 年

姓 名	籍 贯	年 龄	性 别	死难时间
刘升一	寒亭区河滩镇财源村	32	男	1939 年
刘长喜	寒亭区河滩镇财源村	21	男	1939 年
刘成一	寒亭区河滩镇财源村	38	男	1939 年
刘良庆	寒亭区河滩镇财源村	20	男	1939 年
王洪云	寒亭区河滩镇王家绛埠村	35	男	1939 年
于京廷	寒亭区河滩镇河滩村	19	男	1939 年
王同顺	寒亭区朱里镇富戈庄二村	31	男	1939 年
孙以道	寒亭区朱里镇富戈庄二村	34	男	1939 年
刘宗先	寒亭区高里镇韩家牛马村	52	男	1939 年
郭连峰	寒亭区高里镇前河套村	19	男	1939 年
杨兆锋	寒亭区高里镇杨家营子村	35	男	1939 年
孙京林	寒亭区寒亭街道西三角埠村	21	男	1939 年
纪康信	寒亭区寒亭街道李家村	34	男	1939 年
纪项成	寒亭区寒亭街道李家村	58	男	1939 年
纪连仁	寒亭区寒亭街道李家村	34	男	1939 年
纪庆平	寒亭区寒亭街道李家村	22	男	1939 年
王桂春	寒亭区寒亭街道牛埠村	36	男	1939 年
王思运	寒亭区寒亭街道牛埠村	37	男	1939 年
王希爵	寒亭区南孙乡三甲王村	38	男	1939 年
王春兰之弟	寒亭区河滩镇王家绛埠村	18	男	1940 年
刘希存	寒亭区河滩镇西坡村	46	男	1940 年
刘善绥	寒亭区河滩镇西坡村	40	男	1940 年
王维正	寒亭区河滩镇代家村	36	男	1940 年
马登元	寒亭区朱里镇朱里一村	44	男	1940 年
马步奎	寒亭区朱里镇朱里一村	33	男	1940 年
高传均	寒亭区朱里镇会泉庄村	38	男	1940 年
牛佃武	寒亭区高里镇牛家朱马村	26	男	1940 年
张京奎	寒亭区双杨店镇华疃一村	16	男	1940 年
魏永信	寒亭区南孙乡三官庙村	22	男	1940 年
魏兆正	寒亭区南孙乡三官庙村	25	男	1940 年
付春秀之四爷	寒亭区南孙乡三官庙村	20	男	1940 年
马 子	寒亭区双杨店镇杜家庄子村	21	男	1940 年
杜逢台	寒亭区双杨店镇杜家庄子村	24	男	1940 年
于吉起	寒亭区双杨店镇后阙庄村	20	男	1940 年

姓 名	籍 贯	年龄	性别	死难时间
庄希全	寒亭区双杨店镇华疃一村	40	男	1940 年
栾保令	寒亭区双杨店镇华疃一村	30	男	1940 年
孙瑞芳	寒亭区双杨店镇华疃三村	40	男	1940 年
孙玉英	寒亭区双杨店镇华疃三村	39	男	1940 年
孙 法	寒亭区双杨店镇华疃三村	21	男	1940 年
孙家珍	寒亭区双杨店镇华疃三村	25	男	1940 年
孙烟台	寒亭区双杨店镇华疃三村	24	男	1940 年
李希贤	寒亭区双杨店镇华疃四村	27	男	1940 年
朱丹田	寒亭区固堤镇流河三村	34	男	1940 年
刘根来	寒亭区固堤镇固堤三村	35	男	1940 年
崔文成	寒亭区泊子乡崔家官庄村	41	男	1940 年
刘希祥	寒亭区开元街道南张氏三村	32	男	1940 年
刘希迎	寒亭区开元街道南张氏三村	41	男	1940 年
孙长远	寒亭区开元街道东里疃村	28	男	1940 年
刘国敏	寒亭区开元街道南张氏三村	16	男	1940 年
孙新起	寒亭区寒亭街道东三角埠村	32	男	1940 年
杨万衬	寒亭区寒亭街道西杨家埠村	45	男	1940 年
杨万衬之子	寒亭区寒亭街道西杨家埠村	22	男	1940 年
杨乃贞	寒亭区寒亭街道西杨家埠村	39	男	1940 年
杨乃祥	寒亭区寒亭街道西杨家埠村	38	男	1940 年
杨其衬	寒亭区寒亭街道西杨家埠村	18	男	1940 年
杨 王	寒亭区寒亭街道西杨家埠村	17	男	1940 年
杨王之父	寒亭区寒亭街道西杨家埠村	42	男	1940 年
杨振清	寒亭区寒亭街道西杨家埠村	52	男	1940 年
杨潍县	寒亭区寒亭街道西杨家埠村	32	男	1940 年
杨寿光	寒亭区寒亭街道西杨家埠村	22	男	1940 年
杨太茂	寒亭区寒亭街道西杨家埠村	21	男	1940 年
杨同茂	寒亭区寒亭街道西杨家埠村	19	男	1940 年
徐明尧	寒亭区寒亭街道寒二村	43	男	1940 年
郭义和	寒亭区寒亭街道寒二村	65	男	1940 年
郭同祥	寒亭区寒亭街道寒二村	15	男	1940 年
郭明奎	寒亭区寒亭街道寒二村	45	男	1940 年
王希朋	寒亭区寒亭街道五里埠村	27	男	1940 年
于悦义	寒亭区寒亭街道西冢子村	40	男	1940 年

姓 名	籍 贯	年 龄	性 别	死难时间
于起田	寒亭区寒亭街道西冢子村	46	男	1940 年
于德周	寒亭区寒亭街道西冢子村	15	男	1940 年
于留翠	寒亭区寒亭街道西冢子村	41	男	1940 年
于金成	寒亭区寒亭街道西冢子村	16	男	1940 年
于光明	寒亭区泊子乡北庄子村	22	男	1941 年 7 月
牟恒通	寒亭区泊子乡北仲寨村	62	男	1941 年 7 月
王春禄	寒亭区河滩镇王家绛埠村	21	男	1941 年
赵学温	寒亭区河滩镇南坡村	21	男	1941 年
代寿和	寒亭区河滩镇代家村	27	男	1941 年
代桂和	寒亭区河滩镇代家村	30	男	1941 年
代秀天	寒亭区河滩镇代家村	31	男	1941 年
宋寿真	寒亭区朱里镇军屯村	24	男	1941 年
王彦昌	寒亭区朱里镇前巡栈村	30	男	1941 年
王进良	寒亭区朱里镇前巡栈村	40	男	1941 年
王天成	寒亭区朱里镇前巡栈村	41	男	1941 年
王允他	寒亭区朱里镇前巡栈村	32	男	1941 年
王允周	寒亭区朱里镇前巡栈村	33	男	1941 年
王来玉	寒亭区朱里镇前巡栈村	35	男	1941 年
孙 德	寒亭区朱里镇前埠下村	36	男	1941 年
孙召富	寒亭区朱里镇会泉庄村	28	男	1941 年
陈月雷	寒亭区朱里镇会泉庄村	30	男	1941 年
郭述增	寒亭区高里镇碱滩村	19	男	1941 年
郭述章之父	寒亭区高里镇碱滩村	27	男	1941 年
郭芳梅	寒亭区高里镇碱滩村	23	男	1941 年
杨马昌	寒亭区高里镇獐羔埠村	30	男	1941 年
杨乐安	寒亭区高里镇獐羔埠村	29	男	1941 年
牟有忠	寒亭区南孙乡柳科村	38	男	1941 年
邢品三	寒亭区南孙乡柳科村	25	男	1941 年
陈其善	寒亭区双杨店镇埠头子村	57	男	1941 年
陈兴功	寒亭区双杨店镇埠头子村	30	男	1941 年
扈藤县	寒亭区双杨店镇扈家村	24	男	1941 年
扈文更	寒亭区双杨店镇扈家村	21	男	1941 年
扈 运	寒亭区双杨店镇扈家村	23	男	1941 年
扈岳南	寒亭区双杨店镇扈家村	26	男	1941 年

姓 名	籍 贯	年 龄	性 别	死难时间
陈其惠	寒亭区双杨店镇埠头子村	28	男	1941 年
栾培成	寒亭区双杨店镇华疃二村	45	男	1941 年
栾大成	寒亭区双杨店镇华疃二村	37	男	1941 年
李平安	寒亭区双杨店镇华疃四村	18	男	1941 年
李德升	寒亭区双杨店镇华疃四村	19	男	1941 年
王昌书	寒亭区泊子乡南泊子村	42	男	1941 年
牟永山	寒亭区开元街道郭家村	41	男	1941 年
孙学商	寒亭区寒亭街道西三角埠村	16	男	1941 年
杨玲东	寒亭区寒亭街道东杨家埠村	42	男	1941 年
杨修宏	寒亭区寒亭街道东杨家埠村	43	男	1941 年
杨 周	寒亭区寒亭街道东杨家埠村	35	男	1941 年
杨志川	寒亭区寒亭街道东杨家埠村	22	男	1941 年
杨全花	寒亭区寒亭街道东杨家埠村	30	男	1941 年
张兆利	寒亭区寒亭街道南埠子村	38	男	1941 年
张兆坤	寒亭区寒亭街道南埠子村	34	男	1941 年
邢克学	寒亭区寒亭街道邢家村	38	男	1941 年
邢玉剑	寒亭区寒亭街道邢家村	37	男	1941 年
邢连来	寒亭区寒亭街道邢家村	32	男	1941 年
邢百寿	寒亭区寒亭街道邢家村	12	男	1941 年
邢保树	寒亭区寒亭街道邢家村	48	男	1941 年
邢守孝	寒亭区寒亭街道邢家村	47	男	1941 年
邢守孝之妻	寒亭区寒亭街道邢家村	45	女	1941 年
邢百光	寒亭区寒亭街道邢家村	18	男	1941 年
邢国营	寒亭区寒亭街道邢家村	37	男	1941 年
邢国营之妻	寒亭区寒亭街道邢家村	37	女	1941 年
邢双喜	寒亭区寒亭街道邢家村	13	男	1941 年
邢园春	寒亭区寒亭街道邢家村	20	男	1941 年
纪介亮	寒亭区寒亭街道纪家村	35	男	1941 年
纪令元	寒亭区寒亭街道纪家村	43	男	1941 年
纪介围	寒亭区寒亭街道纪家村	46	男	1941 年
韩启树	寒亭区寒亭街道纪家村	50	男	1941 年
李大河	寒亭区寒亭街道南平旺村	32	男	1941 年
马朋生	寒亭区寒亭街道南平旺村	30	男	1941 年
陈 成	寒亭区寒亭街道南平旺村	18	男	1941 年

姓 名	籍 贯	年 龄	性 别	死难时间
张建成	寒亭区寒亭街道后仉村	55	男	1941 年
陈火明	寒亭区寒亭街道后仉村	27	男	1941 年
陈寿善	寒亭区寒亭街道后仉村	37	男	1941 年
王春荣	寒亭区寒亭街道王家道村	52	男	1941 年
元 星	寒亭区寒亭街道箕子埠村	26	男	1941 年
王朋寿	寒亭区寒亭街道箕子埠村	35	男	1941 年
王法高	寒亭区河滩镇王家绛埠村	38	男	1942 年
刘希鲁	寒亭区朱里镇交界村	37	男	1942 年
王西文	寒亭区河滩镇于家绛埠村	40	男	1942 年
王学砚	寒亭区河滩镇于家绛埠村	37	男	1942 年
于恩庆	寒亭区河滩镇小东庄村	47	男	1942 年
吉宗胜	寒亭区朱里镇前吉村	32	男	1942 年
吉来升	寒亭区朱里镇前吉村	42	男	1942 年
刘文广	寒亭区河滩镇大东庄村	32	男	1942 年
李 路	寒亭区朱里镇东于渠村	40	男	1942 年
孙官芝	寒亭区河滩镇西高村	30	男	1942 年
孙洪奎	寒亭区河滩镇东庄子村	37	男	1942 年
孙中信	寒亭区朱里镇富三村	19	男	1942 年
孙升礼	寒亭区朱里镇富三村	20	男	1942 年
袁训成	寒亭区朱里镇袁家庄村	26	男	1942 年
王佃聘	寒亭区朱里镇前朱里村	30	男	1942 年
孙洪连	寒亭区河滩镇后埠下村	32	男	1942 年
孙丙花	寒亭区河滩镇后埠下村	34	男	1942 年
张连起	寒亭区朱里镇北港涘村	40	男	1942 年
孙宋生之五叔	寒亭区河滩镇后埠下村	25	男	1942 年
刘英孔	寒亭区高里镇北埠刘村	21	男	1942 年
刘绍信之父	寒亭区高里镇北埠刘村	20	男	1942 年
刘绍信之祖父	寒亭区高里镇北埠刘村	40	男	1942 年
刘新台	寒亭区高里镇北埠刘村	19	男	1942 年
刘单和	寒亭区南孙乡东南孙村	26	男	1942 年
任祥林	寒亭区南孙乡东南孙村	32	男	1942 年
邵万庆	寒亭区南孙乡于家庄子村	38	男	1942 年
于中渊	寒亭区双杨店镇前吕村	29	男	1942 年
牟军义	寒亭区固堤镇北仲寨村	63	男	1942 年

姓 名	籍 贯	年 龄	性 别	死难时间
曲 集	寒亭区固堤镇南庄村	22	男	1942 年
王 河	寒亭区泊子乡高庄村	21	男	1942 年
邵树千	寒亭区开元街道郭家村	24	男	1942 年
王玉树	寒亭区开元街道枣林村	32	男	1942 年
刘永才	寒亭区寒亭街道西杨家埠村	49	男	1942 年
刘北阳	寒亭区寒亭街道西杨家埠村	16	男	1942 年
杨振重	寒亭区寒亭街道西杨家埠村	25	男	1942 年
杨其良	寒亭区寒亭街道西杨家埠村	23	男	1942 年
纪玉营	寒亭区寒亭街道吴官庄村	26	男	1942 年
刘晶芳	寒亭区寒亭街道五里埠村	42	男	1942 年
刘新文	寒亭区寒亭街道五里埠村	15	男	1942 年
王明莆	寒亭区寒亭街道五里埠村	47	男	1942 年
牟佃常	寒亭区寒亭街道前仉村	46	男	1942 年
张振月	寒亭区寒亭街道前仉村	42	男	1942 年
张付地	寒亭区寒亭街道前仉村	41	男	1942 年
张德之	寒亭区寒亭街道前仉村	42	男	1942 年
张麻恒	寒亭区寒亭街道前仉村	45	男	1942 年
张 奎	寒亭区寒亭街道中仉村	17	男	1942 年
张掖县	寒亭区寒亭街道中仉村	22	男	1942 年
谢亭臣	寒亭区寒亭街道中仉村	21	男	1942 年
张洪燕	寒亭区寒亭街道中仉村	45	男	1942 年
谢亭法	寒亭区寒亭街道中仉村	21	男	1942 年
张志前	寒亭区寒亭街道隅里村	32	男	1942 年
张永贞	寒亭区寒亭街道隅里村	33	男	1942 年
张飞县	寒亭区寒亭街道隅里村	31	男	1942 年
陈跃东	寒亭区寒亭街道西院村	42	男	1942 年
陈连征	寒亭区寒亭街道西院村	32	男	1942 年
韩 收	寒亭区寒亭街道北纸房村	35	男	1942 年
王麻元	寒亭区寒亭街道南营村	41	男	1942 年
杜保百	寒亭区寒亭街道南庄村	46	男	1942 年
于 万	寒亭区寒亭街道南纸房村	13	男	1942 年
于建奎	寒亭区寒亭街道南纸房村	33	男	1942 年
韩文洋	寒亭区寒亭街道南纸房村	28	男	1942 年
韩 柳	寒亭区寒亭街道南纸房村	31	男	1942 年

姓 名	籍 贯	年 龄	性 别	死难时间
韩明年	寒亭区寒亭街道南纸房村	25	男	1942 年
韩连贵	寒亭区寒亭街道南纸房村	30	男	1942 年
赵山之父	寒亭区寒亭街道东冢子村	40	男	1942 年
庞常友	寒亭区寒亭街道东冢子村	45	男	1942 年
崔秀伦	寒亭区开元街道徐家楼村	55	男	1942 年 4 月
王 牛	寒亭区泊子乡东官亭村	18	男	1943 年 2 月
王宾潇	寒亭区泊子乡东官亭村	23	男	1943 年 2 月
任何顺	寒亭区泊子乡东官亭村	22	男	1943 年 2 月
肖感生	寒亭区南孙乡肖家营村	25	男	1943 年 3 月
肖保站	寒亭区南孙乡肖家营村	22	男	1943 年 3 月
张振怀	寒亭区高里镇河南村	36	男	1943 年 10 月
张振汉	寒亭区高里镇河南村	30	男	1943 年 10 月
张华堂	寒亭区高里镇河南村	59	男	1943 年 10 月
张 余	寒亭区高里镇河南村	24	男	1943 年 10 月
张延庚	寒亭区高里镇河南村	28	男	1943 年 10 月
高起书	寒亭区高里镇高家庄子村	45	男	1943 年 11 月
王克信	寒亭区高里镇高家庄子村	44	男	1943 年 11 月
赵学田	寒亭区河滩镇河东于村	27	男	1943 年
于永保	寒亭区河滩镇河东于村	34	男	1943 年
于德惠	寒亭区河滩镇河东于村	25	男	1943 年
于芳坡	寒亭区河滩镇南曹埠村	38	男	1943 年
侯佃福	寒亭区河滩镇宏伟村（荒里）	28	男	1943 年
曲克川	寒亭区河滩镇宏伟村（荒里）	30	男	1943 年
于立方	寒亭区河滩镇西于家庄子村	55	男	1943 年
陈克欣	寒亭区河滩镇西东坡村	47	男	1943 年
陈克同	寒亭区河滩镇西东坡村	46	男	1943 年
陈广尧	寒亭区河滩镇西东坡村	47	男	1943 年
陈高堂	寒亭区河滩镇西东坡村	47	男	1943 年
陈继堂	寒亭区河滩镇西东坡村	46	男	1943 年
丁志梦	寒亭区朱里镇西镇村	21	男	1943 年
丁述恩	寒亭区朱里镇西镇村	21	男	1943 年
徐以政	寒亭区朱里镇西镇村	17	男	1943 年
崔 顺	寒亭区朱里镇西镇村	17	男	1943 年
宋希峰	寒亭区朱里镇宋家村	43	男	1943 年

姓　名	籍　贯	年　龄	性　别	死难时间
宋希初	寒亭区朱里镇宋家村	28	男	1943 年
宋更吉	寒亭区朱里镇宋家村	21	男	1943 年
董述贵	寒亭区朱里镇官桥村	14	男	1943 年
孙增兆	寒亭区河滩镇前埠下村	23	男	1943 年
孙老姜	寒亭区河滩镇前埠下村	42	男	1943 年
张华山	寒亭区朱里镇西于二村	41	男	1943 年
高　兴	寒亭区朱里镇西于二村	30	男	1943 年
孙龙法	寒亭区朱里镇后周一村	35	男	1943 年
孙相军	寒亭区朱里镇后周一村	30	男	1943 年
孙公顺	寒亭区朱里镇后周一村	25	男	1943 年
孙龙贞	寒亭区朱里镇后周一村	20	男	1943 年
孙进昌	寒亭区朱里镇后周一村	40	男	1943 年
孙灯云	寒亭区朱里镇后周一村	16	男	1943 年
于德运之兄	寒亭区朱里镇亓家庄村	24	男	1943 年
彭修田	寒亭区朱里镇亓家庄村	30	男	1943 年
于德运之叔	寒亭区朱里镇亓家庄村	40	男	1943 年
孙连法之弟	寒亭区朱里镇亓家庄村	19	男	1943 年
刁连升	寒亭区朱里镇亓家庄村	35	男	1943 年
孙春田	寒亭区朱里镇西邢三村	35	男	1943 年
刘玉亭	寒亭区朱里镇亓家庄村	40	男	1943 年
彭乃路之父	寒亭区朱里镇亓家庄村	40	男	1943 年
徐新成	寒亭区泊子乡报庄子村	28	男	1943 年
徐秀壮	寒亭区泊子乡报庄子村	31	男	1943 年
徐瑞云	寒亭区泊子乡报庄子村	22	男	1943 年
徐怀路	寒亭区泊子乡报庄子村	25	男	1943 年
陈宪科	寒亭区河滩镇北张庄村	45	男	1943 年
孙梅三	寒亭区南孙乡西常寨村	39	男	1943 年
冯连平	寒亭区高里镇西冯村	24	男	1943 年
冯窑瑞	寒亭区高里镇西冯村	20	男	1943 年
管从宗	寒亭区南孙乡后王村	27	男	1943 年
官效文	寒亭区南孙乡大柳瞳村	43	男	1943 年
官功一	寒亭区南孙乡大柳瞳村	50	男	1943 年
于连成	寒亭区双杨店镇埠头子村	60	男	1943 年
于兴加	寒亭区双杨店镇马家村	20	男	1943 年

姓　名	籍　贯	年　龄	性　别	死难时间
侯付兴	寒亭区双杨店镇潘家村	26	男	1943 年
扈文昌	寒亭区双杨店镇潘家村	19	男	1943 年
朱能德	寒亭区固堤镇流河三村	25	男	1943 年
戚云礼	寒亭区固堤镇寨里村	18	男	1943 年
王佃均	寒亭区固堤镇王家埠村	51	男	1943 年
于松洲	寒亭区泊子乡北于家码头	21	男	1943 年
王来林	寒亭区泊子乡高庄村	30	男	1943 年
杨其增	寒亭区寒亭街道西杨家埠村	40	男	1943 年
尹　利	寒亭区寒亭街道齐家埠村	44	男	1943 年
陈中岭	寒亭区寒亭街道西院村	35	男	1943 年
张其龙	寒亭区寒亭街道东院村	41	男	1943 年
裴　敫	寒亭区寒亭街道北营村	50	男	1943 年
吴洪祯	寒亭区寒亭街道吴家埠村	43	男	1943 年
张黄先	寒亭区寒亭街道毛家埠村	18	男	1943 年
王华三	寒亭区寒亭街道毛家埠村	17	男	1943 年
张长钱	寒亭区寒亭街道毛家埠村	18	男	1943 年
王好雷	寒亭区寒亭街道毛家埠村	50	男	1943 年
卜贤河	寒亭区寒亭街道卜家庄子村	36	男	1943 年
卜庆三	寒亭区寒亭街道卜家庄子村	45	男	1943 年
卜凡洪	寒亭区寒亭街道卜家庄子村	47	男	1943 年
卜兆聪	寒亭区寒亭街道卜家庄子村	65	男	1943 年
卜庆德	寒亭区寒亭街道卜家庄子村	55	男	1943 年
孙凤选	寒亭区朱里镇后周一村	35	男	1943 年
孙邦栋	寒亭区朱里镇后周一村	40	男	1943 年
徐国治	寒亭区朱里镇亓家庄村	40	男	1943 年
陈显明	寒亭区河滩镇西东坡村	48	男	1943 年
陈继忠	寒亭区河滩镇西东坡村	45	男	1943 年
孙会园	寒亭区南孙乡西常寨村	46	男	1944 年 1 月
张连科	寒亭区高里镇河南村	58	男	1944 年 3 月
张乃康	寒亭区高里镇芽庄子村	45	男	1944 年秋
藏西书	寒亭区开元街道南寨里村	43	男	1944 年 10 月
尹玉群	寒亭区河滩镇尹家村	21	男	1944 年
于振帮	寒亭区朱里镇东于村	38	男	1944 年
于全奎	寒亭区朱里镇东于村	35	男	1944 年

姓　名	籍　贯	年　龄	性　别	死难时间
刘学朋	寒亭区河滩镇王伯村	49	男	1944 年
刘春县	寒亭区河滩镇王伯村	50	男	1944 年
丁　起	寒亭区河滩镇王伯村	50	男	1944 年
李希艳	寒亭区河滩镇王伯村	50	男	1944 年
陈启贤	寒亭区朱里镇会泉庄村	19	男	1944 年
王太云	寒亭区朱里镇会泉庄村	65	男	1944 年
吉　起	寒亭区河滩镇后吉村	17	男	1944 年
刘克便	寒亭区高里镇戈翟村	59	男	1944 年
刘松堂之父	寒亭区高里镇戈翟村	30	男	1944 年
李长光	寒亭区高里镇戈翟村	32	男	1944 年
曹守格	寒亭区高里镇桥西二村	50	男	1944 年
黄武奎	寒亭区双杨店镇时家埠村	20	男	1944 年
黄景奎	寒亭区双杨店镇时家埠村	22	男	1944 年
黄庆海	寒亭区双杨店镇时家埠村	22	男	1944 年
张万贵	寒亭区固堤镇东小官庄村	44	男	1944 年
贺佃平	寒亭区固堤镇贺家村	38	男	1944 年
孙明乐	寒亭区固堤镇东常寨	22	男	1944 年
王　垒	寒亭区泊子乡高庄村	19	男	1944 年
王守勤	寒亭区寒亭街道北营村	50	男	1944 年
王守珍	寒亭区寒亭街道北营村	60	男	1944 年
王守玉	寒亭区寒亭街道北营村	64	男	1944 年
桓文英	寒亭区寒亭街道北营村	60	男	1944 年
王增魁	寒亭区寒亭街道北营村	53	男	1944 年
王照团	寒亭区寒亭街道北营村	20	男	1944 年
王万年	寒亭区寒亭街道北营村	58	男	1944 年
王万章	寒亭区寒亭街道北营村	60	男	1944 年
王万亭	寒亭区寒亭街道北营村	55	男	1944 年
王守界	寒亭区寒亭街道北营村	56	男	1944 年
刘兆起	寒亭区寒亭街道大埠村	45	男	1944 年
李锡丛	寒亭区寒亭街道大埠村	42	男	1944 年
杜兆峰	寒亭区寒亭街道南庄村	30	男	1944 年
于焕文	寒亭区寒亭街道吴官庄村	16	男	1944 年
王佃良	寒亭区泊子乡南王家码头	50	男	1945 年 2 月
王成利	寒亭区泊子乡高庄村	24	男	1945 年 7 月

姓　名	籍　贯	年　龄	性　别	死难时间
王京辉	寒亭区开元街道南寨里村	23	男	1945 年 8 月
王信田	寒亭区开元街道南寨里村	28	男	1945 年 9 月
于连登	寒亭区河滩镇小东庄村	16	男	1945 年
陈　作	寒亭区朱里镇会泉庄村	62	男	1945 年
李执中	寒亭区高里镇中小河村	39	男	1945 年
刘怀诊	寒亭区泊子乡南仲寨	17	男	1945 年
路士河	寒亭区泊子乡高庄村	22	男	1945 年
李化庆	寒亭区寒亭街道李家村	36	男	1945 年
陈世仁	寒亭区寒亭街道西院村	18	男	1945 年
合　计	**1740**			

责任人：徐　磊　刘化政　　　　核实人：司树勤　孙宝进　　　　填表人：牟爱玲

填报单位（签章）：潍坊市寒亭区委党史研究室　　　　　　填报时间：2009 年 4 月

青州市抗日战争时期死难者名录

姓　名	籍　贯	年　龄	性　别	死难时间
刘宗刚	青州市王坟镇钓鱼台村	19	男	1938 年 1 月 18 日
党廷凡	青州市普通镇玉皇庙村	34	男	1938 年 1 月
董延寿	青州市谭坊镇于家村	60	男	1938 年 1 月
徐锡田	青州市口埠镇前徐村	24	男	1938 年 1 月
李永传	青州市朱良镇前北段村	20	男	1938 年 2 月 2 日
王严纪	青州市朱良镇前北段村	70	男	1938 年 2 月 2 日
刘原田	青州市高柳镇黄岭村	82	男	1938 年 2 月 6 日
彭传禹	青州市东夏镇方台村	24	男	1938 年 2 月 6 日
彭有新	青州市东夏镇方台村	20	男	1938 年 2 月 6 日
彭有志	青州市东夏镇方台村	24	男	1938 年 2 月 6 日
彭有福	青州市东夏镇方台村	20	男	1938 年 2 月 6 日
陈炳凯	青州市弥河镇大章庄村	42	男	1938 年 2 月 8 日
刘兴成	青州市朱良镇张郭庄村	30	男	1938 年 2 月 8 日
陈长春	青州市朱良镇王木村	19	男	1938 年 2 月 8 日
吴　氏	青州市朱良镇西马庄村	58	女	1938 年 2 月 8 日
冯　纺	青州市朱良镇东朱良村	50	男	1938 年 2 月 8 日
刘方吴	青州市朱良镇东朱良村	38	男	1938 年 2 月 8 日
段世章之祖父	青州市朱良镇东朱良村	46	男	1938 年 2 月 8 日
段世章之祖母	青州市朱良镇东朱良村	43	女	1938 年 2 月 8 日
刘风亭之曾祖	青州市朱良镇东朱良村	40	男	1938 年 2 月 8 日
孙友斋	青州市朱良镇北朱良村	30	男	1938 年 2 月 8 日
曹玉得	青州市益都街道草庙村	30	男	1938 年 2 月 8 日
褚朋范	青州市王坟镇大田庄村	41	男	1938 年 2 月 17 日
褚朋冠	青州市王坟镇大田庄村	40	男	1938 年 2 月 17 日
褚朋来	青州市王坟镇大田庄村	22	男	1938 年 2 月 17 日
褚朋连	青州市王坟镇大田庄村	26	男	1938 年 2 月 17 日
褚朋良	青州市王坟镇大田庄村	36	男	1938 年 2 月 17 日
褚朋千	青州市王坟镇大田庄村	27	男	1938 年 2 月 17 日
褚朋双	青州市王坟镇大田庄村	34	男	1938 年 2 月 17 日
褚朋万	青州市王坟镇大田庄村	38	男	1938 年 2 月 17 日
褚朋文	青州市王坟镇大田庄村	45	男	1938 年 2 月 17 日

姓 名	籍 贯	年 龄	性 别	死难时间
褚朋秀	青州市王坟镇大田庄村	43	男	1938 年 2 月 17 日
褚朋禹	青州市王坟镇大田庄村	40	男	1938 年 2 月 17 日
褚朋月	青州市王坟镇大田庄村	22	男	1938 年 2 月 17 日
褚朋义	青州市王坟镇大田庄村	21	男	1938 年 2 月 17 日
褚朋珠	青州市王坟镇大田庄村	43	男	1938 年 2 月 17 日
褚继福	青州市王坟镇大田庄村	38	男	1938 年 2 月 17 日
褚继孔	青州市王坟镇大田庄村	38	男	1938 年 2 月 17 日
褚继升	青州市王坟镇大田庄村	43	男	1938 年 2 月 17 日
褚继维	青州市王坟镇大田庄村	40	男	1938 年 2 月 17 日
褚继武	青州市王坟镇大田庄村	42	男	1938 年 2 月 17 日
褚继祥	青州市王坟镇大田庄村	38	男	1938 年 2 月 17 日
褚永起	青州市王坟镇大田庄村	39	男	1938 年 2 月 17 日
褚永昌	青州市王坟镇大田庄村	36	男	1938 年 2 月 17 日
褚光增	青州市王坟镇大田庄村	37	男	1938 年 2 月 17 日
褚学延	青州市王坟镇大田庄村	23	男	1938 年 2 月 17 日
宋执禄	青州市王坟镇大田庄村	38	男	1938 年 2 月 17 日
宋执堂	青州市王坟镇大田庄村	21	男	1938 年 2 月 17 日
宋执阳	青州市王坟镇大田庄村	37	男	1938 年 2 月 17 日
宋执尧	青州市王坟镇大田庄村	35	男	1938 年 2 月 17 日
宋执禹	青州市王坟镇大田庄村	43	男	1938 年 2 月 17 日
宋玉才	青州市王坟镇大田庄村	26	男	1938 年 2 月 17 日
宋玉山	青州市王坟镇大田庄村	38	男	1938 年 2 月 17 日
宋玉太	青州市王坟镇大田庄村	36	男	1938 年 2 月 17 日
宋玉西	青州市王坟镇大田庄村	27	男	1938 年 2 月 17 日
宋玉福	青州市王坟镇大田庄村	45	男	1938 年 2 月 17 日
宋乐福	青州市王坟镇大田庄村	19	男	1938 年 2 月 17 日
宋乐大	青州市王坟镇大田庄村	22	男	1938 年 2 月 17 日
宋长俭	青州市王坟镇大田庄村	50	男	1938 年 2 月 17 日
李文堂	青州市王坟镇大田庄村	39	男	1938 年 2 月 17 日
李福顺	青州市王坟镇大田庄村	21	男	1938 年 2 月 17 日
李福禄	青州市王坟镇大田庄村	19	男	1938 年 2 月 17 日
韩长义	青州市王坟镇大田庄村	36	男	1938 年 2 月 17 日
郭全贵	青州市王坟镇大田庄村	36	男	1938 年 2 月 17 日
郭风亭	青州市王坟镇大田庄村	37	男	1938 年 2 月 17 日

姓 名	籍 贯	年 龄	性 别	死难时间
郭荣富之母	青州市王坟镇大田庄村	53	女	1938 年 2 月 17 日
金玉山	青州市王坟镇金家村	60	男	1938 年 2 月 17 日
金永顺	青州市王坟镇金家村	48	男	1938 年 2 月 17 日
金传胜	青州市王坟镇金家村	50	男	1938 年 2 月 17 日
李春华	青州市王坟镇金家村	60	男	1938 年 2 月 17 日
李明山	青州市王坟镇金家村	38	男	1938 年 2 月 17 日
李汝贤	青州市王坟镇金家村	48	男	1938 年 2 月 17 日
李汝周	青州市王坟镇金家村	49	男	1938 年 2 月 17 日
高京四	青州市王坟镇金家村	30	男	1938 年 2 月 17 日
高张氏	青州市王坟镇金家村	54	女	1938 年 2 月 17 日
赵金堂	青州市王坟镇金家村	49	男	1938 年 2 月 17 日
张邓氏	青州市王坟镇金家村	59	女	1938 年 2 月 17 日
张金美	青州市王坟镇金家村	14	女	1938 年 2 月 17 日
张 德	青州市王坟镇金家村	45	男	1938 年 2 月 17 日
张立贤	青州市王坟镇金家村	64	男	1938 年 2 月 17 日
张同升	青州市王坟镇金家村	11	男	1938 年 2 月 17 日
张文奂	青州市王坟镇金家村	17	男	1938 年 2 月 17 日
石大妮	青州市王坟镇金家村	13	女	1938 年 2 月 17 日
申含增	青州市王坟镇金家村	65	男	1938 年 2 月 17 日
申鞠氏	青州市王坟镇金家村	51	女	1938 年 2 月 17 日
唐万春	青州市王坟镇金家村	74	男	1938 年 2 月 17 日
杨存志	青州市朱良镇南段村	36	男	1938 年 2 月 19 日
杨世昌	青州市何官镇臧台村	46	男	1938 年 2 月
侯寿昌	青州市东夏镇侯庙东村	20	男	1938 年 2 月
李 杏	青州市朱良镇大王车村	19	男	1938 年 2 月
李长生	青州市朱良镇大王车村	43	男	1938 年 2 月
李长生之妻	青州市朱良镇大王车村	42	女	1938 年 2 月
李长生之子	青州市朱良镇大王车村	20	男	1938 年 2 月
李武松	青州市朱良镇大王车村	68	男	1938 年 2 月
李中堂	青州市朱良镇大王车村	62	男	1938 年 2 月
孙友德	青州市朱良镇北朱良村	30	男	1938 年 2 月
孙 氏	青州市朱良镇北朱良村	30	女	1938 年 2 月
孙良田	青州市朱良镇北朱良村	20	男	1938 年 2 月
贾萧华	青州市朱良镇北朱良村	20	男	1938 年 2 月

姓 名	籍 贯	年 龄	性 别	死难时间
徐连国	青州市朱良镇北朱良村	30	男	1938 年 2 月
丁 氏	青州市朱良镇北朱良村	30	女	1938 年 2 月
徐 氏	青州市朱良镇北朱良村	50	女	1938 年 2 月
梁 玉	青州市高柳镇连坡村	53	男	1938 年 3 月 1 日
梁来学	青州市高柳镇连坡村	57	男	1938 年 3 月 1 日
梁来学之外甥	青州市高柳镇连坡村	8	男	1938 年 3 月 1 日
梁文增	青州市高柳镇连坡村	65	男	1938 年 3 月 1 日
梁可为	青州市高柳镇连坡村	82	男	1938 年 3 月 1 日
梁卫汉	青州市高柳镇连坡村	80	男	1938 年 3 月 1 日
梁寿青	青州市高柳镇连坡村	60	男	1938 年 3 月 1 日
梁寿青之兄	青州市高柳镇连坡村	63	男	1938 年 3 月 1 日
梁有仁	青州市高柳镇连坡村	65	男	1938 年 3 月 1 日
梁有义	青州市高柳镇连坡村	61	男	1938 年 3 月 1 日
梁佃生之弟	青州市高柳镇连坡村	32	男	1938 年 3 月 1 日
梁佃生之弟媳	青州市高柳镇连坡村	30	女	1938 年 3 月 1 日
梁起云	青州市高柳镇连坡村	80	男	1938 年 3 月 1 日
梁起山	青州市高柳镇连坡村	60	男	1938 年 3 月 1 日
潘 氏	青州市高柳镇连坡村	55	女	1938 年 3 月 1 日
梁云山	青州市高柳镇连坡村	33	男	1938 年 3 月 1 日
梁秀生	青州市高柳镇连坡村	9	男	1938 年 3 月 1 日
张 榛	青州市朱良镇西王车村	50	男	1938 年 3 月 1 日
张榛之妻	青州市朱良镇西王车村	51	女	1938 年 3 月 1 日
张 椿	青州市朱良镇西王车村	48	男	1938 年 3 月 1 日
张清吉	青州市朱良镇西王车村	36	男	1938 年 3 月 1 日
张俊吉	青州市朱良镇西王车村	35	男	1938 年 3 月 1 日
张寿吉	青州市朱良镇西王车村	40	男	1938 年 3 月 1 日
张道吉	青州市朱良镇西王车村	40	男	1938 年 3 月 1 日
张庆吉	青州市朱良镇西王车村	51	男	1938 年 3 月 1 日
张庆吉之妻	青州市朱良镇西王车村	50	女	1938 年 3 月 1 日
张平吉	青州市朱良镇西王车村	38	男	1938 年 3 月 1 日
张复吉	青州市朱良镇西王车村	31	男	1938 年 3 月 1 日
张乾吉	青州市朱良镇西王车村	56	男	1938 年 3 月 1 日
张玉吉	青州市朱良镇西王车村	49	男	1938 年 3 月 1 日
张有吉	青州市朱良镇西王车村	51	男	1938 年 3 月 1 日

姓　名	籍　贯	年龄	性别	死难时间
张永吉	青州市朱良镇西王车村	28	男	1938 年 3 月 1 日
张兆鸢	青州市朱良镇西王车村	40	男	1938 年 3 月 1 日
张兆元	青州市朱良镇西王车村	28	男	1938 年 3 月 1 日
张兆元之妹	青州市朱良镇西王车村	26	女	1938 年 3 月 1 日
张　槐	青州市朱良镇西王车村	60	男	1938 年 3 月 1 日
张　桢	青州市朱良镇西王车村	60	男	1938 年 3 月 1 日
张　槟	青州市朱良镇西王车村	40	男	1938 年 3 月 1 日
张　柱	青州市朱良镇西王车村	38	男	1938 年 3 月 1 日
刘永成	青州市朱良镇西王车村	50	男	1938 年 3 月 1 日
赵文学	青州市朱良镇东良孟村	53	男	1938 年 3 月 1 日
魏永和	青州市朱良镇东良孟村	40	男	1938 年 3 月 1 日
王好文	青州市朱良镇东良孟村	52	男	1938 年 3 月 1 日
陈好友之祖父	青州市朱良镇东良孟村	53	男	1938 年 3 月 1 日
陈好友之祖母	青州市朱良镇东良孟村	52	女	1938 年 3 月 1 日
杨善明	青州市朱良镇东良孟村	55	男	1938 年 3 月 1 日
杨善义	青州市朱良镇东良孟村	55	男	1938 年 3 月 1 日
杨善彬之父	青州市朱良镇东良孟村	70	男	1938 年 3 月 1 日
杨善彬之母	青州市朱良镇东良孟村	70	女	1938 年 3 月 1 日
杨益之父	青州市朱良镇东良孟村	48	男	1938 年 3 月 1 日
孟继曾	青州市朱良镇东良孟村	26	男	1938 年 3 月 1 日
闫良功	青州市高柳镇西水渠村	38	男	1938 年 3 月 3 日
刘为烈	青州市弥河镇小官庄村	45	男	1938 年 3 月 5 日
刘为新	青州市弥河镇小官庄村	47	男	1938 年 3 月 5 日
刘　朴	青州市弥河镇小官庄村	50	男	1938 年 3 月 5 日
纪崔氏	青州市王母宫街道孙家村	61	女	1938 年 3 月 13 日
李悦智	青州市东坝街道李河村	36	男	1938 年 3 月 13 日
李风云	青州市东坝街道李河村	40	男	1938 年 3 月 13 日
李　氏	青州市东坝街道李河村	50	女	1938 年 3 月 13 日
苏长德	青州市东坝街道李河村	60	男	1938 年 3 月 13 日
王金周	青州市谭坊镇高家村	30	男	1938 年 3 月 17 日
王德顺	青州市东高镇南辛村	65	男	1938 年 3 月 21 日
陈月智	青州市东高镇南辛村	64	男	1938 年 3 月 21 日
刘玉春	青州市普通镇刘镇村	41	男	1938 年 3 月
朱光照	青州市邵庄镇朱石羊村	61	男	1938 年 3 月

姓 名	籍 贯	年 龄	性 别	死难时间
王一敬	青州市高柳镇桥里王村	56	男	1938 年 3 月
黄 祺	青州市高柳镇西马兰村	40	男	1938 年 3 月
刘 光	青州市东夏镇大赵务村	37	男	1938 年 3 月
侯多祥	青州市东夏镇侯庙东村	24	男	1938 年 3 月
李洪兰	青州市王坟镇金家村	25	男	1938 年 3 月
李西成	青州市朱良镇许王村	62	男	1938 年 3 月
李东甫	青州市朱良镇许王村	40	男	1938 年 3 月
李相贤	青州市朱良镇许王村	64	男	1938 年 3 月
刘清会之妻	青州市朱良镇南段村	38	女	1938 年 3 月
李 氏	青州市朱良镇南段村	40	女	1938 年 3 月
李学道	青州市朱良镇小王车村	37	男	1938 年 3 月
王万春	青州市王母宫街道范王村	25	男	1938 年 3 月
孙文泽	青州市东坝街道东阳河村	30	男	1938 年 4 月 14 日
孙玉太	青州市东坝街道东阳河村	20	男	1938 年 4 月 14 日
孙学正	青州市东坝街道东阳河村	30	男	1938 年 4 月 14 日
孙 氏	青州市东坝街道东阳河村	30	女	1938 年 4 月 14 日
刘正武	青州市五里镇上黄峪村	29	男	1938 年 5 月
李保信	青州市朱良镇许王村	53	男	1938 年 5 月
李东义之祖母	青州市朱良镇许王村	60	女	1938 年 5 月
陈窦氏	青州市东坝街道大陈村	38	女	1938 年 5 月
李福兴	青州市东坝街道李河村	27	男	1938 年 5 月
纪同年	青州市东坝街道纪河村	70	男	1938 年 5 月
潘国治	青州市高柳镇北马兰村	32	男	1938 年 6 月 2 日
孙正福	青州市五里镇孙位南村	32	男	1938 年 6 月 9 日
李金贵	青州市朱良镇纸房村	18	男	1938 年 6 月
翟光宗	青州市朱良镇大王车村	23	男	1938 年 6 月
杨在新	青州市五里镇佐家峪村	76	男	1938 年 7 月 12 日
张传山	青州市黄楼镇北仙村	28	男	1938 年 7 月 20 日
刘王氏	青州市普通镇刘镇村	37	女	1938 年 7 月
孙星和	青州市郑母镇孙家村	40	男	1938 年 7 月
李法尧	青州市东夏镇祝家村	65	男	1938 年 7 月
李国宪	青州市东高镇西高村	35	男	1938 年 7 月
刘 荟	青州市口埠镇北口埠村	35	男	1938 年 7 月
刘汝德	青州市何官镇吕村郇村	23	男	1938 年 7 月

姓 名	籍 贯	年龄	性别	死难时间
李景明	青州市口埠镇褚马村	27	男	1938 年 7 月
张舜臣	青州市东夏镇二府村	35	男	1938 年 8 月 11 日
杨明超	青州市普通镇杨仁马村	13	男	1938 年 8 月
王子忠	青州市口埠镇南王村	24	男	1938 年 8 月
陈锡镇	青州市东坝街道大陈村	25	男	1938 年 8 月
孙文玉	青州市口埠镇袁家村	57	男	1938 年 9 月 10 日
孙修道	青州市口埠镇袁家村	52	男	1938 年 9 月 10 日
孙山岳	青州市口埠镇袁家村	52	男	1938 年 9 月 10 日
赵光河	青州市口埠镇袁家村	49	男	1938 年 9 月 10 日
王中付	青州市口埠镇袁家村	35	男	1938 年 9 月 10 日
贾维客	青州市邵庄镇北马村	30	男	1938 年 9 月
贾化先	青州市邵庄镇北马村	30	男	1938 年 9 月
关亭兰	青州市邵庄镇北马村	35	男	1938 年 9 月
蔡修深	青州市邵庄镇北马村	30	男	1938 年 9 月
胡曰春	青州市邵庄镇西郭村	28	男	1937 年 9 月
黄兰杏	青州市邵庄镇西郭村	31	男	1938 年 9 月
刘秀兰	青州市邵庄镇马石东村	38	女	1938 年 9 月
王 明	青州市东夏镇西荒村	38	男	1938 年 9 月
王福义	青州市东高镇核桃园村	27	男	1938 年 9 月
王潍县	青州市朱良镇王木村	32	男	1938 年 9 月
李洪庆	青州市朱良镇许王村	36	男	1938 年 9 月
李汉元	青州市朱良镇许王村	36	男	1938 年 9 月
杨宗阶	青州市朱良镇南段村	27	男	1938 年 9 月
陈允武	青州市朱良镇东朱鹿村	36	男	1938 年 9 月
陈文藻	青州市朱良镇东朱鹿村	37	男	1938 年 9 月
陈文山	青州市朱良镇东朱鹿村	35	男	1938 年 9 月
潘老能	青州市朱良镇东朱良村	21	男	1938 年 9 月
潘继彬	青州市朱良镇东朱良村	43	男	1938 年 9 月
冯其能	青州市朱良镇东朱良村	20	男	1938 年 9 月
陈其均	青州市东坝街道大陈村	28	男	1938 年 9 月
王兴顺	青州市谭坊镇南魏村	19	男	1938 年 10 月 7 日
魏连富	青州市谭坊镇南魏村	17	男	1938 年 10 月 7 日
付云秋	青州市谭坊镇大兴刘村	32	男	1938 年 10 月 8 日
刘士清	青州市谭坊镇大兴刘村	34	男	1938 年 10 月 8 日

姓 名	籍 贯	年 龄	性 别	死难时间
孙明云	青州市黄楼镇潘村	30	男	1938 年 10 月 9 日
杨志清	青州市口埠镇郭集村	50	男	1938 年 10 月 26 日
杨万福	青州市口埠镇郭集村	40	男	1938 年 10 月 26 日
王景兰	青州市口埠镇郭集村	50	男	1938 年 10 月 26 日
王景毫	青州市口埠镇郭集村	60	男	1938 年 10 月 26 日
王景毫之妻	青州市口埠镇郭集村	60	女	1938 年 10 月 26 日
王金全	青州市口埠镇郭集村	45	男	1938 年 10 月 26 日
王金贵	青州市口埠镇郭集村	30	男	1938 年 10 月 26 日
王金台	青州市口埠镇郭集村	45	男	1938 年 10 月 26 日
王三弘	青州市口埠镇郭集村	48	男	1938 年 10 月 26 日
王三光	青州市口埠镇郭集村	20	男	1938 年 10 月 26 日
王孟杰	青州市口埠镇郭集村	24	男	1938 年 10 月 26 日
王寿庆	青州市口埠镇郭集村	25	男	1938 年 10 月 26 日
王先成	青州市口埠镇郭集村	16	男	1938 年 10 月 26 日
王 广	青州市口埠镇郭集村	16	男	1938 年 10 月 26 日
王万庆	青州市口埠镇郭集村	50	男	1938 年 10 月 26 日
王万盛	青州市口埠镇郭集村	50	男	1938 年 10 月 26 日
崔 本	青州市口埠镇郭集村	25	男	1938 年 10 月 26 日
崔寿礼	青州市口埠镇郭集村	25	男	1938 年 10 月 26 日
徐和挺	青州市口埠镇郭集村	23	男	1938 年 10 月 26 日
王孟杰	青州市口埠镇郭集村	24	男	1938 年 10 月 26 日
王万福之妻	青州市口埠镇郭集村	20	女	1938 年 10 月 26 日
杨永贵	青州市高柳镇河北杨村	42	男	1938 年 10 月
刘佩诚	青州市东夏镇麻湾村	35	男	1938 年 10 月
郑 ×	青州市东高镇北辛村	56	男	1938 年 10 月
刘兴瑞	青州市弥河镇三觉庙村	40	男	1938 年 12 月
李纯之妻	青州市口埠镇孙板村	24	女	1938 年 12 月
王曰增	青州市普通镇大薛村	45	男	1938 年
王曰荣	青州市普通镇大薛村	40	男	1938 年
高学道	青州市普通镇大薛村	46	男	1938 年
马聚邦	青州市邵庄镇石村	86	男	1938 年
曹家斌	青州市邵庄镇陈黍村	25	男	1938 年
王树贞	青州市何官镇张高村	63	男	1938 年
徐治东	青州市高柳镇南石塔村	31	男	1938 年

姓　名	籍　贯	年　龄	性　别	死难时间
李连云	青州市王坟镇白洋口村	26	男	1938 年
于文儒	青州市黄楼镇泉子村	30	男	1938 年
于　井	青州市黄楼镇泉子村	30	女	1938 年
刘吴氏	青州市黄楼镇泉子村	25	女	1938 年
董连升	青州市黄楼镇马宋村	28	男	1938 年
邱少瑶	青州市五里镇夏庄村	57	男	1938 年
于林元之母	青州市朱良镇彭家村	18	女	1938 年
乔秀春	青州市朱良镇彭家村	30	男	1938 年
王子正	青州市朱良镇中北段村	41	男	1938 年
王子厚	青州市朱良镇中北段村	38	男	1938 年
王安太	青州市朱良镇中北段村	45	男	1938 年
王金彪	青州市朱良镇中北段村	20	男	1938 年
王兴周	青州市朱良镇中北段村	30	男	1938 年
赵学书	青州市朱良镇中北段村	28	男	1938 年
郭重德	青州市朱良镇西朱鹿村	38	男	1938 年
郭振邦	青州市朱良镇西朱鹿村	40	男	1938 年
郭天来	青州市朱良镇西朱鹿村	60	男	1938 年
孙潘青	青州市朱良镇西朱鹿村	60	男	1938 年
凌芹本	青州市王母宫街道凌马村	—	男	1938 年
尚好学	青州市东坝街道坡子村	20	男	1938 年
韩祥滨	青州市东坝街道东建德村	46	男	1938 年
牟敬清	青州市庙子镇姚家台村	56	男	1938 年
王××	青州市王府街道北西关村	32	男	1938 年
李会兰	青州市王府街道北西关村	30	女	1938 年
赵汝志	青州市朱良镇赵家庄村	30	男	1939 年 1 月 8 日
赵汝河	青州市朱良镇赵家庄村	23	男	1939 年 1 月 8 日
赵汝滨	青州市朱良镇赵家庄村	30	男	1939 年 1 月 8 日
赵洪彦	青州市朱良镇赵家庄村	25	男	1939 年 1 月 8 日
赵洪声	青州市朱良镇赵家庄村	25	男	1939 年 1 月 8 日
赵金典	青州市朱良镇赵家庄村	40	男	1939 年 1 月 8 日
赵金佃	青州市朱良镇赵家庄村	30	男	1939 年 1 月 8 日
赵金星	青州市朱良镇赵家庄村	30	男	1939 年 1 月 8 日
田福贞	青州市何官镇石家村	19	男	1939 年 2 月
赵金平	青州市朱良镇西良孟村	30	男	1939 年 2 月

姓 名	籍 贯	年 龄	性 别	死难时间
刘冠杰	青州市朱良镇河头村	28	男	1939 年 2 月
徐 好	青州市朱良镇西朱良村	45	男	1939 年 3 月 3 日
徐朴太	青州市朱良镇西朱良村	20	男	1939 年 3 月 3 日
贾林昌	青州市东高镇东高村	28	男	1939 年 3 月 11 日
贾和玉	青州市东高镇东高村	77	男	1939 年 3 月 11 日
杨传绪	青州市东夏镇堂子村	22	男	1939 年 3 月
杨印子	青州市东夏镇堂子村	22	男	1939 年 3 月
张善绪	青州市东高镇张石羊村	60	男	1939 年 3 月
王春枚	青州市东高镇张石羊村	40	男	1939 年 3 月
刘相舜	青州市朱良镇南星落村	18	男	1939 年 3 月
陈庆贵	青州市黄楼镇陈家庄村	23	男	1939 年 3 月
张玉科	青州市东夏镇二府村	28	男	1939 年 4 月 10 日
王令军	青州市何官镇张高村	40	男	1939 年 4 月
吴光和	青州市弥河镇赤涧村	32	男	1939 年 4 月
王守典	青州市口埠镇邵市村	31	男	1939 年 4 月
许友槟	青州市黄楼镇鹁鸪王村	21	男	1939 年 5 月 4 日
许友松	青州市黄楼镇鹁鸪王村	23	男	1939 年 5 月 4 日
许友桂	青州市黄楼镇鹁鸪王村	25	男	1939 年 5 月 4 日
李玉清	青州市朱良镇纸房村	18	男	1939 年 5 月
刘云成	青州市何官镇吕村郇村	23	男	1939 年 5 月
李志韶	青州市东夏镇李集村	23	男	1939 年 5 月
石廷荣	—	—	男	1939 年 5 月
姜子芬	青州市庙子镇朱崖村	20	女	1939 年 6 月 5 日
卢怀功	青州市五里镇孙位南村	21	男	1939 年 6 月 6 日
魏勤堂	青州市何官镇东台村	35	男	1939 年 6 月
梁卫平	青州市高柳镇连坡村	55	男	1939 年 6 月
张成吉	青州市黄楼镇卢坊村	50	男	1939 年 7 月 23 日
尹瑞彩	青州市郑母镇高墓村	40	男	1939 年 7 月 24 日
郝思良	青州市郑母镇高墓村	35	男	1939 年 7 月 24 日
任文叔	青州市郑母镇高墓村	45	男	1939 年 7 月 24 日
董学汤	青州市谭坊镇董家村	22	男	1939 年 7 月
潘世耕	青州市黄楼镇韩家村	22	男	1939 年 7 月
刘家道	青州市朱良镇阳河村	19	男	1939 年 7 月
王孝文	青州市东夏镇高家村	29	男	1939 年 8 月 3 日

姓 名	籍 贯	年 龄	性 别	死难时间
高利贵	青州市东夏镇高家村	32	男	1939 年 8 月 3 日
张昆成之妻	青州市东夏镇高家村	28	女	1939 年 8 月 3 日
李配香	青州市庙子镇西坡村	29	女	1939 年 8 月 23 日
孙许氏	青州市庙子镇西坡村	36	女	1939 年 8 月 23 日
李奎志	青州市东夏镇李家村	30	男	1939 年 8 月
刘继昌	青州市五里镇刘家庄村	24	男	1939 年 8 月
刘进德	青州市朱良镇南段村	23	男	1939 年 8 月
王维贞	青州市朱良镇后北段村	19	男	1939 年 8 月
葛茂尹	青州市朱良镇葛口村	18	男	1939 年 8 月
邓福成	青州市朱良镇小王车村	28	男	1939 年 8 月
冀虎臣	青州市郑母镇郑母村	38	男	1939 年 8 月
程心田	青州市郑母镇郑母村	36	男	1939 年 8 月
冯老八	青州市庙子镇长秋村	51	男	1939 年 8 月
黄金山	青州市东夏镇南黄村	35	男	1939 年 9 月 5 日
赵延司	青州市郑母镇倪辛村	20	男	1939 年 9 月
常兆兰	青州市王坟镇东逢峪村	35	男	1939 年 9 月
冯吉祯之祖父	青州市王坟镇东逢峪村	46	男	1939 年 9 月
冯吉祯之祖母	青州市王坟镇东逢峪村	42	女	1939 年 9 月
谢光宗	青州市口埠镇南口埠村	30	男	1939 年 9 月
刘兰英	青州市朱良镇南段村	20	女	1939 年 9 月
刘善同	青州市朱良镇南段村	40	男	1939 年 9 月
贾广健	青州市邵庄镇东台村	22	男	1939 年 9 月
张文明	青州市东夏镇崔王村	31	男	1939 年 9 月
冯光春	青州市庙子镇长秋村	39	男	1939 年 9 月
杨明亮	青州市王府街道刘家村	35	男	1939 年 9 月
魏先红	青州市王坟镇西逢峪村	18	女	1939 年 9 月
冀文汉	青州市郑母镇西郑村	55	男	1939 年 10 月
杨世者	青州市何官镇臧台村	32	男	1939 年 10 月
杨作松	青州市何官镇臧台村	28	男	1939 年 10 月
杨金寿	青州市何官镇臧台村	40	男	1939 年 10 月
杨思敬	青州市何官镇臧台村	35	男	1939 年 10 月
杨树枫	青州市何官镇臧台村	37	男	1939 年 10 月
韩富庆	青州市何官镇臧台村	29	男	1939 年 10 月
徐树昌	青州市何官镇臧台村	27	男	1939 年 10 月

姓 名	籍 贯	年 龄	性 别	死难时间
王继为	青州市五里镇大庄村	22	男	1939 年 10 月
史风楷	青州市朱良镇史家村	43	男	1939 年 10 月
崔洪吉	青州市朱良镇前后寨村	20	男	1939 年 10 月
王端玉	青州市郑母镇王家村	32	男	1939 年 10 月
刘光英	青州市朱良镇南段村	26	女	1939 年 11 月
刘光荣	青州市朱良镇南段村	26	女	1939 年 11 月
李修田	青州市口埠镇陈楼村	29	男	1939 年 11 月
时超然	青州市口埠镇陈楼村	17	男	1939 年 11 月
王复增	青州市黄楼镇小马宋村	37	男	1939 年 12 月 8 日
马志道	青州市东坝街道马家庄村	20	男	1939 年 12 月 29 日
聂广驹	青州市东夏镇大尹村	43	男	1939 年 12 月
贾竹堂	青州市东高镇小营村	22	男	1939 年 12 月
崔继昌	青州市朱良镇王木村	50	男	1939 年 12 月
魏西生	青州市朱良镇西朱良村	3	男	1939 年 12 月
霍希斋	青州市朱良镇北星落村	18	男	1939 年 12 月
孟宪仁	青州市邵庄镇黄鹿村	29	男	1939 年
冯怀昌	青州市高柳镇小冯村	20	男	1939 年
张文彬	青州市高柳镇高柳村	26	男	1939 年
王德山	青州市王坟镇胡宅村	27	男	1939 年
赵光吉	青州市王坟镇吴家庄村	28	男	1939 年
王福利	青州市王坟镇北道村	23	男	1939 年
赵光和	青州市王坟镇北道村	26	男	1939 年
李京绪	青州市王坟镇后孟卜村	39	男	1939 年
张本圣	青州市黄楼镇东张老村	18	男	1939 年
何发胜	青州市黄楼镇东张老村	18	男	1939 年
张复忠之妹	青州市五里镇七回峪村	21	女	1939 年
陈德义	青州市朱良镇张家庄村	43	男	1939 年
尹效才	青州市朱良镇纸房村	17	男	1939 年
陈春三	青州市朱良镇东朱鹿村	18	男	1939 年
陈培圃	青州市朱良镇东朱鹿村	23	男	1939 年
郭致京	青州市朱良镇西朱鹿村	40	男	1939 年
牟中升	青州市朱良镇东良孟村	19	男	1939 年
李培成	青州市王母宫街道蔡家村	18	男	1939 年
史万经	青州市王母宫街道韩家村	20	男	1939 年

姓　名	籍　贯	年　龄	性　别	死难时间
朱鹤亭	青州市王母宫街道十八里村	25	男	1939 年
高永贤	青州市王坟镇刘洛村	18	男	1939 年
冯登美	青州市庙子镇长秋村	25	男	1939 年
冯光勇	青州市庙子镇长秋村	26	男	1939 年
冯光连	青州市庙子镇长秋村	26	男	1939 年
王希圣	青州市庙子镇长秋村	25	男	1939 年
李元荣	青州市庙子镇长秋村	25	男	1939 年
陈子玖	青州市庙子镇长秋村	25	男	1939 年
贾立福	青州市庙子镇兴旺村	19	男	1939 年
李芳田	青州市王坟镇李家庄村	50	男	1940 年 1 月 9 日
李芳海	青州市王坟镇李家庄村	40	男	1940 年 1 月 9 日
邱洪星	青州市王坟镇李家庄村	39	男	1940 年 1 月 9 日
刘之亭	青州市朱良镇南段村	35	男	1940 年 1 月
张美德	青州市何官镇北张村	18	男	1940 年 1 月
程福江	青州市郑母镇中郑村	60	男	1940 年 2 月
李用昌	青州市何官镇石家村	19	男	1940 年 2 月
孙多勤之妻	青州市高柳镇孙家村	40	女	1940 年 2 月
孙小朝	青州市高柳镇孙家村	2	男	1940 年 2 月
李准成	青州市口埠镇孙板村	19	男	1940 年 2 月
陈培顺	青州市朱良镇东朱鹿村	29	男	1940 年 2 月
江东岳	青州市何官镇江家村	30	男	1940 年 2 月
时有能	青州市口埠镇陈楼村	29	男	1940 年 2 月
杨梅五	青州市口埠镇马家村	27	男	1940 年 2 月
胡明恩	青州市普通镇玉皇庙村	40	男	1940 年 3 月
夏立业	青州市谭坊镇于家村	30	男	1940 年 3 月
宗文善	青州市黄楼镇韩家村	38	男	1940 年 3 月
刘传庆	青州市五里镇刘家庄村	42	男	1940 年 3 月
史尧楷	青州市朱良镇史家村	19	男	1940 年 3 月
刘福之	青州市朱良镇南段村	33	男	1940 年 3 月
刘成章	青州市朱良镇纸房村	25	男	1940 年 3 月
赵洪进	青州市朱良镇赵家庄村	29	男	1940 年 3 月
赵洪文	青州市朱良镇赵家庄村	33	男	1940 年 3 月
陈龙阁	青州市高柳镇冯家村	23	男	1940 年 3 月
赵焕诚	青州市郑母镇吉林村	26	男	1940 年 3 月

姓　名	籍　贯	年　龄	性　别	死难时间
冯保慈	青州市庙子镇长秋村	33	男	1940 年 3 月
张三之女	青州市庙子镇上庄村	30	女	1940 年 3 月
唐增吉	青州市庙子镇杨集村	27	男	1940 年 3 月
胡金宝	青州市谭坊镇谭中村	22	男	1940 年 4 月 5 日
孙明开	青州市高柳镇石佛村	36	男	1940 年 4 月
王子修	青州市东高镇北辛村	25	男	1940 年 4 月
杜玉桐之母	青州市五里镇石庙村	38	女	1940 年 4 月
刘金重	青州市朱良镇王木村	62	男	1940 年 4 月
石好礼	青州市何官镇吕村邬村	19	男	1940 年 4 月
刘寅谷	青州市何官镇张河村	24	男	1940 年 4 月
赵洪声	青州市口埠镇朱家村	22	男	1940 年 4 月
潘世经	青州市黄楼镇韩家村	22	男	1940 年 4 月
邱继民	青州市庙子镇梨园村	29	男	1940 年 4 月
杨明珍	青州市五里镇黄店村	43	男	1940 年 5 月 10 日
赵宗章	青州市朱良镇赵家营村	25	男	1940 年 5 月
高西屋	青州市朱良镇彭家村	30	男	1940 年 5 月
霍镜清	青州市朱良镇北星落村	37	男	1940 年 5 月
霍炳禄	青州市朱良镇北星落村	22	男	1940 年 5 月
赵宗章	青州市朱良镇南星落村	31	男	1940 年 5 月
赵大学	青州市何官镇杨家营村	35	男	1940 年 5 月
文雅成	青州市邵庄镇北王孔村	19	男	1940 年 6 月
刘张氏	青州市何官镇何官村	38	女	1940 年 6 月
夏传富之父	青州市谭坊镇西石村	40	男	1940 年 6 月
夏传富之弟	青州市谭坊镇西石村	4	男	1940 年 6 月
夏传富之妹	青州市谭坊镇西石村	6	女	1940 年 6 月
陈俊修	青州市东坝街道大陈村	35	男	1940 年 6 月
孙长龄	青州市高柳镇石佛村	56	男	1940 年 6 月
刘振升	青州市何官镇何官村	37	男	1940 年 6 月
周乐信	青州市何官镇周家村	25	男	1940 年 6 月
刘继训	青州市口埠镇崔马村	18	男	1940 年 7 月 5 日
刘恩光	青州市口埠镇崔马村	33	男	1940 年 7 月 5 日
朱安远	青州市高柳镇东水渠村	23	男	1940 年 7 月
孙延年	青州市口埠镇进潘村	27	男	1940 年 7 月
陈振河	青州市朱良镇王木村	34	男	1940 年 7 月

姓 名	籍 贯	年 龄	性 别	死难时间
刘洪训	青州市朱良镇王木村	35	男	1940 年 7 月
刘万庆	青州市朱良镇王木村	30	男	1940 年 7 月
李长修	青州市朱良镇曲屯村	20	男	1940 年 7 月
王立明	青州市朱良镇曲屯村	48	男	1940 年 7 月
门长聚	青州市朱良镇曲屯村	38	男	1940 年 7 月
门长增之祖父	青州市朱良镇曲屯村	—	男	1940 年 7 月
徐英华之伯	青州市朱良镇曲屯村	—	男	1940 年 7 月
郭秀堂	青州市朱良镇西朱鹿村	19	男	1940 年 7 月
赵升三	青州市朱良镇东良孟村	24	男	1940 年 7 月
赵承绪	青州市朱良镇东良孟村	20	男	1940 年 7 月
孟光祥	青州市朱良镇东良孟村	34	男	1940 年 7 月
冷云海	青州市邵庄镇冷家村	20	男	1940 年 7 月
赵洪基	青州市口埠镇朱家村	29	男	1940 年 7 月
丁立功	青州市谭坊镇亓村	28	男	1940 年 7 月
史日子	青州市东夏镇王明村	36	男	1940 年 8 月 7 日
史金林	青州市东夏镇王明村	59	男	1940 年 8 月 7 日
王月春	青州市谭坊镇状元桥村	50	男	1940 年 8 月 13 日
王子美	青州市谭坊镇状元桥村	38	男	1940 年 8 月 13 日
常树林	青州市谭坊镇状元桥村	39	男	1940 年 8 月 13 日
冯保衡之妻	青州市庙子镇长秋村	30	女	1940 年 8 月 23 日
冯 六	青州市庙子镇冯家岭子村	30	男	1940 年 8 月 23 日
冯连太	青州市庙子镇冯家岭子村	33	男	1940 年 8 月 23 日
冯振聚	青州市庙子镇冯家岭子村	35	男	1940 年 8 月 23 日
冯洛亳	青州市庙子镇冯家岭子村	33	男	1940 年 8 月 23 日
冯化昌	青州市庙子镇冯家岭子村	26	男	1940 年 8 月 23 日
冯李氏	青州市庙子镇冯家岭子村	29	女	1940 年 8 月 23 日
冯××	青州市庙子镇冯家岭子村	29	女	1940 年 8 月 23 日
冯王氏	青州市庙子镇冯家岭子村	30	女	1940 年 8 月 23 日
冯孙氏	青州市庙子镇冯家岭子村	28	女	1940 年 8 月 23 日
王德信	青州市东高镇南辛村	41	男	1940 年 8 月
孙志礼	青州市口埠镇进潘村	26	男	1940 年 8 月
史序杰	青州市朱良镇史家村	51	男	1940 年 8 月
王茂增	青州市东坝街道西建德村	42	男	1940 年 8 月
赵中臣	青州市王坟镇黄连村	25	男	1940 年 8 月

姓 名	籍 贯	年 龄	性 别	死难时间
杨茂才	青州市高柳镇南马兰村	21	男	1940 年 8 月
李汝泉	青州市高柳镇前李户村	23	男	1940 年 8 月
田士昌	青州市何官镇杨家营村	29	男	1940 年 8 月
赵伯顺	青州市何官镇杨家营村	23	男	1940 年 8 月
赵德增	青州市谭坊镇肖家村	28	男	1940 年 8 月
杨立方	青州市黄楼镇南霍村	20	男	1940 年 8 月
冯衍俊	青州市庙子镇长秋村	19	男	1940 年 8 月
王西会	青州市庙子镇南峪村	22	男	1940 年 8 月
李元武	青州市庙子镇南峪村	31	男	1940 年 8 月
刘延喜	青州市东夏镇邵树村	28	男	1940 年 9 月 1 日
孙思贵	青州市五里镇孙位南村	26	男	1940 年 9 月 2 日
董作云	青州市黄楼镇西夏落村	48	男	1940 年 9 月 13 日
杨永科	青州市高柳镇河北杨村	43	男	1940 年 9 月
贾为春	青州市东高镇小营村	39	男	1940 年 9 月
魏守吉	青州市王坟镇西逄峪村	14	男	1940 年 9 月
王汝臣	青州市王坟镇西逄峪村	42	男	1940 年 9 月
常兴安	青州市王坟镇东逄峪村	40	男	1940 年 9 月
孟庆福	青州市东夏镇祝家村	40	男	1940 年 9 月
冯光奎	青州市庙子镇长秋村	19	男	1940 年 9 月
张有义	青州市何官镇东营村	32	男	1940 年 10 月
崔荣先	青州市高柳镇冯家村	37	男	1940 年 10 月
王孝义	青州市五里镇冯旺村	20	男	1940 年 10 月
李之孟	青州市朱良镇许王村	21	男	1940 年 10 月
李之芳	青州市朱良镇许王村	23	男	1940 年 10 月
崔冠三	青州市朱良镇王木村	19	男	1940 年 10 月
刘春林	青州市昭德街道徐桥村	21	男	1940 年 10 月
葛庆和	青州市谭坊镇孙家村	26	男	1940 年 10 月
周孝孟	青州市谭坊镇刘镇村	22	男	1940 年 10 月
邱洛春	青州市庙子镇长秋村	19	男	1940 年 10 月
刘守俊	青州市庙子镇长秋村	19	男	1940 年 10 月
许孝田	青州市庙子镇长秋村	19	男	1940 年 10 月
王端芳	青州市高柳镇马兰村	33	男	1940 年 11 月
李洪山	青州市东夏镇李集村	27	男	1940 年 11 月
季太安	青州市谭坊镇孙家村	38	男	1940 年 11 月

姓 名	籍 贯	年 龄	性 别	死难时间
王有训	青州市东夏镇王木匠村	30	男	1940 年 12 月 20 日
刘文章	青州市朱良镇阳河村	36	男	1940 年 12 月
罗洪功	青州市朱良镇西王车村	20	男	1940 年 12 月
赵学增	青州市何官镇新村	34	男	1940 年 12 月
贾希增	青州市口埠镇牛家村	35	男	1940 年 12 月
刘连登	青州市谭坊镇小刘村	36	男	1940 年 12 月
董佃臣	青州市郑母镇十亩田村	23	男	1940 年
董佃文	青州市郑母镇十亩田村	20	男	1940 年
赵风德	青州市郑母镇崇家沟村	60	男	1940 年
杨怀修	青州市何官镇东台村	25	男	1940 年
孙孟伦	青州市高柳镇孙家村	23	男	1940 年
徐正吉	青州市高柳镇南石塔村	32	男	1940 年
杨宗学	青州市东夏镇大袁村	28	男	1940 年
王碌柱	青州市东夏镇王岗村	25	男	1940 年
李志师	青州市东夏镇李集村	25	男	1940 年
王 尊	青州市东高镇黑牛王村	55	男	1940 年
许本玉	青州市东高镇大旺村	61	男	1940 年
陈好东	青州市东高镇吕化村	20	男	1940 年
刘兴茂	青州市弥河镇中李村	32	男	1940 年
赵文广	青州市朱良镇中北段村	28	男	1940 年
秦效林	青州市朱良镇葛家口村	20	男	1940 年
葛树平	青州市朱良镇葛家口村	17	男	1940 年
于风海	青州市朱良镇彭家村	20	男	1940 年
王忠青	青州市朱良镇彭家村	30	男	1940 年
王新友	青州市朱良镇东朱鹿村	17	男	1940 年
史世安	青州市朱良镇史家村	18	男	1940 年
狗耳朵	青州市益都街道北城村	30	男	1940 年
朱秀玉	青州市王母宫街道朱楼村	60	男	1940 年
马在义	青州市云门山街道沈家村	30	男	1940 年
尚希尧	青州市东坝街道杨姑桥村	30	男	1940 年
刘廷树	青州市东坝街道东坝村	50	男	1940 年
李树迪	青州市东高镇西辛村	26	男	1940 年
刘山岐	青州市高柳镇大交流村	36	男	1940 年
王传经	青州市口埠镇崔马村	52	男	1940 年

姓　名	籍　贯	年　龄	性　别	死难时间
付云祥	青州市谭坊镇小刘村	29	男	1940 年
李传玺	青州市郑母镇宫家村	34	男	1940 年
冯九春	青州市庙子镇长秋村	24	男	1940 年
冯保舰	青州市庙子镇长秋村	25	男	1940 年
段增莲	青州市庙子镇长秋村	25	女	1940 年
李元香	青州市庙子镇南峪村	20	男	1940 年
李铁锚	青州市庙子镇南峪村	25	男	1940 年
李树祥	青州市庙子镇西峪村	40	男	1940 年
李增京之妻	青州市庙子镇西峪村	45	女	1940 年
田树玉	青州市庙子镇朱崖村	18	男	1940 年
赵文明	青州市庙子镇殷公井村	22	男	1940 年
张贵新	青州市庙子镇黄鹿井村	31	男	1940 年
邱方法	青州市庙子镇梨园村	22	男	1940 年
邱方友	青州市庙子镇梨园村	25	男	1940 年
李寿岭	—	30	男	1941 年 1 月 5 日
李连臣	—	30	男	1941 年 1 月 5 日
罗小明	—	17	男	1941 年 1 月 5 日
陈岚明	—	18	男	1941 年 1 月 5 日
张鲁泉	—	35	男	1941 年 1 月 5 日
马振甲	青州市朱良镇北段村	28	男	1941 年 1 月 5 日
王善祥	青州市朱良镇段村	23	男	1941 年 1 月 5 日
刘旭东	青州市朱良镇南段村	40	男	1941 年 1 月 5 日
陈文通	青州市朱良镇东朱鹿村	35	男	1941 年 1 月 5 日
陈福开	青州市朱良镇东朱鹿村	45	男	1941 年 1 月 5 日
陈成春	青州市朱良镇东朱鹿村	40	男	1941 年 1 月 5 日
陈庆祥	青州市朱良镇东朱鹿村	20	男	1941 年 1 月 5 日
程会书	青州市东高镇北河东村	40	男	1941 年 1 月 15 日
刘鹤龄	青州市高柳镇北石塔村	53	男	1941 年 1 月
李雨亭	青州市高柳镇高柳村	33	男	1941 年 1 月
王以森	青州市高柳镇王家庄村	31	男	1941 年 1 月
王以谦	青州市高柳镇王家庄村	30	男	1941 年 1 月
李金章	青州市朱良镇大王车村	25	男	1941 年 1 月
贾希孔	青州市口埠镇牛家村	23	男	1941 年 1 月
董善行	青州市谭坊镇董家村	30	男	1941 年 1 月

姓 名	籍 贯	年 龄	性 别	死难时间
王宝全	青州市五里镇西套村	20	男	1941 年 2 月 2 日
闫甲荣	青州市五里镇西套村	21	男	1941 年 2 月 2 日
贾宝田	青州市五里镇西套村	23	男	1941 年 2 月 2 日
冯石成	青州市五里镇西套村	22	男	1941 年 2 月 2 日
卜照存	青州市五里镇西套村	24	男	1941 年 2 月 2 日
夏玉圣	青州市东坝街道大吴村	22	男	1941 年 2 月
刘春亭	青州市高柳镇北石塔村	56	男	1941 年 2 月
黄福田	青州市高柳镇马兰村	21	男	1941 年 2 月
高文礼	青州市朱良镇西王车村	20	男	1941 年 2 月
李红喜	青州市朱良镇红星村	47	男	1941 年 3 月 23 日
史宗仁	青州市朱良镇史家村	60	男	1941 年 3 月 23 日
史成学	青州市朱良镇史家村	40	男	1941 年 3 月 23 日
史醋妮	青州市朱良镇史家村	18	女	1941 年 3 月 23 日
霍朝厂	青州市朱良镇北星落村	30	男	1941 年 3 月
刘金庚	青州市朱良镇刘庄村	34	男	1941 年 3 月
高学德	青州市高柳镇竹林马村	21	男	1941 年 3 月
刘春华	青州市何官镇西台村	27	男	1941 年 3 月
张炳仁	青州市何官镇李马村	39	男	1941 年 3 月
杨祖武	青州市何官镇臧台村	22	男	1941 年 3 月
孙晓云	青州市黄楼镇潘村	25	男	1941 年 3 月
潘世忠	青州市黄楼镇韩家村	22	男	1941 年 3 月
邱义亮	青州市庙子镇北富旺村	21	男	1941 年 3 月
王冬仕	青州市庙子镇南富旺村	19	男	1941 年 3 月
岳连修	青州市庙子镇西富旺村	28	男	1941 年 3 月
蒋树森	青州市王府街道西街村	30	男	1941 年 3 月
马占魁	—	—	男	1941 年 3 月
赵清汉	青州市何官镇何官村	20	男	1941 年 4 月 5 日
赵 宽	青州市谭坊镇大赵村	42	男	1941 年 4 月 5 日
李天祯	青州市东夏镇李家村	20	男	1941 年 4 月
于素梅	青州市朱良镇东朱鹿村	35	女	1941 年 4 月
钟安恭	青州市益都街道万家村	21	男	1941 年 4 月
周义明	青州市朱良镇西王车村	23	男	1941 年 4 月
张兆德	青州市朱良镇北王车村	28	男	1941 年 4 月
赵泮一	青州市何官镇杨家营村	30	男	1941 年 4 月

姓　名	籍　贯	年　龄	性　别	死难时间
张冠英	青州市何官镇李马村	22	男	1941 年 4 月
张青山	青州市何官镇西营村	45	男	1941 年 4 月
袁文升	青州市何官镇刘屯村	31	男	1941 年 4 月
李天德	青州市口埠镇苗家村	29	男	1941 年 4 月
张百泉	青州市口埠镇苗家村	27	男	1941 年 4 月
尹本善	青州市口埠镇尹家村	33	男	1941 年 4 月
马功臣	青州市邵庄镇朱石羊村	52	男	1941 年 4 月
冯光全	青州市庙子镇长秋村	22	男	1941 年 4 月
冯光宪	青州市庙子镇长秋村	21	男	1941 年 4 月
冯传顺	青州市王坟镇西逢峪村	41	男	1941 年 5 月 2 日
冯张氏	青州市王坟镇西逢峪村	40	女	1941 年 5 月 2 日
隋文理	青州市何官镇双河村	26	男	1941 年 5 月
杨文众	青州市高柳镇河北杨村	28	男	1941 年 5 月
杨华亭	青州市高柳镇河北杨村	26	男	1941 年 5 月
陈汉三	青州市朱良镇东朱鹿村	20	男	1941 年 5 月
刘子德	青州市朱良镇阳河村	36	男	1941 年 5 月
蔡文秀	青州市口埠镇邵市村	40	男	1941 年 5 月
王增平	青州市口埠镇邵市村	26	男	1941 年 5 月
张复增	青州市五里镇佐家峪村	26	男	1941 年 6 月 10 日
王　氏	青州市邵庄镇邵庄村	32	女	1941 年 6 月
陈频三	青州市朱良镇东朱鹿村	38	男	1941 年 6 月
陈培富	青州市朱良镇东朱鹿村	27	男	1941 年 6 月
陈永吉之母	青州市朱良镇东朱鹿村	39	女	1941 年 6 月
李桂兰	青州市朱良镇东朱鹿村	30	男	1941 年 6 月
陈盛谋	青州市东高镇陈店村	40	男	1941 年 6 月
邵贤书	青州市口埠镇邵市村	34	男	1941 年 6 月
张金奎	青州市东夏镇南黄村	21	男	1941 年 6 月
张福成	青州市王坟镇西张村	27	男	1941 年 7 月 2 日
孙东升	青州市朱良镇高家庄村	31	男	1941 年 7 月 8 日
史宗伦	青州市朱良镇史家村	63	男	1941 年 7 月 8 日
尹兰瑞	青州市郑母镇高墓村	30	男	1941 年 7 月 12 日
顾克东	青州市邵庄镇邵庄村	28	男	1941 年 7 月
董善传	青州市谭坊镇董家村	—	男	1941 年 7 月
李怡堂	青州市谭坊镇董家村	—	男	1941 年 7 月

姓　名	籍　贯	年　龄	性　别	死难时间
冀潘光	青州市谭坊镇董家村	—	男	1941 年 7 月
陈国栋	青州市谭坊镇董家村	—	男	1941 年 7 月
王立桥	青州市高柳镇西马兰村	37	男	1941 年 7 月
潘同训	青州市高柳镇西马兰村	24	男	1941 年 7 月
潘传忠	青州市高柳镇西马兰村	40	男	1941 年 7 月
潘国柱	青州市高柳镇北马兰村	22	男	1941 年 7 月
朱清山	青州市高柳镇东水渠村	32	男	1941 年 7 月
时汉遵	青州市高柳镇东水渠村	18	男	1941 年 7 月
闫士俊	青州市高柳镇西水渠村	21	男	1941 年 7 月
闫士英	青州市高柳镇西水渠村	19	男	1941 年 7 月
闫云起	青州市高柳镇西水渠村	22	男	1941 年 7 月
闫良贵	青州市高柳镇西水渠村	20	男	1941 年 7 月
闫立田	青州市高柳镇西水渠村	20	男	1941 年 7 月
梁有忠	青州市高柳镇连坡村	43	男	1941 年 7 月
段　玉	青州市口埠镇孙板村	24	男	1941 年 7 月
刘福兴	青州市朱良镇阳河村	27	男	1941 年 7 月
刘廷阶	青州市朱良镇阳河村	17	男	1941 年 7 月
刘兰英	青州市朱良镇阳河村	23	女	1941 年 7 月
高春亭	青州市朱良镇彭家村	23	男	1941 年 7 月
徐可学	青州市朱良镇南星落村	47	男	1941 年 7 月
李道兴	青州市何官镇东台村	32	男	1941 年 7 月
冯保江	青州市庙子镇长秋村	24	男	1941 年 7 月
石德广	青州市庙子镇马岭杭村	23	男	1941 年 7 月
张培全	青州市东夏镇二府村	22	男	1941 年 8 月 7 日
孙　初	青州市口埠镇进潘村	13	男	1941 年 8 月 23 日
郑其善	青州市东坝街道阳河村	26	男	1941 年 8 月
何玉斌	青州市郑母镇营子村	20	男	1941 年 8 月
王文生	青州市何官镇张高村	34	男	1941 年 8 月
王丙尧	青州市何官镇张高村	38	男	1941 年 8 月
王希由	青州市朱良镇西八户村	27	男	1941 年 8 月
郭汉章	青州市朱良镇南星落村	30	男	1941 年 8 月
陈少伯	青州市朱良镇张家庄村	47	男	1941 年 8 月
陈洪庆	青州市朱良镇东朱鹿村	21	男	1941 年 8 月
王华山	青州市朱良镇西八户村	18	男	1941 年 8 月

姓 名	籍 贯	年 龄	性 别	死难时间
王西遒	青州市朱良镇西八户村	19	男	1941 年 8 月
王书正	青州市朱良镇西八户村	18	男	1941 年 8 月
刘守田	青州市朱良镇北段前村	21	男	1941 年 8 月
刘公德	青州市朱良镇南星落村	25	男	1941 年 8 月
于敬德	青州市朱良镇南星落村	21	男	1941 年 8 月
赵立时	青州市王坟镇河北村	35	男	1941 年 8 月
赵传文	青州市王坟镇河北村	17	男	1941 年 8 月
李象端	青州市东高镇西三教村	22	男	1941 年 8 月
秦明吉	青州市高柳镇前李户村	31	男	1941 年 8 月
张清水	青州市口埠镇苗家村	29	男	1941 年 8 月
赵文山	青州市郑母镇吉林村	21	男	1941 年 8 月
许维功	青州市庙子镇长秋村	26	男	1941 年 8 月
刘成春	青州市朱良镇阳河村	80	男	1941 年 9 月 4 日
刘书漠	青州市朱良镇阳河村	32	男	1941 年 9 月
张约之	青州市朱良镇前后寨村	34	男	1941 年 9 月
马汝贵	青州市朱良镇沈家村	20	男	1941 年 9 月
赵洪恩	青州市朱良镇赵家庄村	20	男	1941 年 9 月
徐中山	青州市朱良镇曲屯村	15	男	1941 年 9 月
孙安吉	青州市高柳镇孙家村	21	男	1941 年 9 月
刘明训	青州市黄楼镇杜家村	23	男	1941 年 9 月
杨心传	青州市高柳镇河北杨村	24	男	1941 年 10 月
王树荣	青州市东高镇西黄村	26	男	1941 年 10 月
王培英	青州市口埠镇北褚马村	25	男	1941 年 10 月
李同路	青州市口埠镇北褚马村	30	男	1941 年 10 月
刘小省	青州市五里镇刘家庄村	——	男	1941 年 10 月
刘在俊	青州市朱良镇南段村	20	男	1941 年 10 月
郭德孝	青州市朱良镇张家庄村	17	男	1941 年 10 月
何善庆	青州市朱良镇张家庄村	28	男	1941 年 10 月
潘太祥	青州市朱良镇东朱鹿村	22	男	1941 年 10 月
赵维一	青州市朱良镇东良孟村	28	男	1941 年 10 月
高家星	青州市王母宫街道古村	27	男	1941 年 10 月
崔宝生	青州市高柳镇崔家村	19	男	1941 年 10 月
李云贵	青州市高柳镇崔家村	21	男	1941 年 10 月
薛玉珍	青州市谭坊镇元村	24	男	1941 年 10 月

姓　名	籍　贯	年　龄	性　别	死难时间
冯本子	青州市庙子镇长秋村	41	男	1941 年 10 月
刘元勇	青州市黄楼镇刘仪型村	36	男	1941 年 11 月 7 日
张　岭	青州市黄楼镇刘仪型村	28	男	1941 年 11 月 7 日
徐枝亭	青州市口埠镇前徐村	23	男	1941 年 11 月
李茂森	青州市高柳镇前李户村	22	男	1941 年 11 月
王炳喜	青州市何官镇张高村	29	男	1941 年 11 月
温树敬	青州市黄楼镇凤凰店村	20	男	1941 年 12 月 8 日
杨志法	青州市五里镇中正刘村	31	男	1941 年 12 月
李京德	青州市五里镇中正刘村	29	男	1941 年 12 月
刘学众	青州市五里镇中正刘村	27	男	1941 年 12 月
田在太	青州市五里镇田庄村	30	男	1941 年 12 月
田文方	青州市五里镇田庄村	19	男	1941 年 12 月
刘乐春	青州市五里镇田庄村	25	男	1941 年 12 月
刘乐元	青州市五里镇田庄村	18	男	1941 年 12 月
王象丰	青州市朱良镇后北段村	20	男	1941 年 12 月
李玉凌	青州市高柳镇后李户村	31	男	1941 年 12 月
王金荣	青州市口埠镇邵市村	40	男	1941 年 12 月
李久功	青州市东夏镇李集村	33	男	1941 年 12 月
王子圣	青州市东夏镇崔王村	21	男	1941 年 12 月
何永礼之母	青州市郑母镇西河村	35	女	1941 年
何永礼之姐	青州市郑母镇西河村	—	女	1941 年
张安友	青州市何官镇东营村	23	男	1941 年
李同文	青州市高柳镇李庄村	26	男	1941 年
李同云	青州市高柳镇李庄村	27	男	1941 年
李兴云	青州市高柳镇李庄村	40	男	1941 年
徐佃文	青州市高柳镇南石塔村	30	男	1941 年
宋献珍	青州市高柳镇范家村	18	男	1941 年
孟兆荣	青州市东夏镇双庙村	32	男	1941 年
李新清	青州市东高镇西三教村	37	男	1941 年
冯春来	青州市东高镇东夹涧村	30	男	1941 年
李会林	青州市王坟镇西股村	30	男	1941 年
孙会堂	青州市王坟镇西股村	31	男	1941 年
魏永江	青州市王坟镇西逄峪村	30	男	1941 年
曹春光	青州市黄楼镇曹家村	30	男	1941 年

姓 名	籍 贯	年 龄	性 别	死难时间
吴义和	青州市五里镇井塘村	35	男	1941 年
吴东氏	青州市五里镇井塘村	38	女	1941 年
吴延义	青州市五里镇井塘村	25	男	1941 年
赵荣贵	青州市五里镇西赵村	37	男	1941 年
刘正远	青州市五里镇上黄峪村	27	男	1941 年
葛唯一	青州市朱良镇葛家口村	30	男	1941 年
王相丰	青州市朱良镇北段村	20	男	1941 年
陈张氏	青州市朱良镇东朱鹿村	37	女	1941 年
陈同年	青州市朱良镇东朱鹿村	22	男	1941 年
陈洪志	青州市朱良镇东朱鹿村	24	男	1941 年
郝云岩	青州市朱良镇郝家屯村	30	男	1941 年
郝洪恩	青州市朱良镇郝家屯村	25	男	1941 年
刘序尧	青州市朱良镇阳河村	20	男	1941 年
霍炳青	青州市朱良镇北星落村	22	男	1941 年
李子端	青州市朱良镇许王村	19	男	1941 年
葛茂文	青州市朱良镇葛口村	30	男	1941 年
程法孔	青州市朱良镇东良孟村	37	男	1941 年
高文清	青州市朱良镇北星落村	21	男	1941 年
尹大明	青州市朱良镇南星落村	34	男	1941 年
尹大公	青州市朱良镇南星落村	21	男	1941 年
赵喜福	青州市朱良镇东良孟村	19	男	1941 年
刘玉琢	青州市昭德街道苏桥村	34	男	1941 年
孙景彦	青州市王母宫街道小赵村	18	男	1941 年
冯元善	青州市王母宫街道小赵村	19	男	1941 年
孙百岭	青州市王母宫街道小赵村	20	男	1941 年
赵汝春	青州市东坝街道杨姑桥村	25	男	1941 年
温学厚	青州市东坝街道东圣水村	54	男	1941 年
潘有年	青州市东坝街道东圣水村	40	男	1941 年
陈德隆	青州市东坝街道东圣水村	44	男	1941 年
马忠吉	青州市东坝街道坡子村	31	男	1941 年
赵光喜	青州市王坟镇南道村	35	男	1941 年
牛宪河	青州市邵庄镇柏泉村	22	男	1941 年
李云锡	青州市普通镇温庄村	29	男	1941 年
王士忠	青州市口埠镇邵市村	24	男	1941 年

姓　名	籍　贯	年　龄	性　别	死难时间
周继贤	青州市东夏镇周家村	28	男	1941 年
杨在云	青州市庙子镇杨家庵村	20	男	1941 年
秦应汉	青州市庙子镇西富旺村	23	男	1941 年
陈崇洞	—	—	男	1941 年
杨振武	青州市朱良镇南段村	18	男	1942 年 1 月
刘芳喜	青州市朱良镇北段村	25	男	1942 年 1 月
王儒斋	青州市朱良镇北段村	24	男	1942 年 1 月
陈洪佑	青州市朱良镇东朱鹿村	24	男	1942 年 1 月
韩　均	青州市东坝街道东建德村	23	男	1942 年 1 月
孙环文	青州市高柳镇王家庄村	21	男	1942 年 1 月
孙向范	青州市高柳镇孙家村	35	男	1942 年 2 月
闫　七	青州市五里镇莲花盆村	25	男	1942 年 2 月
杨可贤	青州市何官镇吕村郇村	41	男	1942 年 2 月
马道吉	青州市朱良镇沈家村	21	男	1942 年 2 月
于清升	青州市朱良镇南星落村	41	男	1942 年 2 月
李丰吉	青州市高柳镇前李户村	26	男	1942 年 2 月
张成林	青州市朱良镇东王车村	24	男	1942 年 2 月
王继昌	青州市庙子镇东富旺村	32	男	1942 年 2 月
尹学田	青州市王坟镇涝洼村	—	男	1942 年 2 月
刘化行	青州市郑母镇大河北村	19	男	1942 年 3 月 1 日
刘可成	青州市郑母镇大河北村	23	男	1942 年 3 月 1 日
张文德	青州市何官镇西营村	75	男	1942 年 3 月 20 日
董云荣	青州市弥河镇水沟村	23	男	1942 年 3 月
赵　氏	青州市朱良镇阳河村	50	女	1942 年 3 月
刘功田	青州市朱良镇赵家营村	20	男	1942 年 3 月
刘玉香	青州市朱良镇北段村	20	女	1942 年 3 月
崔景亭	青州市朱良镇王木村	20	男	1942 年 3 月
徐星五	青州市朱良镇朱良村	29	男	1942 年 3 月
刘公田	青州市朱良镇南星落村	33	男	1942 年 3 月
牛春元	青州市王母宫街道牛家村	24	男	1942 年 3 月
马龙江	青州市朱良镇东王车村	36	男	1942 年 3 月
李文苓	青州市口埠镇马家村	32	男	1942 年 3 月
唐夕水	青州市庙子镇圣峪口村	42	男	1942 年 3 月
唐夕先	青州市庙子镇圣峪口村	40	男	1942 年 3 月

姓　名	籍　贯	年龄	性别	死难时间
唐增信	青州市庙子镇圣峪口村	40	男	1942 年 3 月
唐增义	青州市庙子镇圣峪口村	44	男	1942 年 3 月
孙怀仁	青州市谭坊镇孙楼村	22	男	1942 年 4 月 5 日
宋书林	青州市谭坊镇宋池村	24	男	1942 年 4 月 5 日
宋长文	青州市谭坊镇宋池村	19	男	1942 年 4 月 5 日
宋华成	青州市谭坊镇宋池村	23	男	1942 年 4 月 5 日
高　玉	青州市朱良镇高家庄村	55	男	1942 年 4 月 12 日
孙振云	青州市朱良镇高家庄村	17	男	1942 年 4 月 12 日
唐增义	青州市口埠镇新胜村	33	男	1942 年 4 月 29 日
韩　连	青州市东坝街道东建德村	27	男	1942 年 4 月
吕树声	青州市高柳镇小吕庄村	20	男	1942 年 4 月
闫东江	青州市高柳镇小吕庄村	21	男	1942 年 4 月
闫炳利	青州市高柳镇小吕庄村	21	男	1942 年 4 月
霍恩培	青州市朱良镇北星落村	14	男	1942 年 4 月
李学增	青州市邵庄镇朱石羊村	36	男	1942 年 4 月
王梦令	青州市高柳镇大交流村	25	男	1942 年 4 月
崔云先	青州市高柳镇后饮马村	41	男	1942 年 4 月
徐敬亭	青州市口埠镇前徐村	36	男	1942 年 4 月
葛茂松	青州市朱良镇葛家口村	20	男	1942 年 5 月 18 日
葛本年	青州市朱良镇葛家口村	30	男	1942 年 5 月 18 日
王金文	青州市朱良镇葛家口村	20	男	1942 年 5 月 18 日
霍玉坤	青州市朱良镇北星落村	30	男	1942 年 5 月 18 日
刘吉安	青州市高柳镇黄岭村	51	男	1942 年 5 月
葛树标	青州市朱良镇葛家口村	35	男	1942 年 5 月
葛树勋之母	青州市朱良镇葛家口村	27	女	1942 年 5 月
葛树勋之妹	青州市朱良镇葛家口村	1	女	1942 年 5 月
葛树槐之母	青州市朱良镇葛家口村	35	女	1942 年 5 月
葛茂钦之妻	青州市朱良镇葛家口村	28	女	1942 年 5 月
葛本学	青州市朱良镇葛口村	28	男	1942 年 5 月
刘汉玉	青州市朱良镇南段村	29	男	1942 年 5 月
刘志德	青州市朱良镇纸房村	26	男	1942 年 5 月
陈长志	青州市朱良镇东朱鹿村	24	男	1942 年 5 月
陈好全	青州市朱良镇东朱鹿村	22	男	1942 年 5 月
王连弟	青州市口埠镇西庵陈村	24	男	1942 年 5 月

姓 名	籍 贯	年 龄	性 别	死难时间
张永孝	青州市庙子镇北崔崖村	23	男	1942 年 5 月
张田义	青州市庙子镇孙家岭村	39	男	1942 年 6 月 5 日
赵传亭	青州市谭坊镇孙楼村	17	男	1942 年 6 月 10 日
刘相福	青州市朱良镇王木村	27	男	1942 年 6 月
刘相义	青州市朱良镇王木村	33	男	1942 年 6 月
郭春令	青州市朱良镇南星落村	25	男	1942 年 6 月
刁传堂	青州市邵庄镇刁庄村	22	男	1942 年 6 月
张瑞堂	青州市何官镇东营村	21	男	1942 年 6 月
张克昌	青州市黄楼镇刘仪型村	29	男	1942 年 7 月 12 日
冯金富	青州市何官镇何官村	40	男	1942 年 7 月 23 日
高立仰	青州市普通镇高庙村	16	男	1942 年 7 月
路传贞	青州市郑母镇袁路村	30	男	1942 年 7 月
张永贞	青州市何官镇东营村	39	男	1942 年 7 月
潘美林	青州市高柳镇北马兰村	68	男	1942 年 7 月
杨二毛	青州市口埠镇孙板村	30	男	1942 年 7 月
李连德	青州市口埠镇孙板村	30	男	1942 年 7 月
杨志杰	青州市五里镇莲花盆村	29	男	1942 年 7 月
杨志宏	青州市五里镇莲花盆村	27	男	1942 年 7 月
杨志顺	青州市五里镇莲花盆村	28	男	1942 年 7 月
杨在义	青州市五里镇莲花盆村	30	男	1942 年 7 月
闫本法	青州市五里镇莲花盆村	27	男	1942 年 7 月
闫家良	青州市五里镇莲花盆村	30	男	1942 年 7 月
闫成林之母	青州市五里镇莲花盆村	32	女	1942 年 7 月
闫家孝	青州市五里镇莲花盆村	29	男	1942 年 7 月
周 村	青州市五里镇莲花盆村	26	男	1942 年 7 月
赵树同	青州市朱良镇赵家营村	20	男	1942 年 7 月
霍德武	青州市朱良镇赵家营村	30	男	1942 年 7 月
郝云吉	青州市朱良镇郝家屯村	19	男	1942 年 7 月
孙兴周	青州市朱良镇高家庄村	36	男	1942 年 7 月
刘升章	青州市朱良镇阳河村	25	男	1942 年 7 月
高冠三	青州市朱良镇北星落村	28	男	1942 年 7 月
高长青	青州市朱良镇北星落村	28	男	1942 年 7 月
赵书同	青州市朱良镇南星落村	32	男	1942 年 7 月
霍德武	青州市朱良镇南星落村	35	男	1942 年 7 月

姓　名	籍　贯	年　龄	性　别	死难时间
马荣官	青州市朱良镇马庄村	26	男	1942 年 7 月
高文海	青州市朱良镇西王车村	40	男	1942 年 7 月
崔振海	青州市何官镇刘坡村	43	男	1942 年 7 月
杨其修	青州市口埠镇潘家村	20	男	1942 年 7 月
张永芬	青州市庙子镇南崔崖村	19	女	1942 年 7 月
冯登奎	青州市庙子镇长秋村	37	男	1942 年 7 月
张美干	青州市东夏镇二府村	35	男	1942 年 8 月 6 日
孙文学	青州市何官镇草水村	25	男	1942 年 8 月
潘金山	青州市何官镇草水村	28	男	1942 年 8 月
张永成	青州市何官镇草水村	29	男	1942 年 8 月
孙介三	青州市谭坊镇状元桥村	28	男	1942 年 8 月
李春发	青州市谭坊镇夹河村	26	男	1942 年 8 月
房艺华	青州市五里镇马棚村	27	男	1942 年 8 月
刘福印	青州市五里镇刘家庄村	26	男	1942 年 8 月
刘观亭	青州市朱良镇南段村	34	男	1942 年 8 月
高守仁	青州市朱良镇北星落村	30	男	1942 年 8 月
李孟波	青州市云门山街道扈庙村	30	男	1942 年 8 月
景元科	青州市王坟镇赵家峪村	20	男	1942 年 8 月
卞克仁	青州市朱良镇西王车村	24	男	1942 年 8 月
徐乡田	青州市口埠镇前徐村	35	男	1942 年 8 月
谢汝林	青州市东夏镇史铺村	43	男	1942 年 8 月
唐元信	青州市庙子镇上张村	25	男	1942 年 8 月
唐冯氏	青州市庙子镇上张村	50	女	1942 年 8 月
唐增玉	青州市庙子镇上张村	32	男	1942 年 8 月
唐增柱	青州市庙子镇上张村	42	男	1942 年 8 月
唐增顺	青州市庙子镇上张村	32	男	1942 年 8 月
唐增忠	青州市庙子镇上张村	31	男	1942 年 8 月
唐西义	青州市庙子镇上张村	40	男	1942 年 8 月
贾有堂	青州市东高镇小营村	41	男	1945 年 8 月
毛宪升	青州市谭坊镇大推官村	36	男	1942 年 9 月 17 日
顾海云	青州市邵庄镇邵庄村	28	男	1942 年 9 月
顾来福	青州市邵庄镇邵庄村	37	男	1942 年 9 月
顾法雨	青州市邵庄镇邵庄村	26	男	1942 年 9 月
张明德	青州市郑母镇小尹村	62	男	1942 年 9 月

姓 名	籍 贯	年 龄	性 别	死难时间
孙亭堂	青州市谭坊镇刘晨村	22	男	1942 年 9 月
孙亭福	青州市谭坊镇刘晨村	23	男	1942 年 9 月
刘绪忠	青州市口埠镇孙板村	20	男	1942 年 9 月
赵书忠	青州市朱良镇赵家营村	20	男	1942 年 9 月
刘德之	青州市朱良镇南段村	31	男	1942 年 9 月
杨秀清	青州市朱良镇南段村	21	男	1942 年 9 月
郭同升	青州市朱良镇南星落村	26	男	1942 年 9 月
孙大印	青州市昭德街道房家村	21	男	1942 年 9 月
韩克水	青州市东坝街道东建德村	16	男	1942 年 9 月
汤兴利	青州市王坟镇北枕头村	22	男	1942 年 9 月
张元成	青州市普通镇西岔河村	18	男	1942 年 9 月
周永胜	青州市朱良镇西王车村	29	男	1942 年 9 月
秦荣吉	青州市高柳镇后李户村	31	男	1942 年 9 月
谭天德	青州市何官镇张河村	42	男	1942 年 9 月
张会增	青州市何官镇李马村	25	男	1942 年 9 月
张银书	青州市何官镇东营村	21	男	1942 年 9 月
赵九禄	青州市庙子镇东富旺村	35	男	1942 年 9 月
王化选	青州市朱良镇东八户村	51	男	1942 年 10 月 4 日
邓希仁	青州市朱良镇东八户村	53	男	1942 年 10 月 4 日
李美珠	青州市朱良镇东八户村	41	男	1942 年 10 月 4 日
李美章	青州市朱良镇东八户村	36	男	1942 年 10 月 4 日
李德垣	青州市朱良镇东八户村	41	男	1942 年 10 月 4 日
高华元	青州市黄楼镇龙塘村	25	男	1942 年 10 月 16 日
高祥元	青州市黄楼镇龙塘村	36	男	1942 年 10 月 16 日
高黎元	青州市黄楼镇龙塘村	33	男	1942 年 10 月 16 日
高柏元	青州市黄楼镇龙塘村	29	男	1942 年 10 月 16 日
钟家财	青州市东高镇刘早村	30	男	1942 年 10 月
张洪宾	青州市朱良镇东王车村	21	男	1942 年 10 月
王锡贵	青州市东夏镇二府村	24	男	1942 年 10 月
陈佃宝	青州市黄楼镇陈家庄村	34	男	1942 年 10 月
冯旭臣	青州市庙子镇长秋村	53	男	1942 年 11 月 9 日
冯文秀	青州市庙子镇长秋村	26	女	1942 年 11 月 9 日
孙玉兰	青州市庙子镇长秋村	35	女	1942 年 11 月 9 日
冯新年	青州市庙子镇长秋村	—	女	1942 年 11 月 9 日

姓名	籍贯	年龄	性别	死难时间
冯卢桥	青州市庙子镇长秋村	—	女	1942 年 11 月 9 日
冯平洋	青州市庙子镇长秋村	—	女	1942 年 11 月 9 日
柏京湖	青州市庙子镇长秋村	25	男	1942 年 11 月 9 日
张永昌	青州市庙子镇北崔崖村	16	男	1942 年 11 月 9 日
张永智	—	—	男	1942 年 11 月 9 日
老 张	—	—	男	1942 年 11 月 9 日
张子桐	—	—	男	1942 年 11 月 9 日
王凤麟	—	40	男	1942 年 11 月 9 日
董恒德	—	—	男	1942 年 11 月 9 日
李成式	—	—	男	1942 年 11 月 9 日
李绪臣	—	—	男	1942 年 11 月 9 日
李义田	—	—	男	1942 年 11 月 9 日
孟宪民	—	—	男	1942 年 11 月 9 日
柳京湖	—	—	男	1942 年 11 月 9 日
谢清云	—	—	男	1942 年 11 月 9 日
赵希林	—	—	男	1942 年 11 月 9 日
王奉青	—	—	男	1942 年 11 月 9 日
夏德禄	—	—	男	1942 年 11 月 9 日
尹寿万	—	—	男	1942 年 11 月 9 日
刘庆湖	—	—	男	1942 年 11 月 9 日
于 成	—	—	男	1942 年 11 月 9 日
小 薛	—	—	男	1942 年 11 月 9 日
田 二	—	—	男	1942 年 11 月 9 日
谭克平	—	—	男	1942 年 11 月 9 日
杨希庆	青州市何官镇吕村郇村	28	男	1942 年 11 月
郭福田	青州市朱良镇南星落村	24	男	1942 年 11 月
邢德光	青州市高柳镇西石塔村	23	男	1942 年 11 月
杨西林	青州市何官镇吕村郇村	29	男	1942 年 12 月
马治绪	青州市东夏镇沈家村	31	男	1942 年 12 月
庞春水	青州市东夏镇沈家村	32	男	1942 年 12 月
项龙海	青州市东夏镇沈家村	35	男	1942 年 12 月
钟传芳	青州市东高镇刘早村	40	男	1942 年 12 月
王连斋	青州市朱良镇西八户村	42	男	1942 年 12 月
高顺福	青州市朱良镇高家庄村	17	男	1942 年 12 月

姓 名	籍 贯	年 龄	性 别	死难时间
秦会然	青州市朱良镇葛口村	27	男	1942 年 12 月
张春田	青州市朱良镇东王车村	24	男	1942 年 12 月
赵建业	青州市何官镇杨家营村	32	男	1942 年 12 月
赵振川	青州市何官镇杨家营村	16	男	1942 年 12 月
周日孔	青州市普通镇周家庄村	40	男	1942 年
蔡廷贵	青州市邵庄镇北马村	17	男	1942 年
陈礼中	青州市郑母镇北陈村	70	男	1942 年
王万芳之三弟	青州市郑母镇南寨村	18	男	1942 年
李道志	青州市何官镇东台村	28	男	1942 年
李道杰	青州市何官镇东台村	32	男	1942 年
李丕英	青州市何官镇东台村	25	男	1942 年
李丕信	青州市何官镇东台村	30	男	1942 年
袁登弟之母	青州市何官镇南张楼村	40	女	1942 年
齐庆玉之弟	青州市何官镇南张楼村	4	男	1942 年
王希曾	青州市谭坊镇状元桥村	32	男	1942 年
吴在潮	青州市高柳镇吴家村	23	男	1942 年
吴赶趟	青州市高柳镇吴家村	15	男	1942 年
吴 荣	青州市高柳镇吴家村	31	男	1942 年
李恩和	青州市高柳镇天桥宋村	21	男	1942 年
宋云有	青州市高柳镇天桥宋村	60	男	1942 年
徐荣华	青州市高柳镇南石塔村	22	男	1942 年
徐芳柱	青州市高柳镇南石塔村	22	男	1942 年
徐正光	青州市高柳镇南石塔村	29	男	1942 年
侯同利	青州市东夏镇侯庙东村	26	男	1942 年
侯希胜	青州市东夏镇侯庙东村	19	男	1942 年
侯家祥	青州市东夏镇侯庙东村	55	男	1942 年
王士杰	青州市东夏镇东坡村	40	男	1942 年
张亭子	青州市东夏镇彭家村	31	男	1942 年
代兴荣	青州市弥河镇中李村	40	男	1942 年
刘兴庆	青州市弥河镇中李村	21	男	1942 年
刘兴忠	青州市弥河镇中李村	23	男	1942 年
赵法清	青州市黄楼镇凤凰店村	20	男	1942 年
李化成	青州市黄楼镇凤凰店村	30	男	1942 年
陈庆升	青州市黄楼镇陈家村	40	男	1942 年

姓 名	籍 贯	年 龄	性 别	死难时间
王小印	青州市五里镇温圈村	6	男	1942 年
郄大春	青州市五里镇下圈村	23	女	1942 年
赵玉堂	青州市五里镇西赵村	51	男	1942 年
刘希清	青州市朱良镇河头村	30	男	1942 年
李 庆	青州市朱良镇东八户村	20	男	1942 年
花文伟	青州市朱良镇葛家口村	20	男	1942 年
秦洪文	青州市朱良镇葛家口村	20	男	1942 年
于宝贝	青州市朱良镇彭家村	25	男	1942 年
王澍柳	青州市朱良镇中北段村	29	男	1942 年
王澍莲	青州市朱良镇中北段村	38	男	1942 年
王荣清	青州市朱良镇中北段村	27	男	1942 年
王近成	青州市朱良镇中北段村	23	男	1942 年
王近杏	青州市朱良镇中北段村	32	男	1942 年
王金佃	青州市朱良镇中北段村	20	男	1942 年
王存仁	青州市朱良镇中北段村	22	男	1942 年
刘汉蒲	青州市朱良镇南段村	27	男	1942 年
刘保贵	青州市朱良镇南段村	35	男	1942 年
陈长方	青州市朱良镇东朱鹿村	24	男	1942 年
陈凤德	青州市朱良镇东朱鹿村	22	男	1942 年
郭金柱	青州市朱良镇西朱鹿村	23	男	1942 年
李 元	青州市朱良镇东八户村	20	男	1942 年
孙希安	青州市朱良镇南星落村	42	男	1942 年
刘明堂	青州市朱良镇河头村	41	男	1942 年
刘来清	青州市朱良镇河头村	37	男	1942 年
刘希武	青州市朱良镇河头村	37	男	1942 年
王继增	青州市王母宫街道蔡家村	19	男	1942 年
李上林	青州市王母宫街道蔡家村	24	男	1942 年
尚德合	青州市东坝街道尚家庄村	33	男	1942 年
姚书章	青州市东坝街道杨姑桥村	26	男	1942 年
孙文东	青州市东坝街道东阳河村	28	男	1942 年
陈锡珍	青州市东坝街道大陈村	27	男	1942 年
杨连登	青州市东坝街道东圣水村	37	男	1942 年
韩文胜	青州市东坝街道东建德村	23	男	1942 年
刘云亭	青州市五里镇刘家庄村	34	男	1942 年

姓 名	籍 贯	年 龄	性 别	死难时间
王春廷	青州市五里镇孙位南村	22	男	1942 年
田文慧	青州市高柳镇大交流村	18	男	1942 年
唐增亲	青州市庙子镇上张村	32	男	1942 年
唐增伟	青州市庙子镇上张村	29	男	1942 年
邱同泰	青州市庙子镇上张村	20	男	1942 年
冯在清	青州市庙子镇岭子村	31	男	1942 年
左公德	青州市庙子镇南崔崖村	32	男	1942 年
邱作礼	青州市庙子镇梨园村	21	男	1942 年
刘××	青州市王府街道老公院村	48	男	1942 年
魏 羊	青州市王坟镇西逢峪村	30	男	1942 年
刘云集	青州市何官镇吕村郇村	30	男	1943 年 1 月
张中华	青州市朱良镇张家庄村	21	男	1943 年 1 月
王小山	青州市高柳镇桥里王村	31	男	1943 年 2 月
王青云	青州市高柳镇桥里王村	33	男	1943 年 2 月
刘庆禄	青州市朱良镇西段后村	20	男	1943 年 2 月
刘乃贵	青州市朱良镇西段前村	20	男	1943 年 2 月
刘好学	青州市朱良镇西段前村	22	男	1943 年 2 月
刘明章	青州市朱良镇西段前村	36	男	1943 年 2 月
赵汝盈	青州市朱良镇赵家庄村	24	男	1943 年 2 月
刘书璞	青州市朱良镇赵家营村	32	男	1943 年 3 月 1 日
秦广荣	青州市谭坊镇小推官村	32	男	1943 年 3 月 10 日
孙继成	青州市朱良镇于庙村	20	男	1943 年 3 月
孙仁中	青州市朱良镇于庙村	23	男	1943 年 3 月
刘福田	青州市朱良镇河头村	22	男	1943 年 3 月
王连云	青州市高柳镇王家庄村	27	男	1943 年 3 月
赵荆山	青州市何官镇杨家营村	23	男	1943 年 3 月
杨延吉	青州市口埠镇辛家村	22	男	1943 年 3 月
姚相书	青州市庙子镇马岭杭村	21	男	1943 年 3 月
岳宗升	青州市庙子镇西富旺村	18	男	1943 年 3 月
孙桂英	青州市朱良镇高家庄村	18	男	1943 年 4 月 3 日
杨明亮	青州市五里镇五里村	39	男	1943 年 4 月 4 日
张勤功	青州市郑母镇山刘村	22	男	1943 年 4 月 5 日
李 芳	青州市郑母镇山刘村	22	男	1943 年 4 月 5 日
董维福	青州市郑母镇山刘村	21	男	1943 年 4 月 5 日

姓 名	籍 贯	年 龄	性 别	死难时间
白玉丕	青州市谭坊镇刘镇村	24	男	1943 年 4 月 5 日
周孝志	青州市谭坊镇刘镇村	25	男	1943 年 4 月 5 日
周仁孝	青州市谭坊镇刘镇村	28	男	1943 年 4 月 5 日
刘廷章	青州市谭坊镇刘镇村	22	男	1943 年 4 月 5 日
刘文才	青州市谭坊镇刘镇村	22	男	1943 年 4 月 5 日
李相乾	青州市何官镇东台村	31	男	1943 年 4 月
吕允忠	青州市高柳镇小吕庄村	22	男	1943 年 4 月
孙传忠	青州市口埠镇袁家村	24	男	1943 年 4 月
孙传厚	青州市口埠镇袁家村	21	男	1943 年 4 月
孙兆阳	青州市口埠镇袁家村	24	男	1943 年 4 月
孙兆其	青州市口埠镇袁家村	20	男	1943 年 4 月
宋云臣	青州市五里镇宋旺村	28	男	1943 年 4 月
宋执仁	青州市五里镇宋旺村	33	男	1943 年 4 月
宋显玉	青州市五里镇宋旺村	27	男	1943 年 4 月
宋显升	青州市五里镇宋旺村	26	男	1943 年 4 月
张　氏	青州市五里镇宋旺村	31	女	1943 年 4 月
刘山秀	青州市朱良镇南段村	22	男	1943 年 4 月
高作梓	青州市王坟镇白羊村	29	男	1943 年 4 月
张乐群	青州市何官镇臧台村	25	男	1943 年 4 月
牛会铸	青州市庙子镇下张村	24	男	1943 年 4 月
赵　氏	青州市郑母镇王泉村	50	女	1943 年 5 月
崔茂盛	青州市朱良镇前后寨村	28	男	1943 年 5 月
尹卓然	青州市朱良镇东朱鹿村	26	男	1943 年 5 月
郭树梅	青州市朱良镇西朱鹿村	31	男	1943 年 5 月
刘子杰	青州市朱良镇阳河村	23	男	1943 年 5 月
刘华陞	青州市朱良镇阳河村	22	男	1943 年 5 月
张传业	青州市东坝街道高彭村	34	男	1943 年 5 月
李恒昌	青州市王坟镇石岗头村	20	男	1943 年 5 月
孙景烈	青州市口埠镇袁家村	22	男	1943 年 5 月
张连太	青州市庙子镇北崔崖村	23	男	1943 年 5 月
李龙水	青州市高柳镇崔家村	33	男	1943 年 6 月
马孟道	青州市口埠镇马家村	21	男	1943 年 6 月
刘欧州	青州市五里镇刘家庄村	24	男	1943 年 6 月
刘美坡	青州市五里镇刘家庄村	35	男	1943 年 6 月

姓 名	籍 贯	年 龄	性 别	死难时间
刘小孙	青州市五里镇刘家庄村	27	男	1943 年 6 月
贾廷照	青州市朱良镇西段后村	20	男	1943 年 6 月
刘福春	青州市朱良镇阳河村	25	男	1943 年 6 月
张元训	青州市普通镇西岔河村	22	男	1943 年 6 月
李天吉	青州市东夏镇李集村	20	男	1943 年 6 月
李志典	青州市东夏镇李集村	21	男	1943 年 6 月
张清池	青州市何官镇时河村	47	男	1943 年 7 月 23 日
隋文美	青州市何官镇双河村	26	男	1943 年 7 月
孙廷富	青州市何官镇双河村	34	男	1943 年 7 月
王增行	青州市何官镇张高村	35	男	1943 年 7 月
王法昌	青州市朱良镇北段村	21	男	1943 年 7 月
张沛风	青州市朱良镇前后寨村	26	男	1943 年 7 月
张 贵	青州市朱良镇前后寨村	28	男	1943 年 7 月
刘文瑞	青州市朱良镇王木村	19	男	1943 年 7 月
刘守才	青州市朱良镇北段前村	23	男	1943 年 7 月
刘文祥	青州市朱良镇河头村	43	男	1943 年 7 月
孟宪章	青州市东坝街道东建德村	37	男	1943 年 7 月
曾光利	青州市王坟镇曾家溜村	23	男	1943 年 7 月
杨树庄	青州市何官镇臧台村	27	男	1943 年 7 月
王吉兴	青州市庙子镇东富旺村	20	男	1943 年 7 月
刘在祥	青州市朱良镇南段村	43	男	1943 年 8 月
刘子明	青州市朱良镇阳河村	26	男	1943 年 8 月
赵其亮	青州市王坟镇金家村	16	男	1943 年 8 月
周光来	青州市高柳镇黄岭村	28	男	1943 年 8 月
孙有荣	青州市高柳镇南马兰村	25	男	1943 年 8 月
陈秀俊	青州市朱良镇东王车村	23	男	1943 年 8 月
王玉柱	青州市何官镇大孙村	23	男	1943 年 8 月
赵玉栋	青州市何官镇西台村	28	男	1943 年 8 月
何玉彬	青州市黄楼镇营子村	33	男	1943 年 8 月
刘学义	青州市郑母镇大河北村	27	男	1943 年 9 月 1 日
李文清	青州市谭坊镇东吴村	40	男	1943 年 9 月 29 日
李文河	青州市谭坊镇东吴村	37	男	1943 年 9 月 29 日
董连登	青州市谭坊镇东吴村	55	男	1943 年 9 月 29 日
刘南明	青州市高柳镇河南杨村	24	男	1943 年 9 月

姓名	籍贯	年龄	性别	死难时间
邓安民	青州市朱良镇赵家营村	32	男	1943 年 9 月
刘克富	青州市朱良镇北段前村	23	男	1943 年 9 月
郭同德	青州市朱良镇南星落村	23	男	1943 年 9 月
张兴学	青州市东夏镇彭家村	31	男	1943 年 9 月
宋显同	青州市庙子镇北崔崖村	20	男	1943 年 9 月
周德昌	青州市邵庄镇朱石羊村	34	男	1940 年 8 月
王墨林	青州市高柳镇桥里王村	17	男	1943 年 10 月
潘甲起	青州市高柳镇西马兰村	65	男	1943 年 10 月
刘 身	青州市东夏镇小赵务村	21	男	1943 年 10 月
刘 健	青州市东夏镇小赵务村	18	男	1943 年 10 月
赵益荣	青州市五里镇埠前村	28	男	1943 年 10 月
程学增	青州市朱良镇西良孟村	21	男	1943 年 10 月
尹炳训	青州市朱良镇南星落村	35	男	1943 年 10 月
李长荣	青州市高柳镇高家村	18	男	1943 年 11 月
李日任之妻	青州市高柳镇高家村	60	女	1943 年 11 月
宫俊仕	青州市弥河镇水沟村	24	男	1943 年 11 月
尹大亮	青州市朱良镇南星落村	33	男	1943 年 11 月
赵光新	青州市王母宫街道赵家村	26	男	1943 年 12 月 9 日
孙立华	青州市庙子镇西坡村	24	男	1943 年 12 月 10 日
孙清永	青州市庙子镇西坡村	20	男	1943 年 12 月 10 日
孙志庆	青州市庙子镇西坡村	39	男	1943 年 12 月 10 日
孙怀勇	青州市庙子镇西坡村	45	男	1943 年 12 月 10 日
孙元明	青州市庙子镇西坡村	23	男	1943 年 12 月 10 日
冯 昇	青州市高柳镇小冯村	21	男	1943 年 12 月
牛志经	青州市王母宫街道牛家村	23	男	1943 年 12 月
石法昌	青州市庙子镇马岭杭村	26	男	1943 年 12 月
杨学孟	青州市东夏镇李佃庄村	—	男	1943 年 12 月
徐瞻云	—	—	男	1943 年 12 月
刘玉恒	青州市郑母镇大河北村	27	男	1943 年
张雪堂	青州市何官镇东营村	30	男	1943 年
张西永	青州市何官镇东营村	29	男	1943 年
李柳团	青州市谭坊镇李家宅村	13	男	1943 年
郝 杰	青州市谭坊镇半截楼村	25	男	1943 年
郝德深	青州市谭坊镇半截楼村	26	男	1943 年

姓　名	籍　贯	年　龄	性　别	死难时间
郝德财	青州市谭坊镇半截楼村	25	男	1943 年
郭荣成	青州市东夏镇王岗村	30	男	1943 年
刘承河	青州市弥河镇前崖头村	18	男	1943 年
尹沛然	青州市朱良镇东朱鹿村	30	男	1943 年
郭美英	青州市朱良镇西朱鹿村	35	女	1943 年
刘同祥	青州市朱良镇阳河村	36	男	1943 年
赵西全	青州市朱良镇赵家庄村	40	男	1943 年
赵学孔	青州市朱良镇赵家庄村	45	男	1943 年
马佃吉	青州市朱良镇沈家村	20	男	1943 年
赵顺一	青州市朱良镇东良孟村	21	男	1943 年
徐文彬	青州市朱良镇曲屯村	30	男	1943 年
赵须一	青州市朱良镇良孟村	18	男	1943 年
赵怀顺	青州市朱良镇东良孟村	23	男	1943 年
鲁宝真	青州市昭德街道王家村	30	男	1943 年
杨佐之子	青州市东坝街道东圣水村	20	男	1943 年
蔡士全	青州市东坝街道东建德村	40	男	1943 年
王继德	青州市东坝街道东建德村	30	男	1943 年
韩文斗	青州市东坝街道东建德村	50	男	1943 年
韩文顺	青州市东坝街道东建德村	30	男	1943 年
李世津	青州市弥河镇西河村	23	男	1943 年
李武田	青州市高柳镇大交流村	23	男	1943 年
宋云贵	青州市高柳镇天桥宋村	37	男	1943 年
宋执功	青州市高柳镇天桥宋村	21	男	1943 年
王贡三	青州市东夏镇双庙村	25	男	1943 年
周文明	青州市东夏镇苏屯村	23	男	1943 年
范兰芝	青州市东夏镇崔王村	41	男	1943 年
张子明	青州市王坟镇张家庄村	31	男	1943 年
李元宝	青州市庙子镇杨集庵村	20	男	1943 年
李元瑞	青州市庙子镇西峪村	18	女	1943 年
李元来	青州市庙子镇西峪村	30	男	1943 年
李元根	青州市庙子镇西峪村	30	男	1943 年
李元江	青州市庙子镇西峪村	32	男	1943 年
李恒吉	青州市庙子镇东富旺村	23	男	1943 年
刘业朋	青州市庙子镇大岭村	26	男	1943 年

姓　名	籍　贯	年　龄	性　别	死难时间
马昌元	青州市庙子镇局子峪村	22	男	1943 年
牟云禄	青州市庙子镇北峪村	37	男	1943 年
李培显	青州市王府街道老公院村	40	男	1943 年
周老头	—	—	男	1943 年
陈居胜	青州市朱良镇东朱鹿村	31	男	1944 年 1 月
徐延祥	青州市王坟镇大田庄村	24	男	1944 年 1 月
赵天德	青州市谭坊镇南魏村	36	男	1944 年 2 月 23 日
王大武	青州市五里镇北位南村	25	男	1944 年 2 月
刘天禄	青州市朱良镇南段村	24	男	1944 年 2 月
刘友信	青州市朱良镇阳河村	24	男	1944 年 2 月
杨心敬	青州市高柳镇河北杨村	54	男	1944 年 2 月
刘延训	青州市口埠镇黄家村	21	男	1944 年 3 月 17 日
刘志礼	青州市弥河镇胡同村	70	男	1944 年 3 月 19 日
刘家乐	青州市五里镇延庄村	29	男	1944 年 3 月
刘家玉	青州市五里镇延庄村	27	男	1944 年 3 月
刘家康	青州市五里镇延庄村	30	男	1944 年 3 月
刘怀德	青州市朱良镇沈家村	18	男	1944 年 3 月
马中生	青州市王坟镇刘洛村	19	男	1944 年 3 月
刘长久	青州市朱良镇高家庄村	21	男	1944 年 4 月 10 日
张春波	青州市何官镇李马村	28	男	1944 年 4 月
石德亮	青州市庙子镇马岭杭村	32	男	1944 年 4 月
牟连顺	青州市庙子镇北峪村	24	男	1944 年 4 月
李连吉	青州市高柳镇前李户村	20	男	1944 年 5 月
蒋恒景	青州市五里镇尹家庄村	50	男	1944 年 5 月
蒋恒景之妻	青州市五里镇尹家庄村	49	女	1944 年 5 月
蒋恒景之子	青州市五里镇尹家庄村	12	男	1944 年 5 月
赵玉荣	青州市五里镇西赵村	31	男	1944 年 5 月
史序彦	青州市朱良镇史家村	50	男	1944 年 5 月
刘长庆	青州市何官镇杨家营村	26	男	1944 年 5 月
冀有道	青州市郑母镇庄子村	43	男	1944 年 6 月 21 日
刘相树	青州市王母宫街道范王村	49	男	1944 年 6 月
杨德阶	青州市朱良镇南段村	26	男	1944 年 7 月
赵立智	青州市王坟镇孟埠村	19	男	1944 年 7 月
张德祥	青州市王坟镇没口村	26	男	1944 年 7 月

姓　名	籍　贯	年　龄	性　别	死难时间
刘加宾	青州市朱良镇沈家村	23	男	1944 年 8 月
刘德民	青州市朱良镇阳河村	22	男	1944 年 8 月
郭建章	青州市朱良镇南星落村	29	男	1944 年 8 月
尹学善	青州市朱良镇南星落村	24	男	1944 年 8 月
夏立兴	青州市东高镇夏家村	20	男	1944 年 8 月
张　杰	青州市东夏镇彭家村	26	男	1944 年 8 月
冯合春	青州市庙子镇长秋村	23	男	1944 年 8 月
魏吉全	青州市庙子镇殷公井村	23	男	1944 年 8 月
张安伟	青州市五里镇上石皋村	22	男	1944 年 9 月 21 日
卜长兴	青州市五里镇上石皋村	21	男	1944 年 9 月 21 日
李成聚	青州市东夏镇李家村	47	男	1944 年 9 月
庞奎元	青州市东夏镇大尹村	16	男	1944 年 9 月
田大峰之妻	青州市东夏镇大尹村	50	女	1944 年 9 月
石士福	青州市五里镇石山头村	65	男	1944 年 9 月
赵光治	青州市朱良镇北段村	40	男	1944 年 9 月
刘乃兴	青州市朱良镇沈家村	24	男	1944 年 9 月
张万林	青州市五里镇张河村	29	男	1944 年 9 月
陈龙图	青州市高柳镇赵坡村	33	男	1944 年 9 月
杨希成	青州市何官镇吕村郇村	25	男	1944 年 10 月
刘　四	青州市高柳镇中饮马村	44	男	1944 年 10 月
杨志全	青州市庙子镇杨家庵村	38	男	1944 年 10 月
李成一	青州市庙子镇辛庄村	34	男	1944 年 11 月
耿宝吉	青州市口埠镇黄家村	19	男	1944 年 12 月
杨望远	青州市五里镇贾庄村	25	男	1944 年 12 月
孙立和	青州市王坟镇钓鱼台村	25	男	1944 年 12 月
吕心惠	青州市庙子镇庙子村	24	男	1944 年 12 月
李文政	青州市庙子镇黄鹿井村	16	男	1944 年 12 月
陈　氏	青州市黄楼镇陈家村	80	女	1944 年
陈　氏	青州市黄楼镇陈家村	73	女	1944 年
陈　氏	青州市黄楼镇陈家村	68	女	1944 年
李文生	青州市何官镇邢屯村	50	男	1944 年
曹和光	青州市黄楼镇曹家村	20	男	1944 年
刘怀德	青州市朱良镇北段村	30	男	1944 年
刘汉儒	青州市朱良镇南段村	40	男	1944 年

姓 名	籍 贯	年 龄	性 别	死难时间
王秀英	青州市朱良镇南段村	27	女	1944 年
史延良	青州市朱良镇史家村	26	男	1944 年
霍希颜	青州市朱良镇北星落村	28	男	1944 年
尹炳章	青州市朱良镇南星落村	47	男	1944 年
高全清	青州市朱良镇永和村	24	男	1944 年
尚思敬	青州市东坝街道坡子村	25	男	1944 年
董云龙	青州市弥河镇水沟村	20	男	1944 年
阎怀忠	青州市王坟镇大田庄村	17	男	1944 年
许大德	青州市王坟镇大峪口村	43	男	1944 年
于怀文	青州市王坟镇孟埠村	24	男	1944 年
苏怀庆	青州市王坟镇陈家元村	25	男	1944 年
房德运	青州市五里镇崖村	29	男	1944 年
钟安增	青州市普通镇钟家村	27	男	1944 年
梁洪昌	青州市高柳镇大交流村	28	男	1944 年
段振生	青州市东夏镇段家村	42	男	1944 年
张兰惠	青州市东夏镇二府村	35	男	1944 年
王兴鲁	青州市庙子镇横兰村	19	男	1944 年
李富春	青州市庙子镇南峪村	24	男	1944 年
李元臻	青州市庙子镇西峪村	28	男	1944 年
田爱昌	青州市庙子镇朱崖村	25	男	1944 年
王吉明	青州市庙子镇东富旺村	23	男	1944 年
秦守生	青州市庙子镇西富旺村	21	男	1944 年
阎本录	青州市庙子镇西富旺村	21	男	1944 年
鞠佃业	青州市东夏镇王岗村	25	男	1945 年 1 月
许道一	青州市弥河镇水沟村	30	男	1945 年 1 月
赵立远	青州市王坟镇黄连村	25	男	1945 年 1 月
高赐福	青州市朱良镇高家庄村	20	男	1945 年 2 月 2 日
刘汉川	青州市朱良镇南段村	25	男	1945 年 2 月
刘安之	青州市朱良镇南段村	26	男	1945 年 2 月
马德明	青州市弥河镇上院村	29	男	1945 年 2 月
冯树民	青州市王坟镇赵家峪村	30	男	1945 年 2 月
姜能金	青州市王坟镇乖场村	31	男	1945 年 2 月
张文斌	青州市高柳镇高柳村	21	男	1945 年 2 月
崔成仁	青州市东夏镇小赵务村	16	男	1945 年 3 月

姓 名	籍 贯	年 龄	性 别	死难时间
潘贵伦	青州市黄楼镇韩家村	21	男	1945 年 3 月
郝玉梅	青州市朱良镇郝家屯村	26	男	1945 年 3 月
李春甫	青州市朱良镇彭家村	19	男	1945 年 3 月
孟兆同	青州市王坟镇胡林古村	24	男	1945 年 3 月
刘本堂	青州市朱良镇阳河村	25	男	1945 年 4 月
吴吉德	青州市弥河镇薄板台村	23	男	1945 年 4 月
张相之	青州市弥河镇饽罗林村	22	男	1945 年 5 月
李志庆	青州市东夏镇李集村	27	男	1945 年 5 月
李佃荣	青州市王坟镇刘洛村	19	男	1945 年 6 月
王春荣	青州市何官镇张高村	26	男	1945 年 6 月
张仁彦	青州市五里镇坞头村	32	男	1945 年 7 月
常绪贤	青州市朱良镇彭家村	26	男	1945 年 7 月
左锡永	青州市东坝街道杨姑桥村	35	男	1945 年 7 月
韩克双	青州市东坝街道东建德村	26	男	1945 年 7 月
张汝美	青州市弥河镇官庄村	23	男	1945 年 7 月
迟庆德	青州市王坟镇井峪村	23	男	1945 年 7 月
黄风来	青州市高柳镇东水渠村	25	男	1945 年 7 月
李志奎	青州市东夏镇李集村	26	男	1945 年 7 月
赵兴利	—	—	男	1945 年 7 月
李明仁	青州市五里镇张李村	27	男	1945 年 8 月 5 日
周树晟	青州市普通镇周家庄村	48	男	1945 年 8 月
刘连安	青州市普通镇刘镇村	40	男	1945 年 8 月
孙保水	青州市谭坊镇于家村	30	男	1945 年 8 月
周思彦	青州市谭坊镇王羊村	38	男	1945 年 8 月
周树奎	青州市谭坊镇王羊村	14	男	1945 年 8 月
周赵氏	青州市谭坊镇王羊村	40	女	1945 年 8 月
张其清	青州市东夏镇祝家村	26	男	1945 年 8 月
贾万涛	青州市东高镇小营村	38	男	1945 年 8 月
阎家敬	青州市五里镇莲花盆村	20	男	1945 年 8 月
王振华	青州市朱良镇纸房村	25	男	1945 年 8 月
刘树芬	青州市朱良镇北段村	21	男	1945 年 8 月
刘福堂	青州市朱良镇阳河村	31	男	1945 年 8 月
陈立岗	青州市王坟镇南道村	24	男	1945 年 8 月
孙松堂	青州市高柳镇孙家村	32	男	1945 年 8 月

姓　名	籍　贯	年　龄	性　别	死难时间
袁庆录	青州市何官镇南张楼村	33	男	1945 年 8 月
于天佑	青州市谭坊镇东于村	44	男	1945 年 8 月
赵文汗	青州市郑母镇吉林村	25	男	1945 年 8 月
杨伦祥	—	—	男	1945 年 8 月
李国树	青州市高柳镇高柳村	26	男	1945 年 9 月
王国庆	青州市邵庄镇黄鹿村	19	男	1945 年
孟昭铨	青州市邵庄镇黄鹿村	30	男	1945 年
杨丰国	青州市何官镇邢屯村	20	男	1945 年
张洪武	青州市谭坊镇东亓村	18	男	1945 年
亓德舜	青州市谭坊镇东亓村	19	男	1945 年
陈德信	青州市朱良镇张家庄村	49	男	1945 年
刘凤明	青州市朱良镇西八户村	25	男	1945 年
高九令	青州市朱良镇彭家村	23	男	1945 年
韩祥兆	青州市东坝街道东建德村	30	男	1945 年
丁福安	青州市东坝街道东建德村	30	男	1945 年
丁福家	青州市东坝街道东建德村	25	男	1945 年
赵安德	青州市王坟镇马庄村	22	男	1945 年
赵玉福	青州市王坟镇马庄村	24	男	1945 年
李保田	青州市高柳镇大交流村	26	男	1945 年
刘金民	青州市口埠镇光辉村	24	男	1945 年
孙治贵	青州市郑母镇孙家村	28	男	1945 年
柏京溪	青州市庙子镇长秋村	25	男	1945 年
孙志臻	青州市庙子镇西坡村	36	男	1945 年
冯振宝	青州市庙子镇西坡村	27	男	1945 年
魏吉坤	青州市庙子镇殷公井村	21	男	1945 年
田永礼	青州市庙子镇殷公井村	20	男	1945 年
秦应福	青州市庙子镇东富旺村	26	男	1945 年
王兴国	青州市庙子镇横兰村	19	男	1945 年
王学和	青州市庙子镇上龙宫村	16	男	1945 年
牟同禄	青州市庙子镇北峪村	22	男	1945 年
牟连喜	青州市庙子镇北峪村	34	男	1945 年
牟连伦	青州市庙子镇北峪村	27	男	1945 年
赵伦堂	青州市郑母镇老鸹村	26	男	1945 年
刘福太	青州市王府街道参府街	29	男	1945 年

姓　名	籍　贯	年　龄	性　别	死难时间
王光河	青州市五里镇张李村	19	男	1938 年 2 月
刘长中	青州市益都街道官屯村	23	男	1938 年 4 月
孙继胜	青州市王府街道刘家村	30	男	1938 年 5 月
刘万宝	青州市王府街道刘家村	32	男	1938 年 5 月
陈福武	青州市普通镇陈家车马村	28	男	1938 年 10 月
陈思良	青州市普通镇陈家车马村	32	男	1938 年 10 月
孙绳增	青州市普通镇陈家车马村	27	男	1938 年 10 月
杨志高	青州市五里镇黄店子村	45	男	1938 年 10 月
杨居礼之父	青州市五里镇黄店子村	52	男	1938 年 10 月
王桂香之兄	青州市郑母镇南寨村	18	男	1938 年
牛欣亭	青州市高柳镇牛口村	34	男	1938 年
牛欣亭之妻	青州市高柳镇牛口村	34	女	1938 年
牛欣亭之长女	青州市高柳镇牛口村	—	女	1938 年
刘祥广	青州市东夏镇南于村	40	男	1938 年
刘秉春	青州市弥河镇小刘村	47	男	1938 年
刘法良	青州市弥河镇小刘村	15	男	1938 年
刘法吉	青州市弥河镇小刘村	9	男	1938 年
李玉明	青州市弥河镇南李村	30	男	1938 年
杨居河之父	青州市五里镇黄店子村	47	男	1938 年
杨居林之父	青州市五里镇黄店子村	53	男	1938 年
冀兴科	青州市云门山街道耿家村	26	男	1938 年
戴玉斗	青州市云门山街道耿家村	17	男	1938 年
戴春祯	青州市云门山街道耿家村	24	男	1938 年
冀兴龙	青州市云门山街道耿家村	19	男	1938 年
刘金柱	青州市东坝街道坡子村	18	男	1938 年
高　琛	青州市高柳镇竹林马村	20	男	1939 年 2 月
杨连荣	青州市五里镇贾庄村	40	男	1939 年 5 月
杨　子	青州市五里镇贾庄村	35	男	1939 年 5 月
孙怀福	青州市庙子镇西坡村	32	男	1939 年 8 月 23 日
孙怀明	青州市庙子镇西坡村	33	男	1939 年 8 月 23 日
孙道义	青州市庙子镇西坡村	24	男	1939 年 8 月 23 日
孙立早	青州市庙子镇西坡村	32	男	1939 年 8 月 23 日
孙立深	青州市庙子镇西坡村	23	男	1939 年 8 月 23 日
孙立俊	青州市庙子镇西坡村	24	男	1939 年 8 月 23 日

姓 名	籍 贯	年 龄	性 别	死难时间
冯岭柱	青州市庙子镇西坡村	24	男	1939 年 8 月 23 日
冯安柱	青州市庙子镇西坡村	23	男	1939 年 8 月 23 日
冯建义	青州市庙子镇西坡村	34	男	1939 年 8 月 23 日
冯建顺	青州市庙子镇西坡村	43	男	1939 年 8 月 23 日
张可斋	青州市庙子镇西坡村	19	男	1939 年 8 月 23 日
张佃京	青州市庙子镇西坡村	41	男	1939 年 8 月 23 日
张佃奎	青州市庙子镇西坡村	29	男	1939 年 8 月 23 日
钱永和	青州市庙子镇西坡村	38	男	1939 年 8 月 23 日
钱永成	青州市庙子镇西坡村	26	男	1939 年 8 月 23 日
杨继周	青州市何官镇臧台村	35	男	1939 年 8 月
李少武	青州市朱良镇许王村	24	男	1939 年 10 月
张景尧	青州市邵庄镇北马村	30	男	1939 年
张以芳	青州市邵庄镇北马村	36	男	1939 年
郑金光	青州市何官镇东营村	27	男	1939 年
牛立亭	青州市高柳镇牛口村	26	男	1939 年
吕延明	青州市东高镇吕化村	55	男	1939 年
陈作模	青州市弥河镇大章庄村	30	男	1939 年
刘法兰	青州市弥河镇小刘村	20	男	1939 年
赵开封	青州市东坝街道玉竹村	20	男	1939 年
祝 行	青州市东坝街道玉竹村	21	男	1939 年
李治深	青州市东坝街道玉竹村	23	男	1939 年
刘 玉	青州市昭德街道冯徐村	19	男	1939 年
刘情理	青州市昭德街道冯徐村	18	男	1939 年
王金义	青州市昭德街道冯徐村	20	男	1939 年
贾怀志	青州市庙子镇杨集村	20	男	1939 年
唐增福	青州市庙子镇杨集村	45	男	1939 年
唐增福之子	青州市庙子镇杨集村	20	男	1939 年
段坐庆	青州市五里镇温南峪村	42	男	1940 年 1 月
王明文	青州市东夏镇北于村	42	男	1940 年 3 月
王美文	青州市东夏镇北于村	50	男	1940 年 3 月
李 氏	青州市东夏镇北于村	57	女	1940 年 3 月
杨发福	青州市五里镇贾庄村	34	男	1940 年 6 月
杨在伍	青州市五里镇贾庄村	30	男	1940 年 7 月
李树湖	青州市庙子镇西峪村	24	男	1940 年 8 月 23 日

姓　名	籍贯	年龄	性别	死难时间
杨文宾	青州市高柳镇河北杨村	23	男	1940 年 8 月
张怀敬	青州市谭坊镇状元桥村	22	男	1940 年 9 月
张怀俭	青州市谭坊镇状元桥村	25	男	1940 年 9 月
张严祥	青州市谭坊镇状元桥村	18	男	1940 年 9 月
宫建邦	青州市谭坊镇状元桥村	16	男	1940 年 9 月
宫富茂	青州市谭坊镇状元桥村	18	男	1940 年 9 月
常树祯	青州市谭坊镇状元桥村	16	男	1940 年 9 月
潘延洋	青州市谭坊镇状元桥村	17	男	1940 年 9 月
潘延行	青州市谭坊镇状元桥村	18	男	1940 年 9 月
孙永春	青州市郑母镇南寨村	30	男	1940 年
侯得音	青州市东夏镇侯庙东村	30	男	1940 年
杨秀荣之二弟	青州市东夏镇东杨村	58	男	1940 年
杨秀荣之三弟	青州市东夏镇东杨村	55	男	1940 年
杨保功	青州市东夏镇东杨村	43	男	1940 年
张德广	青州市东夏镇东杨村	39	男	1940 年
杨凤美之父	青州市东夏镇东杨村	45	男	1940 年
杜天军	青州市东夏镇杜家村	47	男	1940 年
杜瑞元	青州市东夏镇杜家村	48	男	1940 年
杜　庄	青州市东夏镇杜家村	45	男	1940 年
黄金甲	青州市东夏镇南黄村	40	男	1940 年
黄万仓	青州市东夏镇南黄村	39	男	1940 年
黄万杰	青州市东夏镇南黄村	13	男	1940 年
张华广	青州市东夏镇南黄村	37	男	1940 年
王在东	青州市东夏镇南黄村	38	男	1940 年
王传文	青州市东夏镇埠口村	47	男	1940 年
王发四	青州市东夏镇埠口村	20	男	1940 年
王　平	青州市东夏镇埠口村	50	男	1940 年
王来成	青州市东夏镇埠口村	—	男	1940 年
王永先	青州市东夏镇埠口村	40	男	1940 年
王永功	青州市东夏镇埠口村	27	男	1940 年
尹宝祥	青州市东夏镇大袁村	50	男	1940 年
尹发田	青州市东夏镇大袁村	40	男	1940 年
耿玉陆	青州市东夏镇大袁村	30	男	1940 年
刘　朴	青州市东夏镇大袁村	40	男	1940 年

姓　名	籍　贯	年　龄	性　别	死难时间
刘怀朴	青州市东夏镇白家村	43	男	1940 年
辛万福	青州市弥河镇大刘村	48	男	1940 年
刘方美	青州市弥河镇大刘村	46	男	1940 年
陈福安	青州市弥河镇大章庄村	40	男	1940 年
陈冠贞	青州市弥河镇大章庄村	21	男	1940 年
陈怀恩	青州市弥河镇大章庄村	20	男	1940 年
李年丰	青州市朱良镇大王车村	33	男	1940 年
刘分庆	青州市五里镇温圈村	24	男	1940 年
郄怀周	青州市五里镇下圈村	30	男	1940 年
郄三德	青州市五里镇下圈村	17	男	1940 年
郄文全	青州市五里镇下圈村	20	男	1940 年
郄兴妹	青州市五里镇下圈村	16	女	1940 年
郄洪章	青州市五里镇下圈村	26	男	1940 年
郄　氏	青州市五里镇下圈村	18	女	1940 年
郇　氏	青州市五里镇下圈村	45	女	1940 年
冯佃伦	青州市庙子镇长秋村	27	男	1940 年
李元香	青州市庙子镇南峪村	20	男	1940 年
李旺春	青州市庙子镇西峪村	50	男	1940 年
李元乐	青州市庙子镇西峪村	35	男	1940 年
李树堂	青州市庙子镇西峪村	40	男	1940 年
王德化	青州市庙子镇东富旺村	40	男	1940 年
王正化	青州市庙子镇东富旺村	40	男	1940 年
王俊化	青州市庙子镇东富旺村	39	男	1940 年
王新安	青州市庙子镇东富旺村	18	男	1940 年
郭学会	青州市庙子镇东富旺村	40	男	1940 年
牛兰德	青州市庙子镇东富旺村	38	男	1940 年
赵九柱	青州市庙子镇东富旺村	36	男	1940 年
赵九全	青州市庙子镇东富旺村	35	男	1940 年
赵九勇	青州市庙子镇东富旺村	30	男	1940 年
赵九功	青州市庙子镇东富旺村	30	男	1940 年
赵九明	青州市庙子镇东富旺村	29	男	1940 年
赵天义	青州市庙子镇东富旺村	52	男	1940 年
柳京堂	青州市庙子镇东富旺村	52	男	1940 年
吴梦渔	青州市高柳镇吴家村	21	男	1940 年

姓名	籍贯	年龄	性别	死难时间
吴大数	青州市高柳镇吴家村	20	男	1940年
程思洪	青州市弥河镇郝家村	17	男	1941年1月
闫祥	青州市五里镇闫崖村	30	男	1941年2月
李顺亭	青州市东夏镇李家村	20	男	1941年3月
李洪原	青州市王坟镇金家村	39	男	1941年3月
李洪信	青州市王坟镇金家村	25	男	1941年3月
段明水	青州市庙子镇上庄村	35	男	1941年3月
李继浩	青州市庙子镇上庄村	33	男	1941年3月
李长增	青州市庙子镇上庄村	32	男	1941年3月
姜义之子	青州市庙子镇上庄村	35	男	1941年3月
冯光芹	青州市庙子镇上庄村	30	男	1941年3月
陈杰三	青州市郑母镇北陈村	50	男	1941年4月
陈玉书	青州市郑母镇北陈村	42	男	1941年4月
陈善方	青州市郑母镇北陈村	35	男	1941年4月
杨在忠	青州市五里镇贾庄村	27	男	1941年5月
张士法	青州市五里镇寨子崖村	35	男	1941年6月
张士法之父	青州市五里镇寨子崖村	56	男	1941年6月
张士法之母	青州市五里镇寨子崖村	55	女	1941年6月
张文礼之父	青州市五里镇寨子崖村	30	男	1941年6月
张复成	青州市五里镇寨子崖村	45	男	1941年6月
尹景华	青州市五里镇寨子崖村	60	男	1941年6月
尹景清	青州市五里镇寨子崖村	61	男	1941年6月
杨心明	青州市高柳镇河北杨村	30	男	1941年7月
杨希清	青州市高柳镇河北杨村	20	男	1941年7月
杨小兰	青州市高柳镇河北杨村	23	男	1941年7月
崔平生	青州市高柳镇东水渠村	21	男	1941年7月
郑其善	青州市东坝街道东阳河村	26	男	1941年8月
冯天佑	青州市朱良镇东朱良村	28	男	1941年9月
冯杰	青州市朱良镇东朱良村	26	男	1941年9月
刘黑妮	青州市朱良镇东朱良村	27	女	1941年9月
冯士英	青州市谭坊镇刘晨村	10	男	1941年10月5日
刘兴富	青州市弥河镇中李村	24	男	1941年10月
刘兴庆	青州市弥河镇中李村	20	男	1941年10月
温世平	青州市五里镇温南峪村	59	男	1941年10月

姓 名	籍 贯	年龄	性别	死难时间
温世兴	青州市五里镇温南峪村	58	男	1941 年 10 月
刘桂秀	青州市邵庄镇柏泉村	44	男	1941 年 11 月
刘其孝	青州市邵庄镇柏泉村	45	男	1941 年 11 月
刘其君	青州市邵庄镇柏泉村	28	男	1941 年 11 月
刘其功	青州市邵庄镇柏泉村	27	男	1941 年 11 月
杜景勇	青州市邵庄镇柏泉村	41	男	1941 年 11 月
张来文	青州市黄楼镇刘仪型村	38	男	1941 年 11 月
张 屿	青州市黄楼镇刘仪型村	34	男	1941 年 11 月
张 岱	青州市黄楼镇刘仪型村	28	男	1941 年 11 月
张玉昌	青州市黄楼镇刘仪型村	16	男	1941 年 11 月
刘元兴	青州市黄楼镇刘仪型村	36	男	1941 年 11 月
董志德	青州市黄楼镇刘仪型村	29	男	1941 年 11 月
项天兰之父	青州市东夏镇徐家村	45	男	1941 年 12 月
项天兰之兄	青州市东夏镇徐家村	13	男	1941 年 12 月
何汝温	青州市郑母镇西何村	20	男	1941 年
袁象吉	青州市何官镇南张楼村	17	男	1941 年
袁象贤	青州市何官镇南张楼村	25	男	1941 年
袁家济	青州市何官镇南张楼村	16	男	1941 年
袁振邦	青州市何官镇南张楼村	17	男	1941 年
袁甫田	青州市何官镇南张楼村	20	男	1941 年
陈冠旅	青州市弥河镇大章庄村	40	男	1941 年
赵万福	青州市黄楼镇西赵村	20	男	1941 年
黄彩平	青州市黄楼镇西赵村	30	男	1941 年
姜继松	青州市五里镇上黄峪村	30	男	1941 年
刘金三	青州市五里镇上黄峪村	45	男	1941 年
张树堂	青州市何官镇草水村	19	男	1941 年
张开运	青州市何官镇草水村	20	男	1941 年
魏金亭	青州市何官镇草水村	21	男	1941 年
孙亭茂	青州市谭坊镇刘晨村	22	男	1941 年
王兰碧	青州市谭坊镇刘晨村	22	男	1941 年
王洪升	青州市谭坊镇刘晨村	22	男	1941 年
孙亭英	青州市谭坊镇刘晨村	24	男	1941 年
高金友	青州市谭坊镇高家村	26	男	1941 年
赵福若	青州市谭坊镇大赵村	23	男	1941 年

姓 名	籍 贯	年 龄	性 别	死难时间
赵掌子	青州市谭坊镇大赵村	24	男	1941 年
赵 官	青州市谭坊镇大赵村	25	男	1941 年
司传风	青州市东夏镇前司村	52	男	1941 年
司继正	青州市东夏镇前司村	24	男	1941 年
司继连	青州市东夏镇前司村	13	男	1941 年
司继曾	青州市东夏镇前司村	40	男	1941 年
司传乃	青州市东夏镇后司村	30	男	1941 年
王子义	青州市东夏镇王家村	50	男	1941 年
王允成	青州市东夏镇郝家村	41	男	1941 年
郝伟平	青州市东夏镇郝家村	60	男	1941 年
曲庆文之父	青州市东夏镇郝家村	60	男	1941 年
陈作元	青州市弥河镇大章庄村	28	男	1941 年
杨明显	青州市五里镇杨山村	41	男	1941 年
杨明山	青州市五里镇杨山村	42	男	1941 年
杨 稳	青州市五里镇杨山村	30	男	1941 年
石清光	青州市五里镇石家庄村	40	男	1941 年
崔效迁	青州市云门山街道沈家村	30	男	1941 年
马在芝	青州市云门山街道沈家村	32	男	1941 年
张同杭	青州市庙子镇上张村	23	男	1941 年
朱迪祥	青州市普通镇陈仁马村	16	男	1942 年 1 月
陈风春	青州市普通镇陈仁马村	42	男	1942 年 1 月
温明点	青州市五里镇温南峪村	24	男	1942 年 1 月
庞光杰	青州市东夏镇张晁村	40	男	1942 年 2 月
刘凤和	青州市东夏镇张晁村	39	男	1942 年 2 月
韩臣书	青州市东夏镇张季村	35	男	1942 年 2 月
张从友	青州市五里镇牛角村	41	男	1942 年 2 月
夏永胜	青州市五里镇吴井村	50	男	1942 年 2 月
刘焕彩	青州市郑母镇大河北村	18	男	1942 年 3 月 1 日
刘焕君	青州市郑母镇大河北村	22	男	1942 年 3 月 1 日
刘德昌	青州市郑母镇大河北村	18	男	1942 年 3 月 1 日
吕光玉	青州市东高镇辛吕村	40	男	1942 年 3 月
张玉梅	青州市东高镇辛吕村	38	男	1942 年 3 月
张玉贤	青州市东高镇辛吕村	38	男	1942 年 3 月
李有礼	青州市普通镇郇仁马村	40	男	1942 年 3 月

姓 名	籍 贯	年 龄	性 别	死难时间
周修文	青州市普通镇大井峪村	25	男	1942 年 3 月
周叔子	青州市普通镇大井峪村	30	男	1942 年 3 月
周崔氏	青州市普通镇大井峪村	33	女	1942 年 3 月
刘连群	青州市普通镇大井峪村	31	男	1942 年 3 月
张金鑑	青州市朱良镇西良孟村	20	男	1942 年 3 月
张金印	青州市朱良镇西良孟村	23	男	1942 年 3 月
张其田	青州市朱良镇西良孟村	18	男	1942 年 3 月
张寿田	青州市朱良镇西良孟村	30	男	1942 年 3 月
张奎斌	青州市朱良镇西良孟村	30	男	1942 年 3 月
赵清芝	青州市朱良镇西良孟村	23	男	1942 年 3 月
刘相征	青州市朱良镇西良孟村	23	男	1942 年 3 月
王连杰	青州市朱良镇西良孟村	24	男	1942 年 3 月
王小车	青州市朱良镇西良孟村	19	男	1942 年 3 月
刘懒子	青州市朱良镇河头村	20	男	1942 年 3 月
史延颂	青州市朱良镇史家村	32	男	1942 年 3 月
闫中顺	青州市五里镇西闫村	14	男	1942 年 3 月
张建友	青州市五里镇赵河村	40	男	1942 年 3 月
张建友之妻	青州市五里镇赵河村	40	女	1942 年 3 月
杨明秀	青州市五里镇赵河村	39	男	1942 年 3 月
杨 增	青州市五里镇赵河村	18	男	1942 年 3 月
杨忙儿	青州市五里镇赵河村	16	男	1942 年 3 月
赵有成	青州市五里镇赵河村	42	男	1942 年 3 月
陈茂喜	青州市五里镇赵河村	48	男	1942 年 3 月
李言训	青州市庙子镇下岸青村	39	男	1942 年 3 月
韦兴尧之父	青州市庙子镇下岸青村	38	男	1942 年 3 月
王 裘	青州市云门山街道郭桥村	16	男	1942 年 4 月
王茂林	青州市云门山街道郭桥村	34	男	1942 年 4 月
段秀珍	青州市五里镇冯旺村	47	女	1942 年 5 月
王 平	青州市五里镇冯旺村	30	男	1942 年 5 月
温明忠	青州市五里镇温南峪村	42	男	1942 年 5 月
韩克全	青州市五里镇七回峪村	30	男	1942 年 6 月
张清严	青州市五里镇李塘村	50	男	1942 年 6 月
魏俊光	青州市邵庄镇陈黍村	32	男	1942 年 7 月
曹元平	青州市邵庄镇陈黍村	35	男	1942 年 7 月

姓　名	籍　贯	年　龄	性　别	死难时间
曹传槐	青州市邵庄镇陈黍村	40	男	1942 年 7 月
董元功	青州市郑母镇十亩田村	30	男	1942 年 7 月
李多平	青州市五里镇大王堂村	42	男	1942 年 7 月
李薛氏	青州市五里镇大王堂村	39	女	1942 年 7 月
段学成	青州市五里镇温南峪村	47	男	1942 年 7 月
陈怀安	青州市东坝街道大陈村	41	男	1942 年 7 月
董潘成	青州市郑母镇十亩田村	38	男	1942 年 8 月
董玉三	青州市郑母镇十亩田村	28	男	1942 年 8 月
王成文	青州市谭坊镇王羊村	36	男	1942 年 8 月
耿　子	青州市谭坊镇王羊村	22	男	1942 年 8 月
张树志	青州市郑母镇山刘村	50	男	1942 年 9 月
张洪吉	青州市何官镇西营村	27	男	1942 年 9 月
李德顺	青州市郑母镇山刘村	52	男	1942 年 9 月
冯　津	青州市高柳镇小冯村	20	男	1942 年 9 月
赵洪都	青州市朱良镇赵家庄村	30	男	1942 年 9 月
赵洪朋	青州市朱良镇赵家庄村	20	男	1942 年 9 月
赵洪贞	青州市朱良镇赵家庄村	20	男	1942 年 9 月
王连群	青州市云门山街道户庙村	35	男	1942 年 9 月
王赵氏	青州市云门山街道户庙村	32	女	1942 年 9 月
祝晋春	青州市云门山街道户庙村	16	男	1942 年 9 月
祝延明	青州市云门山街道户庙村	34	男	1942 年 9 月
李小六	青州市云门山街道户庙村	22	男	1942 年 9 月
李同贞	青州市口埠镇北褚马村	20	男	1942 年 10 月
董相尧	青州市郑母镇十亩田村	22	男	1942 年 10 月
董凯元	青州市郑母镇十亩田村	36	男	1942 年 10 月
王日仁	青州市高柳镇南马兰村	30	男	1942 年 10 月
张洪安	青州市东夏镇高家村	38	男	1942 年 10 月
高建平	青州市东夏镇高家村	32	男	1942 年 10 月
季周岑	青州市东夏镇于林村	43	男	1942 年 10 月
季　氏	青州市东夏镇于林村	22	女	1942 年 10 月
郝梦东	青州市黄楼镇刘仪型村	31	男	1942 年 10 月
刘景奎	青州市黄楼镇刘仪型村	32	男	1942 年 10 月
刘三喜	青州市黄楼镇刘仪型村	34	男	1942 年 10 月
张　琅	青州市黄楼镇刘仪型村	35	男	1942 年 10 月

姓 名	籍 贯	年 龄	性 别	死难时间
张世荣	青州市五里镇吕旺村	46	男	1942 年 10 月
李 氏	青州市五里镇吕旺村	30	女	1942 年 10 月
李孙氏	青州市五里镇大王堂村	30	女	1942 年 10 月
李长太	青州市五里镇大王堂村	17	男	1942 年 10 月
李多增	青州市五里镇大王堂村	40	男	1942 年 10 月
李 氏	青州市五里镇大王堂村	37	女	1942 年 10 月
李荣祥	青州市五里镇大王堂村	16	男	1942 年 10 月
李义妮	青州市五里镇大王堂村	13	女	1942 年 10 月
周学文	青州市普通镇大井峪村	26	男	1942 年 11 月
崔景武	青州市高柳镇崔家村	30	男	1942 年 11 月
张 信	青州市东夏镇苏屯村	45	男	1942 年 11 月
张福成	青州市东夏镇苏屯村	70	男	1942 年 11 月
陈近义	青州市东夏镇苏屯村	61	男	1942 年 11 月
张 义	青州市东夏镇孙家村	28	男	1942 年 11 月
高利同	青州市东夏镇高家村	41	男	1942 年 11 月
高作康	青州市东夏镇高家村	18	男	1942 年 11 月
高玉水	青州市东夏镇高家村	17	男	1942 年 11 月
李传连	青州市五里镇大王堂村	28	男	1942 年 11 月
杜利修	青州市东夏镇西荒村	28	男	1942 年 12 月 7 日
冀祥增	青州市谭坊镇高埠村	41	男	1942 年 12 月 13 日
赵怀亮	青州市东夏镇小赵务村	32	男	1942 年 12 月
石世俭	青州市东夏镇巨弥村	39	男	1942 年 12 月
石孝孔	青州市东夏镇巨弥村	20	男	1942 年 12 月
杨永禄	青州市东夏镇巨弥村	32	男	1942 年 12 月
殷增补	青州市东夏镇巨弥村	43	男	1942 年 12 月
张云休	青州市东夏镇河圈村	28	男	1942 年 12 月
田汝明	青州市东夏镇河圈村	36	男	1942 年 12 月
刘 僧	青州市口埠镇孙板村	19	男	1942 年 12 月
王 寇	青州市口埠镇孙板村	19	男	1942 年 12 月
陈连吉	青州市黄楼镇西李村	39	男	1942 年 12 月
李安全	青州市黄楼镇西李村	19	男	1942 年 12 月
李天顺	青州市黄楼镇西李村	50	男	1942 年 12 月
李全章	青州市黄楼镇西李村	30	男	1942 年 12 月
张广尧	青州市黄楼镇柳河村	34	男	1942 年 12 月

姓　名	籍　贯	年　龄	性　别	死难时间
张广义	青州市黄楼镇柳河村	41	男	1942 年 12 月
宫归田	青州市黄楼镇柳河村	36	男	1942 年 12 月
赵立坤	青州市黄楼镇柳河村	46	男	1942 年 12 月
李王氏	青州市五里镇大王堂村	29	女	1942 年 12 月
吴吉臣	青州市高柳镇吴家村	44	男	1942 年
冷继厚	青州市邵庄镇冷家庄村	35	男	1942 年
冷继滨	青州市邵庄镇冷家庄村	27	男	1942 年
冷文田	青州市邵庄镇冷家庄村	32	男	1942 年
任景顺	青州市郑母镇塘坊村	28	男	1942 年
巨安合	青州市郑母镇塘坊村	30	男	1942 年
赵风国	青州市郑母镇崇沟村	19	男	1942 年
赵风同	青州市郑母镇崇沟村	27	男	1942 年
孙树祥	青州市郑母镇王盘石村	22	男	1942 年
张洪告	青州市何官镇西营村	21	男	1942 年
杨德道	青州市何官镇西营村	22	男	1942 年
张文礼	青州市谭坊镇东亓村	30	男	1942 年
李志敏	青州市高柳镇李庄村	20	男	1942 年
翟风祥	青州市高柳镇河南杨村	30	男	1942 年
杜生云	青州市东夏镇西荒村	40	男	1942 年
高祥亭之父	青州市东夏镇西荒村	52	男	1942 年
高祥亭之弟	青州市东夏镇西荒村	20	男	1942 年
李　瑾	青州市东夏镇西荒村	56	男	1942 年
李洪芝之弟	青州市东夏镇西荒村	24	男	1942 年
王信义之祖父	青州市东夏镇西荒村	53	男	1942 年
张　雨	青州市东夏镇彭家村	30	男	1942 年
张孝仁	青州市东夏镇彭家村	38	男	1942 年
张景河	青州市东夏镇彭家村	35	男	1942 年
张功德	青州市东夏镇彭家村	34	男	1942 年
田　昌	青州市东夏镇沙店村	40	男	1942 年
田德平	青州市东夏镇沙店村	23	男	1942 年
李　升	青州市东夏镇二府村	53	男	1942 年
李长更	青州市东夏镇二府村	53	男	1942 年
李在刚	青州市东夏镇二府村	53	男	1942 年
李少臣	青州市东夏镇二府村	32	男	1942 年

姓　名	籍　贯	年　龄	性　别	死难时间
李守和	青州市东夏镇二府村	36	男	1942 年
张德义	青州市东夏镇二府村	20	男	1942 年
张传义	青州市东夏镇二府村	38	男	1942 年
张石头	青州市东夏镇二府村	16	男	1942 年
张林桂	青州市东夏镇二府村	31	男	1942 年
张　漯	青州市东夏镇二府村	54	男	1942 年
张俊三	青州市东夏镇二府村	53	男	1942 年
张　记	青州市东夏镇二府村	57	男	1942 年
张记之妻	青州市东夏镇二府村	55	女	1942 年
张金玉	青州市东夏镇二府村	54	男	1942 年
杨　氏	青州市东夏镇二府村	31	女	1942 年
张连佑	青州市东夏镇张小村	55	男	1942 年
张景孔	青州市东夏镇张小村	51	男	1942 年
张培同	青州市东夏镇张小村	50	男	1942 年
张传京	青州市东夏镇张小村	50	男	1942 年
张小三	青州市东夏镇张小村	15	男	1942 年
王法增	青州市东夏镇北于村	30	男	1942 年
王法孟	青州市东夏镇北于村	28	男	1942 年
王在文	青州市东夏镇北于村	64	男	1942 年
王云相	青州市东夏镇北于村	28	男	1942 年
王云台	青州市东夏镇北于村	28	男	1942 年
王云寿	青州市东夏镇北于村	30	男	1942 年
王志胡	青州市东夏镇北于村	32	男	1942 年
王爱文	青州市东夏镇北于村	32	男	1942 年
杜　氏	青州市东夏镇北于村	36	女	1942 年
冯乃常	青州市东高镇西夹涧村	25	男	1942 年
李兴善	青州市王坟镇井峪村	45	男	1942 年
李荫德	青州市王坟镇井峪村	18	男	1942 年
杨来七	青州市弥河镇杨家村	20	男	1942 年
杨廷皆	青州市弥河镇杨家村	31	男	1942 年
张福庆	青州市弥河镇杨家村	54	男	1942 年
周　增	青州市弥河镇杨家村	21	男	1942 年
张　磊	青州市弥河镇上院村	20	男	1942 年
马玉贵	青州市弥河镇上院村	30	男	1942 年

姓 名	籍 贯	年 龄	性 别	死难时间
刘同盛	青州市弥河镇上院村	40	男	1942 年
赵立堂	青州市弥河镇上院村	30	男	1942 年
赵尚义	青州市弥河镇上院村	40	男	1942 年
赵 四	青州市弥河镇上院村	40	男	1942 年
魏传智	青州市弥河镇上院村	24	男	1942 年
魏 四	青州市弥河镇上院村	22	男	1942 年
聂 贵	青州市弥河镇上院村	36	男	1942 年
聂贵之妻	青州市弥河镇上院村	35	女	1942 年
聂贵之长子	青州市弥河镇上院村	16	男	1942 年
聂贵之次子	青州市弥河镇上院村	13	男	1942 年
王玉恩	青州市弥河镇上院村	30	男	1942 年
王玉恩之妻	青州市弥河镇上院村	30	女	1942 年
王效迎	青州市弥河镇上院村	10	男	1942 年
王景贤	青州市弥河镇上院村	30	男	1942 年
王景太	青州市弥河镇上院村	50	男	1942 年
王景太之妻	青州市弥河镇上院村	48	女	1942 年
王景太之子	青州市弥河镇上院村	25	男	1942 年
王景太之女	青州市弥河镇上院村	20	女	1942 年
冯光太	青州市弥河镇上院村	20	男	1942 年
冯三海	青州市弥河镇上院村	50	男	1942 年
冯兰子	青州市弥河镇上院村	18	男	1942 年
冯全德	青州市弥河镇上院村	30	男	1942 年
冯全法	青州市弥河镇上院村	50	男	1942 年
冯全法之妻	青州市弥河镇上院村	48	女	1942 年
冯玉贵	青州市弥河镇上院村	18	男	1942 年
冯玉琦	青州市弥河镇上院村	20	男	1942 年
张明亚	青州市弥河镇上院村	50	男	1942 年
张兴科	青州市弥河镇上院村	50	男	1942 年
张贵祥	青州市弥河镇上院村	50	男	1942 年
于在有	青州市弥河镇上院村	40	男	1942 年
陈作善	青州市弥河镇大章庄村	35	男	1942 年
冯光耀	青州市弥河镇西桑村	21	男	1942 年
吴俊秀	青州市弥河镇郝家村	30	男	1942 年
程有顺	青州市弥河镇郝家村	28	男	1942 年

姓　名	籍　贯	年　龄	性　别	死难时间
程允亮	青州市弥河镇郝家村	34	男	1942 年
程允恒	青州市弥河镇郝家村	45	男	1942 年
刘兴有	青州市弥河镇郝家村	27	男	1942 年
刘坤春	青州市弥河镇郝家村	26	男	1942 年
张玉顺	青州市弥河镇郝家村	25	男	1942 年
郝光生	青州市弥河镇郝家村	23	男	1942 年
王　玉	青州市弥河镇郝家村	24	男	1942 年
郭　林	青州市弥河镇郝家村	30	男	1942 年
冀云奎	青州市弥河镇郝家村	28	男	1942 年
李玉泰	青州市弥河镇南李村	20	男	1942 年
冯全美	青州市弥河镇南李村	20	男	1942 年
刘光太	青州市弥河镇南李村	25	男	1942 年
刘光顺	青州市弥河镇南李村	25	男	1942 年
刘同义	青州市弥河镇南李村	25	男	1942 年
刘同成	青州市弥河镇南李村	28	男	1942 年
刘同祥	青州市弥河镇南李村	30	男	1942 年
郭荣美	青州市弥河镇西市庄村	19	男	1942 年
高文德	青州市朱良镇南星落村	20	男	1942 年
董保安	青州市黄楼镇马宋村	40	男	1942 年
王雨台	青州市黄楼镇马宋村	40	男	1942 年
王志武	青州市黄楼镇马宋村	38	男	1942 年
王功田	青州市黄楼镇马宋村	42	男	1942 年
王中正	青州市黄楼镇马宋村	40	男	1942 年
王世斗	青州市黄楼镇马宋村	43	男	1942 年
王世道	青州市黄楼镇马宋村	30	男	1942 年
刘希尧	青州市黄楼镇大路村	43	男	1942 年
赵法清	青州市黄楼镇店子村	30	男	1942 年
李化成	青州市黄楼镇店子村	30	男	1942 年
李宪才	青州市黄楼镇店子村	25	男	1942 年
李宪文	青州市黄楼镇店子村	30	男	1942 年
李寿荣	青州市黄楼镇店子村	25	男	1942 年
石德贵	青州市黄楼镇店子村	29	男	1942 年
石义兴	青州市黄楼镇店子村	28	男	1942 年
石礼兴	青州市黄楼镇店子村	27	男	1942 年

姓 名	籍 贯	年 龄	性 别	死难时间
杨明山	青州市黄楼镇店子村	26	男	1942 年
李景州	青州市黄楼镇杜家村	17	男	1942 年
宫德明	青州市黄楼镇杜家村	20	男	1942 年
赵景仁	青州市黄楼镇半壁店村	33	男	1942 年
赵景智	青州市黄楼镇半壁店村	30	男	1942 年
李 森	青州市黄楼镇半壁店村	32	男	1942 年
张锦明	青州市黄楼镇半壁店村	25	男	1942 年
陈佃邦	青州市黄楼镇陈家村	33	男	1942 年
陈佃光	青州市黄楼镇陈家村	32	男	1942 年
陈佃珍	青州市黄楼镇陈家村	30	男	1942 年
陈 氏	青州市黄楼镇陈家村	30	女	1942 年
陈 氏	青州市黄楼镇陈家村	35	女	1942 年
邱光全	青州市五里镇夏庄村	45	男	1942 年
邱光德	青州市五里镇夏庄村	47	男	1942 年
邱玉珍	青州市五里镇夏庄村	52	男	1942 年
夏连礼	青州市五里镇夏庄村	—	男	1942 年
李永宝	青州市五里镇夏庄村	31	男	1942 年
李永宝之妻	青州市五里镇夏庄村	29	女	1942 年
李永宝之女	青州市五里镇夏庄村	8	女	1942 年
李永宝之子	青州市五里镇夏庄村	10	男	1942 年
李富恩	青州市五里镇夏庄村	40	男	1942 年
李富荣	青州市五里镇夏庄村	40	男	1942 年
李富芝	青州市五里镇夏庄村	41	男	1942 年
李 三	青州市五里镇夏庄村	45	男	1942 年
宋允峰之妻	青州市五里镇夏庄村	44	女	1942 年
黄 庆	青州市五里镇下黄峪村	28	男	1942 年
黄玉清	青州市五里镇下黄峪村	27	男	1942 年
黄玉润	青州市五里镇下黄峪村	23	男	1942 年
黄玉宗	青州市五里镇下黄峪村	40	男	1942 年
翟光明	青州市五里镇下黄峪村	40	男	1942 年
姜继善	青州市五里镇下黄峪村	22	男	1942 年
房崇朋	青州市五里镇马棚村	18	男	1942 年
温志明	青州市五里镇温圈村	18	男	1942 年
温志勇	青州市五里镇温圈村	23	男	1942 年

姓　名	籍　贯	年　龄	性　别	死难时间
刘分明	青州市五里镇温圈村	23	男	1942 年
夏文元	青州市五里镇吴井村	60	男	1942 年
杨在庆	青州市五里镇吴井村	38	男	1942 年
杨在抑	青州市五里镇吴井村	24	男	1942 年
夏永太	青州市五里镇吴井村	62	男	1942 年
夏永太之妻	青州市五里镇吴井村	58	女	1942 年
夏大来	青州市五里镇吴井村	21	男	1942 年
韩小孩	青州市五里镇七回峪村	—	女	1942 年
张同奎	青州市五里镇七回峪村	58	男	1942 年
张同温	青州市五里镇七回峪村	59	男	1942 年
张德如	青州市五里镇七回峪村	30	男	1942 年
张德珍	青州市五里镇七回峪村	50	男	1942 年
邢来江	青州市五里镇邢峪村	30	男	1942 年
邢来贞	青州市五里镇邢峪村	28	男	1942 年
邢文成	青州市五里镇邢峪村	18	男	1942 年
闫本河	青州市五里镇西闫村	49	男	1942 年
闫本民	青州市五里镇西闫村	48	男	1942 年
闫本芝	青州市五里镇西闫村	50	男	1942 年
闫李氏	青州市五里镇西闫村	45	女	1942 年
郭　龙	青州市五里镇西闫村	49	男	1942 年
郭八角	青州市五里镇西闫村	14	男	1942 年
杨明水	青州市五里镇杨山村	18	男	1942 年
杨明仕	青州市五里镇杨山村	40	男	1942 年
王孝海	青州市五里镇冯旺村	14	男	1942 年
王立山	青州市五里镇冯旺村	22	男	1942 年
王有庆	青州市五里镇冯旺村	42	男	1942 年
王松林	青州市五里镇冯旺村	13	男	1942 年
赵花海	青州市五里镇冯旺村	48	男	1942 年
赵明祈	青州市五里镇冯旺村	45	男	1942 年
郗有文	青州市五里镇冯旺村	50	男	1942 年
杨经营	青州市五里镇冯旺村	47	男	1942 年
张清浩	青州市五里镇观音沟村	41	男	1942 年
张清印	青州市五里镇观音沟村	42	男	1942 年
张清湖	青州市五里镇观音沟村	45	男	1942 年

姓 名	籍 贯	年 龄	性 别	死难时间
张小勤	青州市五里镇观音沟村	40	男	1942 年
张满洲	青州市五里镇观音沟村	43	男	1942 年
刘传智	青州市五里镇刘家庄村	55	男	1942 年
刘长义	青州市五里镇刘家庄村	17	男	1942 年
刘杨氏	青州市五里镇刘家庄村	48	女	1942 年
刘正树	青州市五里镇刘家庄村	50	男	1942 年
刘重经	青州市五里镇刘家庄村	26	男	1942 年
刘小刚	青州市五里镇刘家庄村	17	男	1942 年
刘美江	青州市五里镇刘家庄村	50	男	1942 年
刘美坐	青州市五里镇刘家庄村	28	男	1942 年
刘汉经	青州市五里镇刘家庄村	44	男	1942 年
刘继祖	青州市五里镇刘家庄村	23	男	1942 年
吴瑞祥	青州市五里镇井塘村	50	男	1942 年
吴义祥	青州市五里镇井塘村	56	男	1942 年
谭义和	青州市五里镇井塘村	58	男	1942 年
吴广林	青州市五里镇井塘村	48	男	1942 年
吴广相	青州市五里镇井塘村	26	男	1942 年
吴广连	青州市五里镇井塘村	35	男	1942 年
吴怀斗	青州市五里镇井塘村	57	男	1942 年
吴怀孟	青州市五里镇井塘村	46	男	1942 年
吴凌金	青州市五里镇井塘村	40	男	1942 年
吴凌安	青州市五里镇井塘村	46	男	1942 年
吴永江	青州市五里镇井塘村	26	男	1942 年
吴结实	青州市五里镇井塘村	28	男	1942 年
吴兴法	青州市五里镇井塘村	30	男	1942 年
杨凤袍	青州市东坝街道东圣水村	42	男	1942 年
孙玉儒	青州市东坝街道东圣水村	45	男	1942 年
王化兰	青州市东坝街道东圣水村	45	男	1942 年
张春旭	青州市东坝街道坝沟村	30	男	1942 年
刘 朋	青州市东坝街道坝沟村	18	男	1942 年
张广德	青州市益都街道草庙村	30	男	1942 年
杨如春	青州市益都街道草庙村	20	男	1942 年
李光德	青州市益都街道草庙村	30	男	1942 年
刘保子	青州市益都街道草庙村	25	男	1942 年

姓 名	籍 贯	年 龄	性 别	死难时间
曹元永	青州市庙子镇上张村	20	男	1942 年
付希忠	青州市庙子镇杨家庵村	30	男	1942 年
杨在臣	青州市庙子镇杨家庵村	20	男	1942 年
杨志正	青州市庙子镇杨家庵村	25	男	1942 年
冯心水	青州市庙子镇杨家庵村	25	男	1942 年
冯心庆	青州市庙子镇杨家庵村	30	男	1942 年
韩迎书	青州市东夏镇张季村	41	男	1942 年
韩其林	青州市东夏镇张季村	34	男	1942 年
王者相	青州市朱良镇北段村	25	男	1942 年
李天工	青州市东夏镇柴庙村	27	男	1943 年 1 月
宋兴仁	青州市高柳镇高柳村	33	男	1943 年 2 月
史 六	青州市高柳镇高柳村	31	男	1943 年 2 月
冯 松	青州市高柳镇高柳村	21	男	1943 年 2 月
刘 勤	青州市高柳镇兴刘村	30	男	1943 年 2 月
李余庆	青州市朱良镇于庙村	23	男	1943 年 3 月
李付玉	青州市朱良镇于庙村	23	男	1943 年 3 月
李 本	青州市朱良镇于庙村	24	男	1943 年 3 月
孙继功	青州市朱良镇于庙村	24	男	1943 年 3 月
闫加兴	青州市五里镇西闫村	26	男	1943 年 3 月
闫刘氏	青州市五里镇西闫村	24	女	1943 年 3 月
刘显章	青州市口埠镇马家村	20	男	1943 年 3 月
王福祥	青州市高柳镇桥里王村	16	男	1943 年 3 月
王若怀	青州市高柳镇桥里王村	40	男	1943 年 3 月
周德孝	青州市谭坊镇刘镇村	27	男	1943 年 4 月 5 日
张汇元	青州市口埠镇孙板村	19	男	1943 年 4 月 5 日
李好义	青州市口埠镇孙板村	18	男	1943 年 4 月 5 日
张兰新	青州市何官镇时河村	16	男	1943 年 7 月 23 日
张贵志	青州市何官镇小高村	19	男	1943 年 7 月 23 日
朱光成	青州市普通镇神照村	20	男	1943 年 7 月
王锡中	青州市普通镇神照村	20	男	1943 年 7 月
党孝增	青州市普通镇神照村	30	男	1943 年 7 月
孟庆元	青州市何官镇孟家村	23	男	1943 年 8 月 23 日
刘连圣	青州市郑母镇塘坊村	29	男	1943 年 8 月
李多杰	青州市五里镇大王堂村	43	男	1943 年 8 月

姓 名	籍 贯	年 龄	性 别	死难时间
王普德	青州市五里镇张李村	29	男	1943 年 8 月
刘茂昌	青州市五里镇张李村	24	男	1943 年 8 月
李玉明	青州市五里镇张李村	45	男	1943 年 8 月
陈平安	青州市东坝街道大陈村	40	男	1943 年 8 月
刘家敬	青州市郑母镇塘坊村	21	男	1943 年 10 月
李茂梅	青州市高柳镇前李户村	20	男	1943 年 10 月
李茂奎	青州市高柳镇前李户村	22	男	1943 年 10 月
李汝奇	青州市高柳镇前李户村	21	男	1943 年 10 月
李世才	青州市高柳镇前李户村	21	男	1943 年 10 月
王存敬	青州市朱良镇西八户村	40	男	1943 年 12 月
刘风山	青州市朱良镇西八户村	33	男	1943 年 12 月
赵延春	青州市郑母镇老鸦村	15	男	1943 年
赵延春之妻	青州市郑母镇老鸦村	17	女	1943 年
赵学堂	青州市郑母镇老鸦村	17	男	1943 年
张保堂	青州市何官镇东营村	26	男	1943 年
张维祥	青州市何官镇东营村	27	男	1943 年
张安仁	青州市何官镇东营村	30	男	1943 年
郭德兴	青州市何官镇东营村	29	男	1943 年
张怀德	青州市高柳镇张富村	46	男	1943 年
张存典	青州市高柳镇张富村	47	男	1943 年
房益官	青州市高柳镇高柳村	40	男	1943 年
李中道	青州市高柳镇天桥宋村	17	男	1943 年
宋执敏	青州市高柳镇天桥宋村	15	男	1943 年
赵春玉	青州市高柳镇中饮马村	39	男	1943 年
项增金	青州市东夏镇沈家村	25	男	1943 年
项万顺	青州市东夏镇沈家村	41	男	1943 年
张玉明	青州市东夏镇崔家村	52	男	1943 年
陈怀敏	青州市弥河镇大章庄村	29	男	1943 年
吴荣祥	青州市弥河镇赤涧村	30	男	1943 年
王在平	青州市弥河镇赤涧村	28	男	1943 年
陈锡禄	青州市朱良镇东朱鹿村	30	男	1943 年
张忠吉	青州市朱良镇西王车村	20	男	1943 年
王成厚	青州市五里镇温圈村	22	男	1943 年
王成印	青州市五里镇温圈村	24	男	1943 年

姓 名	籍 贯	年 龄	性 别	死难时间
杨明畔	青州市五里镇杨山村	39	男	1943 年
杨 羊	青州市五里镇冯旺村	32	男	1943 年
杨花儿	青州市五里镇冯旺村	23	男	1943 年
杨世富	青州市五里镇冯旺村	47	男	1943 年
杨世恩	青州市五里镇冯旺村	19	男	1943 年
杨世宗	青州市五里镇冯旺村	47	男	1943 年
杨广生	青州市五里镇冯旺村	42	男	1943 年
张义勤	青州市五里镇冯旺村	43	男	1943 年
王孝功	青州市五里镇冯旺村	42	男	1943 年
王孝亭	青州市五里镇冯旺村	50	男	1943 年
王金秀	青州市五里镇冯旺村	19	男	1943 年
张清祥	青州市五里镇李塘村	30	男	1943 年
张清祥之妻	青州市五里镇李塘村	32	女	1943 年
李文忠	青州市五里镇李塘村	24	男	1943 年
李文行	青州市五里镇李塘村	24	男	1943 年
王久恩	青州市五里镇李塘村	28	男	1943 年
张照国	青州市五里镇张塘村	24	男	1943 年
张照财	青州市五里镇张塘村	21	男	1943 年
张照台	青州市五里镇张塘村	17	男	1943 年
张照亭	青州市五里镇张塘村	24	男	1943 年
周仕信	青州市五里镇张塘村	42	男	1943 年
刘恩勤	青州市五里镇刘家庄村	31	男	1943 年
刘光奎	青州市五里镇刘家庄村	30	男	1943 年
刘光辉	青州市五里镇刘家庄村	27	男	1943 年
刘思恩	青州市五里镇刘家庄村	40	男	1943 年
刘思孝	青州市五里镇刘家庄村	24	男	1943 年
刘美端	青州市五里镇刘家庄村	43	男	1943 年
郗守来	青州市昭德街道高园村	19	男	1943 年
王学文	青州市何官镇刘屯村	29	男	1944 年 2 月
刘茂松	青州市何官镇刘屯村	25	男	1944 年 2 月
刘永茂	青州市五里镇辛店子村	43	男	1944 年 2 月
刘永茂之长子	青州市五里镇辛店子村	20	男	1944 年 2 月
刘永茂之次子	青州市五里镇辛店子村	17	男	1944 年 2 月
刘永茂之三子	青州市五里镇辛店子村	15	男	1944 年 2 月

姓 名	籍 贯	年 龄	性 别	死难时间
张仁柏	青州市五里镇坞头村	43	男	1944 年 2 月
张仁才	青州市五里镇坞头村	41	男	1944 年 2 月
张仁绪	青州市五里镇坞头村	38	男	1944 年 2 月
张仁佐	青州市五里镇坞头村	36	男	1944 年 2 月
张仁忠	青州市五里镇坞头村	41	男	1944 年 2 月
张义爱	青州市五里镇坞头村	34	男	1944 年 2 月
张义学	青州市五里镇坞头村	40	男	1944 年 2 月
王景文之父	青州市朱良镇东良孟村	22	男	1944 年 3 月
刘效仁	青州市朱良镇东良孟村	23	男	1944 年 3 月
陈来宝	青州市谭坊镇陈庄村	16	男	1944 年 5 月
赵学修	青州市五里镇富班村	27	男	1944 年 6 月
赵光海	青州市五里镇富班村	26	男	1944 年 6 月
王继先	青州市五里镇富班村	24	男	1944 年 7 月
李洋春	青州市五里镇辛店子村	33	男	1944 年 8 月 15 日
张兴法	青州市五里镇吕旺村	37	男	1944 年 8 月
张建录	青州市五里镇吕旺村	15	男	1944 年 8 月
张景容	青州市五里镇吕旺村	47	男	1944 年 8 月
张连秀	青州市五里镇吕旺村	34	男	1944 年 8 月
郭玉勤	青州市弥河镇施家村	30	男	1944 年 10 月
李多星	青州市五里镇大王堂村	21	男	1944 年 10 月
赵方之	青州市郑母镇东赵村	52	男	1944 年
祝清吉	青州市弥河镇茂家村	53	男	1944 年
李心田	青州市弥河镇北市村	25	男	1944 年
袁义礼	青州市云门山街道宋阁村	23	男	1944 年
刘效贡	青州市云门山街道宋阁村	21	男	1944 年
王 三	青州市庙子镇唐北峪村	19	男	1944 年
程思述	青州市弥河镇闫刘村	54	男	1945 年 2 月 10 日
刘贯之	青州市弥河镇闫刘村	25	男	1945 年 2 月 20 日
刘中杨	青州市弥河镇闫刘村	26	男	1945 年 3 月 20 日
孙 氏	青州市谭坊镇下坡村	63	女	1945 年 8 月
赵志平	青州市郑母镇东赵村	50	男	1945 年
庞 氏	青州市郑母镇东赵村	40	女	1945 年
合 计	2137			

责任人：樊光湘　　　　核实人：杨金粉　　　　填表人：杨金粉
填报单位（签章）：青州市委党史研究室　　　　填报时间：2009 年 4 月 24 日

诸城市抗日战争时期死难者名录

姓　名	籍　贯	年　龄	性　别	死难时间
逄建智之祖母	诸城市郭家屯镇北戈庄村	75	女	1937 年 12 月 9 日
逄建国之父	诸城市郭家屯镇北戈庄村	40	男	1937 年 12 月 9 日
徐金明之祖父	诸城市郭家屯镇北戈庄村	45	男	1937 年 12 月 9 日
逄运发之祖母	诸城市郭家屯镇北戈庄村	70	女	1937 年 12 月 9 日
逄运发	诸城市郭家屯镇北戈庄村	20	男	1937 年 12 月 9 日
杨相林	诸城市程戈庄镇张家庄子村	27	男	1938 年 9 月
魏汝花	诸城市百尺河镇岳沟村	60	男	1937 年 12 月
鹿桂臣	诸城市百尺河镇岳沟村	50	男	1937 年 12 月
刘继信	诸城市辛兴镇辛兴村	34	男	1938 年 1 月
王翅子	诸城市辛兴镇大捎铺村	50	男	1938 年 1 月
马风德	诸城市辛兴镇前米沟村	32	男	1938 年 1 月
高	诸城市郭家屯镇大双庙村	21	男	1938 年 2 月
李　氏	诸城市龙都街道南三里庄村	26	女	1938 年 2 月
李氏之子	诸城市龙都街道南三里庄村	4	男	1938 年 2 月
二嫂之女	诸城市龙都街道南三里庄村	20	女	1938 年 2 月
小　抹	诸城市马庄镇杨家夏庄村	18	女	1938 年 2 月
老看坡的	诸城市马庄镇杨家夏庄村	65	男	1938 年 2 月
徐东庸	诸城市马庄镇徐家庄村	50	男	1938 年 2 月
马　吉	诸城市石桥子镇鲁家岳旺村	38	男	1938 年 2 月
路二蒋	诸城市昌城镇路家道口村	27	男	1938 年 2 月
路术森之妻弟	诸城市昌城镇路家道口村	20	男	1938 年 2 月
仲跃文	诸城市昌城镇路家道口村	30	男	1938 年 2 月
王王氏	诸城市昌城镇后道口村	38	女	1938 年 2 月
二扛鼻	诸城市昌城镇后道口村	40	男	1938 年 2 月
李清云	诸城市昌城镇车道口村	26	男	1938 年 2 月
孙金先	诸城市昌城镇车道口村	30	男	1938 年 2 月
二花子	诸城市昌城镇车道口村	27	男	1938 年 2 月
大罗汉	诸城市昌城镇车道口村	27	男	1938 年 2 月
邵培福	诸城市昌城镇福胜村	45	男	1938 年 2 月
朱德树	诸城市昌城镇福胜村	61	男	1938 年 2 月
小　山	诸城市昌城镇福胜村	17	男	1938 年 2 月

姓 名	籍 贯	年 龄	性 别	死难时间
老 宋	诸城市昌城镇福胜村	63	男	1938 年 2 月
二 蒋	诸城市昌城镇福胜村	27	男	1938 年 2 月
二秃子	诸城市昌城镇福胜村	27	男	1938 年 2 月
王学明	诸城市朱解镇后曹阵村	32	男	1938 年 2 月
王满堂	诸城市皇华镇朱泮一村	16	男	1938 年 2 月
陈培武	诸城市皇华镇朱泮三村	47	男	1938 年 2 月
朱恩钧	诸城市皇华镇朱泮三村	42	男	1938 年 2 月
朱长基	诸城市皇华镇朱泮三村	71	男	1938 年 2 月
朱金氏	诸城市皇华镇朱泮三村	67	女	1938 年 2 月
朱 氏	诸城市皇华镇朱泮三村	25	女	1938 年 2 月
郑 二	诸城市皇华镇朱泮三村	46	男	1938 年 2 月
崔 二	诸城市皇华镇朱泮三村	58	男	1938 年 2 月
陈二嫚	诸城市皇华镇大山村	43	男	1938 年 2 月
张桂田	诸城市皇华镇西邰家沟村	29	男	1938 年 2 月
李 太	诸城市皇华镇西邰家沟村	37	男	1938 年 2 月
李志南	诸城市皇华镇殷家林村	20	男	1938 年 2 月
刘兆光	诸城市皇华镇皇华店村	50	男	1938 年 2 月
王文修	诸城市皇华镇皇华店村	40	男	1938 年 2 月
张吸吸	诸城市皇华镇皇华店村	60	男	1938 年 2 月
姜 顺	诸城市皇华镇皇华店村	55	男	1938 年 2 月
董福顺	诸城市皇华镇皇华店村	20	男	1938 年 2 月
孙子友	诸城市皇华镇皇华店村	22	男	1938 年 2 月
李喜之母	诸城市皇华镇皇华店村	60	女	1938 年 2 月
闫子春之父	诸城市皇华镇皇华店村	70	男	1938 年 2 月
孙 密	诸城市皇华镇皇华店村	60	男	1938 年 2 月
杨淑兰	诸城市皇华镇朱家村	15	女	1938 年 3 月 3 日
小 成	诸城市皇华镇朱家村	6	女	1938 年 3 月 3 日
王小艳	诸城市皇华镇朱家村	10	女	1938 年 3 月 3 日
张文福	诸城市百尺河镇西水泊村	40	男	1938 年 3 月 15 日
老王三	诸城市百尺河镇西水泊村	50	男	1938 年 3 月 15 日
老郑三	诸城市百尺河镇西水泊村	50	男	1938 年 3 月 15 日
张六十	诸城市百尺河镇西水泊村	35	男	1938 年 3 月 15 日
张 四	诸城市百尺河镇西水泊村	40	男	1938 年 3 月 15 日
贺京聚	诸城市百尺河镇西水泊村	60	男	1938 年 3 月 15 日

姓 名	籍 贯	年龄	性别	死难时间
孙葵廷	诸城市百尺河镇西水泊村	50	男	1938 年 3 月 15 日
张老汉	诸城市百尺河镇西水泊村	60	男	1938 年 3 月 15 日
张茂法之子	诸城市枳沟镇乔庄村	20	男	1938 年 3 月 16 日
张茂法之妻	诸城市枳沟镇乔庄村	47	女	1938 年 3 月 16 日
张祚平	诸城市枳沟镇乔庄村	36	男	1938 年 3 月 16 日
张祚平之妻	诸城市枳沟镇乔庄村	35	女	1938 年 3 月 16 日
刘连明	诸城市枳沟镇乔庄村	35	男	1938 年 3 月 16 日
刘连建	诸城市枳沟镇乔庄村	42	男	1938 年 3 月 16 日
刘连建之子	诸城市枳沟镇乔庄村	19	男	1938 年 3 月 16 日
成 宝	诸城市枳沟镇乔庄村	23	男	1938 年 3 月 16 日
成 梁	诸城市枳沟镇乔庄村	27	男	1938 年 3 月 16 日
李在升之祖母	诸城市枳沟镇乔庄村	82	女	1938 年 3 月 16 日
李在升之伯父	诸城市枳沟镇乔庄村	54	男	1938 年 3 月 16 日
李在升之伯母	诸城市枳沟镇乔庄村	55	女	1938 年 3 月 16 日
李在升之婶	诸城市枳沟镇乔庄村	27	女	1938 年 3 月 16 日
李田氏	诸城市枳沟镇乔庄村	62	女	1938 年 3 月 16 日
王 氏	诸城市枳沟镇乔庄村	21	女	1938 年 3 月 16 日
李王氏	诸城市枳沟镇乔庄村	44	女	1938 年 3 月 16 日
赵来田之父	诸城市枳沟镇乔庄村	—	男	1938 年 3 月 16 日
李忠全之伯父	诸城市枳沟镇乔庄村	—	男	1938 年 3 月 16 日
李来强	诸城市枳沟镇乔庄村	—	男	1938 年 3 月 16 日
张永俊之母	诸城市皇华镇皇华店村	65	女	1938 年 3 月
李玉光之父	诸城市皇华镇皇华店村	45	男	1938 年 3 月
王小三	诸城市皇华镇皇华店村	30	男	1938 年 3 月
李玉明	诸城市皇华镇皇华店村	20	男	1938 年 3 月
李大功	诸城市舜王街道臧家崖头村	25	男	1938 年 3 月
李志孝	诸城市吕标镇善士村	43	男	1938 年 3 月
高 三	诸城市吕标镇大化村	23	男	1938 年 3 月
刘德友	诸城市吕标镇大化村	36	男	1938 年 3 月
刘增太	诸城市吕标镇曹强村	32	男	1938 年 3 月
郭福祥	诸城市吕标镇曹强村	63	男	1938 年 3 月
苏老五	诸城市吕标镇曹强村	32	男	1939 年 4 月
李 氏	诸城市吕标镇曹强村	62	女	1938 年 3 月
宝 宝	诸城市吕标镇曹强村	3	男	1938 年 3 月

姓 名	籍 贯	年 龄	性 别	死难时间
臧家连	诸城市吕标镇曹强村	32	男	1938 年 3 月
李 二	诸城市枳沟镇乔庄村	42	男	1938 年 3 月
周 氏	诸城市枳沟镇乔庄村	41	女	1938 年 3 月
余 孩	诸城市枳沟镇乔庄村	9	女	1938 年 3 月
红 足	诸城市枳沟镇乔庄村	8	男	1938 年 3 月
周 氏	诸城市枳沟镇乔庄村	60	女	1938 年 3 月
赵墨林	诸城市枳沟镇乔庄村	40	男	1938 年 3 月
赵来钉	诸城市枳沟镇乔庄村	18	男	1938 年 3 月
曲 喜	诸城市枳沟镇四村	61	男	1938 年 3 月
张夕台	诸城市枳沟镇四村	20	男	1938 年 3 月
苏 全	诸城市枳沟镇二村	—	男	1938 年 3 月
丁老头	诸城市枳沟镇二村	—	男	1938 年 3 月
李金廷	诸城市枳沟镇二村	—	男	1938 年 3 月
苏爱忠	诸城市枳沟镇二村	—	男	1938 年 3 月
苏 旺	诸城市枳沟镇二村	—	男	1938 年 3 月
王永春	诸城市枳沟镇二村	—	男	1938 年 3 月
董二歪	诸城市马庄镇东朱堡村	51	男	1938 年 3 月
刘文全	诸城市马庄镇西朱堡村	—	男	1938 年 3 月
岳维富	诸城市程戈庄镇友谊村	51	男	1938 年 3 月
王汝兰	诸城市桃园乡鲁山沟村	—	女	1938 年 3 月
王洪香	诸城市桃园乡鲁山沟村	—	女	1938 年 3 月
孙刘氏	诸城市皇华镇大李子元村	34	女	1938 年 3 月
徐文机	诸城市皇华镇大李子元村	35	男	1938 年 3 月
刘玉光之父	诸城市皇华镇皇华店村	45	男	1938 年 3 月
袁首让	诸城市皇华镇袁家我乐村	62	男	1938 年 3 月
刘 镜	诸城市皇华镇袁家我乐村	60	男	1938 年 3 月
刘佃荣	诸城市皇华镇袁家我乐村	65	男	1938 年 3 月
刘佃友	诸城市皇华镇袁家我乐村	56	男	1938 年 3 月
张锡金	诸城市郭家屯镇东双庙村	45	男	1938 年 4 月
张德肖	诸城市龙都街道西十里村	40	男	1938 年 4 月
鞠希友之兄	诸城市龙都街道孔戈庄一村	18	男	1938 年 4 月
李军实	诸城市吕标镇邱家七吉村	36	男	1938 年 4 月
李少甫	诸城市吕标镇邱家七吉村	42	男	1938 年 4 月
朱兆祥	诸城市程戈庄镇后浩仉村	47	男	1938 年 4 月

姓　名	籍　贯	年　龄	性　别	死难时间
仓　囤	诸城市程戈庄镇草营子村	27	男	1938 年 4 月
徐风山	诸城市昌城镇沈家双塘村	28	男	1938 年 4 月
刘相坤	诸城市辛兴镇齐二村	53	男	1938 年 4 月
庞刘氏	诸城市辛兴镇齐二村	33	女	1938 年 4 月
小　星	诸城市辛兴镇齐二村	3	女	1938 年 4 月
李刘氏	诸城市辛兴镇齐二村	70	女	1938 年 4 月
刘相玉	诸城市辛兴镇齐二村	62	男	1938 年 4 月
陈世昌	诸城市辛兴镇东元村	31	男	1938 年 4 月
姜　玉	诸城市朱解镇石岭村	70	男	1938 年 5 月 2 日
秦洪强之祖父	诸城市朱解镇石岭村	65	男	1938 年 5 月 2 日
秦洪强之二祖父	诸城市朱解镇石岭村	60	男	1938 年 5 月 2 日
管　四	诸城市朱解镇石岭村	62	男	1938 年 5 月 2 日
管　五	诸城市朱解镇石岭村	59	男	1938 年 5 月 2 日
把　头	诸城市朱解镇石岭村	30	男	1938 年 5 月 2 日
仪直清	诸城市朱解镇石岭村	69	男	1938 年 5 月 2 日
郱　四	诸城市朱解镇石岭村	60	男	1938 年 5 月 2 日
王　大	诸城市林家村镇林二村	41	男	1939 年 5 月 4 日
张胜发	诸城市林家村镇林二村	42	男	1939 年 5 月 4 日
张胜发之妻	诸城市林家村镇林二村	43	女	1939 年 5 月 4 日
傅　二	诸城市林家村镇林二村	52	男	1939 年 5 月 4 日
逄麻子	诸城市林家村镇林二村	35	男	1939 年 5 月 4 日
管恩章	诸城市林家村镇林二村	33	男	1939 年 5 月 4 日
王汝明	诸城市龙都街道下黑龙沟村	20	男	1938 年 5 月
王进林	诸城市龙都街道下黑龙沟村	40	男	1938 年 5 月
王金元	诸城市舜王街道大朱尹村	32	男	1938 年 5 月
仪　五	诸城市朱解镇石岭村	64	男	1938 年 5 月
仪刘氏	诸城市朱解镇石岭村	40	女	1938 年 5 月
姜　氏	诸城市朱解镇石岭村	30	女	1938 年 5 月
小银子	诸城市朱解镇石岭村	—	男	1938 年 5 月
仪　×	诸城市朱解镇石岭村	36	男	1938 年 5 月
丁　氏	诸城市朱解镇卢山村	19	女	1938 年 5 月
张佃仁	诸城市朱解镇卢山村	18	男	1938 年 5 月
王　氏	诸城市朱解镇卢山村	21	女	1938 年 5 月
宋成进	诸城市朱解镇北朱解村	25	男	1938 年 5 月

姓　名	籍　贯	年龄	性别	死难时间
刘志二	诸城市皇华镇朱泮三村	47	男	1938 年 5 月
王小二	诸城市皇华镇皇华店村	30	男	1938 年 5 月
卢德法	诸城市桃林乡杨家庄子村	25	男	1938 年 5 月
小　墩	诸城市郝戈庄镇西莎沟村	18	男	1938 年 6 月
王　喂	诸城市孟疃镇王家唐力沟村	27	男	1938 年 6 月
刘镇西	诸城市石桥子镇红土庙子村	26	男	1938 年 6 月
小　福	诸城市程戈庄镇草营子村	23	男	1938 年 6 月
小　增	诸城市程戈庄镇草营子村	22	男	1938 年 6 月
傅　坤	诸城市九台镇东小庄子村	52	男	1938 年 6 月
高连荣	诸城市九台镇胡戈庄村	32	男	1938 年 6 月
郭金荣	诸城市九台镇前营马村	51	男	1938 年 6 月
徐聋汉	诸城市九台镇前营马村	45	男	1938 年 6 月
王大尖	诸城市九台镇前营马村	37	男	1938 年 6 月
王保管	诸城市九台镇前营马村	40	男	1938 年 6 月
刘　氏	诸城市九台镇前营马村	60	女	1938 年 6 月
王查查	诸城市九台镇前营马村	52	男	1938 年 6 月
徐文烈	诸城市九台镇前营马村	50	男	1938 年 6 月
王桂乙	诸城市九台镇前营马村	41	男	1942 年 3 月
陈文海	诸城市九台镇前营马村	50	男	1941 年 5 月
鲁荣智	诸城市九台镇前营马村	37	男	1942 年 9 月
李　氏	诸城市九台镇后营马村	40	女	1938 年 6 月
陆　志	诸城市九台镇后营马村	20	男	1938 年 6 月
李清壶	诸城市九台镇后营马村	50	男	1938 年 6 月
王培基	诸城市九台镇下孙戈庄村	15	男	1938 年 6 月
王在山之兄	诸城市九台镇前孙戈庄村	32	男	1938 年 6 月
林金贵之曾祖父	诸城市九台镇前孙戈庄村	65	男	1938 年 6 月
大　罗	诸城市九台镇刘家大村	26	男	1938 年 6 月
邱玉山之祖母	诸城市九台镇南曹村	30	女	1938 年 6 月
王鱼贩	诸城市九台镇南曹村	43	男	1938 年 6 月
孙夕田	诸城市相州镇中曹村	30	男	1938 年 6 月
王德芳	诸城市昌城镇潍东村	28	男	1938 年 6 月
王志明	诸城市昌城镇潍东村	21	男	1938 年 6 月
王德高之妻	诸城市昌城镇王家岭村	23	女	1938 年 6 月
郭二石匠	诸城市辛兴镇东元村	38	男	1938 年 6 月

姓 名	籍 贯	年 龄	性 别	死难时间
卢记信	诸城市朱解镇卢山村	18	男	1938 年 6 月
四姑娘	诸城市朱解镇冷家泮旺村	19	女	1938 年 6 月
段二个子	诸城市朱解镇侯家我乐村	36	男	1938 年 6 月
侯培五	诸城市朱解镇侯家我乐村	31	男	1938 年 6 月
王术楷	诸城市昌城镇王家道口村	32	男	1938 年 7 月 5 日
刘云好	诸城市九台镇刘家大村	55	男	1938 年 7 月 18 日
孙老三	诸城市相州镇后曹村	—	男	1938 年 7 月 18 日
王 氏	诸城经济开发区王家庄子村	49	女	1938 年 7 月
于光明	诸城市龙都街道店子园村	57	男	1938 年 7 月
张作发	诸城市舜王街道大朱尹村	30	男	1938 年 7 月
董 平	诸城市马庄镇后马庄村	68	男	1938 年 7 月
刘大态子	诸城市昌城镇中瞳子村	68	男	1938 年 7 月
郭 和	诸城市百尺河镇岳沟村	48	男	1938 年 7 月
寇 三	诸城市辛兴镇东朱庙村	32	男	1938 年 7 月
吴怀朱	诸城市辛兴镇逢家芦水村	26	男	1938 年 7 月
张 五	诸城市吕标镇大英村	22	男	1938 年 8 月
孙 茂	诸城市郝戈庄镇尚庄村	38	男	1938 年 8 月
孙王氏	诸城市郝戈庄镇尚庄村	40	女	1938 年 8 月
孙进洪	诸城市郝戈庄镇尚庄村	17	男	1938 年 8 月
张法友	诸城市郝戈庄镇尚庄村	20	男	1938 年 8 月
张李氏	诸城市郝戈庄镇尚庄村	19	女	1938 年 8 月
李进好	诸城市郝戈庄镇尚庄村	18	男	1938 年 8 月
李孙氏	诸城市郝戈庄镇尚庄村	25	女	1938 年 8 月
王陈氏	诸城市郝戈庄镇尚庄村	22	女	1938 年 8 月
祝李氏	诸城市郝戈庄镇尚庄村	25	女	1938 年 8 月
孙进花	诸城市郝戈庄镇尚庄村	15	女	1938 年 8 月
淹 淹	诸城市孟瞳镇王家唐力沟村	58	男	1938 年 8 月
张玉田	诸城市石桥子镇张祝河湾村	46	男	1938 年 8 月
陆贵福	诸城市相州镇小梧村	45	男	1938 年 8 月
王四麻子	诸城市相州镇小梧村	48	男	1938 年 8 月
张 德	诸城市辛兴镇张家小庄村	32	男	1938 年 8 月
胡建学	诸城市朱解镇大高瞳村	—	男	1938 年 8 月
胡建山	诸城市朱解镇大高瞳村	—	男	1938 年 8 月
胡学青	诸城市朱解镇大高瞳村	—	男	1938 年 8 月

姓　名	籍　贯	年　龄	性　别	死难时间
胡经田	诸城市朱解镇大高疃村	—	男	1938 年 8 月
胡经武	诸城市朱解镇大高疃村	—	男	1938 年 8 月
韩　堂	诸城市皇华镇下六谷村	16	男	1938 年 8 月
赵玉友	诸城市吕标镇大英村	30	男	1938 年 8 月
郭衍祥	诸城市郭家屯镇郭家屯村	45	男	1938 年 9 月
王维丛	诸城市郭家屯镇郭家屯村	43	男	1938 年 9 月
李传禄	诸城市枳沟镇北杏村	25	男	1938 年 9 月
杨汝智	诸城市郝戈庄镇后郝戈庄村	29	男	1938 年 9 月
李文友	诸城市郝戈庄镇莫家庄子村	28	男	1938 年 9 月
刘伟义	诸城市马庄镇西杨家庄子村	38	男	1938 年 9 月
王九姑	诸城市九台镇营马岭村	37	女	1938 年 9 月
王二扣	诸城市九台镇营马岭村	50	男	1938 年 9 月
梅怀玉	诸城市九台镇前营马村	34	男	1938 年 9 月
温　四	诸城市百尺河镇东龙泉村	40	男	1938 年 9 月
五麻子	诸城市百尺河镇东龙泉村	35	男	1938 年 9 月
燕乐堂	诸城市辛兴镇王家沙岭村	51	男	1938 年 9 月
周义昌	诸城市贾悦镇牛耳官庄村	29	男	1938 年 10 月
李光合之大伯	诸城市孟疃镇大下坡村	50	男	1938 年 10 月
许加成之父	诸城市孟疃镇大下坡村	50	男	1938 年 10 月
许加成之母	诸城市孟疃镇大下坡村	68	女	1938 年 10 月
大放牛	诸城市孟疃镇大下坡村	70	男	1938 年 10 月
老靠之父	诸城市孟疃镇大下坡村	54	男	1938 年 10 月
孙　七	诸城市程戈庄镇崔家营村	47	男	1938 年 10 月
张　健	诸城市九台镇西九台村	35	男	1938 年 10 月
王春厚	诸城市相州镇小梧村	43	男	1938 年 10 月
李五买	诸城市皇华镇朱泮一村	26	男	1938 年 10 月
王平臣	诸城经济开发区东丁家庄子村	57	男	1938 年 11 月
闫玉珠	诸城市孟疃镇闫家官庄村	52	男	1938 年 11 月
王　氏	诸城市郭家屯镇封家岭	48	女	1938 年 12 月
李孙氏	诸城市郝戈庄镇尚庄村	50	女	1938 年 12 月
王付顺	诸城市郝戈庄镇尚庄村	26	男	1938 年 12 月
王林氏	诸城市郝戈庄镇尚庄村	24	女	1938 年 12 月
王洪进	诸城市郝戈庄镇尚庄村	6	男	1938 年 12 月
孙王氏	诸城市郝戈庄镇尚庄村	28	女	1938 年 12 月

姓 名	籍 贯	年 龄	性 别	死难时间
杨 元	诸城市郝戈庄镇尚庄村	40	男	1938 年 12 月
杨福宗	诸城市九台镇西九台村	28	男	1938 年 12 月
惠丙泉	诸城市相州镇学究村	28	男	1938 年 12 月
李思全	诸城市吕标镇王家店子村	60	男	1938 年 2 月 24 日
李徐氏	诸城市吕标镇王家店子村	59	女	1938 年 2 月 24 日
小所子	诸城市吕标镇王家店子村	17	女	1938 年 2 月 24 日
李象平	诸城市吕标镇王家店子村	50	男	1938 年 2 月 24 日
李克吉	诸城市吕标镇王家店子村	18	男	1938 年 2 月 24 日
李克明	诸城市吕标镇王家店子村	40	男	1938 年 2 月 24 日
谭学公	诸城市吕标镇王家店子村	55	男	1938 年 2 月 24 日
谭学瑶	诸城市吕标镇王家店子村	50	男	1938 年 2 月 24 日
孙凤志	诸城市郝戈庄镇孙家柏戈庄村	43	男	1938 年
刘子平	诸城市孟疃镇苑二村	32	男	1938 年
刘 增	诸城市密州街道新华村	35	男	1938 年
田 芳	诸城经济开发区东丁家庄子村	—	男	1938 年
武洪祥	诸城经济开发区拙村	40	男	1938 年
王夕功	诸城经济开发区王家庄子村	50	男	1938 年
王 海	诸城经济开发区大荣村	19	男	1938 年
景子凯	诸城市枳沟镇王村	52	男	1938 年
邬宏来之二祖父	诸城市枳沟镇王村	—	男	1938 年
邬宏来之四祖母	诸城市枳沟镇王村	—	女	1938 年
庄佃俊	诸城市枳沟镇四村	52	男	1938 年
臧家凤	诸城市枳沟镇臧家崖村	40	男	1938 年
高大聊	诸城市枳沟镇赵庄村	70	男	1938 年
韩文田	诸城市石桥子镇石门官庄村	41	男	1938 年
祝王氏	诸城市石桥子镇张祝河湾村	39	女	1938 年
王锅腰	诸城市九台镇前营马村	40	男	1938 年
刘大之妻	诸城市九台镇孙仓村	52	女	1938 年
谱	诸城市九台镇齐家屯村	22	男	1938 年
郑崇光	诸城市相州镇后曹村	40	男	1938 年
杨 信	诸城市昌城镇杨家道口村	59	男	1938 年
杨俊林	诸城市昌城镇杨家道口村	61	男	1938 年
杨王氏	诸城市昌城镇杨家道口村	57	女	1938 年
隋宝金	诸城市昌城镇王家巴山村	32	男	1938 年

姓 名	籍 贯	年 龄	性 别	死难时间
和 尚	诸城市昌城镇王家巴山村	19	男	1938 年
于河山	诸城市百尺河镇天清湾村	58	男	1938 年
邱启蒙	诸城市百尺河镇天清湾村	56	男	1938 年
邱见荣	诸城市百尺河镇天清湾村	65	男	1938 年
张增山	诸城市百尺河镇天清湾村	60	男	1938 年
邱二觅汉	诸城市百尺河镇张戈庄村	57	男	1938 年
台清云	诸城市百尺河镇仲家村	30	男	1938 年
李清合	诸城市百尺河镇王家朱村	22	男	1938 年
范祖成之祖父	诸城市朱解镇南朱解村	53	男	1938 年
解玉文	诸城市朱解镇南朱解村	28	男	1938 年
小货郎	诸城市瓦店镇石崖子村	28	男	1938 年
范昌宗	诸城市瓦店镇石崖子村	30	男	1938 年
范昌宗之弟	诸城市瓦店镇石崖子村	28	男	1938 年
马锡金	诸城市林家村镇韩信沟村	50	男	1938 年
张只子	诸城市林家村镇西王家河崖村	34	男	1938 年
王玉田	诸城市皇华镇青墩村	35	男	1938 年
大 牛	诸城市皇华镇青墩村	46	男	1938 年
魏司汉	诸城经济开发区陈家屯村	50	男	1939 年 10 月
董烤鱼	诸城市龙都街道小水泊村	40	男	1939 年 10 月
彭德州	诸城市吕标镇邱家七吉村	19	男	1939 年 10 月
张西海	诸城市贾悦镇赵家同村	24	男	1939 年 10 月
王三崩	诸城市相州镇学究村	25	男	1939 年 1 月
王四崩	诸城市相州镇学究村	23	男	1939 年 1 月
米兰子	诸城市皇华镇大山村	70	男	1938 年 2 月 3 日
赵木匠	诸城市皇华镇大山村	54	男	1938 年 2 月 3 日
钟洪树	诸城市皇华镇龙家庄子村	58	男	1938 年 2 月 3 日
杨 合	诸城市皇华镇龙家庄子村	56	男	1938 年 2 月 3 日
肖文治	诸城市皇华镇龙家庄子村	25	男	1938 年 2 月 3 日
罗朱氏	诸城市皇华镇龙家庄子村	70	女	1938 年 2 月 3 日
赵 三	诸城市皇华镇大庄村	63	男	1938 年 2 月 3 日
郭清江	诸城市皇华镇大庄村	61	男	1938 年 2 月 3 日
徐小九	诸城市皇华镇小山村	38	男	1938 年 2 月 8 日
龚 相	诸城市枳沟镇二村	43	男	1939 年 2 月
王丙烈	诸城市九台镇西九台村	34	男	1939 年 2 月

姓　名	籍　贯	年　龄	性　别	死难时间
曹张氏	诸城市郭家屯镇南戈庄村	34	女	1939 年 3 月
曹仲芳	诸城市郭家屯镇南戈庄村	34	男	1939 年 3 月
小　杨	诸城市舜王街道胡家楼村	39	男	1939 年 3 月
刘士京	诸城市吕标镇小英村	18	男	1939 年 3 月
刘木堂	诸城市吕标镇玉带村	30	男	1939 年 3 月
刘合顺	诸城市吕标镇玉带村	25	男	1939 年 3 月
苑马氏	诸城市郝戈庄镇桥上村	36	女	1939 年 3 月
苑小兰	诸城市郝戈庄镇桥上村	—	女	1939 年 3 月
苑王氏	诸城市郝戈庄镇桥上村	28	女	1939 年 3 月
苑小英	诸城市郝戈庄镇桥上村	—	女	1939 年 3 月
潘义远	诸城市孟疃镇马家庄村	54	男	1939 年 3 月
潘义远之妻	诸城市孟疃镇马家庄村	52	女	1939 年 3 月
佛	诸城市孟疃镇马家庄村	35	男	1939 年 3 月
佛之妻	诸城市孟疃镇马家庄村	32	女	1939 年 3 月
时德邦之祖母	诸城市孟疃镇时家疃村	72	女	1939 年 3 月
徐丰吉	诸城市孟疃镇朱家官庄村	31	男	1939 年 3 月
闫德祥	诸城市孟疃镇闫家官庄村	20	男	1939 年 3 月
王根山	诸城市辛兴镇东朱庙村	21	男	1939 年 3 月
张大林	诸城市辛兴镇西岳水村	33	男	1939 年 3 月
费砚义	诸城市瓦店镇南丁家庄村	30	男	1939 年 3 月
代老大	诸城市林家村镇东龙湾村	22	男	1939 年 3 月
王顺元之次女	诸城市龙都街道杨春村	20	女	1939 年 4 月
焦凤友	诸城市吕标镇焦家庄子村	61	男	1939 年 4 月
张培吉	诸城市吕标镇焦家庄子村	53	男	1939 年 4 月
王书斋	诸城市吕标镇焦家庄子村	63	男	1939 年 4 月
李德聚	诸城市吕标镇焦家庄子村	65	男	1939 年 4 月
张　七	诸城市吕标镇善士村	57	男	1939 年 4 月
殷树峰	诸城市马庄镇殷家哨子村	36	男	1939 年 4 月
范　槐	诸城市程戈庄镇前浩仉村	27	男	1939 年 4 月
王七石	诸城市程戈庄镇前浩仉村	29	男	1939 年 4 月
方关东	诸城市程戈庄镇苗戈庄村	17	男	1939 年 4 月
李存义	诸城市程戈庄镇苗戈庄村	46	男	1939 年 4 月
李　达	诸城市程戈庄镇苗戈庄村	43	男	1939 年 4 月
田　友	诸城市昌城镇大重兴村	25	男	1939 年 4 月

姓　名	籍　贯	年龄	性别	死难时间
逄小捎	诸城市辛兴镇米家庄村	32	男	1939 年 4 月
孙在琚	诸城市皇华镇仉林村	26	男	1939 年 4 月
徐佃峰之妻	诸城市孟疃镇老庄子村	55	女	1939 年 5 月
解付聚	诸城市林家村镇东河崖村	44	男	1939 年 5 月
张统熙	诸城市林家村镇东河崖村	46	男	1939 年 5 月
孙茂富	诸城市林家村镇卜落林子村	—	男	1939 年 5 月
隋方玉	诸城市舜王街道斜屋村	45	男	1939 年 6 月
刘洪雪	诸城市马庄镇姚汪崖村	45	男	1939 年 6 月
王秀仁	诸城市马庄镇姚汪崖村	49	男	1939 年 6 月
夏同庆	诸城市马庄镇姚汪崖村	40	男	1939 年 6 月
殷怀章	诸城市皇华镇朱泮三村	51	男	1939 年 6 月
王二敏	诸城市皇华镇下康岭村	29	男	1939 年 6 月
李纪法	诸城市舜王街道东楼村	38	男	1939 年 7 月
刘玉田之兄	诸城市孟疃镇后张庄村	42	男	1939 年 7 月
夏俊祥	诸城市马庄镇姚汪崖村	42	男	1939 年 7 月
林夕胜	诸城市程戈庄镇后卜落林子村	21	男	1939 年 7 月
范淑美之祖父	诸城市九台镇胡戈庄村	50	男	1939 年 7 月
李老土	诸城市九台镇胡戈庄村	30	男	1939 年 7 月
小　丑	诸城市辛兴镇西岳水村	38	男	1939 年 7 月
王德河	诸城市辛兴镇东王屯村	60	男	1939 年 7 月
李付章	诸城市皇华镇西部家沟村	45	男	1939 年 7 月
李二皮	诸城市皇华镇西部家沟村	36	男	1939 年 7 月
罗大管	诸城市皇华镇邰家沟村	20	男	1939 年 7 月
王瑞国	诸城市皇华镇青墩村	65	男	1939 年 7 月
张桂高	诸城经济开发区拙村	39	男	1939 年 8 月
杨洪瑞	诸城市马庄镇小程家庄子村	19	男	1939 年 8 月
张友山	诸城市马庄镇黄墩村	44	男	1939 年 8 月
张刘氏	诸城市石桥子镇张祝河湾村	30	女	1939 年 8 月
苏炳姚	诸城市程戈庄镇前浩仉村	18	男	1939 年 8 月
张　四	诸城市程戈庄镇崔家营村	30	男	1939 年 8 月
惠志安	诸城市相州镇学究村	22	男	1939 年 8 月
王殿生	诸城市辛兴镇西狮子口村	27	男	1939 年 8 月
李　氏	诸城市朱解镇北朱解村	19	女	1939 年 8 月
贾　三	诸城市林家村镇赵家庄村	45	男	1939 年 8 月

姓 名	籍 贯	年龄	性别	死难时间
小 宋	诸城市林家村镇赵家庄村	22	男	1939 年 8 月
杨王氏	诸城市桃林乡桃林村	51	女	1939 年 8 月
杨方氏	诸城市桃林乡桃林村	38	女	1939 年 8 月
大驴角	诸城市桃林乡桃林村	30	男	1939 年 8 月
刘 工	诸城市皇华镇青墩村	50	男	1939 年 8 月
三干巴	诸城市龙都街道辛庄子村	30	男	1939 年 9 月
徐文启	诸城市马庄镇徐家庄村	50	男	1939 年 9 月
岳小忠	诸城市瓦店镇石门村	30	男	1939 年 9 月
董小文	诸城市马庄镇东朱堡村	35	男	1939 年 10 月
徐文治	诸城市马庄镇徐家庄村	52	男	1939 年 10 月
范学义之叔兄	诸城市九台镇张家庄子村	18	男	1939 年 10 月
王小四	诸城市辛兴镇西狮子口村	13	男	1939 年 10 月
王立洋	诸城市辛兴镇北狮子村	20	男	1939 年 10 月
郑小春	诸城市皇华镇朱泮三村	22	男	1939 年 10 月
王三根	诸城市相州镇学究村	27	男	1939 年 11 月
潘泽密	诸城市相州镇茂庄村	51	男	1939 年 11 月
潘乔氏	诸城市相州镇茂庄村	44	女	1939 年 11 月
潘 氏	诸城市相州镇茂庄村	60	女	1939 年 11 月
邱复荣	诸城市辛兴镇后齐沟村	19	男	1939 年 11 月
张 二	诸城市辛兴镇丁家庄村	52	男	1939 年 11 月
张铭砚	诸城市辛兴镇西岳水村	52	男	1939 年 11 月
张连波	诸城市辛兴镇西岳水村	51	男	1939 年 11 月
张连科	诸城市辛兴镇西岳水村	50	男	1939 年 11 月
台志富	诸城市密州街道北三里庄村	—	男	1939 年 12 月
郭永平	诸城市郭家屯镇王交村	31	男	1939 年 12 月
逄全太	诸城市郭家屯镇北戈庄村	30	男	1939 年 12 月
逄蔡氏	诸城市郭家屯镇北戈庄村	62	女	1939 年 12 月
逄东周	诸城市郭家屯镇北戈庄村	30	男	1939 年 12 月
逄二虎	诸城市郭家屯镇北戈庄村	30	男	1939 年 12 月
成 二	诸城市郭家屯镇封家岭	40	男	1939 年 12 月
李洪斋	诸城市石桥子镇西王院村	50	男	1939 年 12 月
孙建庭	诸城市昌城镇西姚村	30	男	1939 年 12 月
徐维成	诸城市郭家屯镇徐家庄村	41	男	1939 年
李 氏	诸城市郭家屯镇兴和村	—	女	1939 年

姓　名	籍　贯	年　龄	性　别	死难时间
王立南	诸城经济开发区拙村	28	男	1939 年
高	诸城经济开发区庄家屯村	42	男	1939 年
柳可雨	诸城市舜王街道柳家庄村	50	男	1939 年
赵　亮	诸城市贾悦镇孟家屯村	25	男	1939 年
赵　奎	诸城市贾悦镇孟家屯村	30	男	1939 年
杨洪瑞	诸城市贾悦镇宋西村	60	男	1939 年
汤罗汉	诸城市贾悦镇宋西村	20	男	1939 年
王　氏	诸城市贾悦镇宋西村	72	女	1939 年
王树仁之妻	诸城市孟疃镇魏家庄村	38	女	1939 年
张希清	诸城市孟疃镇魏家庄村	26	男	1939 年
郭守贞之女	诸城市孟疃镇郭家庄村	18	女	1939 年
王九相	诸城市孟疃镇王哨子村	28	男	1939 年
王九同	诸城市孟疃镇王哨子村	40	男	1939 年
王吾奎之母	诸城市孟疃镇李家官庄村	52	女	1939 年
徐光代	诸城市马庄镇文墨官庄村	34	男	1939 年
徐金荣	诸城市程戈庄镇徐家屯村	27	男	1939 年
小　钱	诸城市程戈庄镇任家庄子村	22	男	1939 年
陆成志之父	诸城市九台镇中九台村	36	男	1939 年
宗志云	诸城市九台镇孙仓村	21	女	1939 年
郑雁宾	诸城市相州镇后曹村	50	男	1939 年
姬　六	诸城市昌城镇乔家巴山村	26	男	1939 年
刘　三	诸城市昌城镇乔家巴山村	31	男	1939 年
乔福新	诸城市昌城镇乔家巴山村	29	男	1939 年
孟继春	诸城市林家村镇小老村	22	男	1939 年
王成聚	诸城市皇华镇青墩村	42	男	1939 年
魏福之妻	诸城市密州街道陈家花园村	36	女	1940 年 1 月
刘　坤	诸城市龙都街道杨春村	58	男	1940 年 1 月
贺治明	诸城市昌城镇小重兴村	32	男	1940 年 1 月
陈老五	诸城市皇华镇邰家沟村	26	男	1940 年 1 月
王玉兰	诸城经济开发区拙村	51	女	1940 年 2 月
孙木匠	诸城经济开发区拙村	26	男	1940 年 2 月
王立德	诸城经济开发区拙村	33	男	1940 年 2 月
杨佃文	诸城市吕标镇善士村	24	男	1940 年 2 月
张金德	诸城市石桥子镇张家岳旺村	50	男	1940 年 2 月

姓　名	籍　贯	年　龄	性　别	死难时间
张宋氏	诸城市石桥子镇张家岳旺村	50	女	1940 年 2 月
小意和	诸城市石桥子镇张家岳旺村	8	男	1940 年 2 月
小　套	诸城市石桥子镇张家岳旺村	5	男	1940 年 2 月
野　狗	诸城市程戈庄镇任家庄子村	21	男	1940 年 2 月
姜　二	诸城市舜王街道胡家楼村	41	男	1940 年 3 月
杨　十	诸城市吕标镇善士村	35	男	1940 年 3 月
殷王氏	诸城市马庄镇殷家哨子村	56	女	1940 年 3 月
张立山	诸城市马庄镇黄墩村	50	男	1940 年 3 月
秋	诸城市程戈庄镇后疃村	22	男	1940 年 3 月
海	诸城市相州镇料疃村	37	男	1940 年 3 月
孙夕海	诸城市昌城镇沈家双塘村	48	男	1940 年 3 月
宋永春	诸城市昌城镇潍东村	48	男	1940 年 3 月
七老冤	诸城市辛兴镇中王家屯村	23	男	1940 年 3 月
李明主	诸城市皇华镇大山村	15	男	1940 年 3 月
卜存祥	诸城市皇华镇下康岭村	30	男	1940 年 3 月
张　亮	诸城经济开发区小后沟村	22	男	1940 年 4 月
张　妮	诸城经济开发区小后沟村	11	女	1940 年 4 月
金瑞亭	诸城市龙都街道小水泊村	51	男	1940 年 4 月
孙世方之大娘	诸城市龙都街道杨春村	36	女	1940 年 4 月
张汉繁之祖父	诸城市孟疃镇西王庄村	75	男	1940 年 4 月
大朴计	诸城市马庄镇民主村	23	男	1940 年 4 月
王佃元	诸城市程戈庄镇西小庄子村	30	男	1940 年 4 月
薛玉秀	诸城市程戈庄镇友谊村	64	男	1940 年 4 月
薛维池	诸城市程戈庄镇友谊村	36	男	1940 年 4 月
李中方之祖父	诸城市相州镇相州六村	37	男	1940 年 4 月
郑德山	诸城市相州镇马家屯村	61	男	1940 年 4 月
王友德	诸城市昌城镇王家岭村	26	男	1940 年 4 月
王大有	诸城经济开发区拙村	50	男	1940 年 5 月
徐　氏	诸城市舜王街道万家庄村	23	女	1940 年 5 月
李要福	诸城市吕标镇善士村	26	男	1940 年 5 月
李　×	诸城市孟疃镇岚上村	32	男	1940 年 5 月
鞠德升之母	诸城市孟疃镇岚上村	57	女	1940 年 5 月
梁成友	诸城市孟疃镇朱家官庄村	19	男	1940 年 5 月
张培法	诸城市孟疃镇李家官庄村	27	男	1940 年 5 月

姓 名	籍 贯	年 龄	性 别	死难时间
孙树荣	诸城市马庄镇东朱堡村	35	男	1940 年 5 月
王柏吉	诸城市昌城镇王家岭村	25	男	1940 年 5 月
王汉夕	诸城市皇华镇朱泮三村	35	男	1940 年 5 月
乔大田	诸城市皇华镇朱泮三村	60	男	1940 年 5 月
孙在祥	诸城市皇华镇朱家庄子村	20	男	1940 年 5 月
孙世福	诸城市皇华镇朱家庄子村	19	男	1940 年 5 月
鞠新福之祖母	诸城市朱解镇西王门村	60	女	1940 年 6 月 10 日
小 嫚	诸城市相州镇相州七村	20	女	1940 年 6 月
于 二	诸城市相州镇相州七村	40	男	1940 年 6 月
孟 武	诸城市相州镇相州七村	14	男	1940 年 6 月
孙福宽	诸城市相州镇小梧村	32	男	1940 年 6 月
刘昌城	诸城市昌城镇大双塘村	31	男	1940 年 6 月
宋木匠	诸城市昌城镇潍东村	45	男	1940 年 6 月
小 旺	诸城市辛兴镇蒋家屯村	26	男	1940 年 6 月
小光智	诸城经济开发区后沟村	18	男	1940 年 7 月
李 忠	诸城市舜王街道西丁家庄村	31	男	1940 年 7 月
刘史标	诸城市吕标镇邱家七吉村	40	男	1940 年 7 月
李坚之父	诸城市吕标镇邱家七吉村	37	男	1940 年 7 月
王 三	诸城市吕标镇邱家七吉村	35	男	1940 年 7 月
孙证富	诸城市吕标镇邱家七吉村	43	男	1940 年 7 月
彭荣榕	诸城市吕标镇邱家七吉村	21	男	1940 年 7 月
狗 三	诸城市吕标镇邱家七吉村	49	男	1939 年 6 月
李实八	诸城市吕标镇邱家七吉村	60	男	1939 年 6 月
李洪禄	诸城市马庄镇黄墩村	28	男	1940 年 7 月
王河礼	诸城市程戈庄镇王家洼村	25	男	1940 年 7 月
拦 住	诸城市龙都街道范家庄村	21	男	1940 年 8 月
徐大向	诸城市龙都街道辛庄子村	23	男	1940 年 8 月
朱贵伦	诸城市孟疃镇刘力沟村	32	男	1940 年 8 月
齐狗剩	诸城市石桥子镇齐家近戈庄村	—	男	1940 年 8 月
璩有田	诸城市昌城镇西河崖村	52	男	1940 年 8 月
史凤先	诸城市辛兴镇后齐沟村	31	男	1940 年 8 月
张小钉	诸城市辛兴镇西岳水村	28	男	1940 年 8 月
杨 氏	诸城市皇华镇西皇庄村	37	女	1940 年 8 月
张张氏	诸城市龙都街道西十里村	60	女	1940 年 9 月

姓 名	籍 贯	年 龄	性 别	死难时间
王洪文	诸城市孟疃镇刘力沟村	31	男	1940 年 9 月
谢光征	诸城市孟疃镇苑二村	38	男	1940 年 9 月
王 群	诸城市孟疃镇王家杨柳村	37	男	1940 年 9 月
李丰节	诸城市马庄镇西朱堡村	35	男	1940 年 9 月
陈立勋	诸城市马庄镇黄墩村	27	男	1940 年 9 月
大疤五	诸城市辛兴镇后齐沟村	24	男	1940 年 9 月
王焕治	诸城市辛兴镇西马泉村	39	男	1940 年 9 月
王宝贝	诸城市辛兴镇西马泉村	38	男	1940 年 9 月
万卜尔	诸城市舜王街道万家庄村	19	男	1940 年 10 月
王 连	诸城市孟疃镇草场村	42	男	1940 年 10 月
董文亮	诸城市马庄镇小程家庄子村	26	男	1940 年 10 月
猴 子	诸城市程戈庄镇刘家官庄村	43	男	1940 年 10 月
李 氏	诸城市程戈庄镇龙石头河村	46	女	1940 年 10 月
李 树	诸城市程戈庄镇龙石头河村	10	男	1940 年 10 月
李 氏	诸城市程戈庄镇龙石头河村	42	女	1940 年 10 月
宋 家	诸城市相州镇殷家岭村	41	男	1940 年 10 月
徐忠诚	诸城市舜王街道万家庄村	21	男	1940 年 11 月
殷老三	诸城市马庄镇殷家哨子村	58	男	1940 年 11 月
赵 刚	诸城市程戈庄镇程戈庄三村	26	男	1940 年 11 月
兆 平	诸城市程戈庄镇程戈庄三村	24	男	1940 年 11 月
姬来昌之父	诸城市相州镇小梧村	—	男	1940 年 11 月
徐子正	诸城市相州镇徐洞村	40	男	1940 年 11 月
郭小亮	诸城市辛兴镇东马泉村	—	男	1940 年 11 月
金文太	诸城市桃林乡泮池河村	48	男	1940 年 11 月
魏茂胜	诸城市皇华镇西山坡村	21	男	1940 年 11 月
王音祥	诸城市皇华镇青墩村	61	男	1940 年 11 月
徐 湘	诸城市吕标镇西吕标村	71	男	1940 年 12 月
臧冠卿	诸城市程戈庄镇后疃村	42	男	1940 年 12 月
金 子	诸城市皇华镇朱家村	30	男	1940 年 12 月
王金元之姑	诸城市九台镇小凤凰村	—	女	1940 年
王凤高之前妻	诸城市九台镇小凤凰村	20	女	1940 年
小 明	诸城市九台镇小凤凰村	16	男	1940 年
王凤臣之堂兄弟	诸城市九台镇小凤凰村	20	男	1940 年
王凤军之堂兄弟	诸城市九台镇小凤凰村	20	男	1940 年

姓　名	籍　贯	年　龄	性　别	死难时间
三麻子之妻	诸城市郭家屯镇后凉台村	50	女	1940 年
三麻子之女	诸城市郭家屯镇后凉台村	17	女	1940 年
田　八	诸城经济开发区常家庄村	46	男	1940 年
孙　七	诸城经济开发区常家庄村	49	男	1940 年
小　迈	诸城经济开发区常家庄村	20	男	1940 年
王才枪	诸城经济开发区拙村	41	男	1940 年
王术德	诸城经济开发区拙村	49	男	1940 年
李大象	诸城经济开发区拙村	40	男	1940 年
刘荣才	诸城经济开发区吴家屯村	50	男	1940 年
刘永杰	诸城经济开发区吴家屯村	13	男	1940 年
石炳洪	诸城经济开发区王家庄子村	52	男	1940 年
张　顺	诸城市舜王街道无忌西村	20	男	1940 年
王志昕之女	诸城市吕标镇董家崖头村	40	女	1940 年
王元智	诸城市吕标镇邱家七吉村	22	男	1940 年
苏廷杨	诸城市枳沟镇二村	—	男	1940 年
高来义	诸城市贾悦镇后恪庄村	30	男	1940 年
陈加征	诸城市贾悦镇向阳村	—	男	1940 年
陈焕烈之祖母	诸城市孟疃镇陈家唐力沟村	60	女	1940 年
董月明	诸城市孟疃镇别家官庄村	36	男	1940 年
得　海	诸城市孟疃镇西洛庄村	24	男	1940 年
赵永新之兄	诸城市孟疃镇西洛庄村	33	男	1940 年
徐光运之六叔	诸城市孟疃镇孟疃村	30	男	1940 年
李焕军	诸城市马庄镇李家屯村	52	男	1940 年
臧启运	诸城市马庄镇永吉官庄村	19	男	1940 年
盼　来	诸城市九台镇慕容后庄村	43	男	1940 年
胡大眼	诸城市昌城镇中疃子村	34	男	1940 年
咸　伍	诸城市昌城镇乔家巴山村	26	男	1940 年
张大脸	诸城市昌城镇乔家巴山村	24	男	1940 年
黄启华	诸城市昌城镇王家巴山村	40	男	1940 年
黄启祥	诸城市昌城镇王家巴山村	38	男	1940 年
谭孙氏	诸城市昌城镇王家巴山村	29	女	1940 年
焦　五	诸城市昌城镇西大宋村	52	男	1940 年
朱小胖	诸城市昌城镇西大宋村	42	男	1940 年
周大牙	诸城市昌城镇西大宋村	42	男	1940 年

姓　名	籍　贯	年　龄	性　别	死难时间
周　礼	诸城市昌城镇西大宋村	32	男	1940 年
范长友	诸城市百尺河镇百尺河村	22	男	1940 年
钟法烟	诸城市百尺河镇百尺河村	23	男	1940 年
范洪廷	诸城市朱解镇南朱解村	37	男	1940 年
马凤采之祖父	诸城市瓦店镇东仲金口村	60	男	1940 年
王会弟之父	诸城市瓦店镇白家村	50	男	1940 年
张福田	诸城市林家村镇西王家河崖村	29	男	1940 年
杨立贞	诸城市皇华镇东皇庄村	20	男	1940 年
小土巴	诸城市皇华镇青墩村	46	男	1940 年
王志远	诸城市皇华镇青墩村	58	男	1940 年
张超应	诸城经济开发区小后沟村	20	男	1941 年 1 月
徐立法	诸城市吕标镇刘家黑龙沟村	45	男	1941 年 10 月
张茂法	诸城市枳沟镇凤皇官庄村	42	男	1941 年 1 月
张茂德	诸城市枳沟镇凤皇官庄村	48	男	1941 年 1 月
大　六	诸城市枳沟镇凤皇官庄村	27	男	1941 年 1 月
赵××	诸城市枳沟镇凤皇官庄村	28	男	1941 年 1 月
石玉坤	诸城市相州镇相州五村	23	男	1941 年 1 月
王洋人	诸城经济开发区拙村	62	男	1941 年 2 月
王　福	诸城经济开发区拙村	41	男	1941 年 2 月
刘　裤	诸城市相州镇小梧村	32	男	1941 年 2 月
王　至	诸城市相州镇高戈庄	24	男	1941 年 2 月
陆常仁	诸城市昌城镇小刘家双塘村	37	男	1941 年 2 月
王白氏	诸城市昌城镇大重兴村	30	女	1941 年 2 月
小　壮	诸城市百尺河镇东盆渠村	18	男	1941 年 2 月
大杆家	诸城市百尺河镇东盆渠村	32	男	1941 年 2 月
苏八月	诸城市百尺河镇东盆渠村	20	男	1941 年 2 月
小　聚	诸城市百尺河镇东盆渠村	20	男	1941 年 2 月
曹广志	诸城市郭家屯镇南戈庄村	41	男	1941 年 3 月
曹德芬	诸城市郭家屯镇南戈庄村	28	男	1941 年 3 月
曹来文	诸城市郭家屯镇南戈庄村	30	男	1941 年 3 月
曹子祥	诸城市郭家屯镇南戈庄村	35	男	1941 年 3 月
曹乃只	诸城市郭家屯镇南戈庄村	35	男	1941 年 3 月
张　氏	诸城市郭家屯镇南戈庄村	40	女	1941 年 3 月
曹树德	诸城市郭家屯镇南戈庄村	39	男	1941 年 3 月

姓 名	籍 贯	年 龄	性 别	死难时间
六 指	诸城市舜王街道胡家楼村	48	男	1941 年 3 月
李王氏	诸城市马庄镇姚汪崖村	48	女	1941 年 3 月
陈希星	诸城市石桥子镇石门官庄村	34	男	1941 年 3 月
小 底	诸城市石桥子镇高家岳旺村	20	男	1941 年 3 月
苏茂聚	诸城市程戈庄镇前浩仉村	23	男	1941 年 3 月
王宝香	诸城市相州镇南王庄	36	男	1941 年 3 月
二 婶	诸城市相州镇南王庄	40	女	1941 年 3 月
冯俊义	诸城市相州镇南王庄	26	男	1941 年 3 月
皮 匠	诸城市相州镇胡兰村	42	男	1941 年 3 月
徐永明之四叔	诸城市相州镇学究村	38	男	1941 年 3 月
宋棉仁	诸城市昌城镇潍东村	63	男	1941 年 3 月
任徐氏	诸城市辛兴镇岳东村	52	女	1941 年 3 月
张骨头	诸城市辛兴镇西岳水村	35	男	1941 年 3 月
宋建邦	诸城市辛兴镇孙家屯村	30	男	1941 年 3 月
黄王氏	诸城市桃园乡龙治村	—	女	1941 年 3 月
刘茂池	诸城市桃园乡龙治村	—	男	1941 年 3 月
黄刘氏	诸城市桃园乡龙治村	—	女	1941 年 3 月
糖	诸城市桃林乡桃林村	43	男	1941 年 3 月
刘怀一	诸城市桃林乡桃林村	41	男	1941 年 3 月
于保祥	诸城市皇华镇邰家沟村	35	男	1941 年 3 月
魏树荣	诸城市皇华镇上六谷村	65	男	1941 年 3 月
张 荣	诸城市相州镇王付庄	27	男	1941 年 3 月
张德付	诸城市林家村镇小屯村	25	男	1941 年 3 月
杨五曼	诸城市舜王街道胡家楼村	50	男	1941 年 4 月
丁培方	诸城市舜王街道东丁家庄村	44	男	1941 年 4 月
郑小科	诸城市孟疃镇苑庄三村	19	男	1941 年 4 月
惠丙宗之弟	诸城市相州镇学究村	23	男	1941 年 4 月
曹炳进	诸城市相州镇曹家泊村	18	男	1941 年 4 月
溜 子	诸城市昌城镇寨里村	24	男	1941 年 4 月
忙	诸城市昌城镇寨里村	23	男	1941 年 4 月
根	诸城市昌城镇寨里村	21	男	1941 年 4 月
郭思益	诸城市辛兴镇岳西村	23	男	1941 年 4 月
郭早来	诸城市辛兴镇岳西村	20	男	1941 年 4 月
孙文花	诸城市桃园乡竹园村	16	女	1941 年 4 月

姓 名	籍 贯	年 龄	性 别	死难时间
张立山	诸城市皇华镇黄沟村	28	男	1941 年 4 月
赵夕田	诸城经济开发区吕兑村	51	男	1941 年 5 月
刘星斗	诸城市马庄镇西杨家庄子村	47	男	1941 年 5 月
王 四	诸城市马庄镇西杨家庄子村	26	男	1941 年 5 月
刘老板	诸城市马庄镇西杨家庄子村	45	男	1941 年 5 月
陈西卿	诸城市马庄镇西杨家庄子村	50	男	1941 年 5 月
刘丰高之父	诸城市马庄镇西朱堡村	51	男	1941 年 5 月
刘金堂	诸城市程戈庄镇刘家官庄村	45	男	1941 年 5 月
陈 江	诸城市九台镇后营马村	40	男	1941 年 5 月
王吾志	诸城市九台镇后营马村	50	男	1941 年 5 月
惠其德	诸城市相州镇学究村	—	男	1941 年 5 月
高砚堂	诸城市瓦店镇时家河村	60	男	1941 年 5 月
管廷文	诸城市林家村镇贤河村	41	男	1941 年 5 月
小 嫚	诸城市林家村镇贤河村	18	女	1941 年 5 月
王文友	诸城市桃园乡插旗崖村	—	男	1941 年 5 月
王文汗	诸城市桃园乡插旗崖村	—	男	1941 年 5 月
王文泗	诸城市桃园乡插旗崖村	—	男	1941 年 5 月
王金常	诸城市桃园乡插旗崖村	—	男	1941 年 5 月
王金瑞	诸城市桃园乡插旗崖村	—	男	1941 年 5 月
王金祥	诸城市桃园乡插旗崖村	—	男	1941 年 5 月
张 四	诸城市皇华镇西郜家沟村	25	男	1941 年 5 月
王文广	诸城市皇华镇青墩村	53	男	1941 年 5 月
方振元	诸城经济开发区吕兑村	50	男	1941 年 6 月
小 荣	诸城市郝戈庄镇西莎沟村	16	男	1941 年 6 月
魏 氏	诸城市郝戈庄镇西莎沟村	30	女	1941 年 6 月
李 氏	诸城市郝戈庄镇西莎沟村	50	女	1941 年 6 月
刘雨楠	诸城市郝戈庄镇西莎沟村	40	女	1941 年 6 月
寿 光	诸城市郝戈庄镇西莎沟村	40	男	1941 年 6 月
魏洪福	诸城市郝戈庄镇西莎沟村	40	男	1941 年 6 月
赵光仁	诸城市石桥子镇小张家庄村	40	男	1941 年 6 月
朱炜风之父	诸城市相州镇相州五村	41	男	1941 年 6 月
张平摸	诸城市辛兴镇西岳水村	31	男	1941 年 6 月
臧氏之女	诸城市朱解镇西王门庄子村	20	女	1941 年 6 月
管廷伦	诸城市林家村镇林一村	25	男	1941 年 6 月

姓　名	籍　贯	年　龄	性　别	死难时间
管廷进	诸城市林家村镇林一村	23	男	1941 年 6 月
蹄子客	诸城市林家村镇林一村	70	男	1941 年 6 月
王品国	诸城市皇华镇青墩村	56	男	1941 年 6 月
王幼农	诸城市枳沟镇西安村	25	男	1941 年 6 月
娄常茂	诸城经济开发区东丁家庄子村	43	男	1941 年 7 月
吴刘氏	诸城经济开发区陈家屯村	60	女	1941 年 7 月
陈为干	诸城市龙都街道西冯村	52	男	1941 年 7 月
高富荣	诸城市吕标镇高家屯村	—	男	1941 年 7 月
徐仲来	诸城市吕标镇西吕标村	33	男	1941 年 7 月
高　六	诸城市吕标镇西吕标村	51	男	1941 年 7 月
高桂兰	诸城市贾悦镇东安家庄村	78	女	1941 年 7 月
王克印	诸城市九台镇解留二村	29	男	1941 年 7 月
王守钟	诸城经济开发区大后沟村	40	男	1941 年 8 月
魏学星	诸城经济开发区陈家屯村	50	男	1941 年 8 月
魏徐氏	诸城经济开发区陈家屯村	48	女	1941 年 8 月
宋维善	诸城市龙都街道大水泊村	54	男	1941 年 8 月
孙　富	诸城市龙都街道孔戈庄三村	42	男	1941 年 8 月
徐汉文	诸城市龙都街道孔戈庄三村	31	男	1941 年 8 月
刘宗兰之姐	诸城市龙都街道刘家庄村	18	女	1941 年 8 月
刘小顶	诸城市孟疃镇后张庄村	18	男	1941 年 8 月
进　孩	诸城市孟疃镇冯家杨柳村	25	男	1941 年 8 月
进孩之父	诸城市孟疃镇冯家杨柳村	46	男	1941 年 8 月
杨金传	诸城市马庄镇小程家庄子村	21	男	1941 年 8 月
二红毛	诸城市程戈庄镇荆山后村	34	男	1941 年 8 月
刘　四	诸城市九台镇解留一村	43	男	1941 年 8 月
刘茂荣	诸城市九台镇解留二村	26	男	1941 年 8 月
王小印	诸城市昌城镇孙村四村	18	女	1941 年 8 月
臧四扔	诸城市辛兴镇东饮马泉村	23	男	1941 年 8 月
泰保相	诸城市辛兴镇小捎铺村	38	男	1941 年 8 月
吕文斋	诸城市辛兴镇孙家屯村	38	男	1941 年 8 月
刘乐其	诸城市辛兴镇将家屯村	27	男	1941 年 8 月
刘洪奎	诸城市辛兴镇将家屯村	25	男	1941 年 8 月
毛　三	诸城市皇华镇东小庄村	49	男	1941 年 8 月
夏　五	诸城市皇华镇东小庄村	43	男	1941 年 8 月

姓　名	籍　贯	年　龄	性　别	死难时间
三道士	诸城市舜王街道西郭家埠村	—	男	1941 年 9 月
殷开田	诸城市舜王街道西郭家埠村	10	男	1941 年 9 月
窦　奕	诸城市舜王街道西郭家埠村	—	男	1941 年 9 月
张福祥	诸城市舜王街道西郭家埠村	17	男	1941 年 9 月
窦金越	诸城市舜王街道西郭家埠村	—	男	1941 年 9 月
殷守善	诸城市舜王街道西郭家埠村	—	男	1941 年 9 月
殷守善之兄	诸城市舜王街道西郭家埠村	—	男	1941 年 9 月
殷守善之妻	诸城市舜王街道西郭家埠村	—	女	1941 年 9 月
殷守善之母	诸城市舜王街道西郭家埠村	—	女	1941 年 9 月
刘　友	诸城市舜王街道西郭家埠村	—	男	1941 年 9 月
范　×	诸城市舜王街道西郭家埠村	—	男	1941 年 9 月
孙　×	诸城市舜王街道西郭家埠村	—	男	1941 年 9 月
张全善	诸城市吕标镇王门庄村	22	男	1941 年 9 月
张　三	诸城市吕标镇南辛庄村	42	男	1941 年 9 月
张福华	诸城市孟疃镇井邱三村	15	男	1941 年 9 月
陈术汉	诸城市孟疃镇陈家唐力沟村	17	男	1941 年 9 月
陈术汉之妹	诸城市孟疃镇陈家唐力沟村	13	女	1941 年 9 月
高　照	诸城市马庄镇麦坡子村	28	男	1941 年 9 月
高　八	诸城市马庄镇后里村	50	男	1941 年 9 月
李凤贵	诸城市程戈庄镇草营子村	42	男	1941 年 9 月
张全胜	诸城市程戈庄镇王家洼村	30	男	1941 年 9 月
陈德军	诸城市程戈庄镇王家洼村	22	男	1941 年 9 月
王立角	诸城市九台镇岳家庄村	48	男	1941 年 9 月
陈　治	诸城市九台镇后营马村	50	男	1941 年 9 月
惠平池	诸城市相州镇孙田子村	43	男	1941 年 9 月
魏习祥	诸城经济开发区陈家屯村	60	男	1941 年 10 月
于桂林	诸城市舜王街道万家庄村	22	男	1941 年 10 月
徐志远	诸城市舜王街道万家庄村	19	男	1941 年 10 月
王　氏	诸城市舜王街道万家庄村	20	女	1940 年 10 月
朱卖粉	诸城市九台镇解留二村	63	男	1941 年 10 月
王双进	诸城市昌城镇沈家双塘村	12	男	1941 年 10 月
朱三哄	诸城市辛兴镇后齐沟村	38	男	1941 年 10 月
庄　氏	诸城市辛兴镇西辛庄村	40	女	1941 年 10 月
小　碾	诸城市辛兴镇将家屯村	25	男	1941 年 10 月

姓 名	籍 贯	年 龄	性 别	死难时间
王金升	诸城市皇华镇上康岭村	33	男	1941 年 10 月
董黄标	诸城市马庄镇东朱堡村	25	男	1941 年 11 月
苗 资	诸城市程戈庄镇娄家庄村	37	男	1941 年 11 月
闫立福	诸城市九台镇西九台村	60	男	1941 年 11 月
王在田	诸城市相州镇高直村	40	男	1941 年 11 月
王作方之叔	诸城市相州镇学究村	—	男	1941 年 11 月
惠功臣	诸城市相州镇学究村	40	男	1941 年 11 月
惠丙泉之女	诸城市相州镇学究村	—	女	1941 年 11 月
王兆德	诸城市辛兴镇前朱庙村	19	男	1941 年 11 月
崔来福	诸城市辛兴镇前米沟村	37	男	1941 年 11 月
车 粘	诸城市辛兴镇丁家庄村	38	男	1941 年 11 月
郭泽成	诸城市辛兴镇东饮马泉村	46	男	1941 年 11 月
徐子平	诸城市舜王街道万家庄村	20	男	1941 年 12 月
马小友	诸城市程戈庄镇西涝戈庄村	40	男	1941 年 12 月
小 田	诸城市相州镇相州三村	17	男	1941 年 12 月
潘庆林	诸城市桃林乡三里庄村	41	男	1941 年 12 月
张德付	诸城市桃林乡三里庄村	46	男	1941 年 12 月
马光地	诸城市桃林乡三里庄村	19	男	1941 年 12 月
于文庆	诸城市密州街道八里庄村	45	男	1941 年
张启庆	诸城市郭家屯镇尚家庄村	40	男	1941 年
郭兴廷	诸城市郭家屯镇南张洛村	34	男	1941 年
王 成	诸城市郭家屯镇南张洛村	23	男	1941 年
好	诸城市郭家屯镇后凉台村	28	男	1941 年
李 富	诸城经济开发区拙村	20	男	1941 年
付大山	诸城经济开发区吉家屯村	19	男	1941 年
陈学法之父	诸城经济开发区吉家屯村	50	男	1941 年
万春北	诸城经济开发区庄家屯村	53	男	1941 年
刘王氏	诸城经济开发区吴家屯村	50	女	1941 年
周跃宣	诸城市舜王街道官庄店村	37	男	1941 年
李大墨	诸城市舜王街道无忌西村	8	男	1941 年
梁 氏	诸城市吕标镇高相村	72	女	1941 年
张 氏	诸城市枳沟镇北老屯村	—	女	1941 年
徐 洞	诸城市贾悦镇杨家水墩村	21	男	1941 年
张治中	诸城市贾悦镇冯家庄村	37	男	1941 年

姓 名	籍 贯	年龄	性别	死难时间
火 官	诸城市贾悦镇韩庄一村	41	男	1941年
郭增光	诸城市贾悦镇西徐宋村	54	男	1941年
郭张氏	诸城市贾悦镇西徐宋村	52	女	1941年
十 二	诸城市贾悦镇西徐宋村	25	男	1941年
东 孩	诸城市贾悦镇西徐宋村	6	男	1941年
小 来	诸城市贾悦镇西徐宋村	8	男	1941年
老李头	诸城市贾悦镇西徐宋村	49	男	1941年
李高氏	诸城市贾悦镇西徐宋村	48	女	1941年
汤同意	诸城市贾悦镇赵古庄东村	23	男	1941年
大总统	诸城市贾悦镇宋西村	32	男	1941年
福 琴	诸城市贾悦镇宋西村	24	男	1941年
王洪杰	诸城市孟疃镇王家唐力沟村	27	男	1941年
王洪杰之姐	诸城市孟疃镇王家唐力沟村	30	女	1941年
王守福	诸城市孟疃镇苑庄三村	22	男	1941年
小 队	诸城市孟疃镇西王庄村	16	男	1941年
高培勇之兄	诸城市孟疃镇范家官庄村	30	男	1941年
高 照	诸城市孟疃镇范家官庄村	36	男	1941年
高培征之祖母	诸城市孟疃镇范家官庄村	58	女	1941年
王连云之大妹	诸城市孟疃镇王哨子村	5	女	1941年
王连云之小妹	诸城市孟疃镇王哨子村	2	女	1941年
王顺之叔	诸城市孟疃镇王家杨柳村	19	男	1941年
夯	诸城市孟疃镇谢家庄村	23	男	1941年
姚树金之女	诸城市孟疃镇解家庄村	45	女	1941年
李凤良之姐	诸城市孟疃镇解家庄村	7	女	1941年
解福增之妹	诸城市孟疃镇解家庄村	5	女	1941年
姚树金之母	诸城市孟疃镇解家庄村	45	男	1941年
夏俊杰	诸城市马庄镇姚汪崖村	31	男	1941年1月
王玉堂	诸城市石桥子镇小裴村	52	男	1941年
张 书	诸城市石桥子镇小裴村	43	男	1941年
郑二月	诸城市程戈庄镇程戈庄二村	32	男	1941年
孙 一	诸城市昌城镇大重兴村	26	男	1941年
刘洪润	诸城市昌城镇大重兴村	24	男	1941年
杨凤元	诸城市昌城镇杨家道口村	20	男	1941年
解来吉	诸城市朱解镇南朱解村	30	男	1941年

姓 名	籍 贯	年 龄	性 别	死难时间
杨 三	诸城市朱解镇梁家店子村	34	男	1941 年
梁小四	诸城市朱解镇梁家店子村	21	男	1941 年
秦福奎之父	诸城市瓦店镇许家屯村	50	男	1941 年
姜 合	诸城市林家村镇杨家庄村	35	男	1941 年
殷清好	诸城市桃林乡东桃元村	31	男	1941 年
尹得江	诸城市桃林乡小曹家庄子村	61	男	1941 年
张 四	诸城市桃林乡许家沟村	25	男	1941 年
丁来振	诸城市桃林乡管家沟村	25	男	1941 年
包	诸城市皇华镇位井子村	35	男	1941 年
于增友	诸城市皇华镇沈家沟村	31	男	1941 年
卢克全	诸城市皇华镇尚家庄子村	50	男	1941 年
李龙申	诸城市舜王街道李家庄子村	—	男	1941 年
张茂吉	诸城市舜王街道李家庄子村	—	男	1941 年
刘家栋	诸城市密州街道台下巷	19	男	1941 年
张大伙计	诸城经济开发区后沟村	40	男	1942 年 1 月
牟作周之兄	诸城市龙都街道辛庄子村	22	男	1942 年 1 月
张元风	诸城市舜王街道大潘庄村	72	男	1942 年 1 月
张茂同	诸城市舜王街道大潘庄村	73	男	1942 年 1 月
张茂景	诸城市舜王街道大潘庄村	60	男	1942 年 1 月
张正吉	诸城市舜王街道大潘庄村	70	男	1942 年 1 月
张茂兰	诸城市舜王街道大潘庄村	19	女	1942 年 1 月
张张氏	诸城市舜王街道大潘庄村	24	女	1942 年 1 月
李焕斗	诸城市吕标镇高家屯村	—	男	1942 年 10 月
王灌鼻子	诸城市辛兴镇齐三村	29	男	1942 年 1 月
孙平林	诸城市瓦店镇石门村	30	男	1942 年 1 月
乔培田	诸城市石桥子镇西乔戈庄村	45	男	1942 年 2 月
乔进法	诸城市石桥子镇西乔戈庄村	28	男	1942 年 2 月
乔加宗	诸城市石桥子镇西乔戈庄村	24	男	1942 年 2 月
小 赠	诸城市石桥子镇高家岳旺村	22	男	1942 年 2 月
三 辽	诸城市石桥子镇高家岳旺村	51	男	1942 年 2 月
惠继明	诸城市相州镇学究村	36	男	1942 年 2 月
王化明	诸城市皇华镇解家河子村	45	男	1942 年 2 月
王大羊	诸城市皇华镇曹寺村	19	男	1942 年 2 月
匡 兰	诸城市皇华镇青墩村	53	男	1942 年 2 月

姓　名	籍　贯	年　龄	性　别	死难时间
张焕路	诸城市郭家屯镇南双庙村	26	男	1942 年 3 月
李洪永之祖母	诸城经济开发区吕兑村	40	女	1942 年 3 月
卢成德	诸城市舜王街道东郭家埠村	28	男	1942 年 3 月
李　×	诸城市吕标镇小两河村	64	男	1942 年 3 月
宋　宗	诸城市孟疃镇冯家杨柳村	50	男	1942 年 3 月
王张氏	诸城市石桥子镇王家河湾村	51	女	1942 年 3 月
田长工	诸城市石桥子镇西魏村	47	男	1942 年 3 月
周茂桂	诸城市程戈庄镇周家庄子村	54	男	1942 年 3 月
窦　光	诸城市程戈庄镇草营子村	43	男	1942 年 3 月
周铁匠	诸城市九台镇西九台村	50	男	1942 年 3 月
李复昌	诸城市九台镇新九台村	30	男	1942 年 3 月
岳凤武	诸城市九台镇岳家庄村	38	男	1942 年 3 月
张　二	诸城市九台镇南解留村	36	男	1942 年 3 月
热　闹	诸城市相州镇相州一村	17	男	1942 年 3 月
徐培成	诸城市相州镇西南楼村	60	男	1942 年 3 月
陈宝义	诸城市相州镇南王庄	31	男	1942 年 3 月
郑大存四	诸城市昌城镇赵家屯村	30	男	1942 年 3 月
邵维臣	诸城市昌城镇福胜村	27	男	1942 年 3 月
刘文昌	诸城市昌城镇福胜村	70	男	1942 年 3 月
大　圣	诸城市昌城镇福胜村	25	男	1942 年 3 月
鹿桃结	诸城市百尺河镇岳沟村	30	男	1942 年 3 月
王砚春	诸城市辛兴镇尧村	27	男	1942 年 3 月
丁　一	诸城市辛兴镇东花园村	38	男	1942 年 3 月
王焕忠	诸城市辛兴镇西饮马泉村	62	男	1942 年 3 月
王六十	诸城市辛兴镇西饮马泉村	54	男	1942 年 3 月
王小仓	诸城市辛兴镇西饮马泉村	50	男	1942 年 3 月
王启森	诸城市辛兴镇西饮马泉村	32	男	1942 年 3 月
王乐观	诸城市辛兴镇大捎铺村	33	男	1942 年 3 月
孙金玲	诸城市辛兴镇大捎铺村	30	男	1942 年 3 月
大辫子	诸城市瓦店镇管家寨村	40	女	1942 年 3 月
三织匠	诸城市林家村镇曲家庄村	30	男	1942 年 3 月
王承礼	诸城市桃园乡大桃园村	24	男	1942 年 3 月
王希南	诸城市桃园乡南王家夼村	82	男	1942 年 3 月
周家康	诸城市桃林乡批河窝村	16	男	1942 年 3 月

姓 名	籍 贯	年 龄	性 别	死难时间
商文一	诸城市桃林乡小鹤现村	24	男	1942 年 3 月
朱夕元	诸城市皇华镇朱泮三村	42	男	1942 年 3 月
王明田	诸城市皇华镇四十里铺村	52	男	1942 年 3 月
王银友	诸城市皇华镇青墩村	56	男	1942 年 3 月
柱 子	诸城市皇华镇西小庄村	16	男	1942 年 3 月
张明友	诸城市皇华镇龙家庄子村	36	男	1942 年 4 月 10 日
郭八头	诸城市贾悦镇后宋古庄村	51	男	1942 年 4 月
田马氏	诸城市石桥子镇西魏村	46	女	1942 年 4 月
杨叔奇	诸城市程戈庄镇程戈庄一村	47	男	1942 年 4 月
苏茂梯	诸城市程戈庄镇前浩仉村	32	男	1942 年 4 月
李纪山	诸城市程戈庄镇东涝戈庄村	38	男	1942 年 4 月
孙明方	诸城市程戈庄镇周家庄子村	46	男	1942 年 4 月
大 明	诸城市程戈庄镇仇家庄村	19	男	1942 年 4 月
张文池	诸城市程戈庄镇后卜落林子村	27	男	1942 年 4 月
王 和	诸城市程戈庄镇友谊村	35	男	1942 年 4 月
刘 星	诸城市九台镇慕容老庄村	58	男	1942 年 4 月
刘福玉	诸城市九台镇慕容老庄村	35	男	1942 年 4 月
刘福民	诸城市九台镇慕容老庄村	31	男	1942 年 4 月
盼 来	诸城市相州镇胡兰村	23	男	1942 年 4 月
惠志超之二兄	诸城市相州镇学究村	32	男	1942 年 4 月
郭连升	诸城市辛兴镇岳东村	50	男	1942 年 4 月
小里曼	诸城市桃林乡南石桥村	19	男	1942 年 4 月
郭世守	诸城市皇华镇西邰家沟村	23	男	1942 年 4 月
李大口	诸城市皇华镇西邰家沟村	21	男	1942 年 4 月
刘春四	诸城市皇华镇西邰家沟村	20	男	1942 年 4 月
王 臻	诸城市皇华镇龙湾头村	30	男	1942 年 4 月
张凤同	诸城市皇华镇黄沟村	22	男	1942 年 4 月
李老三	诸城经济开发区小后沟村	50	男	1942 年 5 月
刘玉德之子	诸城市龙都街道刘家庄村	20	男	1942 年 5 月
罗名昊	诸城市贾悦镇罗家庄子村	5	男	1942 年 5 月
何子因	诸城市孟疃镇沙沟村	23	男	1942 年 5 月
何茂山	诸城市孟疃镇沙沟村	23	男	1942 年 5 月
徐西忠之父	诸城市孟疃镇后徐村	28	男	1942 年 5 月
徐学尧	诸城市孟疃镇后徐村	30	男	1942 年 5 月

姓 名	籍 贯	年 龄	性 别	死难时间
徐西田	诸城市孟疃镇后徐村	34	男	1942 年 5 月
徐西德之父	诸城市孟疃镇后徐村	33	男	1942 年 5 月
徐升尧	诸城市孟疃镇后徐村	31	男	1942 年 5 月
徐夕武	诸城市孟疃镇后徐村	26	男	1942 年 5 月
张德金之叔	诸城市孟疃镇苑庄三村	19	男	1942 年 5 月
洛 洛	诸城市孟疃镇范家官庄村	49	男	1942 年 5 月
天 海	诸城市孟疃镇西洛庄村	19	男	1942 年 5 月
孙老汉	诸城市马庄镇后马庄村	68	男	1942 年 5 月
张小七	诸城市程戈庄镇程戈庄一村	24	男	1942 年 5 月
谢保征	诸城市昌城镇张家沙屋村	25	男	1942 年 5 月
大 顺	诸城市辛兴镇隋沙岭村	20	男	1942 年 5 月
小 昌	诸城市辛兴镇隋沙岭村	24	男	1942 年 5 月
卜呈录	诸城市辛兴镇米家庄村	31	男	1942 年 5 月
刘仲金	诸城市辛兴镇岳西村	38	男	1942 年 5 月
翅 子	诸城市辛兴镇大捎铺村	50	男	1942 年 5 月
王进民	诸城市朱解镇北朱解村	24	男	1942 年 5 月
刘志水	诸城市朱解镇北朱解村	26	男	1942 年 5 月
宋二桂	诸城市朱解镇北朱解村	26	男	1942 年 5 月
张桂友	诸城市朱解镇北朱解村	28	男	1942 年 5 月
根 连	诸城市瓦店镇瓦店村	16	男	1942 年 5 月
王金玉	诸城市皇华镇上康岭村	30	男	1942 年 5 月
徐 一	诸城市辛兴镇大黄庄村	30	男	1942 年 6 月 20 日
王汝林	诸城市郭家屯镇北营村	22	男	1942 年 6 月
张术京之长子	诸城市龙都街道兰家村	25	男	1942 年 6 月
张术京之幼子	诸城市龙都街道兰家村	23	男	1942 年 6 月
赵炳宽之兄	诸城市龙都街道兰家村	26	男	1942 年 6 月
王廷仑	诸城市吕标镇南辛庄村	40	男	1942 年 6 月
邹福堂	诸城市吕标镇南辛庄村	41	男	1942 年 6 月
时爱平	诸城市孟疃镇小后疃村	32	男	1942 年 6 月
柱 子	诸城市昌城镇东埠头村	26	男	1942 年 6 月
管 槐	诸城市辛兴镇逄家芦水村	60	男	1942 年 6 月
张小林	诸城市辛兴镇西岳水村	26	男	1942 年 6 月
刘子悦	诸城市朱解镇哨头村	21	男	1942 年 6 月
王培云	诸城市朱解镇哨头村	22	男	1942 年 6 月

姓 名	籍 贯	年 龄	性 别	死难时间
刘云龙	诸城市朱解镇哨头村	28	男	1942 年 6 月
刘相宾	诸城市朱解镇哨头村	24	男	1942 年 6 月
小 嫚	诸城市林家村镇大龙湾村	19	女	1942 年 6 月
李树田	诸城市林家村镇大龙湾村	51	男	1942 年 6 月
丁 泉	诸城市桃林乡固山沟村	51	男	1942 年 6 月
王 元	诸城市皇华镇朱泮三村	40	男	1942 年 6 月
龙汉牙	诸城市龙都街道杨春村	20	男	1942 年 7 月
郭汝增	诸城市舜王街道郭新庄村	25	男	1942 年 7 月
刘玉正之姑	诸城市孟疃镇前徐村	10	女	1942 年 7 月
李 氏	诸城市九台镇后营马村	30	女	1942 年 7 月
叶财北	诸城市九台镇解留二村	41	男	1942 年 7 月
刘健增	诸城市桃林乡上刘家沟村	65	男	1942 年 7 月
张金策	诸城市石桥子镇张家岳旺村	31	男	1942 年 7 月
王中太	诸城市龙都街道西冯村	21	男	1942 年 8 月
王金功之父	诸城市龙都街道辛庄子村	34	男	1942 年 8 月
郭汝升	诸城市舜王街道郭新庄村	36	男	1942 年 8 月
尹××	诸城市吕标镇西邓戈庄村	49	男	1942 年 8 月
王海楼	诸城市石桥子镇鲁家岳旺村	36	男	1942 年 8 月
小 树	诸城市程戈庄镇苗戈庄村	15	男	1942 年 8 月
王 四	诸城市程戈庄镇苗戈庄村	29	男	1942 年 8 月
小 宝	诸城市程戈庄镇草营子村	27	男	1942 年 8 月
张茂辛	诸城市辛兴镇西狮子口村	17	男	1942 年 8 月
王豆虫	诸城市辛兴镇西狮子口村	36	男	1942 年 8 月
王大头	诸城市辛兴镇西狮子口村	36	男	1942 年 8 月
小 毛	诸城市辛兴镇隋沙岭村	18	男	1942 年 8 月
侯进忠	诸城市辛兴镇后齐沟村	19	男	1942 年 8 月
冯 爱	诸城市辛兴镇西辛庄村	60	男	1942 年 8 月
王乡约	诸城市辛兴镇西公村	54	男	1942 年 8 月
郝小虎	诸城市辛兴镇刘家小庄	20	男	1942 年 8 月
狗 剩	诸城市辛兴镇东辛兴村	27	男	1942 年 8 月
狼	诸城市辛兴镇东辛兴村	40	男	1942 年 8 月
王瑞友	诸城市朱解镇王家我乐村	23	男	1942 年 8 月
王凤堂	诸城市朱解镇王家我乐村	21	男	1942 年 8 月
沈光柱	诸城市朱解镇草合头村	38	男	1942 年 8 月

姓 名	籍 贯	年 龄	性 别	死难时间
钟 连	诸城市桃林乡史家沟村	55	男	1942 年 8 月
张树山	诸城市皇华镇前我乐村	20	男	1942 年 8 月
张炳文	诸城市皇华镇前我乐村	20	男	1942 年 8 月
刘春廷	诸城市皇华镇四十里铺村	45	男	1942 年 8 月
刘东玉	诸城市皇华镇四十里铺村	50	男	1942 年 8 月
曹洪慈	诸城市郭家屯镇南戈庄村	40	男	1942 年 9 月
曹官印	诸城市郭家屯镇南戈庄村	39	男	1942 年 9 月
曹官玺	诸城市郭家屯镇南戈庄村	38	男	1942 年 9 月
曹宪书	诸城市郭家屯镇南戈庄村	40	男	1942 年 9 月
曹绍先	诸城市郭家屯镇南戈庄村	39	男	1942 年 9 月
小 德	诸城市郭家屯镇南戈庄村	38	男	1942 年 9 月
小 留	诸城市郭家屯镇南戈庄村	37	男	1942 年 9 月
曾宪录之母	诸城经济开发区吉家屯村	41	女	1942 年 9 月
刘桂祥之母	诸城市孟疃镇井邱三村	41	女	1942 年 9 月
冯召玉之女	诸城市孟疃镇冯家杨柳村	1	女	1942 年 9 月
于大癫	诸城市马庄镇大马庄村	51	男	1942 年 9 月
刘老二	诸城市马庄镇大马庄村	23	男	1942 年 9 月
臧文秀之母	诸城市马庄镇大马庄村	—	女	1942 年 9 月
刘树田	诸城市马庄镇大马庄村	33	男	1942 年 9 月
刘谢氏	诸城市马庄镇东朱堡村	71	女	1942 年 9 月
董小豹	诸城市程戈庄镇程戈庄四村	36	男	1942 年 9 月
李 慧	诸城市程戈庄镇仲家庄村	40	男	1942 年 9 月
王德军	诸城市程戈庄镇夏家官庄村	22	男	1942 年 9 月
义 于	诸城市程戈庄镇东楼子村	27	男	1942 年 9 月
牢 靠	诸城市程戈庄镇前卜落林子村	27	男	1942 年 9 月
徐永福	诸城市九台镇西九台村	40	男	1942 年 9 月
王守金	诸城市九台镇西九台村	30	男	1942 年 9 月
刘 坡	诸城市昌城镇大刘家双塘村	42	男	1942 年 9 月
金 磊	诸城市昌城镇福胜村	38	男	1942 年 9 月
徐昌令	诸城市桃林乡南杨家庄子村	45	男	1942 年 9 月
四蛤蟆	诸城市皇华镇青墩村	60	男	1942 年 9 月
小 树	诸城市马庄镇夏家营子村	25	男	1942 年 10 月
三轱辘之子	诸城市马庄镇夏家营子村	45	男	1942 年 10 月
老 牛	诸城市马庄镇夏家营子村	25	男	1942 年 10 月

姓　名	籍　贯	年　龄	性　别	死难时间
老　旦	诸城市马庄镇珠藏村	50	男	1942 年 10 月
孙　六	诸城市程戈庄镇程戈庄三村	62	男	1942 年 10 月
苗春石	诸城市程戈庄镇苗戈庄村	34	男	1942 年 10 月
大　肉	诸城市程戈庄镇苗戈庄村	28	男	1942 年 10 月
李　雪	诸城市程戈庄镇龙石头河村	17	女	1942 年 10 月
牛　建	诸城市昌城镇西姚戈庄村	31	男	1942 年 10 月
刘　方	诸城市辛兴镇丁家庄村	32	男	1942 年 10 月
刘光平	诸城市皇华镇四十里铺村	48	男	1942 年 10 月
刘张氏	诸城市皇华镇四十里铺村	50	女	1942 年 10 月
于廷贵	诸城市皇华镇上康岭村	24	男	1942 年 10 月
郭　全	诸城市皇华镇下康岭村	25	男	1942 年 10 月
张凤祥	诸城市皇华镇青墩村	57	男	1942 年 10 月
赵老大	诸城市皇华镇青墩村	54	男	1942 年 10 月
王金平	诸城市舜王街道后庄村	28	男	1942 年 10 月
陈秀山	诸城市龙都街道大水泊村	44	男	1942 年 11 月
王四虎	诸城市程戈庄镇前浩仉村	19	男	1942 年 11 月
刘小学	诸城市程戈庄镇西涝戈庄村	34	男	1942 年 11 月
范　桂	诸城市程戈庄镇后卜落林子村	34	男	1942 年 11 月
张茂利之岳父	诸城市九台镇张家庄子村	65	男	1942 年 11 月
朱文友	诸城市九台镇慕容后庄村	35	男	1942 年 11 月
朱四麻子	诸城市辛兴镇齐沟一村	32	男	1942 年 11 月
小王三	诸城市辛兴镇齐二村	35	男	1942 年 11 月
孟继海	诸城市辛兴镇齐二村	36	男	1942 年 11 月
王　二	诸城市辛兴镇齐二村	21	男	1942 年 11 月
隋　氏	诸城市辛兴镇齐二村	49	女	1942 年 11 月
李王氏	诸城市辛兴镇齐二村	27	女	1942 年 11 月
小来祥	诸城市辛兴镇齐二村	13	男	1942 年 11 月
王大嫚	诸城市辛兴镇齐二村	13	女	1942 年 11 月
于　中	诸城市辛兴镇丁家庄村	29	男	1942 年 11 月
赵　顺	诸城市辛兴镇东辛兴村	36	男	1942 年 11 月
吕德富	诸城市辛兴镇东辛兴村	35	男	1942 年 11 月
刘金升	诸城市辛兴镇东辛兴村	25	男	1942 年 11 月
刘　善	诸城市辛兴镇东辛兴村	60	男	1942 年 11 月
刘照光	诸城市皇华镇上康岭村	22	男	1942 年 11 月

姓 名	籍 贯	年龄	性别	死难时间
王方廷	诸城市皇华镇青墩村	14	男	1942 年 11 月
陈大傻	诸城市皇华镇青墩村	47	男	1942 年 11 月
张夕禄	诸城市辛兴镇尧村	25	男	1942 年 12 月
牛桂邦	诸城市辛兴镇任家朱庙村	30	男	1942 年 12 月
王小高	诸城市辛兴镇西狮子口村	15	男	1942 年 12 月
王景文	诸城市辛兴镇后齐沟村	22	男	1942 年 12 月
高大仁	诸城市辛兴镇陶家庄村	30	男	1942 年 12 月
王金乾	诸城市桃园乡插旗崖村	—	男	1942 年 12 月
陈魏氏	诸城市龙都街道丁家庄子村	38	女	1942 年
王凤高之二妻	诸城市九台镇小凤凰村	21	女	1942 年
张 喜	诸城市密州街道新华村	40	男	1942 年
王 四	诸城市密州街道魏家花园村	50	男	1942 年
王 点	诸城市密州街道魏家花园村	57	男	1942 年
李玉潭	诸城市郭家屯镇前凉台村	23	男	1942 年
刘小森	诸城经济开发区吉家屯村	18	男	1942 年
张 工	诸城经济开发区吉家屯村	38	男	1942 年
王大聚之父	诸城经济开发区吉家屯村	45	男	1942 年
王大聚	诸城经济开发区吉家屯村	16	男	1942 年
曾宪仁之父	诸城经济开发区吉家屯村	50	男	1942 年
赵夕露	诸城经济开发区诸冯村	50	男	1942 年
赵夕雨	诸城经济开发区诸冯村	45	男	1942 年
李二个子	诸城经济开发区小后沟村	50	男	1942 年
李兰子	诸城经济开发区小后沟村	20	男	1942 年
石增孝	诸城经济开发区王家庄子村	49	男	1942 年
张浩田	诸城市龙都街道小郝家村	25	男	1942 年
张 八	诸城市龙都街道陈家庄村	60	男	1942 年
马大主	诸城市龙都街道南三里庄村	40	男	1942 年
召	诸城市龙都街道西土墙村	41	男	1942 年
陈步清	诸城市吕标镇曹强村	32	男	1942 年
荣	诸城市枳沟镇杨家洼村	28	男	1942 年
刘结巴	诸城市贾悦镇韩庄三村	87	男	1942 年
林茂廷	诸城市贾悦镇官路庄村	87	男	1942 年
高瑞洪	诸城市贾悦镇野场村	87	男	1942 年
杨大炮	诸城市贾悦镇西宋村	38	男	1942 年

姓　名	籍　贯	年　龄	性　别	死难时间
杨伯然之子	诸城市贾悦镇西宋村	2	男	1942 年
鞠立华之母	诸城市贾悦镇西宋村	36	女	1942 年
王洪恩之妻	诸城市孟疃镇王家唐力沟村	42	女	1942 年
胡金玉	诸城市孟疃镇朱马院村	28	男	1942 年
三老冤	诸城市孟疃镇朱马院村	25	男	1942 年
徐西奎	诸城市孟疃镇前徐家庄村	27	男	1942 年
黑砂牛	诸城市孟疃镇王家杨柳村	26	男	1942 年
拐　腿	诸城市孟疃镇西洛庄村	53	男	1942 年
刘大女	诸城市马庄镇大马庄村	18	女	1942 年
刘金弟	诸城市马庄镇黄埠坡村	33	男	1942 年
陈会亭之兄	诸城市马庄镇鞠家庄子村	7	男	1942 年
陈明兰之子	诸城市马庄镇鞠家庄子村	——	男	1942 年
段　×	诸城市石桥子镇黄家洼村	50	男	1942 年
孙　×	诸城市石桥子镇黄家洼村	38	男	1942 年
戏	诸城市石桥子镇王家西院村	25	男	1942 年
大　鬼	诸城市石桥子镇王家西院村	23	男	1942 年
王培祥	诸城市石桥子镇张家清河村	18	男	1942 年
都照坤	诸城市石桥子镇小店子村	18	男	1942 年
李　二	诸城市石桥子镇小裴村	66	男	1942 年
祝存章	诸城市石桥子镇新疃村	23	男	1942 年
郝　×	诸城市石桥子镇枳房村	29	男	1942 年
二收之父	诸城市九台镇中九台村	50	男	1942 年
陈忠录	诸城市九台镇陈家官庄村	48	男	1942 年
孙二孝	诸城市九台镇老梧村	34	男	1942 年
常金镕	诸城市九台镇吉林村	29	男	1942 年
赵　氏	诸城市昌城镇中疃子村	50	女	1942 年
胡伟友	诸城市昌城镇中疃子村	45	男	1942 年
胡术方	诸城市昌城镇中疃子村	19	男	1942 年
殷来套	诸城市昌城镇中疃子村	26	男	1942 年
窦仪氏	诸城市昌城镇中疃子村	65	女	1942 年
窦平安	诸城市昌城镇中疃子村	4	男	1942 年
窦二木匠	诸城市昌城镇中疃子村	48	男	1942 年
范　氏	诸城市昌城镇中疃子村	80	女	1942 年
刘大榴子	诸城市昌城镇中疃子村	46	男	1942 年

姓 名	籍 贯	年 龄	性 别	死难时间
李佃奎	诸城市百尺河镇市泊子村	25	男	1942 年
王泽路	诸城市百尺河镇市泊子村	20	男	1942 年
刘汝章	诸城市百尺河镇大仁和东村	36	男	1942 年
张砚希	诸城市辛兴镇崔家庄村	40	男	1942 年
温 友	诸城市辛兴镇大相谷村	28	男	1942 年
于 二	诸城市朱解镇南朱解村	48	男	1942 年
姚 廷	诸城市朱解镇南朱解村	35	男	1942 年
管廷法	诸城市瓦店镇管疃村	50	男	1942 年
范有宗之父	诸城市瓦店镇洼子村	42	男	1942 年
孙 跃	诸城市瓦店镇西仲金口村	22	男	1942 年
贾丁氏	诸城市桃园乡东贾家沟村	70	女	1942 年
贾存祥	诸城市桃园乡东贾家沟村	11	男	1942 年
贾存孩	诸城市桃园乡东贾家沟村	8	男	1942 年
贾振忠	诸城市桃园乡东贾家沟村	48	男	1942 年
贾方仁	诸城市桃园乡东贾家沟村	39	男	1942 年
丁 氏	诸城市桃园乡东贾家沟村	34	女	1942 年
丁 氏	诸城市桃园乡东贾家沟村	32	女	1942 年
丁付来	诸城市桃园乡东贾家沟村	52	男	1942 年
吕洪祥	诸城市桃园乡东贾家沟村	77	男	1942 年
贾 氏	诸城市桃园乡东贾家沟村	35	女	1942 年
贾振盛	诸城市桃园乡东贾家沟村	77	男	1942 年
贾存嫚	诸城市桃园乡东贾家沟村	11	女	1942 年
贾 氏	诸城市桃园乡东贾家沟村	22	女	1942 年
贾振升	诸城市桃园乡东贾家沟村	66	男	1942 年
贾 氏	诸城市桃园乡东贾家沟村	75	女	1942 年
贾 氏	诸城市桃园乡东贾家沟村	77	女	1942 年
贾 氏	诸城市桃园乡东贾家沟村	27	女	1942 年
贾 氏	诸城市桃园乡东贾家沟村	43	女	1942 年
贾 氏	诸城市桃园乡东贾家沟村	38	女	1942 年
丁统吉	诸城市桃林乡管家沟村	23	男	1942 年
王子贵	诸城市皇华镇西王家庄子村	20	男	1942 年
孙怀忠	诸城市皇华镇小可乐庄村	25	男	1942 年
赵 森	诸城市皇华镇青墩村	50	男	1942 年
王汝相	诸城市皇华镇河北村	22	男	1942 年

姓 名	籍 贯	年 龄	性 别	死难时间
张振英	诸城市程戈庄镇宋戈庄村	—	男	1942 年
吴 炳	诸城市龙都街道小郝家村	28	男	1942 年 12 月
周德典	诸城市	43	男	1942 年
小欧洲	诸城经济开发区后沟村	17	男	1943 年 1 月
王梁氏	诸城市吕标镇高家屯村	—	女	1943 年 1 月
八老汉	诸城市郝戈庄镇西莎沟村	70	男	1943 年 1 月
侯 氏	诸城市郝戈庄镇西莎沟村	20	女	1943 年 1 月
仇 芳	诸城市程戈庄镇仇家庄村	57	男	1943 年 1 月
徐丙其	诸城市辛兴镇崔家庄村	23	男	1943 年 1 月
王木贵	诸城市辛兴镇丁家庄村	34	男	1943 年 10 月
麻凤四	诸城市林家村镇东公村	34	男	1943 年 10 月
李洪志	诸城市孟疃镇郑家坡村	32	男	1943 年 2 月
李洪亮	诸城市孟疃镇郑家坡村	24	男	1943 年 2 月
牛王氏	诸城市马庄镇夏家营子村	44	女	1943 年 2 月
窦培庚	诸城市程戈庄镇娄家庄村	29	男	1943 年 2 月
王焦石	诸城市程戈庄镇苗戈庄村	26	男	1943 年 2 月
王兰香	诸城市程戈庄镇小焦家庄子村	50	男	1943 年 2 月
黑 偷	诸城市程戈庄镇小焦家庄子村	32	男	1943 年 2 月
赵 刚	诸城市程戈庄镇范家岭村	47	男	1943 年 2 月
吴怀明	诸城市辛兴镇逄家芦水村	40	男	1943 年 2 月
吴隋氏	诸城市辛兴镇逄家芦水村	41	女	1943 年 2 月
吴怀本	诸城市辛兴镇逄家芦水村	62	男	1943 年 2 月
赵 氏	诸城市辛兴镇齐沟三村	26	女	1943 年 2 月
王启分	诸城市辛兴镇西饮马泉村	77	男	1943 年 2 月
大奶子	诸城市林家村镇东公村	36	男	1943 年 2 月
二麻子	诸城市林家村镇曲家庄村	50	男	1943 年 2 月
杨 三	诸城市皇华镇柳树店村	43	男	1943 年 2 月
董王氏	诸城市皇华镇皇华店村	—	女	1943 年 2 月
董李氏	诸城市皇华镇皇华店村	—	女	1943 年 2 月
董小弟	诸城市皇华镇皇华店村	—	男	1943 年 2 月
焦金相	诸城市皇华镇西小庄村	28	男	1943 年 2 月
葛朱氏	诸城市舜王街道胡家楼村	46	女	1943 年 3 月
彭善同	诸城市舜王街道彭家箭口村	52	男	1943 年 3 月
孙观瑞之父	诸城市吕标镇高家屯村	—	男	1943 年 3 月

姓　名	籍　贯	年　龄	性　别	死难时间
王子其	诸城市马庄镇岳戈庄村	18	男	1943 年 3 月
张文军	诸城市马庄镇岳戈庄村	22	男	1943 年 3 月
王大生	诸城市程戈庄镇程戈庄一村	26	男	1943 年 3 月
杨镇东	诸城市程戈庄镇荆山后村	30	男	1943 年 3 月
崔要西	诸城市程戈庄镇荆山后村	36	男	1943 年 3 月
大呼通	诸城市程戈庄镇荆山后村	65	男	1943 年 3 月
崔金建	诸城市程戈庄镇荆山后村	48	男	1943 年 3 月
崔淑兰	诸城市程戈庄镇荆山后村	25	女	1943 年 3 月
李　氏	诸城市九台镇慕容店村	28	女	1943 年 3 月
吴连民	诸城市辛兴镇周吴芦水村	42	男	1943 年 3 月
隋汉友	诸城市辛兴镇辛沙岭村	28	男	1943 年 3 月
张元同	诸城市辛兴镇东米沟村	68	男	1943 年 3 月
张洪发	诸城市辛兴镇东米沟村	17	男	1943 年 3 月
张玉宗	诸城市辛兴镇东米沟村	9	男	1943 年 3 月
张玉宗之妹	诸城市辛兴镇东米沟村	4	女	1943 年 3 月
王升文	诸城市瓦店镇王门庄子村	21	男	1943 年 3 月
冯　氏	诸城市桃园乡千秋岭村	25	女	1943 年 3 月
李美勋	诸城市皇华镇尚庄村	26	男	1943 年 3 月
王　友	诸城市桃园乡小官庄村	31	男	1943 年 4 月 16 日
陈洪公	诸城市密州街道北三里庄村	33	男	1943 年 4 月
张尔祥	诸城市龙都街道岔道口村	50	男	1943 年 4 月
小　双	诸城市舜王街道臧家崖头村	26	男	1943 年 4 月
邢立贵	诸城市郝戈庄镇鹁鸪崖村	47	男	1943 年 4 月
李茂铜	诸城市程戈庄镇马场沟村	29	男	1943 年 4 月
王炳智	诸城市程戈庄镇东涝戈庄村	23	男	1943 年 4 月
李进才	诸城市九台镇慕容后庄村	20	男	1943 年 4 月
任桂德	诸城市辛兴镇岳东村	29	男	1943 年 4 月
郭小臣	诸城市辛兴镇东饮马泉村	26	男	1943 年 4 月
高富仁	诸城市吕标镇小两河村	26	男	1943 年 5 月
盛光德	诸城市郝戈庄镇王戈庄村	23	男	1943 年 5 月
徐　尧	诸城市孟疃镇前徐家庄村	28	男	1943 年 5 月
狗　抢	诸城市程戈庄镇毛家庄村	28	男	1943 年 5 月
王元希	诸城市九台镇前九台村	35	男	1943 年 5 月
李　三	诸城市昌城镇路家道口村	53	男	1943 年 5 月

姓　名	籍　贯	年 龄	性 别	死难时间
郭秀正	诸城市辛兴镇岳东村	28	男	1943 年 5 月
王永路	诸城市桃园乡大观音山村	22	男	1943 年 5 月
仇垂坤	诸城市桃园乡崔家沟村	22	男	1943 年 5 月
曲为尚	诸城市桃林乡大坪子村	24	男	1943 年 5 月
武干姜	诸城经济开发区武家庄村	60	男	1943 年 6 月
小　头	诸城市郝戈庄镇王戈庄村	31	男	1943 年 6 月
芳	诸城市郝戈庄镇王戈庄村	13	女	1943 年 6 月
杨金公	诸城市贾悦镇南拐庄村	24	男	1943 年 6 月
杨金升	诸城市贾悦镇南拐庄村	42	男	1943 年 6 月
杨金礼	诸城市贾悦镇南拐庄村	36	男	1943 年 6 月
徐世尧	诸城市孟疃镇后徐家庄村	32	男	1943 年 6 月
顿　沽	诸城市孟疃镇杨家杨柳村	22	男	1943 年 6 月
冯　德	诸城市孟疃镇杨家杨柳村	23	男	1943 年 6 月
黄大牙	诸城市孟疃镇杨家杨柳村	23	男	1943 年 6 月
辣杆子	诸城市马庄镇鞠家庄子村	21	男	1943 年 6 月
坷垃蛋	诸城市马庄镇鞠家庄子村	22	男	1943 年 6 月
小　七	诸城市程戈庄镇程戈庄一村	26	男	1943 年 6 月
刘文友	诸城市程戈庄镇周家庄子村	32	男	1943 年 6 月
小　响	诸城市九台镇小山西村	43	男	1943 年 6 月
耿　氏	诸城市相州镇相州四村	43	女	1943 年 6 月
刘　升	诸城市相州镇胡兰村	57	男	1943 年 6 月
沙　第	诸城市百尺河镇岳沟村	60	男	1943 年 6 月
郭廷作之父	诸城市辛兴镇郭有庄村	40	男	1943 年 6 月
郭金警之祖父	诸城市辛兴镇郭有庄村	40	男	1943 年 6 月
傅裕军	诸城市皇华镇四十里铺村	50	男	1943 年 6 月
大肉丸子	诸城市皇华镇青墩村	58	男	1943 年 6 月
王为三	诸城市枳沟镇东安村	30	男	1943 年 7 月
马　四	诸城市石桥子镇石门官庄村	33	男	1943 年 7 月
马　五	诸城市石桥子镇石门官庄村	30	男	1943 年 7 月
朱小福	诸城市程戈庄镇程戈庄三村	28	男	1943 年 7 月
张四黄	诸城市程戈庄镇程戈庄四村	48	男	1943 年 7 月
台孟河	诸城市瓦店镇会家阿乐村	58	男	1943 年 7 月
台孟河之子	诸城市瓦店镇会家阿乐村	16	男	1943 年 7 月
曲延富	诸城市桃林乡大坪子村	21	男	1943 年 7 月

姓 名	籍 贯	年 龄	性 别	死难时间
傅裕南	诸城市皇华镇四十里铺村	46	男	1943 年 7 月
傅裕历	诸城市皇华镇四十里铺村	50	男	1943 年 7 月
张大伙计之弟	诸城经济开发区大后沟村	32	男	1943 年 8 月
张尔军之母	诸城市龙都街道岔道口村	43	女	1943 年 8 月
徐焕文	诸城市舜王街道胡家楼村	60	男	1943 年 8 月
王焕功	郝戈庄镇王家柏戈庄村	68	男	1943 年 8 月
杨金斗	诸城市贾悦镇南拐庄村	22	男	1943 年 8 月
大 川	诸城市贾悦镇西拐庄村	18	男	1943 年 8 月
胡大炮	诸城市贾悦镇西拐庄村	19	男	1943 年 8 月
冯 七	诸城市程戈庄镇程戈庄三村	48	男	1943 年 8 月
吴金升	诸城市程戈庄镇荆山前村	27	男	1943 年 8 月
王培喜	诸城市九台镇解留二村	35	男	1943 年 8 月
李作其	诸城市相州镇后塔桥村	35	男	1943 年 8 月
徐金和	诸城市辛兴镇尧村	41	男	1943 年 8 月
于家树	诸城市辛兴镇尧村	51	男	1943 年 8 月
王 十	诸城市辛兴镇西狮子口村	50	男	1943 年 8 月
孔李子	诸城市辛兴镇后齐沟村	19	男	1943 年 8 月
马四十	诸城市辛兴镇窦家岭村	29	男	1943 年 8 月
白瑞其	诸城市辛兴镇蒋家屯村	35	男	1943 年 8 月
铁棍之妻	诸城市林家村镇东公村	31	女	1943 年 8 月
小 森	诸城市林家村镇新会里村	52	男	1943 年 8 月
董玉春	诸城市皇华镇四十里铺村	39	男	1943 年 8 月
傅裕春	诸城市皇华镇四十里铺村	42	男	1943 年 8 月
傅为洪	诸城市皇华镇四十里铺村	38	男	1943 年 8 月
张文早	诸城市马庄镇岳戈庄村	22	男	1943 年 8 月
贾小对	诸城市龙都街道大水泊村	20	男	1943 年 9 月
丁小水	诸城市舜王街道中朱尹村	26	男	1943 年 9 月
张 ×	诸城市程戈庄镇程戈庄四村	52	男	1943 年 9 月
王桂荣	诸城市程戈庄镇东楼子村	23	男	1943 年 9 月
朱 氏	诸城市辛兴镇窦家岭村	47	女	1943 年 9 月
刘 作	诸城市辛兴镇东米沟村	28	男	1943 年 9 月
刘 河	诸城市辛兴镇东米沟村	19	男	1943 年 9 月
吕 江	诸城市辛兴镇孙家屯村	23	男	1943 年 9 月
吴 氏	诸城市郝戈庄镇东郝戈庄村	42	女	1943 年 10 月

姓　名	籍　贯	年　龄	性　别	死难时间
赵汝春	诸城经济开发区诸冯村	30	男	1943 年 10 月
孙严京之母	诸城市龙都街道岔道口村	53	女	1943 年 10 月
丁发顿	诸城市舜王街道中朱尹村	32	男	1943 年 10 月
杨宝堂	诸城市马庄镇杨家灌津村	21	男	1943 年 10 月
三姑子	诸城市程戈庄镇程戈庄一村	20	男	1943 年 10 月
小八月	诸城市程戈庄镇仇家庄村	18	男	1943 年 10 月
小　向	诸城市程戈庄镇双湾子村	30	男	1943 年 10 月
逢金聚	诸城市辛兴镇丁家庄村	24	男	1943 年 10 月
刘焕运	诸城市辛兴镇岳东村	30	男	1943 年 10 月
张凤铁	诸城市皇华镇黄沟村	25	男	1943 年 10 月
诸　城	诸城市程戈庄镇苗戈庄村	32	男	1943 年 11 月
小　楼	诸城市程戈庄镇周家庄子村	34	男	1943 年 11 月
小　巧	诸城市程戈庄镇后卜落林子村	23	男	1943 年 11 月
王学二	诸城市辛兴镇大米沟村	21	男	1943 年 11 月
王　顺	诸城市辛兴镇大米沟村	39	男	1943 年 11 月
王学士	诸城市辛兴镇大米沟村	37	男	1943 年 11 月
王若钦	诸城市辛兴镇臧家庄子村	40	男	1943 年 11 月
郭汝荣	诸城市辛兴镇岳东村	52	男	1943 年 11 月
小　白	诸城市辛兴镇祁家庄村	17	男	1943 年 11 月
田狗子	诸城市辛兴镇祁家庄村	41	男	1943 年 11 月
郭老三	诸城市辛兴镇东王屯村	41	男	1943 年 11 月
小　房	诸城市瓦店镇会家合乐子村	20	男	1943 年 11 月
王焕生	诸城市皇华镇东小庄村	48	男	1943 年 11 月
灭子猴	诸城经济开发区武家庄村	49	男	1943 年 12 月
武　氏	诸城经济开发区武家庄村	47	女	1943 年 12 月
徐桂元	诸城市辛兴镇大米沟村	28	男	1943 年 12 月
殿　曼	诸城市辛兴镇山东头村	18	男	1943 年 12 月
臧玉书	诸城市辛兴镇东马泉村	51	男	1943 年 12 月
王术林	诸城市辛兴镇东马泉村	49	男	1943 年 12 月
希　罕	诸城市龙都街道丁家庄子村	19	女	1943 年
李　文	诸城市密州街道八里庄村	33	男	1943 年
徐张氏	诸城市郭家屯镇尚家庄村	21	女	1943 年
张　捧	诸城经济开发区小后沟村	4	女	1943 年
周壹子	诸城经济开发区小后沟村	40	男	1943 年

姓 名	籍 贯	年 龄	性 别	死难时间
赵良田	诸城经济开发区小后沟村	40	男	1943 年
赵良左	诸城经济开发区小后沟村	38	男	1943 年
小黄黄	诸城经济开发区大荣村	25	男	1943 年
王茂田	诸城市龙都街道小郝家村	38	男	1943 年
张东武	诸城市龙都街道小栗元村	43	男	1943 年
屠 九	诸城市龙都街道小栗元村	40	男	1943 年
魏 ×	诸城市吕标镇西见屯村	30	男	1943 年
张丰皆	诸城市枳沟镇四村	43	男	1943 年
周小务	诸城市贾悦镇周家水墩村	25	男	1943 年
王成勋之妻	诸城市贾悦镇于家屯村	30	女	1943 年
曾庆海	诸城市贾悦镇苑家庄村	26	男	1943 年
曾庆忠	诸城市贾悦镇苑家庄村	27	男	1943 年
韩 玻	诸城市贾悦镇宋东村	56	男	1943 年
王树德	诸城市孟疃镇王家唐力沟村	63	男	1943 年
徐西斌之二叔	诸城市孟疃镇前徐家庄村	23	男	1943 年
赵 衡	诸城市马庄镇程家庄子村	—	男	1943 年
林茂南	诸城市马庄镇桃园村	34	男	1943 年
范广座	诸城市石桥子镇中西院村	60	男	1943 年
秦池昌	诸城市石桥子镇前王院村	20	男	1943 年
王 四	诸城市石桥子镇前王院村	21	男	1943 年
李军海	诸城市石桥子镇前王院村	40	男	1943 年
王 三	诸城市石桥子镇前王院村	42	男	1943 年
秦 氏	诸城市石桥子镇前王院村	19	女	1942 年
王春发之父	诸城市九台镇慕容后庄村	30	男	1943 年
张连荣	诸城市九台镇吉林村	25	男	1943 年
孙夕琪	诸城市九台镇老旺沟村	66	男	1943 年
解方波之姐	诸城市九台镇前孙戈庄村	15	女	1943 年
解方旗之妹	诸城市九台镇前孙戈庄村	14	女	1943 年
王培义	诸城市相州镇上曹村	40	男	1943 年
赵 聚	诸城市昌城镇中疃子村	15	男	1943 年
侯玉林	诸城市百尺河镇市泊子村	28	男	1943 年
沈 堂	诸城市百尺河镇大同庄村	43	男	1943 年
王乐营	诸城市百尺河镇大仁和西村	58	男	1943 年
妮 妮	诸城市百尺河镇大仁和西村	15	女	1943 年

姓 名	籍 贯	年龄	性别	死难时间
孙 玉	诸城市百尺河镇大仁和西村	25	女	1943 年
王玉江	诸城市百尺河镇大仁和西村	22	男	1943 年
马福顺	诸城市辛兴镇大米沟村	37	男	1943 年
王元泊	诸城市辛兴镇大米沟村	70	男	1943 年
王振玺	诸城市辛兴镇大米沟村	69	男	1943 年
滕 五	诸城市朱解镇南朱解村	49	男	1943 年
小滕四	诸城市朱解镇南朱解村	37	男	1943 年
王引秀	诸城市朱解镇南朱解村	50	男	1943 年
郑 立	诸城市朱解镇梁家店子村	35	男	1943 年
王大娘	诸城市桃园乡小官庄村	60	女	1943 年
朱先法	诸城市桃林乡小曹家庄子村	50	男	1943 年
郑小德	诸城市皇华镇后我乐村	37	男	1943 年
偷	诸城市皇华镇西小庄村	29	男	1943 年
张永贵之伯母	诸城市舜王街道小潘庄村	—	女	1943 年
刘焕章	诸城市程戈庄镇大焦家庄子村	22	男	1943 年
冯 奎	诸城市郝戈庄镇韩家沟村	71	男	1944 年 1 月
大 冤	诸城市郝戈庄镇韩家沟村	42	男	1944 年 1 月
麻子将	诸城市郝戈庄镇韩家沟村	21	男	1944 年 1 月
刘在云之父	诸城市孟瞳镇时家瞳村	45	男	1944 年 1 月
鞠庆伍	诸城市孟瞳镇杨家杨柳村	19	男	1944 年 1 月
王升江	诸城市辛兴镇齐沟二村	28	男	1944 年 1 月
李三弯弯	诸城市龙都街道安家崖头村	40	男	1944 年 2 月
张金芝	诸城市马庄镇闸河崖村	18	男	1944 年 2 月
王安春	诸城市马庄镇齐家庄子村	23	男	1944 年 2 月
斗 子	诸城市石桥子镇小苏家庄村	35	男	1944 年 2 月
杨 泉	诸城市昌城镇路家道口村	42	男	1944 年 2 月
石守田	诸城市昌城镇乔家巴山村	32	男	1944 年 2 月
王墨法	诸城市桃林乡下刘家沟村	28	男	1944 年 2 月
蒋文汉	诸城市皇华镇四十里铺村	48	男	1944 年 2 月
大 场	诸城市皇华镇河北村	26	男	1944 年 2 月
王希军	诸城经济开发区小荣村	38	男	1944 年 3 月
小洋吉	诸城市舜王街道马兰村	19	男	1944 年 3 月
癫 汉	诸城市郝戈庄镇贾戈庄村	56	男	1944 年 3 月
王治法	诸城市郝戈庄镇格得夼村	—	男	1944 年 3 月

续表

姓　名	籍　贯	年　龄	性　别	死难时间
常　勋	诸城市贾悦镇李二庄村	—	男	1944 年 3 月
张振增	诸城市孟疃镇王家唐力沟村	61	男	1944 年 3 月
刘瑞玉	诸城市马庄镇大全官庄村	40	男	1944 年 3 月
史　章	诸城市程戈庄镇西臧家庄村	28	男	1944 年 3 月
吕培弟	诸城市程戈庄镇西臧家庄村	28	男	1944 年 3 月
曾兆富	诸城市程戈庄镇西臧家庄村	57	男	1944 年 3 月
结	诸城市程戈庄镇冯家屯村	24	男	1944 年 3 月
大道士	诸城市程戈庄镇冯家屯村	43	男	1944 年 3 月
仇维河	诸城市程戈庄镇任家庄子村	34	男	1944 年 3 月
王金玉	诸城市辛兴镇北朱庙村	19	男	1944 年 3 月
王道友	诸城市辛兴镇北朱庙村	22	男	1944 年 3 月
王保田	诸城市辛兴镇东朱庙村	22	男	1944 年 3 月
王喜全	诸城市辛兴镇东朱庙村	28	男	1944 年 3 月
郭世森	诸城市辛兴镇郭有庄村	33	男	1944 年 3 月
臧大缸	诸城市辛兴镇东饮马泉村	31	男	1944 年 3 月
臧加才	诸城市朱解镇小涝沟村	21	男	1944 年 3 月
邸桂相	诸城市朱解镇东吴家岭村	22	男	1944 年 3 月
田　重	诸城市朱解镇东吴家岭村	23	男	1944 年 3 月
田　师	诸城市朱解镇东吴家岭村	19	男	1944 年 3 月
王承礼	诸城市瓦店镇陈家庄村	30	男	1944 年 3 月
潘德功	诸城市瓦店镇小辛庄村	19	男	1944 年 3 月
唐云松	诸城市瓦店镇小辛庄村	20	男	1944 年 3 月
董　氏	诸城市桃林乡东亮马村	10	女	1944 年 3 月
王　氏	诸城市桃林乡东亮马村	18	女	1944 年 3 月
王德清	诸城市皇华镇东山坡村	25	男	1944 年 3 月
孙秀清	诸城市石桥子镇王家河湾村	20	男	1944 年 3 月
王清彩	诸城市舜王街道马兰村	40	男	1944 年 4 月
李德才	诸城市舜王街道马兰村	39	男	1944 年 4 月
杨　氏	诸城市郝戈庄镇东郝戈庄村	35	女	1944 年 4 月
王金运之父	诸城市孟疃镇孙家庄村	32	男	1944 年 4 月
孙　氏	诸城市马庄镇东朱堡村	42	女	1944 年 4 月
于　二	诸城市程戈庄镇夏家官庄村	53	男	1944 年 4 月
李小芹	诸城市程戈庄镇龙石头河村	18	女	1944 年 4 月
曹乐成	诸城市程戈庄镇仇家洼村	88	男	1944 年 4 月

姓 名	籍 贯	年 龄	性 别	死难时间
肉丸子	诸城市百尺河镇西龙泉村	22	男	1944 年 4 月
郑金成	诸城市辛兴镇温家屯村	40	男	1944 年 4 月
王帝元	诸城市皇华镇甘河子村	31	男	1944 年 4 月
陈希田	诸城市舜王街道东郭家埠村	26	男	1944 年 5 月
闫大丘	诸城市吕标镇东邓戈庄村	16	男	1944 年 5 月
牛志伍	诸城市枳沟镇东戈庄村	24	男	1944 年 5 月
张领头	诸城市马庄镇岳戈庄村	20	男	1944 年 5 月
曹聚培	诸城市马庄镇麦坡子村	24	男	1944 年 5 月
老 超	诸城市程戈庄镇毛家庄村	27	男	1944 年 5 月
孙乐成	诸城市程戈庄镇呈子泊村	23	男	1944 年 5 月
王洪年	诸城市辛兴镇前朱庙村	21	男	1944 年 5 月
王开金	诸城市辛兴镇北朱庙村	45	男	1944 年 5 月
陈乐功	诸城市瓦店镇蔡家沟村	50	男	1944 年 5 月
许永平	诸城市瓦店镇马家庄子村	18	男	1944 年 5 月
王子其	诸城市马庄镇岳戈庄村	26	男	1944 年 5 月
陈树杰	诸城市贾悦镇	21	男	1944 年 5 月
李文法	诸城市舜王街道彭家箭口村	43	男	1944 年 6 月
陈明山	诸城市枳沟镇东戈庄村	18	男	1944 年 6 月
刘运勤	诸城市马庄镇珠藏村	20	男	1944 年 6 月
小 春	诸城市程戈庄镇西臧家庄村	39	男	1944 年 6 月
姚淑轮	诸城市程戈庄镇西臧家庄村	39	男	1944 年 6 月
刘培弟	诸城市程戈庄镇西楼子村	24	男	1944 年 6 月
潘浮友	诸城市昌城镇沈家双塘村	32	男	1944 年 6 月
王汉生	诸城市朱解镇小涝沟村	24	男	1944 年 6 月
王会同	诸城市朱解镇潘庄村	45	男	1944 年 6 月
王王氏	诸城市朱解镇潘庄村	30	女	1944 年 6 月
魏立立	诸城市朱解镇潘庄村	28	男	1944 年 6 月
张洪彬	诸城市皇华镇东小庄村	40	男	1944 年 6 月
刘振东	诸城市百尺河镇大于家庄西村	34	男	1944 年 7 月 8 日
刘仲彩	诸城市辛兴镇祁家庄村	43	男	1944 年 7 月 11 日
王 坤	诸城市皇华镇龙家庄子村	24	男	1944 年 7 月 14 日
马凤廷	诸城市皇华镇姚家村	52	男	1944 年 7 月 22 日
张 三	诸城市皇华镇姚家村	45	男	1944 年 7 月 22 日
孙文江	诸城市密州街道繁华村	36	男	1944 年 7 月

姓　名	籍　贯	年　龄	性　别	死难时间
李自山	诸城市舜王街道东楼村	26	男	1944 年 7 月
闫清祥	诸城市吕标镇东邓戈庄村	60	男	1944 年 7 月
张长新	诸城市贾悦镇赵家同村	36	男	1944 年 7 月
马希礼	诸城市石桥子镇马武沟村	44	男	1944 年 7 月
马治新	诸城市石桥子镇马武沟村	31	男	1944 年 7 月
马治京	诸城市石桥子镇马武沟村	22	男	1944 年 7 月
马希超	诸城市石桥子镇马武沟村	44	男	1944 年 7 月
马王氏	诸城市石桥子镇马武沟村	32	女	1944 年 7 月
马希汉	诸城市石桥子镇马武沟村	40	男	1944 年 7 月
马李氏	诸城市石桥子镇马武沟村	46	女	1944 年 7 月
王汝新	诸城市石桥子镇马武沟村	40	男	1944 年 7 月
王守三	诸城市石桥子镇马武沟村	70	男	1944 年 7 月
王　仁	诸城市石桥子镇马武沟村	42	男	1944 年 7 月
田有廷	诸城市石桥子镇田家岳旺村	30	男	1944 年 7 月
田俊彩	诸城市石桥子镇田家岳旺村	25	男	1944 年 7 月
田德昌	诸城市石桥子镇田家岳旺村	20	男	1944 年 7 月
王娃子	诸城市石桥子镇田家岳旺村	7	男	1944 年 7 月
李砚田	诸城市石桥子镇大裴村	31	男	1944 年 7 月
陈增理	诸城市石桥子镇大裴村	40	男	1944 年 7 月
陈　森	诸城市石桥子镇大裴村	46	男	1944 年 7 月
李文田	诸城市石桥子镇大裴村	30	男	1944 年 7 月
李吃喝	诸城市石桥子镇大裴村	27	男	1944 年 7 月
孙作宝	诸城市石桥子镇大裴村	28	男	1944 年 7 月
老　王	诸城市石桥子镇大裴村	27	男	1944 年 7 月
陈文禄	诸城市石桥子镇大裴村	25	男	1944 年 7 月
陈　四	诸城市石桥子镇大裴村	27	男	1944 年 7 月
金怀友	诸城市石桥子镇小王家庄村	53	男	1944 年 7 月
曹　四	诸城市石桥子镇小王家庄村	52	男	1944 年 7 月
崔金宝	诸城市程戈庄镇荆山后村	39	男	1944 年 7 月
李保贵	诸城市程戈庄镇荆山后村	35	男	1944 年 7 月
杨镇北	诸城市程戈庄镇荆山后村	40	男	1944 年 7 月
小狮子	诸城市九台镇慕容店村	41	男	1944 年 7 月
邰风河	诸城市九台镇慕容店村	29	男	1944 年 7 月
王大栋	诸城市辛兴镇东王屯村	19	女	1944 年 7 月

姓 名	籍 贯	年 龄	性 别	死难时间
曲子奎	诸城市桃林乡大鹤现村	32	男	1944 年 7 月
王民连	诸城市皇华镇四十里铺村	40	男	1944 年 7 月
殷月村	诸城市皇华镇龙家庄子村	53	男	1944 年 7 月
王得福	诸城市皇华镇龙家庄子村	52	男	1944 年 7 月
宋夕奎	诸城市皇华镇龙家庄子村	54	男	1944 年 7 月
钟 大	诸城市皇华镇龙家庄子村	53	男	1944 年 7 月
王 氏	诸城市皇华镇程子村	40	女	1944 年 7 月
小 好	诸城市皇华镇程子村	11	男	1944 年 7 月
李长存	诸城经济开发区小荣村	40	男	1944 年 8 月
张金文	诸城市马庄镇闸河崖村	21	男	1944 年 8 月
魏福森	诸城市马庄镇武庙村	34	男	1944 年 8 月
徐夏义	诸城市石桥子镇大近戈庄村	71	男	1944 年 8 月
杨王氏	诸城市程戈庄镇程戈庄一村	51	女	1944 年 8 月
王李氏	诸城市程戈庄镇娄家庄村	39	女	1944 年 8 月
徐金友	诸城市程戈庄镇潘家岭村	19	男	1944 年 8 月
张桂友	诸城市程戈庄镇荆山前村	38	男	1944 年 8 月
张玉林	诸城市程戈庄镇荆山前村	37	男	1944 年 8 月
李树田	诸城市程戈庄镇荆山前村	38	男	1944 年 8 月
李锤头	诸城市程戈庄镇龙石头河村	24	男	1944 年 8 月
石 头	诸城市程戈庄镇草营子村	36	男	1944 年 8 月
七傻子	诸城市程戈庄镇呈子泊村	60	男	1944 年 8 月
小 收	诸城市程戈庄镇双湾子村	25	男	1944 年 8 月
王荣坤	诸城市辛兴镇辛兴村	43	男	1944 年 8 月
王金正	诸城市辛兴镇大米沟村	40	男	1944 年 8 月
窦单修	诸城市辛兴镇窦家岭村	45	男	1944 年 8 月
郭 根	诸城市辛兴镇岳西村	25	男	1944 年 8 月
王老九	诸城市辛兴镇东王屯村	45	男	1944 年 8 月
郑发祥	诸城市昌城镇寨里村	24	男	1944 年 8 月
王福青	诸城市贾悦镇西拐庄村	28	男	1944 年 8 月
陈夕来	诸城市龙都街道小郝家村	41	男	1944 年 9 月
王公在	诸城市枳沟镇杨家岭村	31	男	1944 年 9 月
马 境	诸城市石桥子镇鲁家岳旺村	32	男	1944 年 9 月
王金玉	诸城市石桥子镇双泉官庄村	32	男	1944 年 9 月
王明月	诸城市程戈庄镇任家庄子村	27	男	1944 年 9 月

姓 名	籍 贯	年 龄	性 别	死难时间
三 皮	诸城市程戈庄镇任家庄子村	35	男	1944 年 9 月
夏云灵	诸城市程戈庄镇呈子泊村	27	男	1944 年 9 月
岳洪举	诸城市程戈庄镇友谊村	33	男	1944 年 9 月
陈 田	诸城市程戈庄镇双湾子村	30	男	1944 年 9 月
张德禄	诸城市程戈庄镇双湾子村	31	男	1944 年 9 月
崔斗南	诸城市百尺河镇岳沟村	30	男	1944 年 9 月
崔斗南之弟媳	诸城市百尺河镇岳沟村	28	女	1944 年 9 月
崔金桂	诸城市百尺河镇岳沟村	30	男	1944 年 9 月
仪方平	诸城市林家村镇东公村	29	男	1944 年 9 月
董 来	诸城市桃林乡董家庄子村	32	男	1944 年 9 月
丁学德	诸城市桃林乡张家庄子村	18	男	1944 年 9 月
耿福友	诸城市皇华镇胡沟村	18	男	1944 年 9 月
董丑嫚	诸城市皇华镇胡沟村	22	男	1944 年 9 月
刘增礼	诸城市贾悦镇刘家唐力沟村	19	男	1944 年 9 月
胡洪恩	诸城市马庄镇永吉官庄村	32	男	1944 年 9 月
王安太	诸城市马庄镇齐家庄子村	22	男	1944 年 9 月
孙 氏	诸城经济开发区诸冯村	73	女	1944 年 10 月
王学明	诸城市桃林乡赵家沟村	20	男	1944 年 10 月
陈 庆	诸城市桃林乡三里庄村	23	男	1944 年 10 月
王玉芬	诸城经济开发区小荣村	22	男	1944 年 11 月
张立业	诸城市马庄镇夏家营子村	—	男	1944 年 11 月
王冠三	诸城市程戈庄镇后瞳村	37	男	1944 年 11 月
周布袋	诸城市相州镇马家屯村	48	男	1944 年 11 月
高怀新	诸城市辛兴镇尧村	22	男	1944 年 11 月
杨二黑	诸城市辛兴镇后齐沟村	30	男	1944 年 11 月
王砚之	诸城市瓦店镇马家庄子村	30	男	1944 年 11 月
郝培年	诸城市林家村镇林二村	26	男	1944 年 11 月
李瑞廷	诸城市桃园乡大观音山村	31	男	1944 年 11 月
王角子	诸城经济开发区东丁家庄子村	60	男	1944 年 12 月
刘 臻	诸城市郝戈庄镇西莎沟村	56	男	1944 年 12 月
小黑钱之女	诸城市郝戈庄镇前郝戈庄村	7	女	1944 年 12 月
小 日	诸城市郝戈庄镇前郝戈庄村	27	男	1944 年 12 月
居 庄	诸城市郝戈庄镇前郝戈庄村	20	男	1944 年 12 月
王 氏	诸城市郝戈庄镇前郝戈庄村	50	女	1944 年 12 月

姓　名	籍　贯	年龄	性别	死难时间
冬　嫚	诸城市郝戈庄镇前郝戈庄村	1	女	1944 年 12 月
张守明	诸城市孟疃镇岭南头村	26	男	1944 年 12 月
张怀远之姑	诸城市孟疃镇岭南头村	20	女	1944 年 12 月
瓦	诸城市马庄镇珠藏村	20	男	1944 年 12 月
赵连福	诸城市马庄镇镇武庙村	19	男	1944 年 12 月
魏福田	诸城市马庄镇镇武庙村	35	男	1944 年 12 月
王在贤	诸城市石桥子镇东乔戈庄村	47	男	1944 年 12 月
王聋汉	诸城市九台镇大山西前村	60	男	1944 年 12 月
睃不上	诸城市九台镇大山西前村	28	男	1944 年 12 月
耿德合	诸城市昌城镇小重兴村	35	男	1944 年 12 月
高鹏海	诸城市辛兴镇尧村	30	男	1944 年 12 月
朱永山	诸城市辛兴镇丁家庄村	30	男	1944 年 12 月
王建玉	诸城市辛兴镇西马泉村	23	男	1944 年 12 月
管大妈	诸城市瓦店镇东大村	60	女	1944 年 12 月
解红珍	诸城市林家村镇东河崖村	23	男	1944 年 12 月
郭德三	诸城市林家村镇林二村	19	男	1944 年 12 月
郑连一	诸城市桃林乡固山沟村	52	男	1944 年 12 月
纪松有	诸城市林家村镇纪家庄	24	男	1944 年 12 月
王克相之弟	诸城经济开发区小荣村	24	男	1944 年
王希存	诸城经济开发区小荣村	26	男	1944 年
赵子之妻	诸城经济开发区小后沟村	30	女	1944 年
王术河	诸城经济开发区大荣村	45	男	1944 年
王希友之父	诸城经济开发区大荣村	42	男	1944 年
彭东臻	诸城市龙都街道小郝家村	28	男	1944 年
宋要南之父	诸城市舜王街道后松元村	45	男	1944 年
宋要南之兄	诸城市舜王街道后松元村	18	男	1944 年
小矮子	诸城市郝戈庄镇后郝戈庄村	50	男	1944 年
屁　味	诸城市郝戈庄镇后郝戈庄村	45	女	1944 年
孙　全	诸城市郝戈庄镇莫家庄子村	23	男	1944 年
王羊羔	诸城市贾悦镇韩庄二村	87	男	1944 年
刘加玉之婶	诸城市孟疃镇井邱三村	34	女	1944 年
丰友亮	诸城市孟疃镇井邱三村	28	男	1944 年
张相芬之弟	诸城市孟疃镇岭南头村	20	男	1944 年
张志文之父	诸城市孟疃镇北荣子村	54	男	1944 年

姓 名	籍 贯	年 龄	性 别	死难时间
王征四	诸城市马庄镇岳戈庄村	23	男	1944 年
周治武	诸城市马庄镇大马庄村	23	男	1944 年
王老大	诸城市马庄镇大马庄村	24	男	1944 年
刘玉生	诸城市马庄镇大马庄村	22	男	1944 年
臧新玉	诸城市马庄镇大马庄村	22	女	1944 年
刘文贡	诸城市马庄镇大马庄村	23	男	1944 年
臧著锡	诸城市马庄镇大马庄村	21	男	1944 年
臧成仁	诸城市马庄镇张夏庄村	20	男	1944 年
臧凯运	诸城市马庄镇永吉官庄村	37	男	1944 年
丁福三	诸城市马庄镇永吉官庄村	30	男	1944 年
丁 六	诸城市程戈庄镇程戈庄二村	60	男	1944 年
丁培忠	诸城市程戈庄镇程戈庄二村	36	男	1944 年
周桂星	诸城市程戈庄镇西楼子村	23	男	1944 年
陆文章	诸城市九台镇中九台村	55	男	1944 年
陆文献	诸城市九台镇中九台村	35	男	1944 年
陆文田	诸城市九台镇中九台村	50	男	1944 年
陆鲁氏	诸城市九台镇中九台村	30	女	1944 年
赵春玲	诸城市九台镇吉林村	28	男	1944 年
王克明	诸城市九台镇吉林村	45	男	1944 年
李吉祥之父	诸城市九台镇下孙戈庄村	40	男	1944 年
小 果	诸城市百尺河镇俄洛子	18	男	1944 年
刘朝英	诸城市辛兴镇前朱庙村	23	男	1944 年
赵顺光	诸城市辛兴镇杨家庄子村	20	男	1944 年
张光福之父	诸城市瓦店镇东北庄村	32	男	1944 年
李清熙	诸城市瓦店镇双庙村	20	男	1944 年
逄宗富	诸城市桃园乡岳阳村	25	男	1944 年
刘怀治	诸城市皇华镇中我乐村	28	男	1944 年
徐周氏	诸城市皇华镇柳树店村	30	女	1944 年
王廷运	诸城市皇华镇柳林村	—	男	1944 年
王希顺	诸城市皇华镇河北村	36	男	1944 年
刘保合	诸城市皇华镇河北村	40	男	1944 年
王树荣	诸城市相州镇相州六村	40	男	1944 年
徐均亮	诸城市桃林乡向阳村	51	男	1944 年
刘祥倍	诸城市皇华镇大尚峪村	27	男	1944 年

姓　名	籍　贯	年　龄	性　别	死难时间
王焕文	诸城市	22	男	1945 年 1 月 26 日
赵凤俊	诸城市枳沟镇薛家庄村	25	男	1945 年 1 月
王培业	诸城市贾悦镇中洛庄村	25	男	1945 年 1 月
金大力之外甥	诸城市马庄镇阎家屯村	23	男	1945 年 1 月
臧长胜	诸城市马庄镇龙宿村	21	男	1945 年 1 月
王廷池	诸城市辛兴镇齐沟二村	24	男	1945 年 1 月
迟金福	诸城市瓦店镇高家宅村	21	男	1945 年 1 月
二闷子	诸城市瓦店镇辛庄村	30	男	1945 年 1 月
大瑜曼	诸城市桃林乡兰子村	20	男	1945 年 1 月
大祥曼	诸城市桃林乡兰子村	27	男	1945 年 1 月
金杨氏	诸城市皇华镇朱泮二村	50	女	1945 年 1 月
赵友全	诸城市舜王街道马兰河子村	36	男	1945 年 1 月
韩昌章	诸城市舜王街道石戈庄村	42	男	1945 年 1 月
杨桂堂	诸城市皇华镇后郝戈庄村	25	男	1945 年 1 月
朱敏皆	诸城市枳沟镇凤皇官庄村	40	男	1945 年 2 月 23 日
宋义田	诸城市枳沟镇凤皇官庄村	26	男	1945 年 2 月 28 日
徐树彩之兄	诸城市龙都街道杨春社区	23	男	1945 年 2 月
徐桂旗	诸城市龙都街道杨春社区	30	男	1945 年 2 月
张则顺	诸城市舜王街道小潘庄村	26	男	1945 年 2 月
王作维	诸城市枳沟镇小石桥村	31	男	1945 年 2 月
张同义	诸城市郝戈庄镇贾戈庄村	20	男	1945 年 2 月
孟庆燕	诸城市郝戈庄镇莫家庄子村	25	男	1945 年 2 月
朱顺玉	诸城市程戈庄镇西臧家庄村	23	男	1945 年 2 月
朱顺相	诸城市程戈庄镇西臧家庄村	24	男	1945 年 2 月
范久学	诸城市程戈庄镇西臧家庄村	50	男	1945 年 2 月
马　官	诸城市程戈庄镇西臧家庄村	39	男	1945 年 2 月
号　官	诸城市程戈庄镇西臧家庄村	29	男	1945 年 2 月
崔凤先	诸城市程戈庄镇黄吉埠村	62	男	1945 年 2 月
崔德新	诸城市程戈庄镇黄吉埠村	46	男	1945 年 2 月
崔凤友	诸城市程戈庄镇黄吉埠村	58	男	1945 年 2 月
崔成美	诸城市程戈庄镇黄吉埠村	30	男	1945 年 2 月
六　桥	诸城市程戈庄镇黄吉埠村	28	男	1945 年 2 月
王清泉	诸城市程戈庄镇荆山后村	40	男	1945 年 2 月
刘洪一	诸城市程戈庄镇西楼子村	21	男	1945 年 2 月

姓 名	籍 贯	年 龄	性 别	死难时间
杨桂东	诸城市程戈庄镇毛家庄村	41	男	1945 年 2 月
温术洪	诸城市辛兴镇东花园村	61	男	1945 年 2 月
王术让	诸城市朱解镇栗行村	35	男	1945 年 2 月
刘东海	诸城市皇华镇解家河子村	35	男	1945 年 2 月
曹君昌	诸城市石桥子镇常吉疃村	22	男	1945 年 2 月
王义海	诸城市石桥子镇常吉疃村	22	男	1945 年 2 月
王连树	诸城市枳沟镇凤凰官庄村	25	男	1945 年 3 月 1 日
崔吉有	诸城市枳沟镇凤凰官庄村	40	男	1945 年 3 月 1 日
秦河顺	诸城市枳沟镇凤凰官庄村	23	男	1945 年 3 月 3 日
苗外元	诸城市枳沟镇凤凰官庄村	35	男	1945 年 3 月 3 日
杨松山	诸城市枳沟镇凤凰官庄村	29	男	1945 年 3 月 3 日
中长曲	诸城市枳沟镇凤凰官庄村	30	男	1945 年 3 月 6 日
张茂维	诸城市枳沟镇凤凰官庄村	22	男	1945 年 3 月 6 日
陈张平	诸城市枳沟镇凤凰官庄村	37	男	1945 年 3 月 6 日
杨福顺	诸城市位家岭村	28	男	1945 年 3 月 21 日
王增辉	诸城市昌城镇彭家庄村	25	男	1945 年 3 月 24 日
徐世孝	诸城市程戈庄镇宋戈庄村	33	男	1945 年 3 月 26 日
赵连生	诸城经济开发区小后沟村	30	男	1945 年 3 月
田 子	诸城市龙都街道杨春社区	28	男	1945 年 3 月
方玉福	诸城市郝戈庄镇莫家庄子村	27	男	1945 年 3 月
闫德福	诸城市贾悦镇丁家庄村	20	男	1945 年 3 月
杜现续	诸城市孟疃镇王家营子村	22	男	1945 年 3 月
刘德燕	诸城市石桥子镇刘家庄村	33	男	1945 年 3 月
江 升	诸城市石桥子镇刘家庄村	50	男	1945 年 3 月
刘德新	诸城市石桥子镇刘家庄村	50	男	1945 年 3 月
刘赵氏	诸城市石桥子镇刘家庄村	45	女	1945 年 3 月
刘汝木	诸城市石桥子镇刘家庄村	18	男	1945 年 3 月
棒 锤	诸城市石桥子镇刘家庄村	35	男	1945 年 3 月
刘德煜	诸城市石桥子镇刘家庄村	30	男	1945 年 3 月
永 春	诸城市石桥子镇刘家庄村	16	男	1945 年 3 月
刘世允	诸城市石桥子镇刘家庄村	50	男	1945 年 3 月
刘德法	诸城市石桥子镇刘家庄村	60	男	1945 年 3 月
刘世宝	诸城市石桥子镇刘家庄村	35	男	1945 年 3 月
刘桂方	诸城市石桥子镇刘家庄村	58	男	1945 年 3 月

姓 名	籍 贯	年 龄	性 别	死难时间
刘赵氏	诸城市石桥子镇刘家庄村	40	女	1945 年 3 月
刘臧氏	诸城市石桥子镇刘家庄村	25	女	1945 年 3 月
刘杨氏	诸城市石桥子镇刘家庄村	70	女	1945 年 3 月
刘德周	诸城市石桥子镇刘家庄村	55	男	1945 年 3 月
刘世臻	诸城市石桥子镇刘家庄村	35	男	1945 年 3 月
刘世合	诸城市石桥子镇刘家庄村	35	男	1945 年 3 月
六 十	诸城市石桥子镇刘家庄村	15	男	1945 年 3 月
刘世功	诸城市石桥子镇刘家庄村	36	男	1945 年 3 月
刘世班	诸城市石桥子镇刘家庄村	34	男	1945 年 3 月
刘世麒	诸城市石桥子镇刘家庄村	32	男	1945 年 3 月
福 春	诸城市石桥子镇刘家庄村	21	男	1945 年 3 月
刘德恒	诸城市石桥子镇刘家庄村	27	男	1945 年 3 月
刘世礼	诸城市石桥子镇刘家庄村	50	男	1945 年 3 月
刘尔祥	诸城市石桥子镇刘家庄村	21	男	1945 年 3 月
刘文亭	诸城市石桥子镇刘家庄村	40	男	1945 年 3 月
刘德亮	诸城市石桥子镇刘家庄村	20	男	1945 年 3 月
刘京彦	诸城市石桥子镇刘家庄村	45	男	1945 年 3 月
刘世孟	诸城市石桥子镇刘家庄村	37	男	1945 年 3 月
刘世坤	诸城市石桥子镇刘家庄村	32	女	1945 年 3 月
刘德乾	诸城市石桥子镇刘家庄村	55	男	1945 年 3 月
刘汝池	诸城市石桥子镇刘家庄村	40	男	1945 年 3 月
刘德友	诸城市石桥子镇刘家庄村	28	男	1945 年 3 月
刘德富	诸城市石桥子镇刘家庄村	40	男	1945 年 3 月
刘世官	诸城市石桥子镇刘家庄村	45	男	1945 年 3 月
刘夕祥	诸城市石桥子镇刘家庄村	26	男	1945 年 3 月
刘蔡氏	诸城市石桥子镇刘家庄村	40	女	1945 年 3 月
九老汉	诸城市石桥子镇刘家庄村	50	男	1945 年 3 月
刘洪肖	诸城市石桥子镇刘家庄村	21	男	1945 年 3 月
刘世洪	诸城市石桥子镇刘家庄村	53	男	1945 年 3 月
刘夕瑞	诸城市石桥子镇刘家庄村	28	男	1945 年 3 月
刘汝箱	诸城市石桥子镇刘家庄村	25	男	1945 年 3 月
孙 锡	诸城市石桥子镇刘家庄村	52	男	1945 年 3 月
小绿柱	诸城市石桥子镇刘家庄村	19	男	1945 年 3 月
刘公福	诸城市石桥子镇刘家庄村	50	男	1945 年 3 月

姓 名	籍 贯	年 龄	性 别	死难时间
刘德贤	诸城市石桥子镇刘家庄村	50	男	1945 年 3 月
刘世俊	诸城市石桥子镇刘家庄村	47	男	1945 年 3 月
刘德瑞	诸城市石桥子镇刘家庄村	40	男	1945 年 3 月
刘洪宣	诸城市石桥子镇刘家庄村	21	男	1945 年 3 月
刘京臣	诸城市石桥子镇刘家庄村	17	男	1945 年 3 月
刘世环	诸城市石桥子镇刘家庄村	47	男	1945 年 3 月
刘汝梯	诸城市石桥子镇刘家庄村	21	男	1945 年 3 月
翁 头	诸城市石桥子镇刘家庄村	50	男	1945 年 3 月
刘夕觉	诸城市石桥子镇刘家庄村	21	男	1945 年 3 月
刘潘庚	诸城市石桥子镇刘家庄村	43	男	1945 年 3 月
刘世法	诸城市石桥子镇刘家庄村	50	男	1945 年 3 月
刘世亮	诸城市石桥子镇刘家庄村	25	男	1945 年 3 月
刘世光	诸城市石桥子镇刘家庄村	40	男	1945 年 3 月
刘世宣	诸城市石桥子镇刘家庄村	50	男	1945 年 3 月
小 羊	诸城市石桥子镇刘家庄村	18	男	1945 年 3 月
刘尔江	诸城市石桥子镇刘家庄村	26	男	1945 年 3 月
刘汝浮	诸城市石桥子镇刘家庄村	36	男	1945 年 3 月
刘德感	诸城市石桥子镇刘家庄村	55	男	1945 年 3 月
马 三	诸城市石桥子镇刘家庄村	70	男	1945 年 3 月
织 将	诸城市石桥子镇刘家庄村	50	男	1945 年 3 月
织将之子	诸城市石桥子镇刘家庄村	16	男	1945 年 3 月
刘德荣	诸城市石桥子镇刘家庄村	30	男	1945 年 3 月
刘世祥	诸城市石桥子镇刘家庄村	28	男	1945 年 3 月
刘德民	诸城市石桥子镇刘家庄村	42	男	1945 年 3 月
王聋子	诸城市石桥子镇刘家庄村	55	男	1945 年 3 月
账先生	诸城市石桥子镇刘家庄村	—	男	1945 年 3 月
刘竹轩	诸城市石桥子镇刘家庄村	25	男	1945 年 3 月
刘世基	诸城市石桥子镇刘家庄村	45	男	1945 年 3 月
刘世培	诸城市石桥子镇刘家庄村	47	男	1945 年 3 月
祝清林	诸城市石桥子镇鲁家岳旺村	45	男	1945 年 3 月
陈凤章	诸城市石桥子镇史家官庄村	28	男	1945 年 3 月
领 存	诸城市石桥子镇史家官庄村	23	男	1945 年 3 月
张安邱	诸城市石桥子镇史家官庄村	23	男	1945 年 3 月
王 森	诸城市石桥子镇大朱苏铺	33	男	1945 年 3 月

姓 名	籍 贯	年 龄	性 别	死难时间
王 杯	诸城市石桥子镇大朱苏铺	35	男	1945 年 3 月
王垛宝	诸城市石桥子镇大朱苏铺	32	男	1945 年 3 月
王 良	诸城市石桥子镇大朱苏铺	34	男	1945 年 3 月
王寿延	诸城市石桥子镇大朱苏铺	32	男	1945 年 3 月
王 京	诸城市石桥子镇大朱苏铺	30	男	1945 年 3 月
王金延	诸城市石桥子镇大朱苏铺	31	男	1945 年 3 月
孙伟富	诸城市石桥子镇大朱苏铺	30	男	1945 年 3 月
刘立亮	诸城市石桥子镇妳庄村	20	男	1945 年 3 月
高长付	诸城市石桥子镇妳庄村	25	男	1945 年 3 月
张玉凤	诸城市石桥子镇妳庄村	51	男	1945 年 3 月
张继明	诸城市石桥子镇妳庄村	53	男	1945 年 3 月
张 花	诸城市石桥子镇妳庄村	52	男	1945 年 3 月
孟屯子	诸城市石桥子镇妳庄村	16	男	1945 年 3 月
张玉继	诸城市石桥子镇妳庄村	20	男	1945 年 3 月
高万玲	诸城市石桥子镇妳庄村	55	男	1945 年 3 月
高燕玲	诸城市石桥子镇妳庄村	58	男	1945 年 3 月
二师嘎	诸城市石桥子镇妳庄村	62	男	1945 年 3 月
张六拉	诸城市石桥子镇妳庄村	63	男	1945 年 3 月
张玉丑	诸城市石桥子镇妳庄村	22	男	1945 年 3 月
金耿氏	诸城市石桥子镇妳家庄村	22	女	1945 年 3 月
王汝清	诸城市石桥子镇潘家庄村	38	男	1945 年 3 月
臧著勋	诸城市石桥子镇潘家庄村	42	男	1945 年 3 月
李宗祥	诸城市程戈庄镇荆山前村	35	男	1945 年 3 月
刘运同	诸城市程戈庄镇西楼子村	46	男	1945 年 3 月
李洪顺	诸城市程戈庄镇双湾子村	33	男	1945 年 3 月
孙王氏	诸城市相州镇相州五村	31	女	1945 年 3 月
童孙氏	诸城市相州镇料疃村	50	女	1945 年 3 月
粉 儿	诸城市相州镇料疃村	30	女	1945 年 3 月
陶宗真	诸城市昌城镇陶家河岔村	—	男	1945 年 3 月
郭进福	诸城市辛兴镇东花园村	21	男	1945 年 3 月
张德友	诸城市林家村镇林家村二村	28	男	1945 年 3 月
华首坤	诸城市皇华镇朱泮二村	26	男	1945 年 3 月
黄金相	诸城市相州镇相州一村	28	男	1945 年 3 月
高怀珍	诸城市辛兴镇尧村	25	男	1945 年 3 月

姓 名	籍 贯	年 龄	性 别	死难时间
孙来友	诸城市石桥子镇岳旺店子村	20	男	1945 年 3 月
姜有勤	诸城市舜王街道老庄子村	31	男	1945 年 3 月
王德昌	诸城市舜王街道马兰河子村	33	男	1945 年 4 月
刘庄玲	诸城市孟疃镇杨家官庄村	60	男	1945 年 4 月
李德林	诸城市程戈庄镇西涝戈庄村	19	男	1945 年 4 月
李 ×	诸城市程戈庄镇西涝戈庄村	47	男	1945 年 4 月
冯桂东	诸城市程戈庄镇冯家屯村	22	男	1945 年 4 月
牛洪喜	诸城市程戈庄镇仇家洼村	81	男	1945 年 4 月
徐大麻子	诸城市程戈庄镇双湾子村	28	男	1945 年 4 月
陈 江	诸城市辛兴镇孙家沙岭村	23	男	1945 年 4 月
管恩礼	诸城市林家村镇林家村一村	18	男	1945 年 4 月
曹聚培	诸城市马庄镇麦坡子村	25	男	1944 年 5 月
刘伟弟	诸城市程戈庄镇夏家官庄村	20	男	1945 年 5 月 24 日
冯 氏	诸城市程戈庄镇前岳戈庄村	63	女	1945 年 5 月 24 日
冯 氏	诸城市程戈庄镇前岳戈庄村	22	女	1945 年 5 月 24 日
三 说	诸城市程戈庄镇前岳戈庄村	31	男	1945 年 5 月 24 日
帅树兰	诸城市程戈庄镇前岳戈庄村	33	女	1945 年 5 月 24 日
老周郎	诸城市程戈庄镇前岳戈庄村	72	男	1945 年 5 月 24 日
周 氏	诸城市程戈庄镇前岳戈庄村	70	女	1945 年 5 月 24 日
李 氏	诸城市程戈庄镇前岳戈庄村	18	女	1945 年 5 月 24 日
帅 ×	诸城市程戈庄镇前岳戈庄村	32	男	1945 年 5 月 24 日
帅 ×	诸城市程戈庄镇前岳戈庄村	40	男	1945 年 5 月 24 日
小 谱	诸城市程戈庄镇前岳戈庄村	17	男	1945 年 5 月 24 日
神汉子之女	诸城市程戈庄镇前岳戈庄村	9	女	1945 年 5 月 24 日
李大眼之长女	诸城市程戈庄镇前岳戈庄村	11	女	1945 年 5 月 24 日
李大眼之次女	诸城市程戈庄镇前岳戈庄村	7	女	1945 年 5 月 24 日
雾露毛	诸城市程戈庄镇前岳戈庄村	49	男	1945 年 5 月 24 日
雾露毛之女	诸城市程戈庄镇前岳戈庄村	13	女	1945 年 5 月 24 日
周 氏	诸城市程戈庄镇前岳戈庄村	62	女	1945 年 5 月 24 日
周氏之女	诸城市程戈庄镇前岳戈庄村	7	女	1945 年 5 月 24 日
牛振山	诸城市程戈庄镇前岳戈庄村	43	男	1945 年 5 月 24 日
牛 氏	诸城市程戈庄镇前岳戈庄村	71	女	1945 年 5 月 24 日
禹大个子	诸城市程戈庄镇前岳戈庄村	68	男	1945 年 5 月 24 日
曹 操	诸城市程戈庄镇前岳戈庄村	65	男	1945 年 5 月 24 日

姓　名	籍　贯	年　龄	性　别	死难时间
铁　头	诸城市程戈庄镇前岳戈庄村	60	男	1945 年 5 月 24 日
端　午	诸城市程戈庄镇前岳戈庄村	22	男	1945 年 5 月 24 日
刁洪云	诸城市程戈庄镇前岳戈庄村	29	男	1945 年 5 月 24 日
刁　氏	诸城市程戈庄镇前岳戈庄村	56	女	1945 年 5 月 24 日
百　季	诸城市程戈庄镇前岳戈庄村	6	男	1945 年 5 月 24 日
鲁　嫚	诸城市程戈庄镇前岳戈庄村	8	女	1945 年 5 月 24 日
祁民夕	诸城市程戈庄镇前岳戈庄村	72	男	1945 年 5 月 24 日
小鬼智	诸城市程戈庄镇前岳戈庄村	25	男	1945 年 5 月 24 日
昌　嫚	诸城市程戈庄镇前岳戈庄村	23	男	1945 年 5 月 24 日
祁　氏	诸城市程戈庄镇前岳戈庄村	22	女	1945 年 5 月 24 日
李大地主	诸城市程戈庄镇前岳戈庄村	16	男	1945 年 5 月 24 日
李京顺	诸城市程戈庄镇前岳戈庄村	58	男	1945 年 5 月 24 日
李　氏	诸城市程戈庄镇前岳戈庄村	25	女	1945 年 5 月 24 日
李承相	诸城市程戈庄镇前岳戈庄村	29	男	1945 年 5 月 24 日
大老殷	诸城市程戈庄镇前岳戈庄村	38	男	1945 年 5 月 24 日
殷祁氏	诸城市程戈庄镇前岳戈庄村	36	女	1945 年 5 月 24 日
小　环	诸城市程戈庄镇前岳戈庄村	8	女	1945 年 5 月 24 日
小环之弟	诸城市程戈庄镇前岳戈庄村	6	男	1945 年 5 月 24 日
小环之弟	诸城市程戈庄镇前岳戈庄村	4	男	1945 年 5 月 24 日
三　酸	诸城市程戈庄镇前岳戈庄村	45	男	1945 年 5 月 24 日
老帅毛	诸城市程戈庄镇前岳戈庄村	50	男	1945 年 5 月 24 日
林神汉子	诸城市程戈庄镇前岳戈庄村	45	男	1945 年 5 月 24 日
李栗子	诸城市程戈庄镇前岳戈庄村	19	男	1945 年 5 月 24 日
李栗子之女	诸城市程戈庄镇前岳戈庄村	2	女	1945 年 5 月 24 日
李大漫眼	诸城市程戈庄镇前岳戈庄村	37	男	1945 年 5 月 24 日
李大漫眼之子	诸城市程戈庄镇前岳戈庄村	5	男	1945 年 5 月 24 日
小　君	诸城市程戈庄镇前岳戈庄村	4	男	1945 年 5 月 24 日
三杠子	诸城市程戈庄镇前岳戈庄村	37	男	1945 年 5 月 24 日
小　群	诸城市程戈庄镇前岳戈庄村	40	男	1945 年 5 月 24 日
小　叶	诸城市程戈庄镇前岳戈庄村	20	男	1945 年 5 月 24 日
李洪绪	诸城市程戈庄镇前岳戈庄村	28	男	1945 年 5 月 24 日
马　猴	诸城市程戈庄镇前岳戈庄村	45	男	1945 年 5 月 24 日
老胡咟	诸城市程戈庄镇前岳戈庄村	67	男	1945 年 5 月 24 日
刮嚓罐	诸城市程戈庄镇前岳戈庄村	30	男	1945 年 5 月 24 日

姓　名	籍　贯	年　龄	性　别	死难时间
大姑娘	诸城市程戈庄镇前岳戈庄村	26	男	1945 年 5 月 24 日
赵夕厚	诸城市程戈庄镇前岳戈庄村	23	男	1945 年 5 月 24 日
大马虎	诸城市程戈庄镇前岳戈庄村	46	男	1945 年 5 月 24 日
小　牛	诸城市程戈庄镇前岳戈庄村	21	男	1945 年 5 月 24 日
李　氏	诸城市程戈庄镇前岳戈庄村	42	女	1945 年 5 月 24 日
李　×	诸城市程戈庄镇前岳戈庄村	26	男	1945 年 5 月 24 日
葱	诸城市程戈庄镇前岳戈庄村	36	男	1945 年 5 月 24 日
小妮子	诸城市程戈庄镇前岳戈庄村	19	女	1945 年 5 月 24 日
李夕宝	诸城市程戈庄镇前岳戈庄村	39	男	1945 年 5 月 24 日
小　纺	诸城市程戈庄镇前岳戈庄村	5	男	1945 年 5 月 24 日
带嫚儿	诸城市程戈庄镇前岳戈庄村	12	女	1945 年 5 月 24 日
差把头	诸城市程戈庄镇前岳戈庄村	52	男	1945 年 5 月 24 日
刘老大	诸城市程戈庄镇前岳戈庄村	38	男	1945 年 5 月 24 日
刘　氏	诸城市程戈庄镇前岳戈庄村	68	女	1945 年 5 月 24 日
腾县客	诸城市程戈庄镇前岳戈庄村	58	男	1945 年 5 月 24 日
李希正	诸城市程戈庄镇前岳戈庄村	33	男	1945 年 5 月 24 日
李洪藻	诸城市程戈庄镇前岳戈庄村	32	男	1945 年 5 月 24 日
三织匠	诸城市程戈庄镇前岳戈庄村	56	男	1945 年 5 月 24 日
五　吹	诸城市程戈庄镇前岳戈庄村	38	男	1945 年 5 月 24 日
小　碾	诸城市程戈庄镇前岳戈庄村	5	男	1945 年 5 月 24 日
大剪子	诸城市程戈庄镇前岳戈庄村	42	男	1945 年 5 月 24 日
枝	诸城市程戈庄镇前岳戈庄村	39	男	1945 年 5 月 24 日
枝之子	诸城市程戈庄镇前岳戈庄村	5	男	1945 年 5 月 24 日
镯　子	诸城市程戈庄镇前岳戈庄村	11	女	1945 年 5 月 24 日
抹　子	诸城市程戈庄镇前岳戈庄村	9	女	1945 年 5 月 24 日
抹子之妹	诸城市程戈庄镇前岳戈庄村	7	女	1945 年 5 月 24 日
小　文	诸城市程戈庄镇前岳戈庄村	16	女	1945 年 5 月 24 日
根　军	诸城市程戈庄镇前岳戈庄村	14	男	1945 年 5 月 24 日
扑　子	诸城市程戈庄镇前岳戈庄村	9	男	1945 年 5 月 24 日
兰	诸城市程戈庄镇前岳戈庄村	7	女	1945 年 5 月 24 日
小　五	诸城市程戈庄镇前岳戈庄村	21	男	1945 年 5 月 24 日
大　黑	诸城市程戈庄镇前岳戈庄村	18	男	1945 年 5 月 24 日
小　敏	诸城市程戈庄镇前岳戈庄村	11	女	1945 年 5 月 24 日
大　拽	诸城市程戈庄镇岳戈庄村	42	男	1945 年 5 月 24 日

姓　名	籍　贯	年　龄	性　别	死难时间
李志海	诸城市程戈庄镇岳戈庄村	19	男	1945 年 5 月 24 日
二道士	诸城市程戈庄镇岳戈庄村	60	男	1945 年 5 月 24 日
冬	诸城市程戈庄镇岳戈庄村	19	男	1945 年 5 月 24 日
安	诸城市程戈庄镇岳戈庄村	17	男	1945 年 5 月 24 日
大　叶	诸城市程戈庄镇岳戈庄村	40	男	1945 年 5 月 24 日
宝　义	诸城市程戈庄镇岳戈庄村	30	男	1945 年 5 月 24 日
任作祥	诸城市程戈庄镇岳戈庄村	37	男	1945 年 5 月 24 日
八　月	诸城市程戈庄镇岳戈庄村	21	男	1945 年 5 月 24 日
小留孩	诸城市程戈庄镇岳戈庄村	54	男	1945 年 5 月 24 日
丑	诸城市程戈庄镇岳戈庄村	30	男	1945 年 5 月 24 日
李纪维	诸城市程戈庄镇岳戈庄村	62	男	1945 年 5 月 24 日
刘老二	诸城市程戈庄镇岳戈庄村	32	男	1945 年 5 月 24 日
李桂斗	诸城市程戈庄镇岳戈庄村	62	男	1945 年 5 月 24 日
李云勋	诸城市程戈庄镇岳戈庄村	19	男	1945 年 5 月 24 日
坡	诸城市程戈庄镇岳戈庄村	20	男	1945 年 5 月 24 日
李元庆	诸城市程戈庄镇岳戈庄村	63	男	1945 年 5 月 24 日
李东来之次女	诸城市程戈庄镇前岳戈庄村	9	女	1945 年 5 月 24 日
大干净	诸城市程戈庄镇前岳戈庄村	42	男	1945 年 5 月 24 日
辈	诸城市程戈庄镇前岳戈庄村	26	男	1945 年 5 月 24 日
王金棍	诸城市程戈庄镇前岳戈庄村	42	男	1945 年 5 月 24 日
王　氏	诸城市程戈庄镇前岳戈庄村	68	女	1945 年 5 月 24 日
虱　子	诸城市程戈庄镇前岳戈庄村	50	男	1945 年 5 月 24 日
郑东来	诸城市程戈庄镇前岳戈庄村	29	男	1945 年 5 月 24 日
睃不上	诸城市程戈庄镇前岳戈庄村	25	男	1945 年 5 月 24 日
郑大把之次子	诸城市程戈庄镇前岳戈庄村	8	男	1945 年 5 月 24 日
小　孩	诸城市程戈庄镇前岳戈庄村	12	男	1945 年 5 月 24 日
李元庆之妻	诸城市程戈庄镇前岳戈庄村	62	女	1945 年 5 月 24 日
李元庆之儿媳	诸城市程戈庄镇前岳戈庄村	40	女	1945 年 5 月 24 日
周氏之子	诸城市程戈庄镇前岳戈庄村	12	男	1945 年 5 月 24 日
二老殷	诸城市程戈庄镇前岳戈庄村	38	男	1945 年 5 月 24 日
高　二	诸城市石桥子镇小朱苏铺	48	男	1945 年 5 月
曾兆贵	诸城市程戈庄镇西臧家庄村	60	男	1945 年 5 月
朱风祖	诸城市程戈庄镇西臧家庄村	45	男	1945 年 5 月
小　兰	诸城市程戈庄镇西楼子村	15	女	1945 年 5 月

姓 名	籍 贯	年 龄	性 别	死难时间
武 子	诸城市程戈庄镇西楼子村	6	男	1945 年 5 月
周祁氏	诸城市程戈庄镇西楼子村	39	女	1945 年 5 月
刘明三	诸城市程戈庄镇西楼子村	44	男	1945 年 5 月
李 河	诸城市程戈庄镇后卜落林子村	57	男	1945 年 5 月
李 五	诸城市程戈庄镇后卜落林子村	49	男	1945 年 5 月
织 匠	诸城市程戈庄镇后卜落林子村	30	男	1945 年 5 月
王金河	诸城市程戈庄镇任家庄子村	22	男	1944 年 12 月
郑乐民	诸城市程戈庄镇任家庄子村	22	男	1945 年 5 月
需 臣	诸城市程戈庄镇任家庄子村	25	男	1945 年 5 月
座 包	诸城市程戈庄镇任家庄子村	23	男	1945 年 5 月
郑大培	诸城市程戈庄镇任家庄子村	33	男	1945 年 5 月
赵夕春	诸城市程戈庄镇任家庄子村	41	男	1945 年 5 月
小 保	诸城市程戈庄镇前岳戈庄村	30	男	1945 年 5 月
小 扑	诸城市程戈庄镇前岳戈庄村	16	男	1945 年 5 月
大 妹	诸城市程戈庄镇前岳戈庄村	6	女	1945 年 5 月
小 嫚	诸城市程戈庄镇前岳戈庄村	1	女	1945 年 5 月
李子良	诸城市程戈庄镇前岳戈庄村	60	男	1945 年 5 月
李培业	诸城市程戈庄镇前岳戈庄村	37	男	1945 年 5 月
黍 子	诸城市程戈庄镇前岳戈庄村	12	男	1945 年 5 月
围	诸城市程戈庄镇前岳戈庄村	17	女	1945 年 5 月
围之妹	诸城市程戈庄镇前岳戈庄村	15	女	1945 年 5 月
帅洪谊	诸城市程戈庄镇前岳戈庄村	38	男	1945 年 5 月
二杆子	诸城市程戈庄镇前岳戈庄村	36	男	1945 年 5 月
帅任民	诸城市程戈庄镇前岳戈庄村	70	女	1945 年 5 月
小 进	诸城市程戈庄镇前岳戈庄村	35	男	1945 年 5 月
李 氏	诸城市程戈庄镇前岳戈庄村	36	女	1945 年 5 月
小 挑	诸城市程戈庄镇前岳戈庄村	12	女	1945 年 5 月
小 隔	诸城市程戈庄镇前岳戈庄村	9	女	1945 年 5 月
王培金	诸城市程戈庄镇前岳戈庄村	40	男	1945 年 5 月
李华林	诸城市程戈庄镇前岳戈庄村	52	男	1945 年 5 月
小 顺	诸城市程戈庄镇前岳戈庄村	18	男	1945 年 5 月
小 聚	诸城市程戈庄镇前岳戈庄村	26	男	1945 年 5 月
帅 氏	诸城市程戈庄镇前岳戈庄村	53	女	1945 年 5 月
小布袋	诸城市程戈庄镇前岳戈庄村	5	男	1945 年 5 月

姓　名	籍　贯	年　龄	性　别	死难时间
大不管	诸城市程戈庄镇前岳戈庄村	43	男	1945 年 5 月
锁不上	诸城市程戈庄镇前岳戈庄村	20	男	1945 年 5 月
二不论	诸城市程戈庄镇前岳戈庄村	41	男	1945 年 5 月
石　头	诸城市程戈庄镇前岳戈庄村	8	男	1945 年 5 月
伦　嫚	诸城市程戈庄镇前岳戈庄村	19	女	1945 年 5 月
郑高氏	诸城市程戈庄镇前岳戈庄村	44	女	1945 年 5 月
李十三	诸城市程戈庄镇前岳戈庄村	26	男	1945 年 5 月
李十三之女	诸城市程戈庄镇前岳戈庄村	7	女	1945 年 5 月
狮　子	诸城市程戈庄镇前岳戈庄村	39	男	1945 年 5 月
大　发	诸城市程戈庄镇前岳戈庄村	24	男	1945 年 5 月
井　丘	诸城市程戈庄镇前岳戈庄村	19	男	1945 年 5 月
帅　氏	诸城市程戈庄镇前岳戈庄村	23	女	1945 年 5 月
帅　氏	诸城市程戈庄镇前岳戈庄村	19	女	1945 年 5 月
帅树本	诸城市程戈庄镇前岳戈庄村	37	男	1945 年 5 月
冬　孩	诸城市程戈庄镇前岳戈庄村	21	男	1945 年 5 月
帅洪恩	诸城市程戈庄镇前岳戈庄村	52	男	1945 年 5 月
帅　月	诸城市程戈庄镇前岳戈庄村	70	男	1945 年 5 月
帅麻子	诸城市程戈庄镇前岳戈庄村	40	男	1945 年 5 月
炉　子	诸城市程戈庄镇前岳戈庄村	27	男	1945 年 5 月
帅李氏	诸城市程戈庄镇前岳戈庄村	25	女	1945 年 5 月
三明士	诸城市程戈庄镇前岳戈庄村	42	男	1945 年 5 月
小　叶	诸城市程戈庄镇前岳戈庄村	20	男	1945 年 5 月
三　黄	诸城市程戈庄镇前岳戈庄村	19	男	1945 年 5 月
聋　汉	诸城市程戈庄镇前岳戈庄村	70	女	1945 年 5 月
小　路	诸城市程戈庄镇前岳戈庄村	37	男	1945 年 5 月
根	诸城市程戈庄镇前岳戈庄村	35	男	1945 年 5 月
正　月	诸城市程戈庄镇前岳戈庄村	26	男	1945 年 5 月
林郭氏	诸城市程戈庄镇前岳戈庄村	32	女	1945 年 5 月
小　铺	诸城市程戈庄镇前岳戈庄村	19	男	1945 年 5 月
小根治	诸城市程戈庄镇前岳戈庄村	12	男	1945 年 5 月
小　掠	诸城市程戈庄镇前岳戈庄村	18	女	1945 年 5 月
神汉子之子	诸城市程戈庄镇前岳戈庄村	14	男	1945 年 5 月
小	诸城市程戈庄镇前岳戈庄村	13	男	1945 年 5 月
大　嫚	诸城市程戈庄镇前岳戈庄村	10	女	1945 年 5 月

姓 名	籍 贯	年龄	性别	死难时间
小 嫚	诸城市程戈庄镇前岳戈庄村	7	女	1945 年 5 月
李东来	诸城市程戈庄镇前岳戈庄村	31	男	1945 年 5 月
李 氏	诸城市程戈庄镇前岳戈庄村	29	女	1945 年 5 月
顺 义	诸城市程戈庄镇前岳戈庄村	13	男	1945 年 5 月
李东来之长女	诸城市程戈庄镇前岳戈庄村	11	女	1945 年 5 月
狮 子	诸城市程戈庄镇前岳戈庄村	24	男	1945 年 5 月
李 王	诸城市程戈庄镇前岳戈庄村	39	男	1945 年 5 月
李帅氏	诸城市程戈庄镇前岳戈庄村	37	女	1945 年 5 月
小 寨	诸城市程戈庄镇前岳戈庄村	12	男	1945 年 5 月
小 花	诸城市程戈庄镇前岳戈庄村	8	女	1945 年 5 月
李粘粥	诸城市程戈庄镇前岳戈庄村	72	男	1945 年 5 月
李 氏	诸城市程戈庄镇前岳戈庄村	70	女	1945 年 5 月
辈	诸城市程戈庄镇前岳戈庄村	25	男	1945 年 5 月
篮 子	诸城市程戈庄镇前岳戈庄村	47	男	1945 年 5 月
黄胡闪	诸城市程戈庄镇前岳戈庄村	40	男	1945 年 5 月
四婆娘	诸城市程戈庄镇前岳戈庄村	60	男	1945 年 5 月
哑 巴	诸城市程戈庄镇前岳戈庄村	38	男	1945 年 5 月
百 岁	诸城市程戈庄镇前岳戈庄村	36	男	1945 年 5 月
祁朱氏	诸城市程戈庄镇前岳戈庄村	29	女	1945 年 5 月
林同邦	诸城市程戈庄镇前岳戈庄村	42	男	1945 年 5 月
五 月	诸城市程戈庄镇前岳戈庄村	23	男	1945 年 5 月
长 头	诸城市程戈庄镇前岳戈庄村	26	男	1945 年 5 月
小 嫚	诸城市程戈庄镇前岳戈庄村	3	女	1945 年 5 月
网 子	诸城市程戈庄镇前岳戈庄村	47	男	1945 年 5 月
王金升	诸城市程戈庄镇前岳戈庄村	26	男	1945 年 5 月
周大鼻	诸城市程戈庄镇前岳戈庄村	38	男	1945 年 5 月
李启金	诸城市程戈庄镇前岳戈庄村	28	男	1945 年 5 月
绿	诸城市程戈庄镇前岳戈庄村	4	女	1945 年 5 月
改	诸城市程戈庄镇前岳戈庄村	2	女	1945 年 5 月
香油壶	诸城市程戈庄镇前岳戈庄村	38	男	1945 年 5 月
花	诸城市程戈庄镇前岳戈庄村	20	男	1945 年 5 月
李春林	诸城市程戈庄镇前岳戈庄村	41	男	1945 年 5 月
李启孝	诸城市程戈庄镇前岳戈庄村	41	男	1945 年 5 月
瓦	诸城市程戈庄镇前岳戈庄村	21	男	1945 年 5 月

姓 名	籍 贯	年 龄	性 别	死难时间
夯	诸城市程戈庄镇前岳戈庄村	24	男	1945 年 5 月
王 培	诸城市程戈庄镇前岳戈庄村	48	男	1945 年 5 月
喇 嘛	诸城市程戈庄镇前岳戈庄村	17	男	1945 年 5 月
陶老子	诸城市程戈庄镇前岳戈庄村	21	男	1945 年 5 月
跟 跸	诸城市程戈庄镇前岳戈庄村	20	男	1945 年 5 月
小 社	诸城市程戈庄镇前岳戈庄村	23	男	1945 年 5 月
祁二蟹子	诸城市程戈庄镇前岳戈庄村	60	男	1945 年 5 月
小 眼	诸城市程戈庄镇前岳戈庄村	38	男	1945 年 5 月
渣煞胡子	诸城市程戈庄镇前岳戈庄村	41	男	1945 年 5 月
安文礼	诸城市皇华镇杨村	50	男	1945 年 5 月
韩培坤	诸城市舜王街道马兰河子村	25	男	1945 年 5 月
董泽顺	诸城市桃林乡董家庄子村	45	男	1945 年 6 月 15 日
董泽普	诸城市桃林乡董家庄子村	56	男	1945 年 6 月 15 日
曹张氏	诸城市舜王街道臧家崖头村	52	女	1945 年 6 月
刘顺列	诸城市吕标镇大英村	25	男	1945 年 6 月
张庆福	诸城市枳沟镇北杏村	28	男	1945 年 6 月
利	诸城市程戈庄镇后疃村	21	男	1945 年 6 月
蛤蟆嘴	诸城市程戈庄镇友谊村	42	男	1945 年 6 月
帽	诸城市九台镇中九台村	32	男	1945 年 4 月
帽之妻	诸城市九台镇中九台村	30	女	1945 年 6 月
帽之小女	诸城市九台镇中九台村	6	女	1945 年 6 月
王利先	诸城市桃林乡岳戈庄村	38	男	1945 年 6 月
范维升	诸城市桃林乡董家庄子村	19	男	1945 年 5 月 10 日
王辉义	诸城市皇华镇南马家崖头村	60	男	1945 年 6 月
夏乐虎	诸城市皇华镇东小庄村	46	男	1945 年 6 月
杜 峰	诸城市辛兴镇前米沟村	47	男	1945 年 6 月
刘松海	诸城市马庄镇杨家夏庄村	24	男	1945 年 6 月
李同荣	诸城市孟疃镇大下坡村	19	男	1945 年 6 月
刘汝贤	诸城市马庄镇珠藏村	23	男	1945 年 6 月
于作洪	诸城市马庄镇程家庄子村	22	男	1945 年 6 月
刘文贡	诸城市马庄镇大马庄村	23	男	1941 年 6 月
李子良	诸城市程戈庄镇前岳戈庄村	54	男	1945 年 7 月 3 日
李金海之姐	诸城市程戈庄镇前岳戈庄村	4	女	1945 年 7 月 3 日
祁法礼之姐	诸城市程戈庄镇前岳戈庄村	13	女	1945 年 7 月 3 日

姓 名	籍 贯	年 龄	性 别	死难时间
祁法礼之姐	诸城市程戈庄镇前岳戈庄村	11	女	1945 年 7 月 3 日
李乐松之兄	诸城市程戈庄镇前岳戈庄村	9	男	1945 年 7 月 3 日
李乐松之姐	诸城市程戈庄镇前岳戈庄村	7	女	1945 年 7 月 3 日
王木华之兄	诸城市程戈庄镇前岳戈庄村	7	男	1945 年 7 月 3 日
王木华之兄	诸城市程戈庄镇前岳戈庄村	5	男	1945 年 7 月 3 日
周德利之姐	诸城市程戈庄镇前岳戈庄村	15	女	1945 年 7 月 3 日
周德利之兄	诸城市程戈庄镇前岳戈庄村	14	男	1945 年 7 月 3 日
祁明新之姐	诸城市程戈庄镇前岳戈庄村	9	女	1945 年 7 月 3 日
祁明新之兄	诸城市程戈庄镇前岳戈庄村	7	男	1945 年 7 月 3 日
林乐仁之姐	诸城市程戈庄镇前岳戈庄村	6	女	1945 年 7 月 3 日
林乐仁之姐	诸城市程戈庄镇前岳戈庄村	2	女	1945 年 7 月 3 日
李其彩之兄	诸城市程戈庄镇前岳戈庄村	8	男	1945 年 7 月 3 日
李其彩之姐	诸城市程戈庄镇前岳戈庄村	10	女	1945 年 7 月 3 日
帅树芳之兄	诸城市程戈庄镇前岳戈庄村	9	男	1945 年 7 月 3 日
根 军	诸城市程戈庄镇前岳戈庄村	14	男	1945 年 7 月 3 日
林乐财之兄	诸城市程戈庄镇前岳戈庄村	8	男	1945 年 7 月 3 日
帅树芳之妹	诸城市程戈庄镇前岳戈庄村	7	女	1945 年 7 月 3 日
郑连海之叔	诸城市程戈庄镇前岳戈庄村	13	男	1945 年 7 月 3 日
郑连海之姑	诸城市程戈庄镇前岳戈庄村	9	女	1945 年 7 月 3 日
李京松之姐	诸城市程戈庄镇前岳戈庄村	15	女	1945 年 7 月 3 日
姑 子	诸城市程戈庄镇前岳戈庄村	28	男	1945 年 7 月 3 日
李启标之侄	诸城市程戈庄镇前岳戈庄村	3 个月	男	1945 年 7 月 3 日
帅金全之姑	诸城市程戈庄镇前岳戈庄村	22	女	1945 年 7 月 3 日
殷张氏	诸城市百尺河镇大于家庄西村	75	女	1945 年 7 月 8 日
刘张氏	诸城市百尺河镇大于家庄西村	27	女	1945 年 7 月 8 日
丁李氏	诸城市百尺河镇大于家庄西村	35	女	1945 年 7 月 8 日
马刘氏	诸城市百尺河镇大于家庄西村	49	女	1945 年 7 月 8 日
张臧氏	诸城市百尺河镇大于家庄西村	61	女	1945 年 7 月 8 日
于建成	诸城市百尺河镇大于家庄西村	32	男	1945 年 7 月 8 日
杨彦氏	诸城市百尺河镇大于家庄西村	36	女	1945 年 7 月 8 日
刘量弟	诸城市百尺河镇大于家庄西村	—	男	1945 年 7 月 8 日
刘刘氏	诸城市百尺河镇大于家庄西村	23	女	1945 年 7 月 8 日
管泽顺	诸城市百尺河镇大于家庄西村	48	男	1945 年 7 月 8 日
杨小二	诸城市百尺河镇大于家庄西村	2	男	1945 年 7 月 8 日

姓　名	籍　贯	年　龄	性　别	死难时间
史奎来	诸城市桃林乡史家沟村	29	男	1945 年 7 月 11 日
李乐章	诸城市吕标镇大化村	40	男	1945 年 7 月
张　春	诸城市郝戈庄镇石泉村	18	男	1945 年 7 月
王夕照	诸城市昌城镇沈家双塘村	55	男	1945 年 7 月
郑佃忠	诸城市昌城镇乔家巴山村	32	男	1945 年 7 月
张德胜	诸城市皇华镇朱泮二村	21	男	1945 年 7 月
朱洪军	诸城市皇华镇朱泮二村	28	男	1945 年 7 月
胡　七	诸城市皇华镇朱泮二村	23	男	1945 年 7 月
房　三	诸城市皇华镇朱泮二村	25	男	1945 年 7 月
朱李氏	诸城市皇华镇朱泮三村	36	女	1938 年 10 月
张　五	诸城市皇华镇东小庄村	47	男	1945 年 7 月
朱本堂	诸城市皇华镇东小庄村	40	男	1945 年 7 月
管廷秀	诸城市林家村镇贤河村	22	男	1945 年 7 月
丁世明	诸城市林家村镇东公村	24	男	1945 年 7 月
董大台	诸城市马庄镇东朱堡村	21	男	1945 年 7 月
王宽福	诸城市枳沟镇西安村	21	男	1945 年 8 月
张重楼	诸城市马庄镇张家灌津村	19	男	1945 年 8 月
张顺斋	诸城市马庄镇张家灌津村	21	男	1945 年 8 月
王丰山	诸城市马庄镇张家灌津村	36	男	1945 年 8 月
张德英	诸城市马庄镇张家灌津村	43	男	1945 年 8 月
史京元	诸城市石桥子镇史家官庄村	28	男	1945 年 8 月
王苗苗	诸城市石桥子镇史家官庄村	15	女	1945 年 8 月
一眼项	诸城市石桥子镇史家官庄村	27	男	1945 年 8 月
郑旭光	诸城市程戈庄镇程戈庄二村	32	男	1945 年 8 月
周　四	诸城市程戈庄镇大焦家庄子村	23	男	1945 年 8 月
孙洪升	诸城市瓦店镇蔡家沟村	20	男	1945 年 8 月
孙玉臣	诸城市瓦店镇蔡家沟村	48	男	1945 年 8 月
管廷森	诸城市林家村镇林家村二村	20	男	1945 年 8 月
管廷修	诸城市林家村镇槐树荣村	23	男	1945 年 8 月
钟建有	诸城市林家村镇槐树荣村	26	男	1945 年 8 月
于得水	诸城市林家村镇贤河村	22	男	1945 年 8 月
杨连武	诸城市马庄镇杨家夏庄村	21	男	1945 年 8 月
张领头	诸城市马庄镇岳戈庄村	24	男	1945 年 8 月
赵得荣	诸城市舜王街道西村	22	男	1945 年 9 月

姓　名	籍　贯	年　龄	性　别	死难时间
陈子英	诸城市枳沟镇北老村	32	男	1945 年 9 月
侯学荣	诸城市枳沟镇侯家屯村	24	男	1945 年 9 月
张西崖	诸城市孟疃镇井邱三村	27	男	1945 年 9 月
张希耕	诸城市马庄镇夏家营子村	29	男	1945 年 9 月
史　章	诸城市石桥子镇史家官庄村	32	男	1945 年 9 月
董文俭	诸城市桃林乡董家庄子村	18	男	1945 年 5 月 10 日
寇　文	诸城市皇华镇杨村	52	男	1945 年 5 月
王宗文	诸城市辛兴镇王屯村	24	男	1945 年 9 月
迟召善	诸城市桃林乡三官庙村	27	男	1945 年 9 月
刘加祥	诸城市石桥子镇常吉疃村	23	男	1945 年 9 月
杨奎忠	诸城市程戈庄镇程戈庄一村	33	男	1945 年 9 月
张孟玉	诸城市桃林乡初家沟村	30	男	1945 年 9 月
周云香	诸城市桃林乡土楼村	20	男	1945 年 9 月
万克元	诸城市贾悦镇万家埠村	21	男	1945 年 9 月
于洪升	诸城市马庄镇程家庄子村	22	男	1945 年 9 月
赵　荣	诸城市马庄镇解家庄村	23	男	1945 年 9 月
丁汝礼	诸城市舜王街道中朱尹村	21	男	1945 年
张瑞福之父	诸城市舜王街道后松园村	47	男	1945 年
马友草	诸城市吕标镇南王庄村	24	男	1945 年
王　二	诸城市枳沟镇北老屯村	—	男	1945 年
王瑞祥	诸城市郝戈庄镇贾戈庄村	23	男	1945 年
刘　臣	诸城市郝戈庄镇贾戈庄村	22	男	1945 年
火　关	诸城市贾悦镇韩庄二村	—	男	1945 年
陈继廷	诸城市贾悦镇向阳村	49	男	1945 年
王忠力	诸城市孟疃镇河西村	20	男	1945 年
秃　丝	诸城市马庄镇珠藏村	20	男	1945 年
韩腊月	诸城市石桥子镇里丈村	6	男	1945 年
朱小磊	诸城市百尺河镇后于家庄村	13	女	1945 年
张魏氏	诸城市百尺河镇后于家庄村	45	女	1945 年
张李氏	诸城市百尺河镇后于家庄村	46	女	1945 年
张秀勋	诸城市百尺河镇后于家庄村	39	男	1945 年
王方德	诸城市百尺河镇小楼子村	22	男	1945 年
战　子	诸城市百尺河镇后大村	53	男	1945 年
宝	诸城市百尺河镇后大村	34	男	1945 年

姓 名	籍 贯	年 龄	性 别	死难时间
老工匠	诸城市瓦店镇马山后村	50	男	1945 年
大细祥	诸城市瓦店镇马山后村	51	男	1945 年
丁统平	诸城市桃林乡管家沟村	27	男	1945 年
苏爱珠	诸城市枳沟镇一村	19	男	1945 年
泮德功	诸城市林家村镇小辛庄	19	男	1945 年
董大有	诸城市马庄镇东朱堡村	34	男	1945 年
祝培京	诸城市石桥子镇新疃村	33	男	1945 年
刘金友	诸城市石桥子镇枳房村	19	男	1945 年
刘金泉	诸城市石桥子镇刘家清河村	25	男	1945 年
刘桂法	诸城市孟疃镇老庄子村	34	男	1945 年
杨桂祥	诸城市马庄镇镇武庙村	30	男	1943 年 2 月
于 三	诸城市密州街道丁家花园村	55	男	—
赵与莲之子	诸城市密州街道连丰村	—	男	—
刘云吉	诸城市密州街道连丰村	—	男	—
管不理	诸城市密州街道杨家岭村	22	男	—
董玉明之子	诸城市密州街道杨家岭村	24	男	—
小石头	诸城市密州街道东冯家庄子村	20	男	—
王小猪	诸城经济开发区东丁家庄子村	54	男	1938 年 12 月 21 日
闫守庆	诸城市贾悦镇王家同村	—	男	—
苗子之父	诸城市孟疃镇花园村	31	男	—
鞠光智	诸城市孟疃镇花园村	53	男	—
韩元成	诸城市孟疃镇别家官庄村	35	男	—
董金风	诸城市孟疃镇别家官庄村	22	男	—
鞠树继之父	诸城市孟疃镇前张庄村	62	男	—
王春方	诸城市石桥子镇白家岳旺村	28	男	—
何 女	诸城市石桥子镇白家岳旺村	28	女	—
王花祥	诸城市石桥子镇白家岳旺村	45	男	—
白约汉	诸城市石桥子镇白家岳旺村	20	男	—
马清照	诸城市石桥子镇石桥子村	—	男	—
王富烈	诸城市石桥子镇小辛兴村	20	男	—
石 红	诸城市石桥子镇半倒井子村	23	男	—
石永玉	诸城市石桥子镇半倒井子村	21	男	—
杨发财	诸城市石桥子镇半倒井子村	21	男	—
王夕录	诸城市石桥子镇彭戈庄村	47	男	—

姓　名	籍　贯	年　龄	性　别	死难时间
刘有民	诸城市石桥子镇彭戈庄村	52	男	—
赵方臣	诸城市石桥子镇赵家庄子村	26	男	—
李相荣	诸城市石桥子镇后王院村	75	男	—
王炳文	诸城市昌城镇东河崖村	47	男	—
隋风停	诸城市昌城镇东河崖村	36	男	—
隋金雪	诸城市昌城镇东河崖村	9	女	—
隋金康	诸城市昌城镇东河崖村	12	男	—
隋刘氏	诸城市昌城镇东河崖村	27	女	—
王正弟	诸城市昌城镇东河崖村	57	男	—
孙刘氏	诸城市昌城镇东河崖村	47	女	—
隋福坤	诸城市昌城镇东河崖村	43	男	—
刘传润	诸城市昌城镇大重兴村	30	男	1941 年 2 月
大太保	诸城市瓦店镇西仲金口村	71	男	—
小木匠	诸城市瓦店镇西仲金口村	42	男	—
管廷希之祖父	诸城市瓦店镇西仲金口村	70	男	—
王明之五兄	诸城市瓦店镇西仲金口村	24	男	—
曹　介	诸城市瓦店镇西仲金口村	70	男	—
刘全富	诸城市桃园乡岳阳村	30	男	—
张　松	诸城市瓦店镇西仲金口村	—	男	—
梁玉培	诸城市瓦店镇孟家窑村	32	男	—
台其春	诸城市昌城镇吴家庄村	35	男	—
赵友光	诸城市昌城镇官庄村	37	男	—
曲金喜之子	诸城市桃园乡东红村	—	男	—
曲金喜之媳	诸城市桃园乡东红村	—	女	—
闫海廷	诸城市桃园乡石河头村	36	男	—
阚成先	诸城市石桥子镇大朱苏铺村	—	男	—
张洪与	诸城市石桥子镇张家岳旺村	21	男	—
张　省	诸城市石桥子镇张家岳旺村	30	男	—
王丕堂	诸城市程戈庄镇东涝戈庄村	24	男	—
杜志东	诸城市程戈庄镇东涝戈庄村	20	男	—
李彦昌	诸城市程戈庄镇宋戈庄村	29	男	—
韩培堂	诸城市程戈庄镇东涝戈庄村	31	男	—
王洪烈	诸城市程戈庄镇东涝戈庄村	25	男	—
李茂戈	诸城市程戈庄镇大焦家庄子村	26	男	—

姓 名	籍 贯	年 龄	性 别	死难时间
张春逢	诸城市程戈庄镇大焦家庄子村	35	男	—
臧洪飞	诸城市桃林乡李子园村	—	男	—
傅 源	诸城市舜王街道东郭家埠村	25	男	—
丁德合	诸城市舜王街道东丁家庄村	17	男	—
丁德华	诸城市舜王街道东丁家庄村	20	男	—
管恩三	诸城市林家村镇林家村一村	28	男	—
孙爱亭	诸城市皇华镇大庄村	34	男	—
刘相卫	诸城市皇华镇大庄村	—	男	—
丁雁海	诸城市皇华镇杨村	37	男	—
张锡宏	诸城市皇华镇位井子村	42	男	—
王炳功	诸城市龙都街道小栗元村	27	男	—
李福仁	诸城市龙都街道小栗元村	23	男	—
李福顺	诸城市龙都街道小栗元村	29	男	—
杨玉廷	诸城市龙都街道小栗元村	32	男	—
杨玉发	诸城市龙都街道小栗元村	28	男	—
王元圻	诸城市龙都街道小栗元村	24	男	—
李增福	诸城市龙都街道小栗元村	22	男	—
娄海福	诸城市龙都街道小栗元村	21	男	—
王 信	诸城市龙都街道小栗元村	45	男	—
苏德方	诸城市龙都街道沙戈庄村	20	男	—
葛德顺	诸城市密州街道	45	男	—
杨德仁	诸城市密州街道	51	男	—
商步云	诸城市密州街道	44	男	—
王振华	诸城市密州街道	31	男	—
刘济亭	诸城市密州街道	23	男	—
管时见	诸城市密州街道	38	男	—
徐砚田	诸城市密州街道	32	男	—
仲凤亭	诸城市密州街道	24	男	—
王启昌	诸城市密州街道	38	男	—
刘耀宗	诸城市密州街道	24	男	—
王家祥	诸城市密州街道	44	男	—
王相喜	诸城市密州街道	24	男	—
郭斗甫	诸城市密州街道	27	男	—
仲凤会	诸城市密州街道	42	男	—

姓　名	籍　贯	年　龄	性　别	死难时间
辛德江	诸城市密州街道	20	男	—
张玉深	诸城市密州街道	24	男	—
戴炳臣	诸城市密州街道黄疃村	24	男	—
李茂明	诸城市密州街道黄疃村	25	男	—
李凤明	诸城市密州街道朱扶河村	30	男	—
张德祥	诸城市密州街道朱扶河村	24	男	—
邦立君	诸城市密州街道朱扶河村	34	男	—
王　池	诸城市密州街道大书堂村	20	男	—
王树昌	诸城市郭家屯镇李家庄村	36	男	—
王瑞海	诸城市郭家屯镇封家岭村	40	男	—
高其贵	诸城市枳沟镇凤皇官庄村	28	男	—
张崇军	诸城市枳沟镇普庆村	24	男	—
张德记	诸城市枳沟镇普庆村	18	男	—
王德福	诸城市贾悦镇王庄村	30	男	—
杨进清	诸城市贾悦镇王庄村	26	男	—
隋长顺	诸城市贾悦镇荣子村	20	男	—
王金文	诸城市贾悦镇李二庄村	—	男	—
王友维	诸城市贾悦镇贾悦西村	—	男	—
宋文价	诸城市	45	男	—
苑文之	诸城市	25	男	—
王建高	诸城市	35	男	—
王宝君	诸城市	24	男	—
尚父德	诸城市	31	男	—
孙　合	诸城市	—	男	—
葛福益	诸城市	28	男	—
颜瑞祥	诸城市	35	男	—
李贵忠	诸城市	28	男	—
周非有	诸城市	26	男	—
李其瑞	诸城市	25	男	—
张知烟	诸城市	27	男	—
陈锡年	诸城市	28	男	—
郑方廷	诸城市	20	男	—
吕中外	诸城市	25	男	—
李明斋	诸城市	25	男	—

姓　名	籍　贯	年　龄	性　别	死难时间
陈永和	诸城市	24	男	—
张洪禄	诸城市	49	男	—
王学安	诸城市	18	男	—
徐信斋	诸城市	28	男	—
周其高	诸城市	27	男	—
王玉奎	诸城市	22	男	—
于清海	诸城市	23	男	—
张明义	诸城市	26	男	—
王后泰	诸城市	24	男	—
孙锡同	诸城市	22	男	—
韩学德	诸城市	25	男	—
杨玉臣	诸城市	20	男	—
李任方	诸城市	18	男	—
苗成全	诸城市	30	男	—
李之进	诸城市	25	男	—
董廷树	诸城市	22	男	—
邱多利	诸城市	22	男	—
王香初	诸城市	32	男	—
冯秀齐	诸城市	42	男	—
崔桂合	诸城市	30	男	—
刘顺田	诸城市	21	男	—
王恶善	诸城市	25	男	—
张　尊	诸城市	—	男	—
王子坤	诸城市	34	男	—
杜元昌	诸城市	31	男	—
黄增祥	诸城市	30	男	—
黄增喜	诸城市	28	男	—
杜贵相	诸城市	30	男	—
陈有礼	诸城市	40	男	—
袁　可	诸城市	23	男	—
贾宗元	诸城市	35	男	—
赵全福	诸城市	17	男	—
周鸿林	诸城市	41	男	—
红　春	诸城市	37	男	—

姓 名	籍 贯	年 龄	性 别	死难时间
刘发福	诸城市	37	男	—
邰 梅	诸城市	30	男	—
陈淑田	诸城市	39	男	—
李福仁	诸城市	36	男	—
李其秋	诸城市	20	男	—
吕子臣	诸城市	30	男	—
崔 山	诸城市	23	男	—
李宏三	诸城市	26	男	—
刘清臣	诸城市	33	男	—
徐述好	诸城市	22	男	—
代宣臣	诸城市	32	男	—
孙殿富	诸城市	28	男	—
张德信	诸城市	24	男	—
占进山	诸城市	25	男	—
王炳俭	诸城市	29	男	—
杨瑞友	诸城市	23	男	—
辛茂仁	诸城市	45	男	—
王学勤	诸城市	40	男	—
孙德友	诸城市	44	男	—
李鸿运	诸城市	21	男	—
于忠棋	诸城市	32	男	—
李发先	诸城市	20	男	—
朱英合	诸城市	24	男	—
王福森	诸城市	35	男	—
韩福亭	诸城市	30	男	—
坤 荣	诸城市	28	男	—
赵德臣	诸城市	55	男	—
王立新	诸城市	31	男	—
成 元	诸城市	35	男	—
石春茂	诸城市	21	男	—
丁火俊	诸城市	30	男	—
王利和	诸城市	21	男	—
薛成祥	诸城市	26	男	—
孙振柏	诸城市	35	男	—

姓 名	籍 贯	年 龄	性 别	死难时间
袁辛镇	诸城市	15	男	—
吕金亭	诸城市	30	男	—
李亭生	诸城市	26	男	—
史 桂	诸城市	54	男	—
王世声	诸城市	31	男	—
于永安	诸城市	25	男	—
于永喜	诸城市	30	男	—
苏德全	诸城市	30	男	—
萧汉玉	诸城市	40	男	—
杨振锡	诸城市	23	男	—
于得池	诸城市	31	男	—
李 江	诸城市	44	男	—
李 海	诸城市	41	男	—
陈瑞和	诸城市	47	男	—
赵文宝	诸城市	43	男	—
董长河	诸城市	47	男	—
齐旧福	诸城市	27	男	—
杨积福	诸城市	47	男	—
王东军	诸城市昌城镇沈家双塘村	40	男	—
李大油包子	诸城市昌城镇沈家双塘村	35	男	—
李二油包子	诸城市昌城镇沈家双塘村	32	男	—
高宗荣	诸城市孟疃镇孟疃村	32	男	1938 年 10 月
朱徐氏	诸城市皇华镇朱泮三村	27	女	1938 年 1 月
葛治龙	诸城市皇华镇杨家庄子村	38	男	1938 年 1 月
邱则梯	诸城市皇华镇杨家庄子村	37	男	1938 年 1 月
魏老九	诸城市密州街道侯家庄子村	34	男	1938 年 2 月
于近江	诸城市密州街道侯家庄子村	32	男	1938 年 2 月
周 湘	诸城市龙都街道孔戈庄一村	17	男	1938 年 2 月
程来兄	诸城市龙都街道孔戈庄一村	17	男	1938 年 2 月
张仁友	诸城市吕标镇南辛庄	38	男	1938 年 2 月
彭 莩	诸城市吕标镇南辛庄	40	男	1938 年 2 月
彭 来	诸城市吕标镇南辛庄	41	男	1938 年 2 月
娄夕法	诸城市吕标镇南辛庄	37	男	1938 年 2 月
大嗨嗨	诸城市程戈庄镇后疃村	42	男	1938 年 2 月

姓　名	籍　贯	年　龄	性　别	死难时间
邱　福	诸城市皇华镇杨家庄子村	38	男	1938 年 2 月
邱　富	诸城市皇华镇杨家庄子村	36	男	1938 年 2 月
杨家堂	诸城市皇华镇杨家庄子村	42	男	1938 年 2 月
封光全	诸城市皇华镇大山村	17	男	1938 年 2 月
周　氏	诸城市枳沟镇乔庄村	41	女	1938 年 3 月
余　孩	诸城市枳沟镇乔庄村	9	女	1938 年 3 月
红　足	诸城市枳沟镇乔庄村	8	男	1938 年 3 月
周　氏	诸城市枳沟镇乔庄村	60	女	1938 年 3 月
徐贵余之伯父	诸城市孟疃镇小下坡村	94	男	1938 年 3 月
王作梅	诸城市程戈庄镇徐家屯村	57	男	1938 年 3 月
王八乔	诸城市九台镇前九台村	30	男	1938 年 3 月
王壶台	诸城市九台镇前九台村	28	男	1938 年 3 月
王胖汉	诸城市九台镇前九台村	40	男	1938 年 3 月
王金贵	诸城市九台镇前九台村	15	男	1938 年 3 月
房　贵	诸城市九台镇前九台村	30	男	1938 年 3 月
李小讲	诸城市昌城镇沈家双塘村	21	男	1938 年 3 月
李二聋	诸城市昌城镇沈家双塘村	28	男	1938 年 3 月
刘清雨	诸城市昌城镇沈家双塘村	29	男	1938 年 3 月
陆超英	诸城市昌城镇沈家双塘村	22	男	1938 年 3 月
王焕勋	诸城市瓦店镇黑土夼村	30	男	1938 年 3 月
腾启友	诸城市瓦店镇黑土夼村	30	男	1938 年 3 月
王本河	诸城市瓦店镇黑土夼村	—	男	1938 年 3 月
杨砚海	诸城市皇华镇范家庄子村	38	男	1938 年 3 月
杨小六	诸城市皇华镇杨家庄子村	30	男	1938 年 3 月
杨　强	诸城市皇华镇杨家庄子村	40	男	1938 年 3 月
付朱氏	诸城市皇华镇下康岭村	36	女	1938 年 3 月
董立三	诸城市皇华镇下康岭村	47	男	1938 年 3 月
于大力	诸城市密州街道西俗佳村	38	男	1938 年 4 月
张德玉	诸城市郝戈庄镇石泉村	50	男	1938 年 4 月
大花鸡	诸城市程戈庄镇娄家庄村	46	男	1938 年 4 月
殷　礼	诸城市昌城镇大重兴村	50	男	1938 年 4 月
刘金雨	诸城市昌城镇大重兴村	40	男	1938 年 4 月
刘大垒	诸城市昌城镇大重兴村	30	男	1938 年 4 月
杨　三	诸城市皇华镇杨家屯村	28	男	1938 年 4 月

姓 名	籍 贯	年 龄	性 别	死难时间
付全友	诸城市皇华镇下康岭村	43	男	1938 年 4 月
徐云芳	诸城市舜王街道尚沟河村	28	男	1938 年 5 月
刘金忠	诸城市石桥子镇刘家清河村	40	男	1938 年 5 月
王 东	诸城市辛兴镇丁家庄村	28	男	1938 年 5 月
郭汝缘	诸城市辛兴镇岳西村	52	男	1938 年 5 月
徐 富	诸城市皇华镇大李子元村	39	男	1938 年 5 月
徐 天	诸城市皇华镇大李子元村	38	男	1938 年 5 月
徐德祥	诸城市皇华镇大李子元村	39	男	1938 年 5 月
曹学勋	诸城市皇华镇大李子元村	33	男	1938 年 5 月
郭九强	诸城市皇华镇大李子元村	30	男	1938 年 5 月
刘老二	诸城市皇华镇朱泮三村	47	男	1938 年 5 月
张仁喜	诸城市皇华镇大展村	38	男	1938 年 5 月
赵仲虚	诸城市皇华镇下康岭村	38	男	1938 年 5 月
赵王氏	诸城市皇华镇下康岭村	36	女	1938 年 5 月
连新学	诸城市皇华镇相家沟村	67	男	1938 年 6 月 4 日
王延臣	诸城市舜王街道臧家崖头村	40	男	1938 年 6 月
韩丙文	诸城市舜王街道大埠屯村	30	男	1938 年 6 月
张燕海	诸城市马庄镇臧家营子村	57	男	1938 年 6 月
王小宾	诸城市皇华镇杨家庄子村	37	男	1938 年 6 月
董 全	诸城市皇华镇下康岭村	39	男	1938 年 6 月
付 敬	诸城市皇华镇下康岭村	44	男	1938 年 6 月
仕学文	诸城市孟疃镇白家官庄村	21	男	1938 年 7 月
小石头	诸城市皇华镇蔡家沟村	42	男	1938 年 7 月
李 四	诸城市皇华镇杨家庄子村	38	男	1938 年 7 月
丁焕友	诸城市皇华镇相家沟村	70	男	1938 年 8 月 17 日
李子修	诸城市程戈庄镇呈子泊村	68	男	1938 年 8 月
刘 仁	诸城市昌城镇潍东村	34	男	1938 年 8 月
梁 铁	诸城市皇华镇蔡家沟村	55	男	1938 年 8 月
梁 玉	诸城市皇华镇蔡家沟村	30	男	1938 年 8 月
梁 来	诸城市皇华镇蔡家沟村	18	男	1938 年 8 月
王 氏	诸城市皇华镇小李子元村	42	女	1938 年 9 月
臧家文	诸城市皇华镇蔡家沟村	42	男	1938 年 9 月
祥	诸城市瓦店镇辛庄村	28	男	1938 年 10 月
姜凤代	诸城市瓦店镇辛庄村	24	男	1938 年 10 月

姓 名	籍 贯	年 龄	性 别	死难时间
小 昌	诸城市瓦店镇辛庄村	20	男	1938 年 10 月
赵承焕	诸城市瓦店镇辛庄村	26	男	1938 年 10 月
姜德善	诸城市瓦店镇辛庄村	56	男	1938 年 10 月
赵小蛋	诸城市瓦店镇辛庄村	22	男	1938 年 10 月
姜思年	诸城市瓦店镇辛庄村	20	男	1938 年 10 月
德	诸城市瓦店镇辛庄村	30	男	1938 年 10 月
姜仁巡	诸城市瓦店镇辛庄村	20	男	1938 年 10 月
姜凤街	诸城市瓦店镇辛庄村	25	男	1938 年 10 月
老鸭爪子	诸城市桃园乡南王家夼村	22	男	1938 年 10 月
朱李氏	诸城市皇华镇朱泮三村	36	女	1938 年 10 月
王凤武	诸城市程戈庄镇西小庄村	34	男	1938 年 11 月
丁 为	诸城市皇华镇相家沟村	73	男	1938 年 12 月 3 日
韩汝江	诸城市郭家屯镇韩富庄村	28	男	1938 年 12 月
韩学相	诸城市郭家屯镇韩富庄村	29	男	1938 年 12 月
韩松数	诸城市郭家屯镇韩富庄村	20	男	1938 年 12 月
韩松忠	诸城市郭家屯镇韩富庄村	27	男	1938 年 12 月
臧 石	诸城市皇华镇蔡家沟村	40	男	1938 年 12 月
郭 照	诸城经济开发区王家庄子村	60	男	1938 年
王 丫	诸城经济开发区王家庄子村	28	男	1938 年
武小马	诸城经济开发区武家庄村	13	男	1938 年
张夕云	诸城市枳沟镇四村	17	男	1938 年
潘兆太	诸城市孟疃镇马家庄村	32	男	1938 年
郭立东之叔	诸城市孟疃镇郭家庄村	33	男	1938 年
鞠家智	诸城市孟疃镇梁家庄村	21	男	1938 年
臧加明	诸城市马庄镇阎家屯村	28	男	1938 年
臧加干	诸城市马庄镇永吉官庄村	50	男	1938 年
史作术	诸城市马庄镇永吉官庄村	34	男	1938 年
高培远	诸城市石桥子镇吕家庄子村	30	男	1938 年
沈六毛	诸城市石桥子镇常吉疃村	23	男	1938 年
彭砍刀	诸城市石桥子镇常吉疃村	34	男	1938 年
王巴子	诸城市石桥子镇常吉疃村	37	男	1938 年
刘小闹	诸城市石桥子镇常吉疃村	34	男	1938 年
王成仁	诸城市石桥子镇常吉疃村	25	男	1938 年
孙老四	诸城市九台镇老梧村	46	男	1938 年

姓　名	籍　贯	年　龄	性　别	死难时间
郑玉书之父	诸城市九台镇大凤凰村	32	男	1938 年
王岳沟	诸城市昌城镇西大宋村	42	男	1938 年
魏小祥	诸城市昌城镇西大宋村	22	男	1938 年
老铁牛	诸城市昌城镇西大宋村	52	男	1938 年
宋　干	诸城市昌城镇西大宋村	30	男	1938 年
王清舟	诸城市百尺河镇管家朱村	27	男	1938 年
王　圆	诸城市百尺河镇管家朱村	20	男	1938 年
管　骡	诸城市百尺河镇管家朱村	25	男	1938 年
韩金北	诸城市百尺河镇前盆渠村	18	男	1938 年
杜　健	诸城市朱解镇南朱解村	40	男	1938 年
郑德友	诸城市瓦店镇管疃村	22	男	1938 年
王树军	诸城市皇华镇白粉子沟村	30	男	1938 年
王树怀	诸城市皇华镇白粉子沟村	29	男	1938 年
小　莲	诸城市皇华镇下六谷村	16	男	1938 年
大孔鼻	诸城市皇华镇青墩村	38	男	1938 年
胡　四	诸城市吕标镇孙家黑龙沟村	38	男	1939 年 1 月
刘增红	诸城市皇华镇东皇庄村	33	男	1939 年 1 月
杨代贞	诸城市皇华镇东皇庄村	35	男	1939 年 1 月
刘法来	诸城市皇华镇东皇庄村	40	男	1939 年 1 月
陈小西	诸城市皇华镇东皇庄村	37	男	1939 年 1 月
杨小布	诸城市皇华镇杨家屯村	33	男	1939 年 1 月
赵则顺	诸城市皇华镇杨家屯村	46	男	1939 年 1 月
孙常合	诸城市皇华镇下六谷村	30	男	1939 年 1 月
丁治权	诸城市皇华镇下六谷村	27	男	1939 年 1 月
丁李氏	诸城市吕标镇洼里村	38	女	1939 年 2 月
肖士华	诸城市吕标镇曹强村	30	男	1939 年 2 月
板　头	诸城市马庄镇麦坡子村	42	男	1939 年 2 月
魏明德	诸城市皇华镇范家庄子村	43	男	1939 年 2 月
赵玉海	诸城市皇华镇范家庄子村	33	男	1939 年 2 月
李　江	诸城市皇华镇范家庄子村	36	男	1939 年 2 月
大石头	诸城市皇华镇蔡家沟村	40	男	1939 年 2 月
王辉友	诸城市皇华镇南崖头村	30	男	1939 年 2 月
王复廷	诸城市皇华镇南崖头村	22	男	1939 年 2 月
泮吕明	诸城市皇华镇南崖头村	23	男	1939 年 2 月

姓　名	籍　贯	年　龄	性　别	死难时间
泮维海	诸城市皇华镇南崖头村	21	男	1939 年 2 月
袁则祥	诸城市皇华镇相家沟村	68	男	1939 年 3 月 28 日
陈光荣	诸城市龙都街道陈家庄村	30	男	1939 年 3 月
陈　宿	诸城市龙都街道陈家庄村	30	男	1939 年 3 月
陈来聚	诸城市龙都街道陈家庄村	28	男	1939 年 3 月
张小六	诸城市舜王街道臧家崖头村	17	男	1939 年 3 月
老　歪	诸城市舜王街道臧家崖头村	30	男	1939 年 3 月
大个子	诸城市马庄镇罗家庵村	43	男	1939 年 3 月
根　桩	诸城市马庄镇罗家庵村	—	男	1939 年 3 月
叶	诸城市程戈庄镇徐家洼村	56	男	1939 年 3 月
锄	诸城市程戈庄镇徐家洼村	54	男	1939 年 3 月
王作金	诸城市程戈庄镇徐家洼村	54	男	1939 年 3 月
涂金升	诸城市程戈庄镇徐家洼村	58	男	1939 年 3 月
萝卜头子	诸城市程戈庄镇前卜落林子村	25	男	1939 年 3 月
新　友	诸城市程戈庄镇前卜落林子村	18	男	1939 年 3 月
大麻子	诸城市程戈庄镇前卜落林子村	55	男	1939 年 3 月
宋付友	诸城市昌城镇西下泊村	36	男	1939 年 3 月
李大海	诸城市皇华镇范家庄子村	29	男	1939 年 3 月
赵　顺	诸城市郝戈庄镇石泉村	56	男	1939 年 4 月
殷二牛	诸城市马庄镇殷家哨子村	34	男	1939 年 4 月
王　三	诸城市程戈庄镇崔家营村	51	男	1939 年 4 月
刘老大	诸城市程戈庄镇崔家营村	31	男	1939 年 4 月
冯　三	诸城市程戈庄镇崔家营村	16	男	1939 年 4 月
辛相斋	诸城市皇华镇朱泮一村	35	男	1939 年 4 月
李清民	诸城市皇华镇朱泮三村	41	男	1939 年 4 月
李清江	诸城市皇华镇朱泮三村	37	男	1939 年 4 月
郭　栾	诸城市皇华镇大山村	60	男	1939 年 4 月
李　法	诸城市皇华镇大山村	35	男	1939 年 4 月
孙　友	诸城市皇华镇大山村	37	男	1939 年 4 月
金　斗	诸城市皇华镇下六谷村	41	男	1939 年 4 月
张术星	诸城市马庄镇臧家营子村	35	男	1939 年 5 月
六　十	诸城市马庄镇臧家营子村	18	男	1939 年 5 月
狗　胜	诸城市马庄镇臧家营子村	16	男	1939 年 5 月
王西田	诸城市皇华镇西台家沟村	35	男	1939 年 5 月

姓　名	籍　贯	年　龄	性　别	死难时间
大　口	诸城市皇华镇下六谷村	48	男	1939 年 5 月
郭老三	诸城市朱解镇丁家泮旺村	20	男	1939 年 6 月
杨　宁	诸城市皇华镇东皇庄村	49	男	1939 年 6 月
王炳坤	诸城市皇华镇下康岭村	26	男	1939 年 6 月
刘京祥	诸城市龙都街道邱家庄社区	42	男	1939 年 7 月
王永祥	诸城市石桥子镇东魏村	40	男	1939 年 7 月
小　胖	诸城市程戈庄镇前卜落林子村	28	男	1939 年 7 月
欧　三	诸城市辛兴镇辛沙岭村	50	男	1939 年 7 月
冯桂露	诸城市辛兴镇辛沙岭村	45	男	1939 年 7 月
李桂红	诸城市皇华镇孟家庄子村	39	男	1939 年 7 月
林　高	诸城市皇华镇东皇庄村	60	男	1939 年 7 月
刘洪东	诸城市皇华镇东皇庄村	43	男	1939 年 7 月
董泽鑫	诸城市皇华镇西台家沟村	23	男	1939 年 7 月
廉大个	诸城市皇华镇西台家沟村	30	男	1939 年 7 月
王老四	诸城市皇华镇西台家沟村	28	男	1939 年 7 月
徐　×	诸城市龙都街道邱家庄社区	36	男	1939 年 8 月
张　×	诸城市龙都街道邱家庄社区	38	男	1939 年 8 月
赵公太	诸城市吕标镇赵家黑龙沟村	51	男	1939 年 8 月
赵大狼	诸城市郝戈庄镇尚庄村	32	男	1939 年 8 月
李　高	诸城市郝戈庄镇尚庄村	30	男	1939 年 8 月
李高九	诸城市郝戈庄镇尚庄村	30	男	1939 年 8 月
王五挠子	诸城市马庄镇两县村	43	男	1939 年 8 月
李志和	诸城市程戈庄镇呈子泊村	58	男	1939 年 8 月
小关东	诸城市相州镇辛庄子村	25	男	1939 年 8 月
李金岗	诸城市昌城镇西下泊村	41	男	1939 年 8 月
李明荣	诸城市昌城镇西下泊村	34	男	1939 年 8 月
李明祥	诸城市昌城镇西下泊村	39	男	1939 年 8 月
孙老两	诸城市辛兴镇柳家屯村	62	男	1939 年 8 月
柳　房	诸城市辛兴镇柳家屯村	20	男	1939 年 8 月
孙天丁	诸城市辛兴镇柳家屯村	25	男	1939 年 8 月
杨　学	诸城市皇华镇杨家屯村	36	男	1939 年 8 月
单　友	诸城市皇华镇下康岭村	32	男	1939 年 8 月
于中立	诸城市皇华镇下康岭村	40	男	1939 年 8 月
赵立全	诸城市皇华镇下康岭村	33	男	1939 年 8 月

姓　名	籍　贯	年　龄	性　别	死难时间
王　君	诸城市皇华镇程子村	22	男	1939 年 8 月
杨守义	诸城市皇华镇程子村	26	男	1939 年 8 月
裴要顺	诸城市程戈庄镇前卜落林子村	57	男	1939 年 9 月
杨树京	诸城市皇华镇杨家屯村	34	男	1939 年 9 月
宝　林	诸城市程戈庄镇前卜落林子村	50	男	1939 年 10 月
小　省	诸城市程戈庄镇后卜落林子村	18	男	1939 年 10 月
贾光友	诸城市程戈庄镇后卜落林子村	33	男	1939 年 10 月
孙乐忠	诸城市程戈庄镇呈子泊村	31	男	1939 年 10 月
小　长	诸城市林家村镇大桥西村	26	男	1939 年 10 月
大　头	诸城市林家村镇大桥西村	29	男	1939 年 10 月
小　年	诸城市林家村镇大桥西村	28	男	1939 年 10 月
魏二头	诸城市林家村镇大桥西村	26	男	1939 年 10 月
金斗安	诸城市皇华镇朱泮三村	43	男	1939 年 10 月
刘　顺	诸城市皇华镇沈家沟村	48	男	1939 年 10 月
朱世昌	诸城市皇华镇下康岭村	46	男	1939 年 10 月
刘金链	诸城市皇华镇下康岭村	48	男	1939 年 10 月
刘　铁	诸城市皇华镇下康岭村	45	男	1939 年 10 月
王世金之伯父	诸城市孟疃镇孟疃村	35	男	1939 年 11 月
小　葵	诸城市程戈庄镇后卜落林子村	22	男	1939 年 11 月
小　铁	诸城市程戈庄镇后卜落林子村	19	男	1939 年 11 月
林　二	诸城市程戈庄镇后卜落林子村	35	男	1939 年 11 月
老　扨	诸城市程戈庄镇呈子泊村	56	男	1939 年 11 月
杨二愣	诸城市皇华镇杨家屯村	38	男	1939 年 11 月
地　里	诸城市吕标镇谭家庄村	—	男	1939 年
大　功	诸城市吕标镇谭家庄村	—	男	1939 年
王华年	诸城市吕标镇王家化村	23	男	1939 年
潘继胜之兄	诸城市孟疃镇马家庄村	20	男	1939 年
钳之兄	诸城市孟疃镇邢家山村	30	男	1939 年
年　马	诸城市孟疃镇邢家山村	25	男	1939 年
连　倍	诸城市孟疃镇沙沟村	16	男	1939 年
王京化	诸城市孟疃镇王家哨子村	42	男	1939 年
朱见祥	诸城市孟疃镇王家杨柳村	51	男	1939 年
大　福	诸城市孟疃镇井邱五村	20	男	1939 年
刘术森	诸城市马庄镇桃园村	38	男	1939 年

姓　名	籍　贯	年　龄	性　别	死难时间
王永福	诸城市石桥子镇东魏村	32	男	1939 年
孟小甫	诸城市石桥子镇大店子村	15	男	1939 年
陈永海	诸城市石桥子镇里丈村	49	男	1939 年
陈永江	诸城市石桥子镇里丈村	46	男	1939 年
任　勋	诸城市石桥子镇姑子庄村	26	男	1939 年
陆成志之父	诸城市九台镇中九台村	36	男	1939 年
庄运元	诸城市百尺河镇百尺河村	18	男	1939 年
张伦友	诸城市百尺河镇张戈庄村	24	男	1939 年
狗　屎	诸城市林家村镇林三村	22	男	1939 年
董顺利	诸城市皇华镇白粉子沟村	42	男	1939 年
董顺华	诸城市皇华镇白粉子沟村	40	男	1939 年
刘加兰	诸城市皇华镇白粉子沟村	30	男	1939 年
大　件	诸城市皇华镇白粉子沟村	35	男	1939 年
二　件	诸城市皇华镇白粉子沟村	33	男	1939 年
槐令档	诸城市皇华镇白粉子沟村	32	男	1939 年
二宝神	诸城市皇华镇白粉子沟村	36	男	1939 年
杨金升	诸城市皇华镇白粉子沟村	26	男	1939 年
王砚均	诸城市皇华镇白粉子沟村	28	男	1939 年
刘　相	诸城市皇华镇白粉子沟村	32	男	1939 年
王砚怀	诸城市皇华镇白粉子沟村	28	男	1939 年
鞠　二	诸城市石桥子镇孙家楼子村	19	男	1940 年 1 月 17 日
莽	诸城市石桥子镇孙家楼子村	20	男	1940 年 1 月 17 日
糖	诸城市石桥子镇孙家楼子村	20	男	1940 年 1 月 17 日
王培明	诸城市皇华镇大展村	35	男	1940 年 1 月
邱福顺	诸城市皇华镇杨家庄子村	36	男	1940 年 1 月
邱福利	诸城市皇华镇杨家庄子村	35	男	1940 年 1 月
邱福荣	诸城市皇华镇杨家庄子村	35	男	1940 年 1 月
邱　氏	诸城市皇华镇杨家庄子村	37	女	1940 年 1 月
邱王氏	诸城市皇华镇杨家庄子村	36	女	1940 年 1 月
邱李氏	诸城市皇华镇杨家庄子村	36	女	1940 年 1 月
邱元德	诸城市皇华镇杨家庄子村	42	男	1940 年 1 月
郑西功	诸城市皇华镇西台家沟村	46	男	1940 年 1 月
丁　儿	诸城市龙都街道曹家庄子社区	42	男	1940 年 2 月
徐大亨	诸城市龙都街道曹家庄子社区	38	男	1940 年 2 月

姓 名	籍 贯	年 龄	性 别	死难时间
李大亨	诸城市龙都街道曹家庄子社区	38	男	1940 年 2 月
刘加成	诸城市郝戈庄镇焦家庄子村	42	男	1940 年 2 月
孙乐南	诸城市皇华镇大展村	31	男	1940 年 2 月
梁小三	诸城市皇华镇蔡家沟村	19	男	1940 年 2 月
姜春德	诸城市皇华镇大山村	30	男	1940 年 2 月
范德明之祖父	诸城经济开发区吕兑村	50	男	1940 年 3 月
李 四	诸城经济开发区吕兑村	50	男	1940 年 3 月
小 生	诸城经济开发区吕兑村	20	男	1940 年 3 月
范寿山之子	诸城经济开发区吕兑村	15	男	1940 年 3 月
杨中泰之二伯父	诸城经济开发区吕兑村	50	男	1940 年 3 月
张大堂	诸城经济开发区大后沟村	19	男	1940 年 3 月
华金福之弟	诸城市龙都街道杨春社区	16	男	1940 年 3 月
小道士	诸城市龙都街道范家庄社区	42	男	1940 年 3 月
张桂全	诸城市吕标镇刘家黑龙沟村	38	男	1940 年 3 月
刘木铸	诸城市吕标镇刘家黑龙沟村	40	男	1940 年 3 月
李瑞祥	诸城市吕标镇刘家黑龙沟村	44	男	1940 年 3 月
王书森	诸城市吕标镇焦家庄子村	55	男	1940 年 3 月
王书林	诸城市吕标镇焦家庄子村	52	男	1940 年 3 月
焦炳文	诸城市吕标镇焦家庄子村	49	男	1940 年 3 月
李志刚	诸城市吕标镇东吕标村	20	男	1940 年 3 月
李田勋	诸城市吕标镇东吕标村	44	男	1940 年 3 月
大 喜	诸城市吕标镇东吕标村	45	男	1940 年 3 月
福 胜	诸城市吕标镇东吕标村	43	男	1940 年 3 月
孙茂富	诸城市吕标镇东吕标村	42	男	1940 年 3 月
王 安	诸城市孟疃镇王荣子村	19	男	1940 年 3 月
王福录	诸城市孟疃镇王荣子村	27	男	1940 年 3 月
王 波	诸城市孟疃镇王荣子村	17	男	1940 年 3 月
朱佃选	诸城市孟疃镇老庄子村	42	男	1940 年 3 月
朱富山	诸城市孟疃镇老庄子村	51	男	1940 年 3 月
胡适洪	诸城市孟疃镇琅埠村	31	男	1940 年 3 月
张西元	诸城市孟疃镇李家官庄村	25	男	1940 年 3 月
三光棍	诸城市马庄镇民主村	25	男	1940 年 3 月
刘克勤	诸城市石桥子镇西涝洼村	32	男	1940 年 3 月
王栋亮	诸城市皇华镇大展村	21	男	1940 年 3 月

姓 名	籍 贯	年 龄	性 别	死难时间
杨立伟	诸城市皇华镇东皇庄村	27	男	1940 年 3 月
孙 玉	诸城市皇华镇西皇庄村	40	男	1940 年 3 月
杨玉贞	诸城市皇华镇西皇庄村	27	男	1940 年 3 月
刘 伟	诸城市皇华镇西皇庄村	19	男	1940 年 3 月
张廷山	诸城市皇华镇西台家沟村	42	男	1940 年 3 月
董金岗	诸城市皇华镇下康岭村	40	男	1940 年 3 月
孙 贷	诸城市皇华镇乐坡村	13	男	1940 年 3 月
臧家均	诸城市吕标镇臧家庄村	18	男	1940 年 4 月
杨西庆	诸城市郝戈庄镇后郝戈庄村	45	男	1940 年 4 月
杨西月	诸城市郝戈庄镇后郝戈庄村	46	男	1940 年 4 月
小 卯	诸城市相州镇辛庄子村	28	男	1940 年 4 月
蓝 子	诸城市桃林乡南马家庄子村	18	男	1940 年 4 月
臧著礼	诸城市皇华镇大展村	36	男	1940 年 4 月
臧德望	诸城市皇华镇大展村	28	男	1940 年 4 月
邱则祥	诸城市皇华镇大展村	20	男	1940 年 4 月
臧环望	诸城市皇华镇大展村	22	男	1940 年 4 月
孙 来	诸城市皇华镇大展村	35	男	1940 年 4 月
杨大年	诸城市皇华镇东皇庄村	36	男	1940 年 4 月
杨 林	诸城市皇华镇东皇庄村	50	男	1940 年 4 月
寇永汉	诸城市皇华镇杨村	52	男	1940 年 4 月
邢小照	诸城市孟疃镇邢家山村	22	男	1940 年 5 月
邢连进	诸城市孟疃镇邢家山村	25	男	1940 年 5 月
邢 钳	诸城市孟疃镇邢家山村	24	男	1940 年 5 月
小 娃	诸城市马庄镇民主村	24	男	1940 年 5 月
王桂星	诸城市皇华镇朱泮一村	20	男	1940 年 5 月
刘伟法	诸城市皇华镇姚家村	44	男	1940 年 5 月
粗 腿	诸城市程戈庄镇王家洼村	30	男	1940 年 6 月
王 四	诸城市程戈庄镇王家洼村	50	男	1940 年 6 月
于 三	诸城市皇华镇大展村	21	男	1940 年 6 月
黄永贵	诸城市皇华镇沈家沟村	29	男	1940 年 6 月
王老三	诸城市马庄镇两县村	43	男	1940 年 7 月
赵廷善	诸城市林家村镇河湾村	43	男	1940 年 7 月
崔立海	诸城市皇华镇孟家庄子村	47	男	1940 年 7 月
孙明来	诸城市皇华镇大展村	25	男	1940 年 7 月

姓 名	籍 贯	年 龄	性 别	死难时间
郭玉动	诸城市皇华镇姚家村	39	男	1940 年 7 月
大队长	诸城市龙都街道邱家庄子社区	22	男	1940 年 8 月
韩好赌	诸城市龙都街道范家庄社区	43	男	1940 年 8 月
刘春堂	诸城市郝戈庄镇焦家庄子村	60	男	1940 年 8 月
张夕贵	诸城市马庄镇大全官庄村	42	男	1940 年 8 月
张延礼	诸城市程戈庄镇东楼子村	50	男	1940 年 8 月
丁德顺	诸城市朱解镇丁家泮旺村	26	男	1940 年 8 月
梁贡五	诸城市皇华镇蔡家沟村	20	男	1940 年 8 月
焦永相	诸城市吕标镇焦家庄子	42	男	1940 年 9 月
丁小蛋	诸城市吕标镇焦家庄子	34	男	1940 年 9 月
李明星	诸城市吕标镇焦家庄子	37	男	1940 年 9 月
黄天禄	诸城市吕标镇焦家庄子	32	男	1940 年 9 月
臧老六	诸城市吕标镇焦家庄子	56	男	1940 年 9 月
颜石匠	诸城市吕标镇焦家庄子	54	男	1940 年 9 月
陈老轲	诸城市吕标镇焦家庄子	32	男	1940 年 9 月
陈老轲之长女	诸城市吕标镇焦家庄子	13	女	1940 年 9 月
陈老轲之次女	诸城市吕标镇焦家庄子	10	女	1940 年 9 月
陈老轲之子	诸城市吕标镇焦家庄子	6	男	1940 年 9 月
陈老轲之父	诸城市吕标镇焦家庄子	61	男	1940 年 9 月
王 信	诸城市程戈庄镇王家洼村	52	男	1940 年 9 月
小哑巴	诸城市九台镇南曹村	18	男	1940 年 9 月
马 聚	诸城市昌城镇马家双塘村	59	男	1940 年 10 月
马老相	诸城市昌城镇马家双塘村	63	男	1940 年 10 月
马培运	诸城市昌城镇马家双塘村	60	男	1940 年 10 月
刘 启	诸城市皇华镇沈家沟村	35	男	1940 年 10 月
倪 海	诸城市皇华镇杨家屯村	28	男	1940 年 10 月
臧 桂	诸城市皇华镇大展村	20	男	1940 年 10 月
郓叔方	诸城市九台镇慕容老庄村	37	男	1940 年 11 月
张 吉	诸城市程戈庄镇张家庄子村	62	男	1940 年 12 月
赵 文	诸城市程戈庄镇郭家庄村	52	男	1940 年 12 月
窗	诸城市程戈庄镇郭家庄村	15	男	1940 年 12 月
辛善春	诸城市密州街道陈家花园村	41	男	1940 年
福 子	诸城市密州街道陈家花园村	28	男	1940 年
小 运	诸城市密州街道陈家花园村	18	男	1940 年

姓名	籍贯	年龄	性别	死难时间
大 进	诸城市密州街道朱扶河村	24	男	1940 年
刘 金	诸城市密州街道朱扶河村	32	男	1940 年
韩乐文	诸城市密州街道魏家花园村	16	男	1940 年
石韭黄	诸城经济开发区王家庄子村	50	男	1940 年
大 户	诸城市舜王街道官庄店社区	31	男	1940 年
苑周氏	诸城市舜王街道官庄店社区	34	女	1940 年
祝学章	诸城市吕标镇王家化村	26	男	1940 年
刘 周	诸城市贾悦镇孟家屯村	28	男	1940 年
老 韩	诸城市贾悦镇金沟村	30	男	1940 年
王铭德	诸城市贾悦镇东洛庄村	36	男	1940 年
邢大汪湖	诸城市孟瞳镇邢家山村	20	男	1940 年
徐德山	诸城市马庄镇徐家庄村	20	男	1940 年
二 啦	诸城市马庄镇柴家官庄村	35	男	1940 年
王文秀	诸城市石桥子镇王家清河村	42	男	1940 年
王夕长之父	诸城市九台镇孙仓村	38	男	1940 年
孙小一	诸城市九台镇老梧村	51	男	1940 年
漏 换	诸城市朱解镇前曹阵村	50	男	1940 年
腊 八	诸城市朱解镇前曹阵村	47	男	1940 年
刘 福	诸城市朱解镇前曹阵村	50	男	1940 年
郭来金之父	诸城市瓦店镇石崖子村	21	男	1940 年
范公喜	诸城市瓦店镇洼子村	20	男	1940 年
宝	诸城市林家村镇林三村	25	男	1940 年
管思德	诸城市林家村镇东辛庄村	28	男	1940 年
三老泮	诸城市林家村镇下庄村	38	男	1940 年
王树荣	诸城市密州街道陈家花园村	40	男	1940 年
张浦文	诸城市皇华镇前我乐村	41	男	1940 年
张树田	诸城市皇华镇前我乐村	18	男	1940 年
闫佩合	诸城市皇华镇下六谷村	61	男	1940 年
李进邦	诸城市龙都街道辛庄子村	30	男	1941 年 2 月
李八十	诸城市吕标镇善士村	40	男	1941 年 2 月
李立三	诸城市皇华镇杨家庄子村	38	男	1941 年 2 月
李立四	诸城市皇华镇杨家庄子村	40	男	1941 年 2 月
李立五	诸城市皇华镇杨家庄子村	42	男	1941 年 2 月
李立六	诸城市皇华镇杨家庄子村	43	男	1941 年 2 月

姓　名	籍　贯	年　龄	性　别	死难时间
王良仁	诸城市皇华镇段家庄子村	35	男	1941 年 2 月
相来金	诸城市皇华镇段家庄子村	37	男	1941 年 2 月
刘世雨	诸城市皇华镇小山村	50	男	1941 年 2 月
刘　顺	诸城市皇华镇小山村	19	男	1941 年 2 月
宋八营长	诸城市龙都街道大水泊村	41	男	1941 年 3 月
田德兰	诸城市舜王街道凤台岭村	33	女	1941 年 3 月
田德英	诸城市舜王街道凤台岭村	30	女	1941 年 3 月
杨　大	诸城市吕标镇大英村	50	男	1941 年 3 月
小　二	诸城市吕标镇大英村	40	男	1941 年 3 月
杨小成	诸城市吕标镇大英村	39	男	1941 年 3 月
王曲秀	诸城市吕标镇大英村	45	男	1941 年 3 月
王　大	诸城市吕标镇大英村	44	男	1941 年 3 月
李　路	诸城市吕标镇善士村	41	男	1941 年 3 月
杨马子头	诸城市吕标镇善士村	49	男	1941 年 3 月
谢光富	诸城市孟疃镇苑庄二村	36	男	1941 年 3 月
夏俊星	诸城市马庄镇姚汪崖村	34	男	1941 年 3 月
王　三	诸城市九台镇张家庄子村	23	男	1941 年 3 月
王玉江	诸城市昌城镇大花林村	39	男	1941 年 3 月
王柱林	诸城市昌城镇大花林村	40	男	1941 年 3 月
刘春湖	诸城市昌城镇大刘家双塘村	41	男	1941 年 3 月
马大野古	诸城市昌城镇马家双塘村	28	男	1941 年 3 月
马小城	诸城市昌城镇马家双塘村	24	男	1941 年 3 月
马小丫	诸城市昌城镇马家双塘村	22	男	1941 年 3 月
王　伍	诸城市昌城镇潍东村	37	男	1941 年 3 月
小　好	诸城市昌城镇芦河村	20	男	1941 年 3 月
王老园	诸城市昌城镇芦河村	20	男	1941 年 3 月
张世贞之父	诸城市昌城镇芦河村	26	男	1941 年 3 月
宋永伍	诸城市昌城镇芦河村	30	男	1941 年 3 月
宋希贞	诸城市昌城镇芦河村	32	男	1941 年 3 月
黄宗喜	诸城市瓦店镇瓦店村	18	男	1941 年 3 月
黄宗祥	诸城市瓦店镇瓦店村	20	男	1941 年 3 月
赵清池	诸城市皇华镇青墩村	53	男	1941 年 3 月
王方玉	诸城市皇华镇青墩村	46	男	1941 年 3 月
王易湘	诸城市龙都街道孔戈庄二村	17	男	1941 年 4 月

姓名	籍贯	年龄	性别	死难时间
冯小收	诸城市舜王街道中朱尹村	25	男	1941 年 4 月
丁赵氏	诸城市舜王街道东丁家庄村	39	女	1941 年 4 月
王册勋	诸城市孟疃镇河西村	31	男	1941 年 4 月
李大嘴	诸城市相州镇胡兰村	43	男	1941 年 4 月
铁 蛋	诸城市相州镇胡兰村	50	男	1941 年 4 月
王大粘瓜	诸城市相州镇胡兰村	51	男	1941 年 4 月
三披毛	诸城市相州镇胡兰村	51	男	1941 年 4 月
故 子	诸城市相州镇胡兰村	27	男	1941 年 4 月
王夕海	诸城市皇华镇青墩村	46	男	1941 年 4 月
殷福兰	诸城市皇华镇青墩村	39	女	1941 年 4 月
董成和	诸城市龙都街道下黑龙沟村	41	男	1941 年 5 月
王进东	诸城市龙都街道下黑龙沟村	42	男	1941 年 5 月
封瑞云	诸城市龙都街道下黑龙沟村	41	男	1941 年 5 月
徐 友	诸城市舜王街道雷家岭村	40	男	1941 年 5 月
还 来	诸城市枳沟镇东戈庄村	50	男	1941 年 5 月
陈明东之父	诸城市枳沟镇东戈庄村	42	男	1941 年 5 月
陈明湖之父	诸城市枳沟镇东戈庄村	35	男	1941 年 5 月
李叔义	诸城市程戈庄镇西涝戈庄村	53	男	1941 年 5 月
魏绪崴	诸城市皇华镇西山坡村	47	男	1941 年 5 月
于 大	诸城市皇华镇大展村	23	男	1941 年 5 月
杨大拴	诸城市皇华镇杨家屯村	39	男	1941 年 5 月
郭 堂	诸城市舜王街道胡家楼村	40	男	1941 年 6 月
王正林	诸城市程戈庄镇前疃村	32	男	1941 年 6 月
带 孩	诸城市程戈庄镇后疃村	38	男	1941 年 6 月
小 四	诸城市程戈庄镇后卜落林子村	19	男	1941 年 6 月
刘振环	诸城市昌城镇大双塘村	28	男	1941 年 6 月
玉 义	诸城市皇华镇前我乐村	22	男	1941 年 6 月
张志福之父	诸城市皇华镇孟家庄子村	37	男	1941 年 7 月
徐金方	诸城市皇华镇程子村	18	男	1941 年 7 月
大老黑	诸城市龙都街道兰家社区	34	男	1941 年 8 月
田冯氏	诸城市舜王街道凤台岭村	60	女	1941 年 8 月
田 治	诸城市舜王街道凤台岭村	27	男	1941 年 8 月
田××	诸城市舜王街道凤台岭村	28	男	1941 年 8 月
李芳兰	诸城市孟疃镇岚上村	29	男	1941 年 8 月

姓 名	籍 贯	年 龄	性 别	死难时间
张木友	诸城市皇华镇孟家庄子村	38	男	1941 年 8 月
山 柱	诸城市皇华镇孟家庄子村	32	男	1941 年 8 月
张 二	诸城市皇华镇孟家庄子村	29	男	1941 年 8 月
四尿壶	诸城市皇华镇孟家庄子村	36	男	1941 年 8 月
辛小果	诸城市皇华镇朱泮一村	24	男	1941 年 8 月
王保玉	诸城市皇华镇朱泮一村	21	男	1941 年 8 月
辛小京	诸城市皇华镇朱泮一村	28	男	1941 年 8 月
王守文	诸城市皇华镇西皇庄村	30	男	1941 年 8 月
臧远旺	诸城市皇华镇西皇庄村	32	男	1941 年 8 月
黄 仁	诸城市皇华镇沈家沟村	46	男	1941 年 8 月
刘树分	诸城市龙都街道小郝家村	21	男	1941 年 9 月
高安×	诸城市舜王街道西郭家埠村	19	男	1941 年 9 月
张××	诸城市舜王街道西郭家埠村	—	男	1941 年 9 月
王婆子	诸城市舜王街道西郭家埠村	—	女	1941 年 9 月
王婆子之子	诸城市舜王街道西郭家埠村	—	男	1941 年 9 月
王婆子之儿媳	诸城市舜王街道西郭家埠村	—	女	1941 年 9 月
王婆子之孙	诸城市舜王街道西郭家埠村	—	男	1941 年 9 月
姜士×	诸城市舜王街道西郭家埠村	—	男	1941 年 9 月
王小祥	诸城市舜王街道西郭家埠村	—	男	1941 年 9 月
王小祥之母	诸城市舜王街道西郭家埠村	—	女	1941 年 9 月
王小祥之父	诸城市舜王街道西郭家埠村	—	男	1941 年 9 月
王小祥之祖母	诸城市舜王街道西郭家埠村	—	女	1941 年 9 月
张夕红	诸城市舜王街道西郭家埠村	—	男	1941 年 9 月
韩 五	诸城市郝戈庄镇宋家村	65	男	1941 年 9 月
邱洪德之祖父	诸城市孟疃镇马家哨子村	58	男	1941 年 9 月
刘玉和	诸城市皇华镇姚家村	45	男	1941 年 9 月
王金山	诸城市马庄镇齐家庄子村	34	男	1941 年 10 月
大 洪	诸城市程戈庄镇徐家洼村	40	男	1941 年 10 月
胡 铁	诸城市皇华镇大展村	40	男	1941 年 10 月
王 山	诸城市皇华镇大展村	23	男	1941 年 10 月
王东祥	诸城市皇华镇青墩村	67	男	1941 年 11 月
赵玉英	诸城市皇华镇青墩村	33	女	1941 年 11 月
王小德	诸城市龙都街道邱家庄子村	20	男	1941 年 12 月
小 柱	诸城市马庄镇龙宿村	30	男	1941 年 12 月

姓 名	籍 贯	年龄	性别	死难时间
大 烟	诸城市马庄镇龙宿村	22	男	1941 年 12 月
杨 四	诸城市皇华镇杨家屯村	38	男	1941 年 12 月
杨小厂	诸城市皇华镇杨家屯村	34	男	1941 年 12 月
李树来	诸城市密州街道八里庄村	32	男	1941 年
四满堂	诸城经济开发区常家庄村	32	男	1941 年
田 玉	诸城经济开发区常家庄村	60	男	1941 年
徐学勇	诸城市龙都街道丁家庄子村	28	男	1941 年
张德猪	诸城市龙都街道大郝家村	34	男	1941 年
纪桂祥	诸城市龙都街道小庄子村	30	女	1941 年
董耀新之父	诸城市龙都街道两河村	35	男	1941 年
小瓦盆	诸城市龙都街道两河村	37	男	1941 年
杨家纪之父	诸城市龙都街道辛家尧村	55	男	1941 年
王 ×	诸城市龙都街道台家村	62	男	1941 年
王老靠	诸城市龙都街道大栗元村	20	男	1941 年
屠大响	诸城市龙都街道小栗元村	47	男	1941 年
孙 刚	诸城市龙都街道横沟子村	50	男	1941 年
祝玉成	诸城市龙都街道横沟子村	25	男	1941 年
小 顺	诸城市舜王街道无忌西村	40	男	1941 年
小 嫚	诸城市舜王街道无忌西村	41	女	1941 年
彭德仁	诸城市吕标镇邱家七吉村	45	男	1941 年
臧老黑	诸城市枳沟镇臧家崖村	50	男	1941 年
二织匠	诸城市贾悦镇于家屯村	30	男	1941 年
王先江之弟	诸城市贾悦镇于家屯村	32	男	1941 年
刘书林	诸城市孟疃镇庄家村	48	男	1941 年
庞	诸城市孟疃镇杨家官庄村	45	男	1941 年
杜学友	诸城市孟疃镇杨家官庄村	46	男	1941 年
乌鸡蛋	诸城市孟疃镇杨家官庄村	50	男	1941 年
王云泰	诸城市孟疃镇杨家官庄村	51	男	1941 年
张青山	诸城市孟疃镇后张庄村	41	男	1941 年
刘立松	诸城市孟疃镇后张庄村	44	男	1941 年
有 利	诸城市马庄镇臧家营子村	15	男	1941 年
赵 二	诸城市昌城镇中疃子村	38	男	1941 年
赵洪彬	诸城市百尺河镇百尺河村	50	男	1941 年
大 生	诸城市百尺河镇百尺河村	21	男	1941 年

姓 名	籍 贯	年 龄	性 别	死难时间
范洪德之父	诸城市瓦店镇石崖子村	28	男	1941 年
牛 三	诸城市皇华镇位井子村	40	男	1941 年
梁贡三	诸城市皇华镇蔡家沟村	18	男	1941 年
郑 坪	诸城市皇华镇北马家崖头村	36	男	1941 年
丁德法	诸城市舜王街道东丁家庄村	20	男	1942 年 10 月
丁智发	诸城市舜王街道东丁家庄村	19	男	1942 年 10 月
赵本昌	诸城市吕标镇玉带村	25	男	1942 年 10 月
王照梦	诸城市郝戈庄镇王家柏戈庄村	43	男	1942 年 10 月
苗葵元	诸城市贾悦镇东徐宋村	32	男	1942 年 1 月
福 进	诸城市郝戈庄镇贾戈庄村	19	男	1942 年 2 月
常 州	诸城市郝戈庄镇贾戈庄村	28	男	1942 年 2 月
于老二	诸城市程戈庄镇夏家官庄村	50	男	1942 年 2 月
丁 三	诸城市程戈庄镇夏家官庄村	23	男	1942 年 2 月
赵 氏	诸城市程戈庄镇夏家官庄村	45	女	1942 年 2 月
李 三	诸城市程戈庄镇夏家官庄村	37	男	1942 年 2 月
张东之	诸城市程戈庄镇夏家官庄村	17	男	1942 年 2 月
张 ×	诸城市程戈庄镇夏家官庄村	50	男	1942 年 2 月
张 六	诸城市程戈庄镇夏家官庄村	57	男	1942 年 2 月
夏葛子	诸城市程戈庄镇夏家官庄村	51	男	1942 年 2 月
夏 氏	诸城市程戈庄镇夏家官庄村	48	女	1942 年 2 月
王小玉	诸城市程戈庄镇仇家庄村	20	男	1942 年 2 月
小 鸡	诸城市程戈庄镇仇家庄村	20	男	1942 年 2 月
于文宝	诸城市程庄戈镇草营子村	43	男	1942 年 2 月
大 生	诸城市程庄戈镇草营子村	41	男	1942 年 2 月
大妹妹	诸城市程庄戈镇草营子村	45	女	1942 年 2 月
高义江	诸城市程庄戈镇草营子村	54	男	1942 年 2 月
林桂荣	诸城市辛兴镇西公村	25	男	1942 年 2 月
张文荣	诸城市皇华镇西山坡村	50	男	1942 年 2 月
葛伟金	诸城市皇华镇杨家庄子村	31	男	1942 年 2 月
大京儿	诸城市皇华镇皇华店村	60	男	1942 年 2 月
相 文	诸城市皇华镇大庄村	26	男	1942 年 2 月
墙 子	诸城市皇华镇西小庄村	28	男	1942 年 2 月
瓦 刀	诸城市皇华镇西小庄村	20	男	1942 年 2 月
范志修	诸城经济开发区吕兑村	50	男	1942 年 3 月

姓 名	籍 贯	年 龄	性 别	死难时间
范桔子	诸城经济开发区吕兑村	15	男	1942 年 3 月
范玉林	诸城经济开发区吕兑村	44	男	1942 年 3 月
张德法	诸城市龙都街道孔戈庄二村	18	男	1942 年 3 月
冶 宣	诸城市龙都街道杨春村社区	37	男	1942 年 3 月
王大木士	诸城市龙都街道岔道口村	52	男	1942 年 3 月
长生之父	诸城市龙都街道兰家村社区	42	男	1942 年 3 月
长生之母	诸城市龙都街道兰家村社区	41	女	1942 年 3 月
长 生	诸城市龙都街道兰家村社区	18	男	1942 年 3 月
周志书	诸城市舜王街道周家庄子村	45	男	1942 年 3 月
刘 ×	诸城市舜王街道周家庄子村	42	男	1942 年 3 月
刘 润	诸城市舜王街道周家庄子村	19	女	1942 年 3 月
李 宿	诸城市舜王街道周家庄子村	28	男	1942 年 3 月
周李氏	诸城市舜王街道周家庄子村	50	女	1942 年 3 月
周臧氏	诸城市舜王街道周家庄子村	28	女	1942 年 3 月
周洪喜	诸城市舜王街道周家庄子村	—	男	1942 年 3 月
李启安	诸城市舜王街道周家庄子村	60	男	1942 年 3 月
姜 金	诸城市郝戈庄镇宋家村	15	男	1942 年 3 月
徐作彭	诸城市贾悦镇前徐宋村	55	男	1942 年 3 月
丁保喜	诸城市贾悦镇前徐宋村	42	男	1942 年 3 月
高小山	诸城市贾悦镇前徐宋村	35	男	1942 年 3 月
张汝哲	诸城市石桥子镇张家岳旺村	37	男	1942 年 3 月
决	诸城市石桥子镇闫家清河村	20	男	1942 年 3 月
王摇峰	诸城市石桥子镇闫家清河村	30	男	1942 年 3 月
郑德义	诸城市石桥子镇西涝洼村	34	男	1942 年 3 月
张来顺	诸城市石桥子镇大张家庄子村	18	男	1942 年 3 月
六 林	诸城市程戈庄镇魏家岭村	21	男	1942 年 3 月
东 联	诸城市昌城镇寨里村	19	男	1942 年 3 月
邱 春	诸城市昌城镇寨里村	39	男	1942 年 3 月
陈 民	诸城市昌城镇寨里村	36	女	1942 年 3 月
花	诸城市昌城镇寨里村	21	男	1942 年 3 月
刘 吉	诸城市昌城镇大刘家双塘村	63	男	1942 年 3 月
郑二六	诸城市昌城镇赵家屯村	40	男	1942 年 3 月
砸不破	诸城市昌城镇赵家屯村	47	男	1942 年 3 月
五大郎	诸城市昌城镇赵家屯村	40	男	1942 年 3 月

姓　名	籍　贯	年龄	性别	死难时间
刘　柱	诸城市昌城镇赵家屯村	20	男	1942 年 3 月
刘烧肉	诸城市昌城镇赵家屯村	36	男	1942 年 3 月
郑明秀	诸城市昌城镇赵家屯村	20	男	1942 年 3 月
大　亮	诸城市百尺河镇西百尺河村	23	男	1942 年 3 月
银　子	诸城市百尺河镇西百尺河村	24	男	1942 年 3 月
张　信	诸城市辛兴镇东辛兴村	27	男	1942 年 3 月
吕德信	诸城市辛兴镇东辛兴村	27	男	1942 年 3 月
赵永信	诸城市辛兴镇东辛兴村	31	男	1942 年 3 月
刘　进	诸城市辛兴镇东辛兴村	55	男	1942 年 3 月
薛　林	诸城市辛兴镇东辛兴村	38	男	1942 年 3 月
李　三	诸城市辛兴镇东辛兴村	49	男	1942 年 3 月
李　纲	诸城市辛兴镇东辛兴村	28	男	1942 年 3 月
李　友	诸城市辛兴镇东辛兴村	24	男	1942 年 3 月
林照岩	诸城市桃园乡东万家庄村	32	男	1942 年 3 月
纪光田	诸城市桃园乡东万家庄村	41	男	1942 年 3 月
曲进安	诸城市桃园乡郑家沟村	43	男	1942 年 3 月
高明新	诸城市皇华镇小李子元村	28	男	1942 年 3 月
喇叭张	诸城市皇华镇西山坡村	51	男	1942 年 3 月
杨学公	诸城市皇华镇西皇庄村	38	男	1942 年 3 月
杨魁贞	诸城市皇华镇西皇庄村	36	男	1942 年 3 月
魏连东	诸城经济开发区庄家屯村	38	男	1942 年
万八嫚	诸城经济开发区庄家屯村	52	男	1942 年 4 月
万　氏	诸城经济开发区庄家屯村	51	女	1942 年 4 月
魏洪恩	诸城经济开发区庄家屯村	60	男	1942 年 4 月
张德法之父	诸城市龙都街道孔戈庄二村	47	男	1942 年 4 月
孙夕田	诸城市舜王街道雷家岭村	38	男	1942 年 4 月
徐作仁	诸城市舜王街道雷家岭村	61	男	1942 年 4 月
徐小果	诸城市舜王街道雷家岭村	18	男	1942 年 4 月
朱日荣	诸城市舜王街道雷家岭村	28	男	1942 年 4 月
朱日本	诸城市舜王街道雷家岭村	24	男	1942 年 4 月
叶　收	诸城市舜王街道上常旺铺村	36	男	1942 年 4 月
于连成	诸城市舜王街道上常旺铺村	24	男	1942 年 4 月
董文福	诸城市贾悦镇前徐宋村	46	男	1942 年 4 月
李　运	诸城市贾悦镇前徐宋村	20	男	1942 年 4 月

姓 名	籍 贯	年龄	性别	死难时间
王贞堂	诸城市贾悦镇前徐宋村	37	男	1942 年 4 月
二 俏	诸城市孟疃镇东王庄村	35	男	1942 年 4 月
拖 手	诸城市孟疃镇东王庄村	34	男	1942 年 4 月
王 ×	诸城市程戈庄镇三村	43	男	1942 年 4 月
长 江	诸城市昌城镇寨里村	16	男	1942 年 4 月
小 六	诸城市昌城镇寨里村	45	男	1942 年 4 月
王培民	诸城市昌城镇寨里村	41	男	1942 年 4 月
李得彩	诸城市昌城镇寨里村	40	男	1942 年 4 月
刘高运	诸城市昌城镇大刘家双塘村	42	男	1942 年 4 月
小 全	诸城市桃林乡南杨家庄子村	18	男	1942 年 4 月
安为喜	诸城市桃林乡岳戈庄村	36	男	1942 年 4 月
杨天祥	诸城市桃林乡岳戈庄村	35	男	1942 年 4 月
大红眼	诸城市桃林乡岳戈庄村	35	男	1942 年 4 月
马治方	诸城市皇华镇西山坡村	38	男	1942 年 4 月
王永山	诸城市皇华镇青墩村	51	男	1942 年 4 月
陈 德	诸城经济开发区吕兑村	50	男	1942 年 5 月
林光德	诸城市龙都街道小郝家村	57	男	1942 年 5 月
潘纪远	诸城市龙都街道小水泊村	57	男	1942 年 5 月
潘老三	诸城市龙都街道小水泊村	57	男	1942 年 5 月
刘好腰	诸城市龙都街道小水泊村	56	男	1942 年 5 月
金锅腰子	诸城市龙都街道小水泊村	55	男	1942 年 5 月
金高里	诸城市龙都街道小水泊村	50	男	1942 年 5 月
李德义	诸城市贾悦镇前徐宋村	56	男	1942 年 5 月
董文秀	诸城市贾悦镇前徐宋村	43	男	1942 年 5 月
高小水	诸城市贾悦镇前徐宋村	45	男	1942 年 5 月
周福清	诸城市程戈庄镇宋戈庄村	28	男	1942 年 5 月
李群治	诸城市程戈庄镇宋戈庄村	56	男	1942 年 5 月
徐世小	诸城市程戈庄镇宋戈庄村	45	男	1942 年 5 月
赖 蛋	诸城市程戈庄镇马厂沟村	27	男	1942 年 5 月
丁 二	诸城市程戈庄镇马厂沟村	19	男	1942 年 5 月
丁 溪	诸城市程戈庄镇马厂沟村	39	男	1942 年 5 月
丁老大	诸城市程戈庄镇马厂沟村	23	女	1942 年 5 月
李启初	诸城市程戈庄镇大焦家庄子村	29	男	1942 年 5 月
李延明	诸城市程戈庄镇小焦家庄子村	37	男	1942 年 5 月

姓　名	籍　贯	年　龄	性　别	死难时间
王培成	诸城市程戈庄镇小焦家庄子村	40	男	1942 年 5 月
小河子	诸城市程戈庄镇西涝戈庄村	26	男	1942 年 5 月
李　×	诸城市程戈庄镇西涝戈庄村	43	男	1942 年 5 月
王　×	诸城市程戈庄镇西涝戈庄村	46	男	1942 年 5 月
王小乐	诸城市程戈庄镇刘家官庄村	16	男	1942 年 5 月
刘　园	诸城市程戈庄镇刘家官庄村	21	男	1942 年 5 月
孙宝棋	诸城市九台镇招户店子村	38	男	1942 年 5 月
朱清业	诸城市皇华镇朱泮三村	18	男	1942 年 5 月
喇叭张之妻	诸城市皇华镇西山坡村	48	女	1942 年 5 月
小　兰	诸城市皇华镇西山坡村	8	男	1942 年 5 月
马　三	诸城市皇华镇大展村	18	男	1942 年 5 月
郑　五	诸城市皇华镇蔡家沟村	47	男	1942 年 5 月
钟兆明	诸城市皇华镇大山村	19	男	1942 年 5 月
刘　文	诸城市皇华镇大山村	38	男	1942 年 5 月
孙付明	诸城市皇华镇大山村	18	男	1942 年 5 月
王金友	诸城市皇华镇大山村	23	男	1942 年 5 月
孔照全	诸城市皇华镇大山村	25	男	1942 年 5 月
王文砚	诸城市皇华镇大山村	23	男	1942 年 5 月
车德生	诸城市皇华镇大山村	20	男	1942 年 5 月
付洪教	诸城市皇华镇大山村	22	男	1942 年 5 月
傅裕明	诸城市皇华镇四十里铺村	39	男	1942 年 5 月
钟振德	诸城市舜王街道小朱尹村	60	男	1942 年 6 月
钟起合	诸城市舜王街道小朱尹村	64	男	1942 年 6 月
钟振吉	诸城市舜王街道小朱尹村	56	男	1942 年 6 月
祝来州	诸城市石桥子镇祝家店子村	18	男	1942 年 6 月
小　富	诸城市林家村镇北潘家庄村	21	男	1942 年 6 月
马　氏	诸城市皇华镇西山坡村	38	女	1942 年 6 月
王张氏	诸城市皇华镇四十里铺村	50	女	1942 年 6 月
王武林	诸城市皇华镇相家沟村	61	男	1942 年 6 月
小老周	诸城市皇华镇皇华店村	51	男	1942 年 6 月
孙月臣	诸城市皇华镇皇华店村	55	男	1942 年 6 月
王力生	诸城市皇华镇皇华店村	65	男	1942 年 6 月
徐大山	诸城市皇华镇皇华店村	43	男	1942 年 6 月
大仙姑	诸城市皇华镇皇华店村	6	女	1942 年 6 月

姓　名	籍　贯	年龄	性别	死难时间
大　阎	诸城市皇华镇皇华店村	30	男	1942 年 6 月
李全功	诸城市舜王街道无忌中村	56	男	1942 年 6 月
翟焕文	诸城市舜王街道无忌中村	62	男	1942 年 6 月
翟焕成	诸城市舜王街道无忌中村	64	男	1942 年 6 月
翟焕朱	诸城市舜王街道无忌中村	68	男	1942 年 6 月
李允玉	诸城市舜王街道无忌中村	60	男	1942 年 6 月
段其内	诸城市舜王街道无忌中村	63	男	1942 年 6 月
潘平远	诸城市龙都街道小水泊村	58	男	1942 年 7 月
侯子来	诸城市舜王街道上常旺铺村	36	男	1942 年 7 月
于积安	诸城市舜王街道上常旺铺村	32	男	1942 年 7 月
王××	诸城市舜王街道上常旺铺村	30	男	1942 年 7 月
王××	诸城市舜王街道上常旺铺村	24	男	1942 年 7 月
孙　×	诸城市舜王街道上常旺铺村	45	男	1942 年 7 月
臧子文	诸城市吕标镇臧家庄村	82	男	1942 年 7 月
囤　壶	诸城市程戈庄镇后疃村	17	男	1942 年 7 月
张文江	诸城市皇华镇小展村	25	男	1942 年 7 月
陈　全	诸城市皇华镇上康岭村	38	男	1942 年 7 月
小　泥	诸城市皇华镇青墩村	—	男	1942 年 7 月
张来顺之父	诸城市龙都街道岔道口社区	53	男	1942 年 8 月
刘臣连	诸城市龙都街道兰家村社区	25	男	1942 年 8 月
郭汝方	诸城市舜王街道郭新庄村	42	男	1942 年 8 月
梁振河	诸城市舜王街道郭新庄村	28	男	1942 年 8 月
王金全	诸城市孟疃镇杨家官庄村	23	男	1942 年 8 月
王文法	诸城市石桥子镇吴家沟村	36	男	1942 年 8 月
吴发启	诸城市石桥子镇吴家沟村	38	男	1942 年 8 月
徐兆奎	诸城市石桥子镇后牛市村	45	男	1942 年 8 月
李　×	诸城市程戈庄镇小焦家庄子村	33	男	1942 年 8 月
康玉德	诸城市程戈庄镇西楼子村	47	男	1942 年 8 月
邱　科	诸城市朱解镇刘家村	35	男	1942 年 8 月
倪桂成	诸城市桃园乡竹园村	21	男	1942 年 8 月
王运明	诸城市桃园乡竹园村	19	男	1942 年 8 月
周老大	诸城市皇华镇朱泮三村	46	男	1942 年 8 月
臧玉川	诸城市皇华镇大展村	28	男	1942 年 8 月
臧永三	诸城市皇华镇大展村	19	男	1942 年 8 月

姓　名	籍　贯	年龄	性别	死难时间
梁大法	诸城市皇华镇蔡家沟村	50	男	1942 年 8 月
小　四	诸城市皇华镇青墩村	52	男	1942 年 8 月
寇为宝	诸城市皇华镇皇华店村	19	男	1942 年 8 月
小儿之父	诸城市龙都街道兰家村社区	44	男	1942 年 9 月
小儿之母	诸城市龙都街道兰家村社区	42	女	1942 年 9 月
小　儿	诸城市龙都街道兰家村社区	20	男	1942 年 9 月
胡胜宝	诸城市吕标镇胡家沟村	24	男	1942 年 9 月
刘三朝	诸城市马庄镇祝灌津村	22	男	1942 年 9 月
刘成烈	诸城市石桥子镇小吴家庄村	88	男	1942 年 9 月
张太运	诸城市程戈庄镇东楼子村	22	男	1942 年 9 月
够　头	诸城市程戈庄镇后疃村	33	男	1942 年 9 月
冯　河	诸城市相州镇高戈庄村	58	男	1942 年 9 月
林士本	诸城市相州镇高戈庄村	38	男	1942 年 9 月
寒　会	诸城市相州镇高戈庄村	37	男	1942 年 9 月
王　龙	诸城市桃林乡李子园村	—	男	1942 年 9 月
王　乾	诸城市桃林乡李子园村	—	男	1942 年 9 月
王　林	诸城市桃林乡李子园村	—	男	1942 年 9 月
王瑞轻	诸城市桃林乡李子园村	35	男	1942 年 9 月
小福生	诸城市皇华镇青墩村	54	男	1942 年 9 月
大泉子之母	诸城市马庄镇夏家营子村	43	女	1942 年 10 月
王夕仁	诸城市皇华镇孟家庄子村	37	男	1942 年 10 月
魏德华	诸城市皇华镇孟家庄子村	36	男	1942 年 10 月
郑　三	诸城市皇华镇蔡家沟村	45	男	1942 年 10 月
王　贵	诸城市皇华镇西王家庄子村	41	男	1942 年 10 月
廉　荣	诸城市皇华镇西邰家沟村	39	男	1942 年 10 月
刘王氏	诸城市皇华镇四十里铺村	48	女	1942 年 10 月
钟云喜	诸城市龙都街道小郝家村	36	男	1942 年 11 月
钟油坊	诸城市龙都街道小郝家村	52	男	1942 年 11 月
毛伯堂	诸城市程戈庄镇毛家庄村	55	男	1942 年 11 月
臧家礼	诸城市皇华镇大展村	20	男	1942 年 11 月
刘宝才	诸城经济开发区诸冯村	40	男	1942 年 12 月
刘宝玉	诸城经济开发区诸冯村	35	男	1942 年 12 月
吴　炳	诸城市龙都街道小郝家村	28	男	1942 年 12 月
李大个子	诸城市程戈庄镇后卜落林子村	60	男	1942 年 12 月

姓　名	籍　贯	年龄	性别	死难时间
李凤明	诸城市密州街道朱扶河村	68	男	1942 年
石　头	诸城市密州街道朱扶河村	41	男	1942 年
王大牛	诸城经济开发区小荣村	19	男	1942 年
王石武	诸城经济开发区小荣村	19	男	1942 年
王克相	诸城经济开发区小荣村	26	男	1942 年
陈福顺	诸城市龙都街道丁家庄子村	28	男	1942 年
臧家山	诸城市龙都街道大郝家村	20	男	1942 年
忙	诸城市龙都街道大郝家村	5	男	1942 年
桔　子	诸城市龙都街道大郝家村	5	男	1942 年
陈夕顺	诸城市龙都街道大郝家村	55	男	1942 年
王　二	诸城市龙都街道辛家尧村	32	男	1942 年
王福友	诸城市龙都街道小郝家村	46	男	1942 年
吴京堂	诸城市龙都街道小郝家村	43	男	1942 年
党福昌	诸城市龙都街道横沟子村	16	男	1942 年
李永祥	诸城市龙都街道南三里庄村	17	男	1942 年
张燕升	诸城市龙都街道东土墙村	20	男	1942 年
胡	诸城市龙都街道西土墙村	40	男	1942 年
小石匠	诸城市龙都街道西土墙村	40	男	1942 年
王学文	诸城市舜王街道涝洼村	40	男	1942 年
王学文之妻	诸城市舜王街道涝洼村	40	女	1942 年
董大高腿	诸城市吕标镇大村	35	男	1942 年
孙大编货	诸城市吕标镇大村	34	男	1942 年
万小奎	诸城市吕标镇大村	23	男	1942 年
徐洪京	诸城市吕标镇西吕标村	45	男	1942 年
徐仲究	诸城市吕标镇西吕标村	51	男	1942 年
李洪宽	诸城市吕标镇西吕标村	49	男	1942 年
李　奎	诸城市吕标镇西吕标村	47	男	1942 年
徐洪贵	诸城市吕标镇西吕标村	63	男	1942 年
高　德	诸城市吕标镇西吕标村	46	男	1942 年
狗　剩	诸城市吕标镇曹强村	33	男	1942 年
臧五肩	诸城市吕标镇曹强村	28	男	1942 年
谭　四	诸城市吕标镇曹强村	27	男	1942 年
赵草儿	诸城市吕标镇曹强村	34	男	1942 年
翰　林	诸城市吕标镇曹强村	30	男	1942 年

姓 名	籍 贯	年 龄	性 别	死难时间
陈跟娃	诸城市吕标镇曹强村	38	男	1942 年
罗 运	诸城市吕标镇高相村	50	男	1942 年
李 富	诸城市吕标镇高相村	60	男	1942 年
马西俭	诸城市吕标镇西新家庄村	62	男	1942 年
房继军	诸城市吕标镇西新家庄村	65	男	1942 年
房东运	诸城市吕标镇西新家庄村	26	男	1942 年
马西灵	诸城市吕标镇西新家庄村	55	男	1942 年
马等尧	诸城市吕标镇西新家庄村	64	男	1942 年
李相录	诸城市吕标镇西新家庄村	62	男	1942 年
肚 子	诸城市吕标镇谭家庄村	—	男	1942 年
王 三	诸城市吕标镇谭家庄村	—	男	1942 年
王德芳	诸城市枳沟镇东安村	24	男	1942 年
王纪年	诸城市枳沟镇东安村	24	男	1942 年
张作安	诸城市枳沟镇小埠头村	22	男	1942 年
张在春	诸城市贾悦镇王门庄子村	21	男	1942 年
老 霍	诸城市贾悦镇前恪庄村	—	男	1942 年
李 志	诸城市贾悦镇前恪庄村	—	男	1942 年
李曰义	诸城市贾悦镇前恪庄村	—	男	1942 年
鲁松喜	诸城市贾悦镇前恪庄村	—	男	1942 年
孙建密	诸城市贾悦镇耿家屯村	18	男	1942 年
刘焕良	诸城市贾悦镇耿家屯村	17	男	1942 年
赵新之祖母	诸城市贾悦镇于家屯村	50	女	1942 年
四黄屎	诸城市贾悦镇宋东村	45	男	1942 年
丰夕功	诸城市贾悦镇金沟村	24	男	1942 年
赵佰勤之祖父	诸城市孟瞳镇赵家营子村	54	男	1942 年
胡培官	诸城市孟瞳镇朱马院村	29	男	1942 年
五新立	诸城市孟瞳镇井邱五村	35	男	1942 年
王立三	诸城市孟瞳镇井邱四村	20	男	1942 年
王军合	诸城市孟瞳镇孟瞳村	36	男	1942 年
李志叶	诸城市石桥子镇大里户村	41	男	1942 年
李炳奇	诸城市石桥子镇大里户村	24	男	1942 年
祝桂范	诸城市石桥子镇祝家楼村	28	男	1942 年
祝中仁	诸城市石桥子镇祝家楼村	30	男	1942 年
祝树堂	诸城市石桥子镇祝家楼村	28	男	1942 年

姓 名	籍 贯	年 龄	性 别	死难时间
陆鸿昌	诸城市九台镇中九台村	30	男	1942 年
二 收	诸城市九台镇中九台村	35	男	1942 年
魏 瑾	诸城市昌城镇中疃子村	34	男	1942 年
管廷宗	诸城市瓦店镇西大村	31	男	1942 年
赵守帽	诸城市林家村镇河湾村	45	男	1942 年
郭 德	诸城市皇华镇大山村	32	女	1942 年
烟叶客	诸城市皇华镇下六谷村	32	男	1942 年
赵 亮	诸城市皇华镇青墩村	36	男	1942 年
王锡升	诸城市皇华镇青墩村	62	男	1942 年
小 四	诸城市皇华镇青墩村	56	男	1942 年
郑 殿	诸城市皇华镇北马家崖头村	34	男	1942 年
张顺友	诸城市皇华镇灰墩村	41	男	1942 年
四老妈子	诸城市皇华镇灰墩村	39	男	1942 年
三麻子	诸城经济开发区庄家屯村	51	男	1942 年
考×××	诸城市舜王街道官庄店村	20	男	1943 年 10 月
考×××	诸城市舜王街道周家庄子村	18	男	1943 年 10 月
王向月	诸城市舜王街道无忌东村	41	男	1943 年 10 月
刘金田	诸城市昌城镇小刘家双塘村	40	男	1943 年 1 月
金 斗	诸城市皇华镇朱泮三村	32	男	1943 年 10 月
台 二	诸城市皇华镇朱泮三村	47	男	1943 年 10 月
张炳信	诸城市皇华镇柳林村	32	男	1943 年 10 月
田麻子	诸城市舜王街道西新庄子村	25	男	1943 年 2 月
小岗石	诸城市舜王街道西新庄子村	19	男	1943 年 2 月
徐成宽	诸城市舜王街道西新庄子村	30	男	1943 年 2 月
马老三	诸城市程戈庄镇后浩仉村	20	男	1943 年 2 月
刘夕法	诸城市皇华镇许家河子村	26	男	1943 年 2 月
杜方廷	诸城市皇华镇龙湾头村	34	男	1943 年 2 月
王广东	诸城市皇华镇龙湾头村	29	男	1943 年 2 月
于 升	诸城市皇华镇龙湾头村	31	男	1943 年 2 月
祝 贵	诸城市皇华镇柳林村	17	男	1943 年 2 月
王希长	诸城市皇华镇柳林村	22	男	1943 年 2 月
吴培海	诸城市皇华镇柳林村	20	男	1943 年 2 月
王福东	诸城市皇华镇灰墩村	39	男	1943 年 2 月
郭王全	诸城市皇华镇尚家庄子村	36	男	1943 年 2 月

姓 名	籍 贯	年龄	性别	死难时间
梁德明	诸城市舜王街道田家庄社区	43	男	1943 年 3 月
梁 红	诸城市舜王街道田家庄社区	40	男	1943 年 3 月
王培金	诸城市舜王街道田家庄社区	35	男	1943 年 3 月
丁 台	诸城市舜王街道田家庄社区	20	男	1943 年 3 月
丁喜暖	诸城市舜王街道田家庄社区	50	男	1943 年 3 月
李京信	诸城市舜王街道东疃村	45	男	1943 年 3 月
李记怀	诸城市舜王街道东疃村	19	男	1943 年 3 月
咸凤路	诸城市舜王街道东疃村	32	男	1943 年 3 月
王汝臣	诸城市舜王街道东疃村	44	男	1943 年 3 月
孙作稿	诸城市舜王街道上柳沟村	38	男	1943 年 3 月
孙徐氏	诸城市舜王街道上柳沟村	36	女	1943 年 3 月
孙老肚	诸城市舜王街道上柳沟村	32	男	1943 年 3 月
张田来	诸城市舜王街道上柳沟村	30	男	1943 年 3 月
王法高	诸城市舜王街道大甲沟村	29	男	1943 年 3 月
李时倡	诸城市舜王街道东楼村	40	男	1943 年 3 月
徐 言	诸城市舜王街道徐家箭口村	32	男	1943 年 3 月
孙茂海	诸城市吕标镇小两河村	58	男	1943 年 3 月
高玉星	诸城市吕标镇小两河村	54	男	1943 年 3 月
王成仁	诸城市马庄镇祝灌津村	24	男	1943 年 3 月
大海海	诸城市马庄镇龙宿村	47	男	1943 年 3 月
高文福	诸城市马庄镇后里村	21	男	1943 年 3 月
高文德	诸城市马庄镇后里村	36	男	1943 年 3 月
高占木	诸城市马庄镇后里村	55	男	1943 年 3 月
王镇芳	诸城市石桥子镇后牛市村	40	男	1943 年 3 月
张世民	诸城市九台镇南解留村	17	男	1943 年 3 月
小 巧	诸城市九台镇慕容店村	32	男	1943 年 3 月
李 氏	诸城市九台镇慕容店村	28	女	1943 年 3 月
刘 植	诸城市昌城镇小刘家双塘村	45	男	1943 年 3 月
程夕池	诸城市桃园乡大观音山村	20	男	1943 年 3 月
费守礼	诸城市皇华镇龙湾头村	30	男	1943 年 3 月
王乐廷	诸城市皇华镇龙湾头村	29	男	1943 年 3 月
李 ×	诸城市皇华镇龙湾头村	35	男	1943 年 3 月
李 ×	诸城市皇华镇龙湾头村	18	男	1943 年 3 月
周 足	诸城市皇华镇大寨村	33	男	1943 年 3 月

姓　名	籍　贯	年　龄	性　别	死难时间
王华元	诸城市皇华镇甘河子村	38	男	1943 年 3 月
王福春	诸城市皇华镇灰墩村	37	男	1943 年 3 月
王术梅	诸城市舜王街道臧家崖头村	36	男	1943 年 4 月
尹保诗	诸城市吕标镇西邓戈庄村	50	男	1943 年 4 月
郑升刚	诸城市郝戈庄镇韩家沟村	38	男	1943 年 4 月
王金华	诸城市石桥子镇后牛市村	55	男	1943 年 4 月
张小房	诸城市程戈庄镇张家屯村	25	男	1943 年 4 月
张兆关	诸城市程戈庄镇张家屯村	24	男	1943 年 4 月
王志九	诸城市昌城镇潍东村	42	男	1943 年 4 月
殷兆德	诸城市瓦店镇殷家庄村	30	男	1943 年 4 月
张宗友	诸城市桃园乡冶家店子村	24	男	1943 年 4 月
王凤山	诸城市皇华镇青墩村	63	男	1943 年 4 月
郭佰亮	诸城市皇华镇青墩村	51	男	1943 年 4 月
王　金	诸城市皇华镇青墩村	67	男	1943 年 4 月
王德红	诸城市皇华镇青墩村	58	男	1943 年 4 月
王夕堂	诸城市皇华镇青墩村	47	男	1943 年 4 月
吴白勋	诸城经济开发区陈家屯村	50	男	1943 年 5 月
吴小子	诸城经济开发区陈家屯村	25	男	1943 年 5 月
魏学南	诸城经济开发区陈家屯村	50	男	1943 年 5 月
吴大里	诸城经济开发区陈家屯村	50	男	1943 年 5 月
小　德	诸城市程戈庄镇郭家庄村	8	男	1943 年 5 月
孙志清	诸城市辛兴镇尹家庄村	40	男	1943 年 5 月
徐来海	诸城市辛兴镇尹家庄村	42	男	1943 年 5 月
张德福之子	诸城市瓦店镇瓦店村	17	男	1943 年 5 月
傅为怀	诸城市皇华镇四十里铺村	39	男	1943 年 5 月
傅刘氏	诸城市皇华镇四十里铺村	42	女	1943 年 5 月
王现祥	诸城市皇华镇青墩村	63	男	1943 年 5 月
曹麻子	诸城市舜王街道臧家崖头村	38	男	1943 年 6 月
王秀娥	诸城市舜王街道莫家庄村	22	女	1943 年 6 月
阚老二	诸城市舜王街道小潘庄村	23	男	1944 年 6 月
孙杨氏	诸城市舜王街道上常旺铺村	31	女	1943 年 6 月
徐发胜	诸城市郝戈庄镇前寿塔村	19	男	1943 年 6 月
小双喜	诸城市郝戈庄镇前寿塔村	18	男	1943 年 6 月
小秋嫚	诸城市郝戈庄镇前寿塔村	18	男	1943 年 6 月

姓　名	籍　贯	年　龄	性　别	死难时间
刘培法	诸城市程戈庄镇西楼子村	56	男	1943 年 6 月
石　匠	诸城市皇华镇大展村	17	男	1943 年 6 月
王　氏	诸城市皇华镇朱家庄子村	50	女	1943 年 6 月
曾兆华	诸城市皇华镇柳林村	20	男	1943 年 6 月
魏大状	诸城市密州街道东俗佳庄村	19	男	1943 年 7 月
彭文清	诸城市舜王街道彭家箭口村	48	男	1943 年 7 月
徐福雪	诸城市舜王街道徐家箭口村	49	男	1943 年 7 月
徐文启	诸城市舜王街道徐家箭口村	18	男	1943 年 7 月
徐文启之弟	诸城市舜王街道徐家箭口村	15	男	1943 年 7 月
小担孩	诸城市郝戈庄镇赵家柏戈庄村	27	男	1943 年 7 月
大担孩	诸城市郝戈庄镇赵家柏戈庄村	30	男	1943 年 7 月
臧老二	诸城市马庄镇大马庄村	42	男	1943 年 7 月
沈　九	诸城市龙都街道刘家庄村	42	男	1943 年 8 月
李　宽	诸城市龙都街道刘家庄村	43	男	1943 年 8 月
李　友	诸城市舜王街道上常旺铺村	33	男	1943 年 8 月
王五拉	诸城市舜王街道上常旺铺村	38	男	1943 年 8 月
齐世昌	诸城市马庄镇前进村	15	男	1943 年 8 月
李　三	诸城市程戈庄镇仲家庄村	27	男	1943 年 8 月
啦呱头子	诸城市程戈庄镇后疃村	58	男	1943 年 8 月
张老三	诸城市程戈庄镇双湾子村	32	男	1943 年 8 月
大　山	诸城市九台镇南曹村	17	男	1943 年 8 月
王升民之祖父	诸城市九台镇南曹村	56	男	1943 年 8 月
郑可德	诸城市昌城镇潍东村	36	男	1943 年 8 月
郑光顺	诸城市昌城镇潍东村	32	男	1943 年 8 月
刘　山	诸城市皇华镇孟家庄子村	43	男	1943 年 8 月
座　孩	诸城市皇华镇中我乐村	20	男	1943 年 8 月
魏茂科	诸城市皇华镇西山坡村	41	男	1943 年 8 月
常会茂	诸城市皇华镇朱家庄子村	48	男	1943 年 8 月
吴　坤	诸城市皇华镇柳林村	20	男	1943 年 8 月
吴培仁	诸城市皇华镇柳林村	21	男	1943 年 8 月
陈　耕	诸城市皇华镇柳林村	28	男	1943 年 8 月
王目祥	诸城市皇华镇青墩村	43	男	1943 年 8 月
陈刊余	诸城市马庄镇鞠家庄子村	30	男	1943 年 9 月
张小碰	诸城市马庄镇武庙村	27	男	1943 年 9 月

姓　名	籍　贯	年　龄	性　别	死难时间
刘培录	诸城市程戈庄镇西楼子村	54	男	1943 年 9 月
刘培祥	诸城市程戈庄镇西楼子村	58	男	1943 年 9 月
徐同贵	诸城市程戈庄镇双湾子村	42	男	1943 年 9 月
陈　贡	诸城市皇华镇柳林村	31	男	1943 年 9 月
张正义	诸城市舜王街道小潘庄村	22	男	1943 年 10 月
刘洪恩	诸城市马庄镇西南岭村	31	男	1943 年 10 月
布贩子	诸城市程戈庄镇前卜落林子村	56	男	1943 年 10 月
张八月	诸城市马庄镇镇武庙村	30	男	1943 年 11 月
刘林汗	诸城市皇华镇姚家村	34	男	1943 年 11 月
杨　青	诸城经济开发区诸冯村	63	男	1943 年 12 月
刘玉元	诸城经济开发区诸冯村	60	男	1943 年 12 月
刘六十	诸城经济开发区诸冯村	30	男	1943 年 12 月
朱德金	诸城市龙都街道许家庄村	16	男	1943 年
石麻子	诸城市龙都街道大郝家村	52	男	1943 年
臧十一	诸城市龙都街道大郝家村	49	男	1943 年
徐振乐之妻	诸城市龙都街道两河村	52	女	1943 年
吴老八之妻	诸城市龙都街道两河村	50	女	1943 年
董会元	诸城市龙都街道两河村	42	男	1943 年
张晴瑞	诸城市龙都街道辛家尧村	58	男	1943 年
臧洪流	诸城市龙都街道辛家尧村	22	男	1943 年
吴德相之父	诸城市龙都街道台家村	35	男	1943 年
姜六猴子	诸城市舜王街道后松园村	41	男	1943 年
宋洪仁之父	诸城市舜王街道后松园村	30	男	1943 年
李谦祥	诸城市舜王街道后松园村	38	男	1943 年
张木匠	诸城市舜王街道后松园村	28	男	1943 年
焦小柱	诸城市舜王街道后松园村	31	男	1943 年
宋光跃	诸城市舜王街道后松园村	42	男	1943 年
陈文丙	诸城市舜王街道南涝洼村	40	男	1943 年
六老汉	诸城市舜王街道南涝洼村	44	男	1943 年
九老汉	诸城市舜王街道南涝洼村	42	男	1943 年
刘　英	诸城市舜王街道南涝洼村	51	男	1943 年
王德开	诸城市舜王街道南涝洼村	35	男	1943 年
袁　×	诸城市舜王街道南涝洼村	41	男	1943 年
王小扣	诸城市舜王街道南涝洼村	33	男	1943 年

姓　名	籍　贯	年　龄	性　别	死难时间
刘　五	诸城市吕标镇高相村	55	男	1943 年
刘五之子	诸城市吕标镇高相村	15	男	1943 年
刘五之女	诸城市吕标镇高相村	12	女	1943 年
李学文	诸城市吕标镇高相村	54	男	1943 年
王　相	诸城市吕标镇岭后村	41	男	1943 年
王洪意	诸城市吕标镇岭后村	23	男	1943 年
王同意	诸城市吕标镇岭后村	19	男	1943 年
于进旺	诸城市枳沟镇小于家庄村	—	男	1943 年
董　乐	诸城市枳沟镇小于家庄村	—	男	1943 年
王金贵	诸城市郝戈庄镇常山店子村	34	男	1943 年
孙刚三	诸城市贾悦镇耿家屯村	40	男	1943 年
杨万东	诸城市贾悦镇宋东村	60	男	1943 年
三光棍	诸城市贾悦镇宋东村	59	男	1943 年
梁　玉	诸城市贾悦镇宋东村	17	男	1943 年
三麻子	诸城市孟疃镇后徐村	19	男	1943 年
高培真之祖父	诸城市孟疃镇范家官庄村	62	男	1943 年
高培真之叔	诸城市孟疃镇范家官庄村	40	男	1943 年
鞠炳随	诸城市孟疃镇前张庄村	54	男	1943 年
鞠树继之父	诸城市孟疃镇前张庄村	62	男	1943 年
岳洪民之祖父	诸城市马庄镇岳戈庄村	50	男	1943 年
七老汉	诸城市马庄镇岳戈庄村	55	男	1943 年
李征友	诸城市马庄镇棠棣戈庄村	45	男	1943 年
臧焕文	诸城市马庄镇棠棣戈庄村	50	男	1943 年
祝纪安	诸城市石桥子镇祝家楼村	35	男	1943 年
祝逸友	诸城市石桥子镇祝家楼村	27	男	1943 年
孙树花	诸城市九台镇孙仓村	47	男	1943 年
刘　三	诸城市九台镇孙仓村	43	男	1943 年
银　子	诸城市九台镇齐家屯村	23	男	1943 年
秦付路	诸城市昌城镇中疃子村	34	男	1943 年
胡　三	诸城市昌城镇中疃子村	35	男	1943 年
王福有	诸城市朱解镇大王门村	19	男	1943 年
徐德海	诸城市瓦店镇东北庄村	18	男	1943 年
管思开	诸城市桃园乡西茂财沟村	49	男	1943 年
管思先	诸城市桃园乡西茂财沟村	32	男	1943 年

姓 名	籍 贯	年 龄	性 别	死难时间
孙大福	诸城市皇华镇朱泮三村	50	男	1944 年 1 月
王廷山	诸城市皇华镇柳林村	22	男	1944 年 1 月
王瑞还	诸城市皇华镇柳林村	28	男	1944 年 1 月
杨玉升	诸城市皇华镇柳林村	27	男	1944 年 1 月
王砚华之父	诸城市皇华镇柳林村	18	男	1944 年 1 月
四铁匠	诸城市龙都街道辛庄子村	36	男	1944 年 2 月
林元伟	诸城市九台镇林家岭村	33	男	1944 年 2 月
林培叶之父	诸城市九台镇林家岭村	36	男	1944 年 2 月
吴汶之曾祖父	诸城市九台镇刘家大村	49	男	1944 年 2 月
吴汶之大祖父	诸城市九台镇刘家大村	25	男	1944 年 2 月
吴汶之祖父	诸城市九台镇刘家大村	21	男	1944 年 2 月
赵钟氏	诸城市皇华镇下康岭村	38	女	1944 年 2 月
祝金廷	诸城市皇华镇柳林村	24	男	1944 年 2 月
张炳昌	诸城市皇华镇柳林村	30	男	1944 年 2 月
何 茂	诸城市皇华镇柳林村	33	男	1944 年 2 月
王廷均	诸城市皇华镇柳林村	32	男	1943 年 2 月
何子方	诸城市皇华镇柳林村	26	男	1944 年 2 月
张炳红	诸城市皇华镇柳林村	19	男	1944 年 2 月
张来贞	诸城市舜王街道臧家崖头村	36	男	1944 年 3 月
李桂池	诸城市舜王街道西新庄子村	32	男	1944 年 9 月
张 氏	诸城市舜王街道尚沟河村	36	女	1944 年 3 月
小中福	诸城市郝戈庄镇范家柏戈庄村	17	男	1944 年 3 月
大啦瓜	诸城市郝戈庄镇范家柏戈庄村	35	男	1944 年 3 月
葛佃华	诸城市贾悦镇葛家同村	49	男	1944 年 3 月
花 脸	诸城市程戈庄镇程戈庄一村	28	男	1944 年 3 月
王文熙	诸城市辛兴镇西花园村	40	男	1944 年 3 月
王培基	诸城市瓦店镇王门庄子村	19	男	1944 年 3 月
魏 二	诸城市皇华镇东山坡村	48	男	1944 年 3 月
大母怪	诸城市皇华镇柳林村	30	男	1944 年 3 月
何茂京	诸城市皇华镇柳林村	35	男	1944 年 3 月
陈 福	诸城市皇华镇柳林村	28	男	1944 年 3 月
曾九录	诸城市皇华镇柳林村	31	男	1944 年 3 月
陈 秀	诸城市皇华镇柳林村	30	男	1944 年 3 月
陈 田	诸城市皇华镇柳林村	27	男	1944 年 3 月

姓 名	籍 贯	年 龄	性 别	死难时间
梁　×	诸城市皇华镇西小庄村	18	男	1944 年 3 月
杨大黄病	诸城市郝戈庄镇陈家庄村	45	男	1944 年 4 月
陈老窝	诸城市郝戈庄镇陈家庄村	42	男	1944 年 4 月
李献章	诸城市程戈庄镇西涝戈庄村	45	男	1944 年 4 月
刘景武	诸城市昌城镇小双塘村	42	男	1944 年 4 月
吴　池	诸城市皇华镇柳林村	29	男	1944 年 4 月
李姑子	诸城市程戈庄镇东涝戈庄村	23	男	1944 年 5 月
王领孩	诸城市程戈庄镇东涝戈庄村	23	男	1944 年 5 月
李振本	诸城市辛兴镇前米沟村	18	男	1944 年 5 月
赵金福	诸城市辛兴镇前米沟村	17	男	1944 年 5 月
胡永德	诸城市皇华镇大展村	42	男	1944 年 5 月
王廷洪	诸城市皇华镇柳林村	19	男	1944 年 5 月
张　田	诸城市皇华镇南崖头村	20	男	1944 年 5 月
臧付机之父	诸城市龙都街道孔戈庄二村	18	男	1944 年 6 月
小绿柱	诸城市舜王街道臧家崖头村	20	男	1944 年 6 月
小朝湾	诸城市舜王街道臧家崖头村	19	男	1944 年 6 月
焦见辉	诸城市舜王街道臧家崖头村	46	男	1944 年 6 月
王天官	诸城市皇华镇马家庄子村	60	男	1944 年 6 月
刘金法	诸城市皇华镇姚家村	29	男	1944 年 6 月
李日相	诸城市舜王街道无忌东村	37	男	1944 年 7 月
李红平	诸城市舜王街道东楼村	44	男	1944 年 7 月
李小富	诸城市舜王街道东楼村	42	男	1944 年 7 月
李良补	诸城市舜王街道东楼村	44	男	1944 年 7 月
臧建平	诸城市吕标镇臧家庄村	14	男	1944 年 7 月
姜桂清	诸城市石桥子镇马武沟村	25	女	1944 年 7 月
马治有	诸城市石桥子镇马武沟村	35	男	1944 年 7 月
马张氏	诸城市石桥子镇马武沟村	31	女	1944 年 7 月
陈　氏	诸城市石桥子镇马武沟村	35	女	1944 年 7 月
田玉堂	诸城市石桥子镇田家岳旺村	37	男	1944 年 7 月
夏　全	诸城市程戈庄镇呈子泊村	65	男	1944 年 7 月
刘玉早	诸城市皇华镇姚家村	36	男	1944 年 7 月
杨　三	诸城市皇华镇马家庄子村	51	男	1944 年 8 月
刘　七	诸城市皇华镇大山村	48	男	1944 年 8 月
王　×	诸城市皇华镇龙湾头村	31	男	1944 年 8 月

姓 名	籍 贯	年 龄	性 别	死难时间
于 付	诸城市皇华镇龙湾头村	32	男	1944 年 8 月
周 ×	诸城市皇华镇龙湾头村	29	男	1944 年 8 月
杜 ×	诸城市皇华镇龙湾头村	32	男	1944 年 8 月
王宗相	诸城市皇华镇柳林村	22	男	1944 年 8 月
王宗田	诸城市皇华镇柳林村	26	男	1944 年 8 月
马保元	诸城市皇华镇柳林村	19	男	1944 年 8 月
王宗敏	诸城市皇华镇柳林村	21	男	1944 年 8 月
吴培升	诸城市皇华镇柳林村	19	男	1944 年 8 月
刘 二	诸城市舜王街道官庄社区	28	男	1944 年 9 月
孙继岁	诸城市舜王街道上柳沟村	39	男	1944 年 9 月
孙保安	诸城市舜王街道上柳沟村	29	男	1944 年 9 月
王运照	诸城市舜王街道无忌东村	36	男	1944 年 9 月
柳 德	诸城市辛兴镇孙家沙岭村	19	男	1944 年 9 月
陈宝合	诸城市皇华镇柳林村	26	男	1944 年 9 月
王 路	诸城市皇华镇马家庄子村	16	男	1944 年 10 月
卢忠顺	诸城市舜王街道悦庄村	23	男	1944 年 11 月
王 坤	诸城市皇华镇姚家村	26	男	1944 年 11 月
刘文汗	诸城市皇华镇姚家村	31	男	1944 年 11 月
王夕玉	诸城市皇华镇姚家村	34	男	1944 年 11 月
王培玉	诸城市舜王街道下常旺铺村	38	男	1944 年 12 月
王 钱	诸城市舜王街道下常旺铺村	16	男	1944 年 12 月
陈德学	诸城市程戈庄镇双湾子村	50	男	1944 年 12 月
王夕建	诸城市九台镇慕容老庄子	21	男	1944 年 12 月
穆栓子	诸城市皇华镇胡沟村	20	男	1944 年 12 月
吉树芳	诸城市龙都街道许家庄村	46	男	1944 年
刘增弟	诸城市龙都街道台家村	22	男	1944 年
刘 志	诸城市舜王街道南涝洼村	50	男	1944 年
陈文俊之父	诸城市舜王街道南涝洼村	52	男	1944 年
苗成美	诸城市舜王街道南涝洼村	49	男	1944 年
酒房里	诸城市舜王街道南涝洼村	39	男	1944 年
王大师之父	诸城市舜王街道南涝洼村	49	男	1944 年
小 霞	诸城市贾悦镇葛家同村	17	男	1944 年
孙永华	诸城市马庄镇臧家营子村	26	男	1944 年
徐瑞春	诸城市朱解镇新安村	22	男	1944 年

姓　名	籍　贯	年　龄	性　别	死难时间
张天福	诸城市皇华镇东山坡村	44	男	1944 年
王福生	诸城市皇华镇东山坡村	45	男	1945 年
邸学海	诸城市皇华镇东山坡村	46	男	1944 年
张　治	诸城市皇华镇白粉子沟村	50	男	1944 年
董罗成	诸城市皇华镇白粉子沟村	50	男	1944 年
刘坤明	诸城市皇华镇下六谷村	62	男	1944 年
陈永合	诸城市皇华镇柳林村	24	男	1944 年
曾兆夕	诸城市皇华镇柳林村	24	男	1944 年
王瑞先	诸城市皇华镇柳林村	23	男	1944 年
陈启明	诸城市皇华镇柳林村	24	男	1944 年
小狮子	诸城市皇华镇东河北村	19	男	1944 年
大合罐	诸城市皇华镇东河北村	46	男	1944 年
乐　生	诸城市皇华镇东河北村	17	男	1944 年
王维亮之祖父	诸城市九台镇陈家官庄村	30	男	1941 年
李日明	诸城市舜王街道无忌东村	32	男	1945 年 2 月
沈洪元	诸城市龙都街道刘家庄社区	29	男	1945 年 3 月
王纪芳	诸城市石桥子镇田家岳旺村	30	男	1945 年 3 月
玉　果	诸城市皇华镇中我乐村	20	男	1945 年 3 月
陈金坤	诸城市皇华镇甘河子村	38	男	1945 年 3 月
王召雨	诸城市皇华镇南崖头村	21	男	1945 年 3 月
李一泰	诸城市程戈庄镇西湴戈庄村	27	男	1945 年 5 月
二老汉	诸城市程戈庄镇东楼子村	57	男	1945 年 5 月
织　匠	诸城市程戈庄镇东楼子村	30	男	1945 年 5 月
王德海	诸城市皇华镇东山坡村	50	男	1945 年 5 月
玉　山	诸城市皇华镇中我乐村	20	男	1945 年 6 月
王辉学	诸城市皇华镇南崖头村	29	男	1945 年 6 月
张　德	诸城市皇华镇南崖头村	31	男	1945 年 6 月
赵兆荣	诸城市皇华镇南崖头村	24	男	1945 年 6 月
王文焕	诸城市辛兴镇中王家屯村	23	男	1945 年 7 月
张　有	诸城市皇华镇马家庄子村	51	男	1945 年 8 月
魏老五	诸城市皇华镇西山坡村	60	男	1945 年 8 月
张老冤	诸城市辛兴镇张家小庄村	42	男	1945 年 9 月
青　云	诸城市皇华镇杨村	25	男	1945 年 9 月
潘长远	诸城市贾悦镇金沟村	30	男	1945 年

姓 名	籍 贯	年 龄	性 别	死难时间
李宗堂	诸城市密州街道连丰村	31	男	—
马清池	诸城市石桥子镇石桥子村	—	男	—
李宝中	诸城市石桥子镇石桥子村	—	男	—
李玉昌	诸城市石桥子镇石桥子村	—	男	—
小公蝈	诸城市瓦店镇潘家沟村	24	男	1943 年
刘世忠之弟	诸城市瓦店镇邹家沟村	30	男	—
许兰法	诸城市桃园乡岳阳村	28	男	—
吴元文	诸城市桃园乡岳阳村	37	男	—
小 户	诸城市桃园乡岳阳村	29	男	—
小 泥	诸城市桃园乡岳阳村	28	男	—
合 计	**3645**			

王 坚　李海涛　张 兰

责任人：许 莉　王 坚　　核实人：刘培泉　张炳池　王翠花　　填表人：张 兰

姜 辉　刘洪泉

填报单位（签章）：诸城市委党史研究室　　　　　　　　填报时间：2009 年 4 月 20 日

寿光市抗日战争时期死难者名录

姓 名	籍 贯	年 龄	性 别	死难时间
王文成	寿光市文家街道王宇村	41	男	1938 年 1 月
陈好智	寿光市田柳镇陈马村	22	男	1938 年 1 月
韩象坤	寿光市孙家集街道岳寺韩村	40	男	1938 年 1 月
李 玉	寿光市洛城街道屯上村	—	男	1938 年 1 月
李贞祥之祖母	寿光市洛城街道屯上村	40	女	1938 年 1 月
刘东举	寿光市台头镇三楼村	30	男	1938 年 1 月
刘福增	寿光市台头镇三楼村	26	男	1938 年 1 月
刘会风	寿光市台头镇三楼村	34	男	1938 年 1 月
刘士彦	寿光市台头镇三楼村	17	男	1938 年 1 月
刘守丰	寿光市台头镇三楼村	38	男	1938 年 1 月
马洪林	寿光市台头镇牛头村	20	男	1938 年 1 月
孙建道之姑	寿光市洛城街道屯上村	18	女	1938 年 1 月
孙士良	寿光市化龙镇埠西村	27	男	1938 年 1 月
王佃杰	寿光市台头镇南洋头村	36	男	1938 年 1 月
王洪儒	寿光市县营里镇北南河村	27	男	1938 年 1 月
王兰芳	寿光市孙家集街道后王村	29	男	1938 年 1 月
王修善	寿光市田柳镇田柳村五村	15	男	1938 年 1 月
王兆瑞	寿光市化龙镇化龙桥村	19	男	1938 年 1 月
许 关	寿光市洛城街道屯上村	10	女	1938 年 1 月
张长富	寿光市台头镇三楼村	33	男	1938 年 1 月
张观前之父	寿光市洛城街道张家村	27	男	1938 年 1 月
张官景之父	寿光市洛城街道南庄村	51	男	1938 年 1 月
张洪滨	寿光市台头镇三楼村	21	男	1938 年 1 月
张洪才	寿光市台头镇三楼村	18	男	1938 年 1 月
张华成	寿光市台头镇三楼村	36	男	1938 年 1 月
张留柱	寿光市台头镇三楼村	29	男	1938 年 1 月
张西汉	寿光市孙家集街道达字刘村	26	男	1938 年 1 月
赵金升	寿光市上口镇上口三村	20	男	1938 年 1 月
朱守先	寿光市田柳镇田柳村二村	21	男	1938 年 1 月

姓　名	籍　贯	年　龄	性　别	死难时间
朱同岭	寿光市田柳镇后王村	15	男	1938 年 1 月
侯学武	寿光市台头镇北洋头村	25	男	1938 年 2 月
李玉江	寿光市田柳镇崔家村	30	男	1938 年 2 月
王金斗	寿光市圣城街道南后三村	52	男	1938 年 2 月
王金奎	寿光市圣城街道南后三村	34	男	1938 年 2 月
袁兰义	寿光市洛城街道贤西村	26	男	1938 年 2 月
张立成	寿光市圣城街道前张村	34	男	1938 年 2 月
崔凤鸣	寿光市圣城街道南魏村	19	男	1938 年春
刘洪军	寿光市羊口镇侯辛村	33	男	1938 年春
王怡然	寿光市孙家集街道前王村	30	男	1938 年春
游景台	寿光市圣城街道南魏村	18	男	1938 年春
范宝田	寿光市洛城街道南纸村	21	男	1938 年 3 月 3 日
付太源	寿光市纪台镇曹官村	42	男	1938 年 4 月 10 日
王金香	寿光市稻田镇西稻田村	23	男	1938 年 4 月 15 日
杜业昌	寿光市稻田镇桂一村	31	男	1938 年 4 月
贾炳炎	寿光市孙家集街道后胡营村	24	男	1938 年 4 月
李洪慈	寿光市田柳镇北岭村	22	男	1938 年 4 月
李　氏	寿光市稻田镇南陈村	—	女	1938 年 4 月
刘德元	寿光市洛城街道于家村	21	男	1938 年 4 月
孙凤皋	寿光市孙家集街道范于村	25	男	1938 年 4 月
王茂松	寿光市孙家集街道宋家村	24	男	1938 年 4 月
小　侠	寿光市孙家集街道宋家村	21	男	1938 年 4 月
张佃武	寿光市洛城街道贤东村	32	男	1938 年 4 月
张轮清	寿光市田柳镇西埠头村	28	男	1938 年 4 月
张廷营	寿光市上口镇郭西村	28	男	1938 年 4 月
宫如意	寿光市文家街道业家村	33	男	1938 年 5 月
宫志道	寿光市文家街道业家村	34	男	1938 年 5 月
宫志康	寿光市文家街道业家村	27	男	1938 年 5 月
郭如珍	寿光市古城街道南孙云子村	23	男	1938 年 5 月
李振锋	寿光市田柳镇李家庄子村	18	男	1938 年 5 月
刘　昌	寿光市文家街道业家村	28	男	1938 年 5 月
刘交之	寿光市化龙镇魏家村	19	男	1938 年 5 月

姓　名	籍　贯	年　龄	性　别	死难时间
刘振锡	寿光市化龙镇务本村	30	男	1938 年 5 月
商丰书	寿光市文家街道业家村	35	男	1938 年 5 月
王光明	寿光市台头镇北官庄村	42	男	1938 年 5 月
尹　读	寿光市稻田镇尹家村	—	男	1938 年 5 月
张茂松	寿光市洛城街道马家村	48	男	1938 年 5 月
张守伦	寿光市洛城街道马家村	25	男	1938 年 5 月
张守廷	寿光市文家街道业家村	21	男	1938 年 5 月
张献臣	寿光市文家街道业家村	45	男	1938 年 5 月
朱焕章	寿光市田柳镇后王村	33	男	1938 年 5 月
左洪禄	寿光市文家街道业家村	21	男	1938 年 5 月
崔安之	寿光市洛城街道后寨村	52	男	1938 年 6 月 17 日
董传伍	寿光市洛城街道后寨村	40	男	1938 年 6 月 17 日
张法林	寿光市洛城街道后寨村	35	男	1938 年 6 月 17 日
张乐善	寿光市洛城街道后寨村	42	男	1938 年 6 月 17 日
张向桂	寿光市洛城街道后寨村	43	男	1938 年 6 月 17 日
陈文胜	寿光市台头镇北台头村	56	男	1938 年 6 月
丁玉同	寿光市营里镇北南河村	16	男	1938 年 6 月
范加兴	寿光市田柳镇阁黎院村	21	男	1938 年 6 月
高玉喜	寿光市孙家集街道宋家村	23	男	1938 年 6 月
李刘氏	寿光市田柳镇南王里村	30	女	1938 年 6 月
李振南之妻	寿光市洛城街道南庄村	62	女	1938 年 6 月
刘占奎	寿光市洛城街道西范村	60	男	1938 年 6 月
任义中	寿光市洛城街道饮马村	28	男	1938 年 6 月
唐可武	寿光市田柳镇阁黎院村	20	男	1938 年 6 月
张世和	寿光市古城街道单家庄子村	18	男	1938 年 6 月
曹北屋	寿光市营里镇郭井子村	19	男	1938 年 7 月
柴洪勋	寿光市化龙镇化龙桥村	19	男	1938 年 7 月
董炳焱	寿光市稻田镇西庞村	69	男	1938 年 7 月
宫茂兰	寿光市文家街道业家村	51	男	1938 年 7 月
宫　趜	寿光市文家街道业家村	27	男	1938 年 7 月
李德之	寿光市洛城街道东斟灌村	33	男	1938 年 7 月
李培尧	寿光市台头镇张家庄村	27	男	1938 年 7 月

姓 名	籍 贯	年 龄	性 别	死难时间
李之诚	寿光市纪台镇曹官村	32	男	1938 年 7 月
刘德润	寿光市文家街道业家村	43	男	1938 年 7 月
刘文汉	寿光市洛城街道林家庄子村	34	男	1938 年 7 月
孙世英	寿光市孙家集街道小店铺村	26	男	1938 年 7 月
王保全	寿光市孙家集街道宋家村	42	男	1938 年 7 月
王福成	寿光市洛城街道林家庄子村	22	男	1938 年 7 月
王寿山	寿光市古城街道代家村	29	男	1938 年 7 月
殷 爽	寿光市洛城街道后尹村	43	男	1938 年 7 月
赵新中	寿光市洛城街道斟灌城里村	25	男	1938 年 7 月
朱洪恩	寿光市孙家集街道二甲村	32	男	1938 年 7 月
朱洪立	寿光市孙家集街道二甲村	30	男	1938 年 7 月
冯怀三	寿光市纪台镇王辛村	40	男	1938 年 8 月 13 日
冯作洲	寿光市纪台镇王辛村	30	男	1938 年 8 月 13 日
王介福	寿光市纪台镇王辛村	18	男	1938 年 8 月 13 日
王介贵	寿光市纪台镇王辛村	16	男	1938 年 8 月 13 日
王学义	寿光市纪台镇王辛村	58	男	1938 年 8 月 13 日
王允功	寿光市纪台镇王辛村	25	男	1938 年 8 月 13 日
王允武	寿光市纪台镇王辛村	48	男	1938 年 8 月 13 日
殷宝贵	寿光市纪台镇殷家村	25	男	1938 年 8 月 13 日
张本利	寿光市纪台镇玉皇庙村	34	男	1938 年 8 月 15 日
张富成	寿光市纪台镇玉皇庙村	16	男	1938 年 8 月 15 日
曹法坤	寿光市羊口镇曹辛村	48	男	1938 年 8 月
李福顺	寿光市化龙镇化龙桥村	20	男	1938 年 8 月
刘 诚	寿光市孙家集街道达子刘村	21	男	1938 年 8 月
刘乃升	寿光市上口镇东堤村	19	男	1938 年 8 月
王吉闵	寿光市羊口镇寇家坞村三村	19	男	1938 年 8 月
王立宗	寿光市化龙镇化龙桥村	28	男	1938 年 8 月
杨利田	寿光市侯镇仉西村	26	男	1938 年 8 月
张大田	寿光市洛城街道张家村	33	男	1938 年 8 月
张观春	寿光市洛城街道张家村	28	男	1938 年 8 月
张克功	寿光市化龙镇四合村	18	男	1938 年 8 月
赵桂兴	寿光市洛城街道张家村	18	男	1938 年 8 月

姓 名	籍 贯	年 龄	性 别	死难时间
赵志成之妻	寿光市洛城街道张家村	35	女	1938 年 8 月
杜文选	寿光市洛城街道东刘村	41	男	1938 年 9 月
雷光灿	寿光市田柳镇郎家营村	34	男	1938 年 9 月
李广龙	寿光市稻田镇镇孟家桥村	22	男	1938 年 9 月
李刘氏	寿光市田柳镇南王里村	25	女	1938 年 9 月
辛树春	寿光市化龙镇辛家村	27	男	1938 年 9 月
赵日才	寿光市田柳镇赵家村	22	男	1938 年 9 月
韩洪刚之姑	寿光市圣城街道前张村	22	女	1938 年秋
韩文光	寿光市圣城街道前张村	42	男	1938 年秋
郎在田	寿光市孙家集街道西侯村	28	男	1938 年秋
孙士生	寿光市化龙镇辛店村	22	男	1938 年秋
朱建福	寿光市古城街道十里村	39	男	1938 年秋
刘 城	寿光市孙家集街道达字刘村	32	男	1938 年秋
孙 清	寿光市洛城街道屯上村	15	男	1938 年 10 月
刘希仲	寿光市古城街道北马范村	22	男	1938 年 11 月
任法义	寿光市洛城街道饮马村	27	男	1938 年 11 月
任世庆	寿光市上口镇任家下口村	38	男	1938 年 11 月
孙培坤	寿光市田柳镇孙家岭村	24	男	1938 年 11 月
肖福星	寿光市洛城街道贤西村	30	男	1938 年 11 月
董正伦之父	寿光市稻田镇王望村	54	男	1938 年 12 月 14 日
秦友和之女	寿光市稻田镇王望村	7	女	1938 年 12 月 14 日
王树德	寿光市圣城街道逢源村	33	男	1938 年 12 月 21 日
郎会商之祖父	寿光市洛城街道郎家村	58	男	1938 年 12 月
郎益南之兄	寿光市洛城街道郎家村	23	男	1938 年 12 月
李春堂	寿光市侯镇河西村	28	男	1938 年 12 月
毛汉杰	寿光市田柳镇东马村	24	男	1938 年 12 月
彭金湘	寿光市化龙镇辛家村	19	男	1938 年 12 月
张凤国	寿光市文家街道西陈村	21	男	1938 年 12 月
张洪荐	寿光市文家街道前游村	33	男	1938 年 12 月
张三民	寿光市文家街道西陈村	5	男	1938 年 12 月
张桑氏	寿光市文家街道后游村	37	女	1938 年 12 月
寇金建	寿光市圣城街道马范村	22	男	1938 年冬

姓 名	籍 贯	年 龄	性 别	死难时间
王兰芳	寿光市孙家集街道丰顺王村	28	男	1938 年冬
王 武	寿光市圣城街道南前三村	71	男	1938 年冬
张国强	寿光市圣城街道赵旺村	33	男	1938 年冬
张立恒	寿光市圣城街道南前三村	62	男	1938 年冬
张兴斋	寿光市圣城街道南前三村	60	男	1938 年冬
常佃举	寿光市田柳镇常家庄村	36	男	1938 年
常培茂	寿光市营里镇东浊北村	37	男	1938 年
陈诚义	寿光市田柳镇陈马村	42	男	1938 年
褚凤岗	寿光市圣城街道北关村	20	男	1938 年
褚冠英	寿光市圣城街道北关村	44	男	1938 年
褚冠英之妻	寿光市圣城街道北关村	46	女	1938 年
慈传仁	寿光市稻田镇南慈村	23	男	1938 年
慈介合	寿光市稻田镇南慈村	25	男	1938 年
德 洲	寿光市田柳镇西王高村	16	男	1938 年
董金佃	寿光市稻田镇西稻田村	25	男	1938 年
董敬坤	寿光市稻田镇西稻田村	32	男	1938 年
杜志敏	寿光市洛城街道浮桥村	23	男	1938 年
杜志文	寿光市洛城街道浮桥村	27	男	1938 年
方成信	寿光市侯镇侯四村	26	男	1938 年
方成义	寿光市侯镇侯四村	23	男	1938 年
方召松	寿光市侯镇侯四村	22	男	1938 年
付潘林	寿光市孙家集街道北马瞳村	35	男	1938 年
付尚俊	寿光市圣城街道城里村	52	男	1938 年
付学孔	寿光市孙家集街道北马瞳村	60	男	1938 年
耿泮森	寿光市侯镇南寨村	32	男	1938 年
郭奎贤	寿光市上口镇郭东村	25	男	1938 年
胡万祥	寿光市古城街道义和村	30	男	1938 年
胡振南	寿光市古城街道义和村	65	男	1938 年
贾 杜	寿光市化龙镇廿里村	18	男	1938 年
贾建中	寿光市化龙镇贾家村	26	男	1938 年
靖法坤	寿光市侯镇东毕三村	35	男	1938 年
孔召柱	寿光市圣城街道城里村	50	男	1938 年

姓 名	籍 贯	年 龄	性 别	死难时间
款	寿光市田柳镇西王高村	17	女	1938 年
雷陈氏	寿光市田柳镇王高七村	—	女	1938 年
李介荣	寿光市稻田镇西稻田村	30	男	1938 年
李龙太	寿光市侯镇侯四村	26	男	1938 年
李南松	寿光市上口镇西北上口村	23	男	1938 年
李清溪	寿光市稻田镇李营村	50	男	1938 年
李 氏	寿光市孙家集街道北马瞳村	22	女	1938 年
李树堂	寿光市稻田镇西稻田村	22	男	1938 年
李维钵	寿光市圣城街道西关村	24	男	1938 年
李维征	寿光市洛城街道岔河村	18	男	1938 年
李义正	寿光市稻田镇西稻田村	30	男	1938 年
李永吉	寿光市田柳镇张后村	27	男	1938 年
李月真	寿光市侯镇河西村	30	男	1938 年
李张氏	寿光市侯镇西毕村	27	女	1938 年
林闫公	寿光市圣城街道南关村	37	男	1938 年
刘福林	寿光市侯镇甫刘村	42	男	1938 年
刘焕新	寿光市田柳镇李家宋村	36	男	1938 年
刘来昌	寿光市稻田镇西稻田村	40	男	1938 年
刘美玉	寿光市上口镇回河口村	20	男	1938 年
刘 氏	寿光市上口镇回河口村	17	女	1938 年
刘树廷	寿光市上口镇西堤村	—	男	1938 年
刘顺林	寿光市上口镇广二村	60	男	1938 年
刘廷孟	寿光市洛城街道洛西村	25	男	1938 年
刘文伟	寿光市洛城街道洛西村	35	男	1938 年
刘文远	寿光市田柳镇袁桥村	32	男	1938 年
刘西华之兄	寿光市稻田镇王望村	22	男	1938 年
刘象封	寿光市洛城街道高家村	25	男	1938 年
刘孝先	寿光市上口镇西堤村	17	男	1938 年
鲁同智	寿光市营里镇东浊北村	26	男	1938 年
马长奎	寿光市侯镇马家村	30	男	1938 年
马克琴	寿光市侯镇马家村	26	男	1938 年
马庆先	寿光市台头镇牛头村	23	男	1938 年

姓 名	籍 贯	年 龄	性 别	死难时间
马荣太	寿光市侯镇马家村	32	男	1938 年
马薛氏	寿光市侯镇马家村	32	女	1938 年
盼	寿光市田柳镇西王高村	17	女	1938 年
秦作山	寿光市稻田镇王望村	44	男	1938 年
桑炳欣	寿光市文家街道桑家村	31	男	1938 年
桑江水	寿光市圣城街道城里村	41	男	1938 年
十 三	寿光市稻田镇西稻田村	23	男	1938 年
宋炳银	寿光市上口镇回河口村	23	男	1938 年
隋芸生	寿光市台头镇东庄村	—	男	1938 年
孙春光	寿光市营里镇益隆道口村	23	男	1938 年
孙富余	寿光市营里镇西黑塚子后村	29	男	1938 年
唐东云之母	寿光市田柳镇袁桥村	36	女	1938 年
田茂荣	寿光市田柳镇田柳村	25	男	1938 年
王步立	寿光市洛城街道王东村	20	男	1938 年
王步堂	寿光市圣城街道南后三村	53	男	1938 年
王光启	寿光市营里镇北南河村	—	男	1938 年
王金建	寿光市圣城街道北关村	24	男	1938 年
王 良	寿光市营里镇北南河村	—	男	1938 年
王敏才	寿光市文家街道大庄村	19	男	1938 年
王明信	寿光市营里镇东浊北村	21	男	1938 年
王清河	寿光市圣城街道东营村	34	男	1938 年
王尚文	寿光市田柳镇西青村	19	男	1938 年
王尚志	寿光市田柳镇西青村	24	男	1938 年
王守山	寿光市古城街道代家村	37	男	1938 年
王守中	寿光市圣城街道北关村	24	男	1938 年
王 新	寿光市古城街道代家村	37	男	1938 年
王英才	寿光市田柳镇李家宋村	28	男	1938 年
王英明	寿光市古城街道后王村	29	男	1938 年
王振刚	寿光市侯镇杨家村	21	男	1938 年
王中兴	寿光市营里镇北南河村	—	男	1938 年
王忠宪之子	寿光市古城街道后王村	20	男	1938 年
魏新兴	寿光市侯镇西柴村	50	男	1938 年

姓 名	籍 贯	年 龄	性 别	死难时间
吴广信	寿光市圣城街道城里村	32	男	1938 年
吴广义	寿光市圣城街道城里村	30	男	1938 年
吴荣升	寿光市营里镇吴家村	28	男	1938 年
武春林	寿光市古城街道北孙村	23	男	1938 年
夏士庆	寿光市圣城街道城里村	50	男	1938 年
铺	寿光市羊口镇南木桥村	48	男	1938 年
肖春富	寿光市圣城街道北关村	42	男	1938 年
延 厚	寿光市化龙镇前张村	20	男	1938 年
杨长太	寿光市洛城街道冯家村	20	男	1938 年
杨寿荣	寿光市古城街道曹家村	22	男	1938 年
杨兴林	寿光市古城街道曹家村	25	男	1938 年
杨义成	寿光市营里镇西黑塚子后村	31	男	1938 年
一枝花	寿光市圣城街道城里村	41	女	1938 年
张陈氏	寿光市营里镇周家村	78	女	1938 年
张法贤之弟	寿光市洛城街道高家村	20	男	1938 年
张何远	寿光市侯镇东毕三村	32	男	1938 年
张江水	寿光市古城街道十里村	42	男	1938 年
张金玉	寿光市田柳镇西王高村	21	男	1938 年
张景德之弟	寿光市洛城街道高家村	22	男	1938 年
张钦贤	寿光市古城街道杨庄村	21	男	1938 年
张树坛	寿光市台头镇李王村	21	男	1938 年
张顺法	寿光市侯镇西柴村	39	男	1938 年
张西梦	寿光市侯镇东毕三村	30	男	1938 年
张颜民	寿光市上口镇上口三村	59	女	1938 年
张友叙	寿光市侯镇东毕三村	37	男	1938 年
张有条	寿光市上口镇上口三村	55	男	1938 年
张子贞	寿光市侯镇申明亭村	30	男	1938 年
赵春秀	寿光市侯镇东毕三村	31	男	1938 年
赵玉美	寿光市圣城街道西关村	26	男	1938 年
祝万贞	寿光市古城街道太平村	30	男	1938 年
俎尚荣	寿光市古城街道俎家村	50	男	1938 年
朱文生	寿光市化龙镇三合村	38	男	1938 年

姓 名	籍 贯	年 龄	性 别	死难时间
朱文元之三祖父	寿光市化龙镇三合村	41	男	1938 年
王心起	寿光市稻田镇东稻田村	28	男	1939 年 1 月 4 日
王月祥	寿光市稻田镇东稻田村	20	男	1939 年 1 月 4 日
汤国彦	寿光市孙家集街道汤家村	51	男	1939 年 1 月 16 日
鲍西昌	寿光市化龙镇鲍家村	29	男	1939 年 1 月
陈长庚之父	寿光市台头镇北台头村	29	男	1939 年 1 月
陈春芳之二嫂	寿光市台头镇北台头村	30	女	1939 年 1 月
陈春郊	寿光市台头镇北台头村	28	男	1939 年 1 月
陈佃达之祖母	寿光市台头镇北台头村	50	女	1939 年 1 月
陈多山之母	寿光市台头镇北台头村	38	女	1939 年 1 月
陈恩宽之祖父	寿光市台头镇北台头村	51	男	1939 年 1 月
陈恩深之父	寿光市台头镇北台头村	31	男	1939 年 1 月
陈法章	寿光市台头镇北台头村	38	男	1939 年 1 月
陈法章之女	寿光市台头镇北台头村	25	女	1939 年 1 月
陈方田之四叔	寿光市台头镇北台头村	28	男	1939 年 1 月
陈福营	寿光市台头镇北台头村	35	男	1939 年 1 月
陈福真之三妈	寿光市台头镇北台头村	—	女	1939 年 1 月
陈福真之三祖父	寿光市台头镇北台头村	—	男	1939 年 1 月
陈关文之八叔	寿光市台头镇北台头村	—	男	1939 年 1 月
陈关文之二祖父	寿光市台头镇北台头村	—	男	1939 年 1 月
陈关文之父	寿光市台头镇北台头村	—	男	1939 年 1 月
陈关文之母	寿光市台头镇北台头村	—	女	1939 年 1 月
陈关文之四祖父	寿光市台头镇北台头村	—	男	1939 年 1 月
陈洪恩	寿光市台头镇北台头村	—	男	1939 年 1 月
陈兰堂	寿光市台头镇北台头村	28	男	1939 年 1 月
陈桥子	寿光市台头镇北台头村	29	男	1939 年 1 月
陈庆云之三弟	寿光市台头镇北台头村	29	男	1939 年 1 月
陈尚陆	寿光市台头镇北台头村	38	男	1939 年 1 月
陈文灿	寿光市台头镇北台头村	50	男	1939 年 1 月
陈文汝	寿光市台头镇北台头村	38	男	1939 年 1 月
陈希之长兄	寿光市台头镇北台头村	36	男	1939 年 1 月
陈以万	寿光市台头镇北台头村	28	男	1939 年 1 月

姓 名	籍 贯	年 龄	性 别	死难时间
陈永吉之母	寿光市台头镇北台头村	48	女	1939 年 1 月
陈友山之兄	寿光市台头镇北台头村	32	男	1939 年 1 月
陈展勤	寿光市台头镇北台头村	28	男	1939 年 1 月
陈兆亮之兄	寿光市台头镇北台头村	35	男	1939 年 1 月
陈忠祥	寿光市台头镇北台头村	36	男	1939 年 1 月
程广仁	寿光市营里镇西北河村	26	男	1939 年 1 月
崔凤桐	寿光市田柳镇崔家村	34	男	1939 年 1 月
单际馨	寿光市古城街道单家庄子村	20	男	1939 年 1 月
纪开昌	寿光市化龙镇钦西村	23	男	1939 年 1 月
李东贵	寿光市洛城街道卞家村	55	男	1939 年 1 月
李明声	寿光市上口镇东景明村	19	男	1939 年 1 月
李玉柏	寿光市田柳镇东头村	18	男	1939 年 1 月
李云然	寿光市田柳镇崔家村	32	男	1939 年 1 月
刘永茂	寿光市台头镇河头村	32	男	1939 年 1 月
马春田	寿光市圣城街道东关村	—	男	1939 年 1 月
马立孝	寿光市台头镇牛头一村	37	男	1939 年 1 月
宋惠霞	寿光市侯镇岔一村	22	男	1939 年 1 月
隋和义	寿光市台头镇一楼村	55	男	1939 年 1 月
隋郑氏	寿光市台头镇一楼村	40	女	1939 年 1 月
唐同林	寿光市田柳镇袁家桥村	38	男	1939 年 1 月
王巨川	寿光市台头镇一楼村	40	男	1939 年 1 月
王兰田	寿光市羊口镇寇家坞村五村	30	男	1939 年 1 月
王其圣	寿光市田柳镇田柳村六村	35	男	1939 年 1 月
王园田	寿光市古城街道单家庄子村	21	男	1939 年 1 月
西 屋	寿光市台头镇牛头一村	—	男	1939 年 1 月
辛好德	寿光市化龙镇辛家村	32	男	1939 年 1 月
岳官儒	寿光市圣城街道岳家村	23	男	1939 年 1 月
张金良	寿光市文家街道台柳村	42	男	1939 年 1 月
张来顺	寿光市侯镇东毕村二村	22	男	1939 年 1 月
张茂桂	寿光市洛城街道卞家村	48	男	1939 年 1 月
张茂真	寿光市洛城街道卞家村	50	男	1939 年 1 月
张学顺	寿光市化龙镇丰三村	42	男	1939 年 1 月

姓　名	籍　贯	年　龄	性　别	死难时间
赵守宗	寿光市台头镇北台头村	42	男	1939 年 1 月
郑德侗之子	寿光市台头镇一楼村	35	男	1939 年 1 月
郑国俊	寿光市台头镇一楼村	29	男	1939 年 1 月
董秋岚	寿光市稻田镇董一村	43	男	1939 年 2 月 25 日
董兴仁	寿光市稻田镇董一村	42	男	1939 年 2 月 25 日
李　旺	寿光市洛城街道南庄村	52	男	1939 年 2 月
李仲奎	寿光市洛城街道南庄村	22	男	1939 年 2 月
刘茂彬	寿光市古城街道刘家庄村	23	男	1939 年 2 月
王傅明	寿光市孙家集街道后王村	30	男	1939 年 2 月
王桂兰	寿光市孙家集街道后王村	26	女	1939 年 2 月
王克让	寿光市台头镇南洋头村	31	男	1939 年 2 月
王云海	寿光市羊口镇寇家坞村五村	23	男	1939 年 2 月
张乐才	寿光市上口镇张家屯村	33	男	1939 年 2 月
张书田	寿光市洛城街道后寨村	26	男	1939 年 2 月
陈　氏	寿光市台头镇北孙村	46	女	1939 年 3 月
褚方法	寿光市台头镇南台头村	26	男	1939 年 3 月
胡中明	寿光市田柳镇崔家村	21	男	1939 年 3 月
李陈氏	寿光市台头镇三益村	22	女	1939 年 3 月
李兰芝	寿光市洛城街道卞家村	23	男	1939 年 3 月
徐朝孟	寿光市洛城街道西斟灌村	40	男	1939 年 3 月
徐金湘	寿光市洛城街道西斟灌村	23	男	1939 年 3 月
杨佃生	寿光市古城街道曹家村	41	男	1939 年 3 月
杨景增	寿光市古城街道曹家村	40	男	1939 年 3 月
杨仁祥之祖母	寿光市古城街道曹家村	42	女	1939 年 3 月
杨文奎	寿光市古城街道曹家村	42	男	1939 年 3 月
郑少康	寿光市台头镇小坨村	18	男	1939 年 3 月
郑少武之父	寿光市台头镇小坨村	40	男	1939 年 3 月
郑相奎	寿光市台头镇大坨村	23	男	1939 年 3 月
卜照时	寿光市洛城街道西斟灌村	42	男	1939 年 3 月
姜言文	寿光市洛城街道西斟灌村	18	男	1939 年 3 月
李友道	寿光市洛城街道西斟灌村	60	男	1939 年 3 月
孙洪升	寿光市洛城街道西斟灌村	40	男	1939 年 3 月

姓　名	籍　贯	年　龄	性　别	死难时间
伦清源	寿光市稻田镇大伦村	21	男	1939 年 3 月
丁培忠	寿光市孙家集街道南马瞳村	28	男	1939 年春
侯立家	寿光市孙家集街道东侯村	25	男	1939 年春
刘延文	寿光市孙家集街道达字刘村	24	男	1939 年春
王若之	寿光市文家街道王西村	20	男	1939 年春
王象启	寿光市文家街道王西村	12	男	1939 年春
张献珠	寿光市文家街道台柳村	19	男	1939 年春
赵阳生	寿光市古城街道赵家村	22	男	1939 年春
崔玉芹	寿光市田柳镇崔家村	23	男	1939 年 4 月
韩继业	寿光市上口镇西景明二村	27	男	1939 年 4 月
李振泰	寿光市上口镇西景明二村	24	男	1939 年 4 月
刘若贤	寿光市孙家集街道肖家营村	50	男	1939 年 4 月
任登坤	寿光市洛城街道饮马村	32	男	1939 年 4 月
桑炳新	寿光市文家街道桑家村	32	男	1939 年 4 月
孙土生	寿光市孙家集街道堤里村	30	男	1939 年 4 月
孙万玉	寿光市营里镇西道口村	29	男	1939 年 4 月
许　高	寿光市台头镇前赵埠村	28	男	1939 年 4 月
杨玉早	寿光市田柳镇寨里村	28	男	1939 年 4 月
张道三	寿光市上口镇上口二村	22	男	1939 年 4 月
张桂兰	寿光市上口镇上口二村	15	女	1939 年 4 月
张贾氏	寿光市上口镇上口二村	55	女	1939 年 4 月
张振川	寿光市上口镇河瞳村	34	男	1939 年 4 月
赵玉湘	寿光市孙家集街道孙家庄村	21	男	1939 年 4 月
周永全	寿光市田柳镇邢三村	20	男	1939 年 4 月
陈成典	寿光市田柳镇陈马村	62	男	1939 年 5 月
陈成广	寿光市田柳镇陈马村	39	男	1939 年 5 月
陈成华	寿光市田柳镇陈马村	41	男	1939 年 5 月
陈佃举	寿光市田柳镇陈马村	42	男	1939 年 5 月
陈洪信	寿光市田柳镇陈马村	48	男	1939 年 5 月
陈象喜	寿光市稻田镇东庞陈村	19	男	1939 年 5 月
陈效增	寿光市田柳镇陈马村	42	男	1939 年 5 月
陈秀信	寿光市田柳镇陈马村	51	男	1939 年 5 月

姓　名	籍　贯	年　龄	性　别	死难时间
陈怡然	寿光市田柳镇陈马村	52	男	1939 年 5 月
陈以礼	寿光市稻田镇东庞陈村	40	男	1939 年 5 月
陈之勋	寿光市田柳镇陈马村	51	男	1939 年 5 月
韩庆和	寿光市圣城街道北关村	47	男	1939 年 5 月
李文华	寿光市田柳镇崔家村	47	男	1939 年 5 月
刘士昌	寿光市文家街道蔡西村	18	男	1939 年 5 月
刘书田	寿光市台头镇三楼村	48	男	1939 年 5 月
刘小妮	寿光市台头镇三楼村	—	女	1939 年 5 月
刘郑氏	寿光市台头镇三楼村	38	女	1939 年 5 月
吕国良	寿光市上口镇东景明村	28	男	1939 年 5 月
王　讯	寿光市营里镇北南河村	19	男	1939 年 5 月
王连起	寿光市台头镇桥子村	12	男	1939 年 5 月
徐可增	寿光市化龙镇北柴村	42	男	1939 年 5 月
张兰高	寿光市洛城街道张家村	—	男	1939 年 5 月
张仁官	寿光市侯镇西柴村	40	男	1939 年 5 月
张维清	寿光市台头镇三楼村	45	男	1939 年 5 月
张义光	寿光市洛城街道张家村	20	男	1939 年 5 月
赵董氏	寿光市稻田镇西赵村	46	女	1939 年 5 月
赵芳宾	寿光市稻田镇东赵村	63	男	1939 年 5 月
步春波	寿光市稻田镇东里村	42	男	1939 年 6 月
褚效冉	寿光市台头镇南台头村	44	男	1939 年 6 月
丁可治	寿光市营里镇大北河村	27	男	1939 年 6 月
胡文桂	寿光市古城街道范沟子村	22	男	1939 年 6 月
李本永	寿光市洛城街道南庄村	53	男	1939 年 6 月
李超海	寿光市侯镇李官村	35	男	1939 年 6 月
李国良	寿光市田柳镇崔家村	27	男	1939 年 6 月
李克用	寿光市侯镇李官村	28	男	1939 年 6 月
李兰庆	寿光市上口镇东后村	39	男	1939 年 6 月
李瑞友	寿光市田柳镇崔家村	25	男	1939 年 6 月
李善道	寿光市侯镇李官村	36	男	1939 年 6 月
李善仁	寿光市侯镇李官村	31	男	1939 年 6 月
李善智	寿光市侯镇李官村	31	男	1939 年 6 月

姓 名	籍 贯	年龄	性别	死难时间
李同道之父	寿光市洛城街道南庄村	61	男	1939 年 6 月
李宪智	寿光市洛城街道南庄村	52	男	1939 年 6 月
李延林	寿光市洛城街道南庄村	25	男	1939 年 6 月
李英丰	寿光市洛城街道南庄村	26	男	1939 年 6 月
李 宇	寿光市洛城街道南庄村	24	男	1939 年 6 月
李曰梅之妻	寿光市洛城街道南庄村	63	女	1939 年 6 月
李振民	寿光市洛城街道南庄村	57	男	1939 年 6 月
李振启	寿光市洛城街道南庄村	31	男	1939 年 6 月
李振佐	寿光市洛城街道南庄村	40	男	1939 年 6 月
李子丰	寿光市洛城街道南庄村	23	男	1939 年 6 月
李宗林	寿光市侯镇李官村	70	男	1939 年 6 月
孙口埠	寿光市台头镇北孙村	27	男	1939 年 6 月
王兰亭	寿光市上口镇西方吕北村	25	男	1939 年 6 月
王 氏	寿光市上口镇西方吕北村	48	女	1939 年 6 月
徐乐堂	寿光市古城街道尚家村	25	男	1939 年 6 月
于思贤	寿光市台头镇南台头村	29	男	1939 年 6 月
郑德侗	寿光市台头镇一楼村	75	男	1939 年 6 月
郑国柱之父	寿光市台头镇一楼村	35	男	1939 年 6 月
郑祥福	寿光市台头镇一楼村	18	男	1939 年 6 月
郑子孝	寿光市台头镇一楼村	14	男	1939 年 6 月
董传武	寿光市稻田镇董一村	60	男	1939 年 6 月
高书文	寿光市洛城街道高西村	32	男	1939 年 7 月
韩华泰	寿光市上口镇西景明二村	22	男	1939 年 7 月
胡相田	寿光市台头镇北孙村	40	男	1939 年 7 月
李保志之母	寿光市洛城街道南庄村	61	女	1939 年 7 月
李曰潭	寿光市洛城街道南庄村	41	男	1939 年 7 月
刘文青	寿光市侯镇甫刘村	28	男	1939 年 7 月
王成宗	寿光市田柳镇田柳村六村	20	男	1939 年 7 月
王 高	寿光市化龙镇丰三村	32	男	1939 年 7 月
夏光瑶	寿光市台头镇夏茅村	49	男	1939 年 7 月
邢 姚	寿光市化龙镇丰三村	24	男	1939 年 7 月
杨炳文	寿光市田柳镇巨家庄村	20	男	1939 年 7 月

姓　名	籍　贯	年　龄	性　别	死难时间
张道之之伯父	寿光市洛城街道张家村	36	男	1939 年 7 月
张道之之父	寿光市洛城街道张家村	25	男	1939 年 7 月
张恩荣	寿光市化龙镇夏店村	32	男	1939 年 7 月
张高峰之弟	寿光市洛城街道南庄村	23	男	1939 年 7 月
张玉早	寿光市洛城街道张家村	34	男	1939 年 7 月
丁乐丰	寿光市营里镇西北河村	19	男	1939 年 8 月
丁友生	寿光市营里镇大北河村	28	男	1939 年 8 月
付培仁	寿光市孙家集街道东马村	17	男	1939 年 8 月
李开吉	寿光市田柳镇东埠头村	19	男	1939 年 8 月
刘德玉	寿光市洛城街道于家村	24	男	1939 年 8 月
任光远	寿光市上口镇任家下口村	19	男	1939 年 8 月
孙洪举	寿光市台头镇北孙村	30	男	1939 年 8 月
张百康	寿光市台头镇李王庄村	18	男	1939 年 8 月
张　梅	寿光市侯镇台后村	42	男	1939 年 8 月
张元礼	寿光市古城街道南孙云子村	23	男	1939 年 8 月
彭上林	寿光市孙家集街道彭家村	48	男	1939 年 8 月
崔凤同	寿光市田柳镇崔家村	28	男	1939 年 9 月
房崇利	寿光市稻田镇西风村	27	男	1939 年 9 月
刘和来	寿光市文家街道蔡西村	12	男	1939 年 9 月
孙叫化	寿光市孙家集街道堤里村	35	男	1939 年 9 月
田春来	寿光市田柳镇田柳村	34	男	1939 年 9 月
田春荣	寿光市田柳镇田柳村	27	男	1939 年 9 月
袁恩荣	寿光市侯镇台东村	28	男	1939 年 9 月
高维方	寿光市羊口镇刘旺村	17	男	1939 年秋
王金升	寿光市化龙镇辛店村	20	男	1939 年秋
王永顺	寿光市化龙镇辛店村	21	男	1939 年秋
张德东	寿光市文家街道河头村	22	男	1939 年秋
张寿春	寿光市孙家集街道前杨村	58	男	1939 年秋
孙永善	寿光市营里镇西黑塚子后村	27	男	1939 年 10 月
韩思尧	寿光市上口镇西景明三村	18	男	1939 年 11 月
刘茂臻	寿光市古城街道刘家庄村	35	男	1939 年 11 月
王爱礼	寿光市古城街道刘家庄村	23	男	1939 年 11 月

姓　名	籍　贯	年龄	性别	死难时间
王化东	寿光市羊口镇寇家坞村五村	24	男	1939 年 11 月
王仲厚	寿光市台头镇马家庄村	25	男	1939 年 11 月
杨金普	寿光市孙家集街道岳寺韩村	25	男	1939 年 11 月
张树增	寿光市圣城街道大仓村	31	男	1939 年 11 月
张守本	寿光市洛城街道营子村	55	男	1939 年 11 月
张守金	寿光市洛城街道营子村	28	男	1939 年 11 月
王　连	寿光市稻田镇东稻田村	53	男	1939 年 11 月
曹学智	寿光市古城街道曹家庄村	19	男	1939 年 12 月
李大德	寿光市田柳镇南王里村	27	男	1939 年 12 月
刘从先	寿光市孙家集街道一甲村	60	男	1939 年 12 月
于怀东	寿光市台头镇马家庄村	33	男	1939 年 12 月
赵福来	寿光市古城街道杨家庄村	32	男	1939 年 12 月
徐立孝	寿光市羊口镇李家坞村	56	男	1939 年 12 月
付可久	寿光市孙家集街道南马瞳村	28	男	1939 年冬
付　润	寿光市孙家集街道南马瞳村	60	男	1939 年冬
高学增	寿光市孙家集街道卢家庄村	24	男	1939 年冬
张小扣	寿光市文家街道河头村	8	女	1939 年冬
付何芬	寿光市孙家集街道南马瞳村	37	男	1939 年冬
蔡兰之	寿光市圣城街道李仕村	—	男	1939 年
常　德	寿光市营里镇南岔河村	—	女	1939 年
陈安兴	寿光市古城街道庵头村	18	男	1939 年
陈成浩	寿光市文家街道河头村	33	男	1939 年
陈玉柱	寿光市田柳镇薛家庄村	27	男	1939 年
董鼎双	寿光市稻田镇王望村	25	男	1939 年
董荣俊	寿光市稻田镇北屯村	29	男	1939 年
范室名	寿光市田柳镇阇黎院村	25	男	1939 年
付文清	寿光市孙家集街道东马村	21	男	1939 年
高来义	寿光市文家街道高家村	30	男	1939 年
郭天云	寿光市侯镇东岔河村	23	男	1939 年
韩井顺	寿光市文家街道韩家村	38	男	1939 年
韩守仁	寿光市田柳镇田柳村三村	18	男	1939 年
韩树梅	寿光市文家街道韩家村	21	男	1939 年

姓 名	籍 贯	年 龄	性 别	死难时间
韩元方	寿光市文家街道韩家村	26	男	1939 年
何世巧	寿光市侯镇草碾村	38	男	1939 年
胡景禹	寿光市古城街道古一村	38	男	1939 年
胡茂亭	寿光市古城街道贺东村	26	男	1939 年
胡善书	寿光市古城街道贺西村	32	男	1939 年
胡世龙	寿光市古城街道贺西村	24	男	1939 年
黄兴文	寿光市羊口镇宅一村	22	男	1939 年
纪德兴	寿光市化龙镇钦西村	24	男	1939 年
纪绪义	寿光市化龙镇钦西村	22	男	1939 年
贾风坤	寿光市文家街道北马村	20	男	1939 年
贾梅奎	寿光市化龙镇贾家村	23	男	1939 年
雷相坤	寿光市田柳镇于家村	27	男	1939 年
李春山	寿光市洛城街道岔河村	30	男	1939 年
李德名	寿光市圣城街道西石村	25	男	1939 年
李东山	寿光市洛城街道岔河村	39	男	1939 年
李光武	寿光市田柳镇东头村	48	男	1939 年
李禾然	寿光市侯镇草碾村	57	男	1939 年
李华禄	寿光市上口镇广二村	32	男	1939 年
李建武	寿光市洛城街道高湛村	31	男	1939 年
李 氏	寿光市侯镇草碾村	31	女	1939 年
李树德	寿光市文家街道北马村	20	男	1939 年
李同春之姐	寿光市稻田镇东稻田村	40	女	1939 年
李文曾	寿光市侯镇前下舟村	29	男	1939 年
李希汉之女	寿光市稻田镇东稻田村	13	女	1939 年
李象文	寿光市上口镇广二村	46	男	1939 年
李云庆	寿光市田柳镇北岭村	19	男	1939 年
李增先	寿光市文家街道西陈村	39	男	1939 年
李振国	寿光市稻田镇李营村	35	男	1939 年
刘从周	寿光市古城街道更新村	32	男	1939 年
刘国恩	寿光市侯镇刘官村	21	男	1939 年
刘来德	寿光市古城街道太平村	21	男	1939 年
刘兰兴	寿光市化龙镇钦西村	22	男	1939 年

姓 名	籍 贯	年 龄	性 别	死难时间
刘乐书	寿光市田柳镇袁桥村	22	男	1939 年
刘庆余	寿光市圣城街道西关村	21	男	1939 年
刘 氏	寿光市侯镇草碾村	43	女	1939 年
刘文章之父	寿光市古城街道太平村	24	男	1939 年
柳顺之	寿光市田柳镇常家村	32	男	1939 年
柳 柱	寿光市稻田镇东稻田村	20	男	1939 年
吕通然	寿光市上口镇东景明村	19	男	1939 年
马安邦	寿光市洛城街道寒东村	30	男	1939 年
马百龙	寿光市台头镇牛头村	25	男	1939 年
马三昌	寿光市台头镇牛头村	22	男	1939 年
马新民	寿光市台头镇蔺家村	19	男	1939 年
马玉香	寿光市台头镇牛头村	22	男	1939 年
孟昭吉	寿光市纪台镇纪台村	36	男	1939 年
派	寿光市田柳镇李家村	14	男	1939 年
潘 氏	寿光市侯镇草碾村	63	女	1939 年
邱孙氏	寿光市侯镇西毕村	50	女	1939 年
任成德	寿光市羊口镇任家村	13	男	1939 年
任光选	寿光市上口镇任家下口村	20	男	1939 年
任培光	寿光市羊口镇任家村	30	男	1939 年
任元长	寿光市田柳镇邵岭村	30	男	1939 年
桑炳辉	寿光市文家街道桑家村	33	男	1939 年
桑汉卿	寿光市文家街道桑家村	17	男	1939 年
桑如桂	寿光市古城街道古城村	38	男	1939 年
宋传业	寿光市侯镇岔一村	26	男	1939 年
宋文怀	寿光市侯镇岔二村	21	男	1939 年
隋宝贞	寿光市洛城街道营子村	29	男	1939 年
孙清河	寿光市圣城街道西关村	38	男	1939 年
孙文兴	寿光市化龙镇郝屯村	21	男	1939 年
唐凤水	寿光市田柳镇袁桥村	21	男	1939 年
唐济元	寿光市田柳镇袁桥村	22	男	1939 年
唐来水	寿光市田柳镇袁桥村	23	男	1939 年
唐良玉	寿光市田柳镇袁桥村	22	男	1939 年

姓　名	籍　贯	年　龄	性　别	死难时间
唐象亨	寿光市田柳镇袁桥村	40	男	1939 年
唐效之	寿光市田柳镇袁桥村	40	男	1939 年
唐意林	寿光市田柳镇袁桥村	21	男	1939 年
唐中华	寿光市田柳镇阁黎院村	24	男	1939 年
王成仁	寿光市田柳镇后瞳村	31	男	1939 年
王春庶	寿光市洛城街道王东村	21	男	1939 年
王福善	寿光市上口镇西方吕南村	22	男	1939 年
王恒九	寿光市田柳镇西青村	16	男	1939 年
王恒林	寿光市化龙镇辛店村	23	男	1939 年
王厚学	寿光市化龙镇后王村	30	男	1939 年
王金忠之父	寿光市古城街道沙埠屯村	58	男	1939 年
王九龙	寿光市田柳镇后瞳村	28	男	1939 年
王君礼	寿光市田柳镇西青村	40	男	1939 年
王克勤	寿光市田柳镇西青村	20	男	1939 年
王奎九	寿光市田柳镇西青村	18	男	1939 年
王奎文	寿光市田柳镇西青村	20	男	1939 年
王明然	寿光市田柳镇西青村	16	男	1939 年
王　×	寿光市化龙镇庆家村	30	男	1939 年
王培德	寿光市田柳镇西兴王村	20	男	1939 年
王培志	寿光市田柳镇西兴王村	18	男	1939 年
王汝玉	寿光市古城街道沙埠屯村	33	男	1939 年
王树朋	寿光市上口镇西方吕北村	43	男	1939 年
王树三	寿光市台头镇桥子村	21	男	1939 年
王体成	寿光市营里镇北南河村	19	男	1939 年
王祥林	寿光市营里镇北南河村	14	男	1939 年
王象坤	寿光市营里镇王柳村	24	男	1939 年
王小人	寿光市洛城街道店子村	40	男	1939 年
王友远	寿光市营里镇营里社村	22	男	1939 年
王元善	寿光市古城街道后王村	25	男	1939 年
王宗鉴	寿光市文家街道大庄村	21	男	1939 年
王作松	寿光市营里镇陈营村	19	男	1939 年
魏培德	寿光市侯镇后下舟村	31	男	1939 年

姓 名	籍 贯	年龄	性别	死难时间
吴昌修	寿光市营里镇吴家村	29	男	1939 年
吴荣之	寿光市营里镇吴家村	29	男	1939 年
夏曰校	寿光市稻田镇东稻田村	33	男	1939 年
肖福智	寿光市侯镇东毕一村	20	男	1939 年
徐成礼之姐	寿光市洛城街道牟东村	22	女	1939 年
徐九京	寿光市洛城街道牟东村	50	男	1939 年
徐克仁	寿光市洛城街道北徐村	20	男	1939 年
徐夏氏	寿光市圣城街道十里村	—	女	1939 年
徐言功	寿光市古城街道尚家村	25	男	1939 年
杨丙乾	寿光市古城街道曹家村	15	男	1939 年
杨国吉之女	寿光市圣城街道九巷村	6	女	1939 年
杨国吉之妻	寿光市圣城街道九巷村	40	女	1939 年
杨世鸿	寿光市圣城街道十里村	56	男	1939 年
尹清湖	寿光市田柳镇尹家宋村	30	男	1939 年
袁敦德	寿光市营里镇袁刘村北袁村	20	男	1939 年
张保迎	寿光市侯镇东泊头村	21	男	1939 年
张福堂	寿光市侯镇申明亭村	23	男	1939 年
张福永	寿光市上口镇郭疃西村	25	男	1939 年
张桂同	寿光市古城街道尚家村	24	男	1939 年
张厚友	寿光市侯镇东柴村	26	男	1939 年
张金荣	寿光市田柳镇常家庄村	38	男	1939 年
张力仁	寿光市台头镇蔺家村	30	男	1939 年
张连元	寿光市圣城街道梨园村	40	男	1939 年
张禄湘	寿光市文家街道西陈村	37	男	1939 年
张洛泮	寿光市上口镇河疃村	38	男	1939 年
张若书	寿光市圣城街道十里村	30	男	1939 年
张绍武	寿光市化龙镇丰一村	20	男	1939 年
张顺清	寿光市孙家集街道胡营王村	28	女	1939 年
张思德	寿光市侯镇北仉村	43	男	1939 年
张王氏	寿光市田柳镇王高六村	48	女	1939 年
张文忠	寿光市侯镇申明亭村	19	男	1939 年
张献陶	寿光市化龙镇丰一村	18	男	1939 年

姓 名	籍 贯	年 龄	性 别	死难时间
张营之	寿光市上口镇郭疃西村	27	男	1939 年
张月丹	寿光市侯镇黄桥张西村	30	男	1939 年
赵 洪	寿光市洛城街道高湛村	46	男	1939 年
赵九道	寿光市稻田镇王望村	40	男	1939 年
赵玉兴	寿光市古城街道赵家村	17	男	1939 年
周元中	寿光市营里镇吴家村	29	男	1939 年
朱风奎	寿光市田柳镇朱崖村	29	男	1939 年
朱培山	寿光市洛城街道寒东村	30	男	1939 年
朱庆华	寿光市田柳镇王高二村	20	男	1939 年
祖振和	寿光市洛城街道牟东村	55	男	1939 年
王兰村	寿光市孙家集街道王裴村	25	男	1939 年
褚长发	寿光市台头镇南台头村	40	男	1940 年 1 月
董子和	寿光市孙家集街道石门董村	28	男	1940 年 1 月
高玉斋	寿光市台头镇邢东村	38	男	1940 年 1 月
宫 彬	寿光市台头镇邢东村	25	男	1940 年 1 月
宫 明	寿光市台头镇邢东村	40	男	1940 年 1 月
宫 鹏	寿光市台头镇邢东村	28	男	1940 年 1 月
宫 全	寿光市台头镇邢东村	40	男	1940 年 1 月
宫沙河	寿光市台头镇邢东村	32	男	1940 年 1 月
宫淑田	寿光市台头镇邢东村	60	男	1940 年 1 月
宫学录	寿光市台头镇邢东村	28	男	1940 年 1 月
宫玉田	寿光市台头镇邢东村	42	男	1940 年 1 月
侯庆隆	寿光市台头镇北洋头村	28	男	1940 年 1 月
李 津	寿光市田柳镇坡里村	17	男	1940 年 1 月
李华然	寿光市田柳镇崔家村	31	男	1940 年 1 月
李文英	寿光市田柳镇崔家村	36	男	1940 年 1 月
刘云和	寿光市化龙镇北柴村	23	男	1940 年 1 月
施红才	寿光市台头镇邢东村	28	男	1940 年 1 月
王继宗	寿光市田柳镇田柳村六村	24	男	1940 年 1 月
王庆福	寿光市田柳镇田柳村六村	15	男	1940 年 1 月
王申美	寿光市羊口镇营子村	27	男	1940 年 1 月
王宪之	寿光市化龙镇北柴村	22	男	1940 年 1 月

姓 名	籍 贯	年 龄	性 别	死难时间
王云生	寿光市台头镇刘家茅坨村	27	男	1940 年 1 月
杨树芳	寿光市营里镇孙家庄村	19	男	1940 年 1 月
张永元	寿光市田柳镇崔家村	39	男	1940 年 1 月
张祯元	寿光市田柳镇寨里村	18	男	1940 年 1 月
张中正	寿光市营里镇宅科三村	55	男	1940 年 1 月
赵秀芳	寿光市田柳镇赵家村	20	男	1940 年 1 月
王增祥	寿光市羊口镇寇家坞村	—	男	1940 年 1 月
贺 多	寿光市台头镇邢西村	53	男	1940 年 2 月 6 日
贺兰甫	寿光市台头镇邢西村	27	男	1940 年 2 月 6 日
贺兰贵	寿光市台头镇邢西村	27	男	1940 年 2 月 6 日
扈庆祥	寿光市台头镇邢西村	22	男	1940 年 2 月 6 日
扈歪子	寿光市台头镇邢西村	28	男	1940 年 2 月 6 日
毛河子	寿光市台头镇邢西村	34	男	1940 年 2 月 6 日
米 河	寿光市台头镇邢西村	49	男	1940 年 2 月 6 日
邢佃杰	寿光市台头镇邢西村	40	男	1940 年 2 月 6 日
邢法天	寿光市台头镇邢西村	38	男	1940 年 2 月 6 日
邢广修	寿光市台头镇邢西村	32	男	1940 年 2 月 6 日
邢宽额	寿光市台头镇邢西村	29	男	1940 年 2 月 6 日
邢兰洲	寿光市台头镇邢西村	38	男	1940 年 2 月 6 日
邢世密	寿光市台头镇邢西村	20	男	1940 年 2 月 6 日
邢向楞	寿光市台头镇邢西村	23	男	1940 年 2 月 6 日
邢玉才	寿光市台头镇邢西村	27	男	1940 年 2 月 6 日
邢玉芬	寿光市台头镇邢西村	23	男	1940 年 2 月 6 日
邢××	寿光市台头镇邢西村	25	男	1940 年 2 月 6 日
邢玉荣	寿光市台头镇邢西村	18	男	1940 年 2 月 6 日
邢玉松	寿光市台头镇邢西村	32	男	1940 年 2 月 6 日
邢玉坛	寿光市台头镇邢西村	22	男	1940 年 2 月 6 日
邢玉堂	寿光市台头镇邢西村	17	男	1940 年 2 月 6 日
邢重修	寿光市台头镇邢西村	19	男	1940 年 2 月 6 日
李冠保	寿光市稻田镇李寨村	30	男	1940 年 2 月 25 日
李云山	寿光市稻田镇李寨村	30	男	1940 年 2 月 25 日
陈兰香	寿光市台头镇北台头村	29	男	1940 年 2 月

姓 名	籍 贯	年 龄	性 别	死难时间
陈绍顺	寿光市台头镇北台头村	31	男	1940 年 2 月
崔万善	寿光市化龙镇崔家村	27	男	1940 年 2 月
丁纪道	寿光市营里镇大北河村	19	男	1940 年 2 月
宫 拴	寿光市台头镇邢东村	36	男	1940 年 2 月
宫学尧	寿光市台头镇邢东村	24	男	1940 年 2 月
侯国贤	寿光市台头镇北洋头村	20	男	1940 年 2 月
李丰基	寿光市洛城街道东斟灌村	39	男	1940 年 2 月
李光辉	寿光市田柳镇崔家村	33	男	1940 年 2 月
李会福	寿光市洛城街道东斟灌村	43	男	1940 年 2 月
李景刚	寿光市洛城街道东斟灌村	37	男	1940 年 2 月
李景顺	寿光市洛城街道东斟灌村	35	男	1940 年 2 月
李宗禄	寿光市田柳镇南王里村	41	男	1940 年 2 月
李总康	寿光市洛城街道卞家村	23	男	1940 年 2 月
刘来新	寿光市孙家集街道大李村	22	男	1940 年 2 月
刘文治	寿光市田柳镇邢姚村	29	男	1940 年 2 月
齐连儒	寿光市营里镇杨家村	18	男	1940 年 2 月
齐效信	寿光市营里镇杨家村	56	男	1940 年 2 月
齐玉茂	寿光市营里镇杨家村	20	男	1940 年 2 月
任扬声	寿光市上口镇任家下口村	31	男	1940 年 2 月
王东海	寿光市上口镇西景明三村	39	男	1940 年 2 月
张怀义	寿光市化龙镇辛旺村	21	男	1940 年 2 月
张金建	寿光市田柳镇巨家庄村	30	男	1940 年 2 月
张志刚	寿光市化龙镇芦营村	20	男	1940 年 2 月
左希贤	寿光市化龙镇二簧庄子村	29	男	1940 年 2 月
宫 昌	寿光市台头镇邢东村	52	男	1940 年 3 月
宫学成	寿光市台头镇邢东村	50	男	1940 年 3 月
侯胜文	寿光市台头镇北洋头村	20	男	1940 年 3 月
李佃元	寿光市侯镇王疃村	33	男	1940 年 3 月
李福光	寿光市田柳镇南王里村	31	男	1940 年 3 月
梁济儒	寿光市化龙镇夏店村	38	男	1940 年 3 月
刘汉才	寿光市孙家集街道胡营二村	18	男	1940 年 3 月
刘潘贵	寿光市田柳镇后王村	57	男	1940 年 3 月

姓 名	籍 贯	年 龄	性 别	死难时间
刘 先	寿光市上口镇老庄村	40	男	1940 年 3 月
马 诺	寿光市台头镇马茅村	40	男	1940 年 3 月
宋传恩	寿光市侯镇岔一村	22	男	1940 年 3 月
隋宗胜	寿光市台头镇彭家道口三村	20	男	1940 年 3 月
孙成溪	寿光市孙家集街道前王村	24	男	1940 年 3 月
王国胜	寿光市孙家集街道南王村	21	男	1940 年 3 月
王怀卿	寿光市台头镇南台头村	48	男	1940 年 3 月
王天佑	寿光市侯镇岳庄村	20	男	1940 年 3 月
夏博文	寿光市化龙镇夏店村	40	男	1940 年 3 月
邢 义	寿光市上口镇南半村	55	男	1940 年 3 月
杨光燮	寿光市侯镇仉西村	24	男	1940 年 3 月
杨同芳	寿光市营里镇孙家庄村	22	男	1940 年 3 月
于世俊	寿光市化龙镇夏店村	50	男	1940 年 3 月
张献尧	寿光市化龙镇苏社村	17	男	1940 年 3 月
郑荣安	寿光市台头镇郑埝村	20	男	1940 年 3 月
郑书芝	寿光市化龙镇务本村	25	男	1940 年 3 月
郑元善	寿光市台头镇郑埝村	39	男	1940 年 3 月
张志杰	寿光市纪台镇玉皇庙村	20	男	1940 年 3 月
董峰宣	寿光市纪台镇张庙村	42	男	1940 年 4 月 10 日
房效禹	寿光市纪台镇房家村	29	男	1940 年 4 月 10 日
耿龙光	寿光市纪台镇张皇庙村	22	男	1940 年 4 月 10 日
耿万年	寿光市纪台镇张庙村	19	男	1940 年 4 月 10 日
刘金池	寿光市纪台镇张庙村	21	男	1940 年 4 月 10 日
孙东书	寿光市纪台镇张庙村	27	男	1940 年 4 月 10 日
孙红书	寿光市纪台镇张庙村	24	男	1940 年 4 月 10 日
张读法之妻	寿光市纪台镇张庙村	25	女	1940 年 4 月 10 日
张读富	寿光市纪台镇张庙村	30	男	1940 年 4 月 10 日
张读贵	寿光市纪台镇张庙村	45	男	1940 年 4 月 10 日
张连信	寿光市纪台镇张庙村	23	男	1940 年 4 月 10 日
张念信	寿光市纪台镇张庙村	25	男	1940 年 4 月 10 日
张云行	寿光市纪台镇张庙村	20	男	1940 年 4 月 10 日
孙元善	寿光市孙家集街道堤里村	28	男	1940 年 4 月 17 日

姓 名	籍 贯	年 龄	性 别	死难时间
陈德正	寿光市稻田镇东庞陈村	50	男	1940 年 4 月
陈奉章	寿光市稻田镇东庞陈村	32	男	1940 年 4 月
陈福成	寿光市稻田镇东庞陈村	60	男	1940 年 4 月
陈象坤	寿光市稻田镇东庞陈村	23	男	1940 年 4 月
单化光	寿光市上口镇南半村	56	男	1940 年 4 月
付　册	寿光市孙家集街道东马村	37	男	1940 年 4 月
付培文	寿光市孙家集街道东马村	23	男	1940 年 4 月
李大廷	寿光市田柳镇东头村	26	男	1940 年 4 月
李士圣	寿光市田柳镇瓦底桥村	21	男	1940 年 4 月
李树槐	寿光市古城街道罗庄村	18	男	1940 年 4 月
刘德崇	寿光市田柳镇邢姚村	35	男	1940 年 4 月
刘德堂	寿光市田柳镇郎家营村	19	男	1940 年 4 月
刘国修	寿光市纪台镇青邱村	47	男	1940 年 4 月
刘好生	寿光市田柳镇寨里村	19	男	1940 年 4 月
毛连生	寿光市田柳镇东马庄村	24	男	1940 年 4 月
姚守荣	寿光市化龙镇姚家屯村	23	男	1940 年 4 月
于土金	寿光市羊口镇寇家坞村三村	18	男	1940 年 4 月
张孟弼	寿光市上口镇张家楼后村	25	男	1940 年 4 月
赵泮湖	寿光市田柳镇赵家村	21	男	1940 年 4 月
周洪振	寿光市圣城街道东关村	24	男	1940 年 4 月
马德田	寿光市台头镇牛头村	20	男	1940 年 5 月 23 日
马德田之大弟	寿光市台头镇牛头村	18	男	1940 年 5 月 23 日
马德田之二弟	寿光市台头镇牛头村	17	男	1940 年 5 月 23 日
马德宗	寿光市台头镇牛头村	21	男	1940 年 5 月 23 日
马发成	寿光市台头镇牛头村	26	男	1940 年 5 月 23 日
马法尊之大伯	寿光市台头镇牛头村	57	男	1940 年 5 月 23 日
马芬宗	寿光市台头镇牛头村	42	男	1940 年 5 月 23 日
马富贵	寿光市台头镇牛头村	37	男	1940 年 5 月 23 日
马洪升	寿光市台头镇牛头村	27	男	1940 年 5 月 23 日
马怀义之祖父	寿光市台头镇牛头村	35	男	1940 年 5 月 23 日
马启富	寿光市台头镇牛头村	58	男	1940 年 5 月 23 日
马树棣	寿光市台头镇牛头村	45	男	1940 年 5 月 23 日

姓 名	籍 贯	年 龄	性 别	死难时间
马万顺	寿光市台头镇牛头村	24	男	1940 年 5 月 23 日
马维成之父	寿光市台头镇牛头村	28	男	1940 年 5 月 23 日
马维兰之姐	寿光市台头镇牛头村	2	女	1940 年 5 月 23 日
马维坡之父	寿光市台头镇牛头村	26	男	1940 年 5 月 23 日
马新安	寿光市台头镇牛头村	30	男	1940 年 5 月 23 日
马新汉之妻	寿光市台头镇牛头村	31	女	1940 年 5 月 23 日
马新林之妻	寿光市台头镇牛头村	28	女	1940 年 5 月 23 日
马新月	寿光市台头镇牛头村	42	男	1940 年 5 月 23 日
马秀欣	寿光市台头镇牛头村	30	男	1940 年 5 月 23 日
马延年之女	寿光市台头镇牛头村	11	女	1940 年 5 月 23 日
马延年之子	寿光市台头镇牛头村	13	男	1940 年 5 月 23 日
马玉芬	寿光市台头镇牛头村	47	男	1940 年 5 月 23 日
马玉角	寿光市台头镇牛头村	21	男	1940 年 5 月 23 日
马曰胜	寿光市台头镇牛头村	43	男	1940 年 5 月 23 日
马之聪之祖父	寿光市台头镇牛头村	63	男	1940 年 5 月 23 日
马志瑞	寿光市台头镇牛头村	37	男	1940 年 5 月 23 日
王福堂	寿光市台头镇牛头村	23	男	1940 年 5 月 23 日
张效英	寿光市台头镇牛头村	28	男	1940 年 5 月 23 日
陈启源	寿光市田柳镇崔家村	35	男	1940 年 5 月
崔砚田	寿光市化龙镇崔家村	18	男	1940 年 5 月
崔之田	寿光市化龙镇崔家村	20	男	1940 年 5 月
付善德	寿光市洛城街道西范村	65	男	1940 年 5 月
韩金秀之二弟	寿光市孙家集街道岳寺韩村	23	男	1940 年 5 月
侯三友	寿光市台头镇北洋头村	20	男	1940 年 5 月
李登鳌	寿光市田柳镇崔家村	37	男	1940 年 5 月
李公恩	寿光市田柳镇崔家村	41	男	1940 年 5 月
李志端	寿光市田柳镇李家庄子村	26	男	1940 年 5 月
刘思宝	寿光市田柳镇寨里村	22	男	1940 年 5 月
马道龙	寿光市台头镇牛头一村	51	男	1940 年 5 月
马道同	寿光市台头镇牛头一村	49	男	1940 年 5 月
马光合	寿光市台头镇马家庄村	21	男	1940 年 5 月
马恒金	寿光市台头镇牛头一村	19	男	1940 年 5 月

姓　名	籍　贯	年　龄	性　别	死难时间
马连修	寿光市台头镇牛头一村	44	男	1940 年 5 月
马钦曾之母	寿光市台头镇牛头一村	44	女	1940 年 5 月
马若平之妹	寿光市台头镇牛头一村	22	女	1940 年 5 月
马若禹	寿光市台头镇牛头一村	25	男	1940 年 5 月
马绍修	寿光市台头镇牛头一村	50	男	1940 年 5 月
马正心	寿光市台头镇牛头一村	43	男	1940 年 5 月
王洪来	寿光市田柳镇东庄子村	19	男	1940 年 5 月
王启顺	寿光市营里镇营里社村	17	男	1940 年 5 月
燕如波	寿光市古城街道临泽村二村	19	男	1940 年 5 月
张公智	寿光市台头镇张家庄村	19	男	1940 年 5 月
张吴氏	寿光市营里镇鹿家村	—	女	1940 年 5 月
赵光武	寿光市田柳镇田柳村二村	26	男	1940 年 5 月
郑兴堂	寿光市台头镇大垞村	35	男	1940 年 5 月
王子山	寿光市羊口镇李家坞村	48	男	1940 年 6 月 24 日
徐围子	寿光市羊口镇李家坞村	19	男	1940 年 6 月 24 日
徐向泰	寿光市羊口镇李家坞村	22	男	1940 年 6 月 24 日
尹培礼	寿光市羊口镇李家坞村	45	男	1940 年 6 月 24 日
马曰浩	寿光市台头镇牛头村	24	男	1940 年 6 月 28 日
丁国汉	寿光市营里镇大北河村	21	男	1940 年 6 月
丁乐山	寿光市营里镇西北河村	39	男	1940 年 6 月
蒋九德	寿光市稻田镇李寨村	32	男	1940 年 6 月
蒋燕敏	寿光市稻田镇李寨村	30	男	1940 年 6 月
李存文	寿光市营里镇北岔河村	26	男	1940 年 6 月
李德顺	寿光市田柳镇田柳村六村	27	男	1940 年 6 月
刘道成之二祖父	寿光市台头镇刘茅村	38	男	1940 年 6 月
刘洪训	寿光市上口镇双井口村	48	男	1940 年 6 月
刘俊敏	寿光市上口镇双井口村	20	男	1940 年 6 月
刘明辉	寿光市上口镇双井口村	33	男	1940 年 6 月
刘永增	寿光市上口镇双井口村	40	男	1940 年 6 月
马述先	寿光市台头镇牛头村	23	男	1940 年 6 月
隋华南	寿光市台头镇一楼村	52	男	1940 年 6 月
孙培英	寿光市台头镇张家庄村	28	男	1940 年 6 月

姓 名	籍 贯	年 龄	性 别	死难时间
王京堂	寿光市台头镇辛庄村	17	男	1940 年 6 月
王在贤	寿光市田柳镇田柳村六村	19	男	1940 年 6 月
肖宫华之二叔	寿光市台头镇一楼村	22	男	1940 年 6 月
张风效	寿光市台头镇张家庄村	51	男	1940 年 6 月
张 户	寿光市台头镇张家庄村	27	男	1940 年 6 月
郑德侗之儿媳	寿光市台头镇一楼村	32	女	1940 年 6 月
郑严河	寿光市台头镇一楼村	53	男	1940 年 6 月
郑严溪	寿光市台头镇一楼村	50	男	1940 年 6 月
董学礼	寿光市稻田镇桂一村	24	男	1940 年 7 月
韩洪庆	寿光市上口镇西景明二村	28	男	1940 年 7 月
刘云龙	寿光市田柳镇李家庄子村	20	男	1940 年 7 月
王成顺	寿光市田柳镇田柳村六村	21	男	1940 年 7 月
王风熬	寿光市田柳镇田柳村六村	21	男	1940 年 7 月
王桂华	寿光市田柳镇田柳村六村	35	男	1940 年 7 月
王 氏	寿光市田柳镇邢一村	40	女	1940 年 7 月
王义增	寿光市田柳镇邢三村	18	男	1940 年 7 月
王在勤	寿光市田柳镇郎家营村	22	男	1940 年 7 月
王兆文	寿光市田柳镇常家庄村	23	男	1940 年 7 月
辛景章	寿光市化龙镇辛家村	34	男	1940 年 7 月
颜永吉	寿光市上口镇颜北楼村	35	男	1940 年 7 月
于春义	寿光市羊口镇寇家坞村三村	22	男	1940 年 7 月
于西友	寿光市羊口镇寇家坞六村	23	男	1940 年 7 月
张佃元	寿光市化龙镇夏店村	32	男	1940 年 7 月
张恒善	寿光市侯镇黄桥张村	17	男	1940 年 7 月
张金柱	寿光市田柳镇丁家村	28	男	1940 年 7 月
张明臣	寿光市上口镇河疃村	20	男	1940 年 7 月
郑安吉	寿光市台头镇郑埝村	26	男	1940 年 7 月
周立训	寿光市上口镇口子村	25	男	1940 年 7 月
曹丕明	寿光市羊口镇郭井子村	40	男	1940 年 8 月
曹丕明之次子	寿光市羊口镇郭井子村	10	男	1940 年 8 月
曹丕明之女	寿光市羊口镇郭井子村	18	女	1940 年 8 月
曹丕明之子	寿光市羊口镇郭井子村	12	男	1940 年 8 月

姓 名	籍 贯	年 龄	性 别	死难时间
曹世会	寿光市羊口镇郭井子村	40	男	1940 年 8 月
常兰芬	寿光市田柳镇常家庄村	34	男	1940 年 8 月
崔升南	寿光市田柳镇崔家村	19	男	1940 年 8 月
丁亚东	寿光市营里镇大北河村	27	男	1940 年 8 月
付安山	寿光市上口镇付吴邵村二村	21	男	1940 年 8 月
韩百顺	寿光市化龙镇韩家村	20	男	1940 年 8 月
韩鹤亭	寿光市上口镇西景明二村	27	男	1940 年 8 月
李文早	寿光市田柳镇李家庄子村	24	男	1940 年 8 月
李友道	寿光市台头镇马茅村	28	男	1940 年 8 月
刘京羽	寿光市田柳镇寨里村	17	男	1940 年 8 月
刘相林	寿光市营里镇西浊北村	21	男	1940 年 8 月
栾湘南	寿光市上口镇口子村	26	男	1940 年 8 月
马光汉	寿光市台头镇马茅村	50	男	1940 年 8 月
马光和	寿光市台头镇牛头村	21	男	1940 年 8 月
马桂荣	寿光市台头镇牛头村	25	男	1940 年 8 月
马乐峰	寿光市台头镇牛头村	24	男	1940 年 8 月
马万选	寿光市台头镇牛头村	26	男	1940 年 8 月
马贤香	寿光市台头镇牛头村	21	男	1940 年 8 月
隋克信	寿光市台头镇彭家道口二村	20	男	1940 年 8 月
隋庆堂	寿光市台头镇彭家道口二村	30	男	1940 年 8 月
唐金寿	寿光市田柳镇阖黎院村	17	男	1940 年 8 月
田加滨	寿光市田柳镇田柳村	19	男	1940 年 8 月
王才田	寿光市田柳镇后疃村	24	男	1940 年 8 月
王文仁	寿光市台头镇南洋头村	21	男	1940 年 8 月
王永年	寿光市台头镇小垞村	23	男	1940 年 8 月
王灼三	寿光市营里镇寇家坞村三村	20	男	1940 年 8 月
颜承吉	寿光市上口镇颜家北楼村	33	男	1940 年 8 月
颜景松	寿光市上口镇颜家北楼村	24	男	1940 年 8 月
杨龙江	寿光市田柳镇郎家营村	30	男	1940 年 8 月
张大伦	寿光市田柳镇崔家村	20	男	1940 年 8 月
张泮海	寿光市上口镇张家屯村	22	男	1940 年 8 月
张起光	寿光市上口镇张家屯村	20	男	1940 年 8 月

姓　名	籍　贯	年　龄	性　别	死难时间
张守本	寿光市营里镇西黑前村	24	男	1940 年 8 月
张守德	寿光市台头镇马家庄村	22	男	1940 年 8 月
张同仁	寿光市上口镇河疃村	20	男	1940 年 8 月
朱清元	寿光市田柳镇朱家庄子村	35	男	1940 年 8 月
朱清源	寿光市田柳镇朱家村	31	男	1940 年 8 月
李汉民	寿光市田柳镇崔家村	40	男	1940 年 8 月
李宗白	寿光市化龙镇张屯村	29	男	1940 年 8 月
董文修	寿光市稻田镇桂一村	26	男	1940 年 9 月
冯全林	寿光市田柳镇冯家宋村	23	男	1940 年 9 月
侯国太	寿光市台头镇北洋头村	21	男	1940 年 9 月
侯延祥	寿光市台头镇北洋头村	23	男	1940 年 9 月
孙振林	寿光市化龙镇埠西村一村	31	男	1940 年 9 月
唐景元	寿光市田柳镇袁家桥村	24	男	1940 年 9 月
王洪福	寿光市田柳镇阇黎院村	21	男	1940 年 9 月
张茂芝	寿光市上口镇南半截河村	33	男	1940 年 9 月
张明义	寿光市上口镇张家屯村	40	男	1940 年 9 月
张庆恩	寿光市上口镇张家屯村	20	男	1940 年 9 月
于文祥之岳母	寿光市羊口镇寇家坞村	70	女	1940 年 9 月
刘冠军	寿光市田柳镇唐家村	31	男	1940 年 11 月
刘光先	寿光市田柳镇邢姚村	29	男	1940 年 11 月
刘汝沂	寿光市田柳镇唐家村	29	男	1940 年 11 月
刘志绪	寿光市台头镇彭家道口一村	23	男	1940 年 11 月
隋保树	寿光市台头镇彭家道口三村	17	男	1940 年 11 月
王乐安	寿光市化龙镇王庄村前王村	24	男	1940 年 11 月
张培光	寿光市田柳镇寨里村	60	男	1940 年 11 月
郑善述	寿光市台头镇郑埝村	27	男	1940 年 11 月
隋召兴	寿光市化龙镇魏家村	19	男	1940 年 12 月
田老八	寿光市洛城街道南徐村	17	男	1940 年 12 月
王德明	寿光市化龙镇魏家村	20	男	1940 年 12 月
王绪礼	寿光市台头镇菜央子村	36	男	1940 年 12 月
吴廷生	寿光市台头镇菜央子村	22	男	1940 年 12 月
杨光辉	寿光市侯镇张宋岭村	25	男	1940 年 12 月

姓 名	籍 贯	年 龄	性 别	死难时间
杨相凤	寿光市羊口镇杨家庄子村	22	男	1940 年 12 月
赵春堂	寿光市侯镇赵家辛章村	22	男	1940 年 12 月
赵国桥	寿光市台头镇后赵埠村	20	男	1940 年 12 月
郑维智	寿光市台头镇郑埝村	21	男	1940 年 12 月
常福祥	寿光市营里镇宅科一村	22	男	1940 年
陈国胜	寿光市侯镇陈营村	22	男	1940 年
陈佩玉	寿光市营里镇北陈村	22	男	1940 年
陈兴合	寿光市营里镇北单村	24	男	1940 年
崔世名	寿光市营里镇东黑家子村	31	男	1940 年
单洪胜	寿光市营里镇北单村	33	男	1940 年
单连元	寿光市营里镇北单村	21	男	1940 年
单鹏万	寿光市营里镇南单后村	22	男	1940 年
单云成	寿光市营里镇北单村	18	男	1940 年
单云风	寿光市营里镇南单前村	30	男	1940 年
丁庆功	寿光市洛城街道店子村	42	男	1940 年
范林春	寿光市圣城街道城里村	32	男	1940 年
冯佃显	寿光市古城街道北冯村	35	男	1940 年
高洪瑞	寿光市文家街道高官村	20	男	1940 年
高洪生	寿光市古城街道曹家村	44	男	1940 年
葛孚辰	寿光市洛城街道屯西村	27	男	1940 年
葛树子	寿光市洛城街道屯西村	50	男	1940 年
宫学义	寿光市台头镇邢东村	19	男	1940 年
郭道忠	寿光市古城街道安家村	28	男	1940 年
郭金光	寿光市古城街道南孙云子村	48	男	1940 年
郭举山	寿光市上口镇郭东村	25	男	1940 年
郭俊明	寿光市侯镇东岔河村	24	男	1940 年
郭奎明	寿光市上口镇郭东村	25	男	1940 年
郭奎武	寿光市上口镇郭东村	34	男	1940 年
郭茂林之二叔	寿光市古城街道桥子村	20	男	1940 年
郭世传	寿光市古城街道北冯村	35	男	1940 年
郭世德	寿光市古城街道北冯村	31	男	1940 年
郭文义	寿光市洛城街道牟东村	42	男	1940 年

姓 名	籍 贯	年 龄	性 别	死难时间
郭志正	寿光市侯镇东岔河村	22	男	1940 年
国连休	寿光市羊口镇郑家村	14	男	1940 年
韩华德	寿光市上口镇西景明二村	22	男	1940 年
韩华丰	寿光市上口镇西景明二村	25	男	1940 年
韩绍彦	寿光市稻田镇阁上村	22	男	1940 年
郝曾孔	寿光市营里镇九曲村	52	男	1940 年
胡善修	寿光市古城街道贺西村	40	男	1940 年
胡 夏	寿光市古城街道古一村	30	男	1940 年
胡抓扣	寿光市古城街道古一村	40	男	1940 年
黄佃鳌	寿光市羊口镇西宅科村	27	男	1940 年
黄松涛	寿光市羊口镇宅一村	23	男	1940 年
纪作秋	寿光市化龙镇板桥村	21	男	1940 年
贾象前	寿光市化龙镇贾家村	25	男	1940 年
姜万胜	寿光市侯镇后下舟村	24	男	1940 年
李宝庆	寿光市上口镇东景明村	24	男	1940 年
李春九	寿光市洛城街道岔河村	29	男	1940 年
李桂森	寿光市侯镇李官村	20	男	1940 年
李寒桥	寿光市上口镇南邵一村	30	男	1940 年
李会亭	寿光市洛城街道冯家村	60	男	1940 年
李会亭之三子	寿光市洛城街道冯家村	20	男	1940 年
李 坚	寿光市田柳镇王高四村	30	男	1940 年
李连三	寿光市洛城街道冯家村	70	男	1940 年
李龙泽	寿光市古城街道罗庄村	40	男	1940 年
李伦玉	寿光市洛城街道前李村	23	男	1940 年
李培良	寿光市台头镇张家庄村	27	男	1940 年
李气凤	寿光市上口镇南邵一村	42	男	1940 年
李清伦	寿光市洛城街道康家村	19	男	1940 年
李书寒	寿光市圣城街道马范村	23	男	1940 年
李西元	寿光市田柳镇邵岭村	24	男	1940 年
李星奎	寿光市田柳镇北岭村	47	男	1940 年
李永春	寿光市上口镇南邵一村	53	男	1940 年
李永富	寿光市洛城街道前李村	22	男	1940 年

姓　名	籍　贯	年　龄	性　别	死难时间
李永臻	寿光市洛城街道冯家村	38	男	1940 年
李玉堂	寿光市上口镇口子村	25	男	1940 年
李元经	寿光市侯镇草碾村	23	男	1940 年
李占奎	寿光市上口镇东景明村	17	男	1940 年
李重光	寿光市洛城街道前李村	19	男	1940 年
李重华	寿光市洛城街道前李村	18	男	1940 年
刘怀之	寿光市营里镇西浊北村	20	男	1940 年
刘金水	寿光市圣城街道城里村	26	男	1940 年
刘庆丰	寿光市营里镇东黑塚子村	25	男	1940 年
刘全文	寿光市化龙镇郝屯村	22	男	1940 年
刘世贵	寿光市田柳镇唐家村	41	男	1940 年
刘树胜	寿光市化龙镇马庄村	25	男	1940 年
刘铁头	寿光市田柳镇唐家村	45	男	1940 年
刘象清	寿光市田柳镇唐家村	57	男	1940 年
刘　银	寿光市圣城街道城里村	—	男	1940 年
刘玉坡	寿光市上口镇双井口村	48	男	1940 年
刘玉温	寿光市田柳镇李家宋村	54	男	1940 年
刘之顿	寿光市洛城街道杨家村	26	男	1940 年
刘之同	寿光市洛城街道杨家村	28	男	1940 年
吕国栋	寿光市上口镇东景明村	21	男	1940 年
吕世坤	寿光市上口镇东景明村	20	男	1940 年
马福兴	寿光市台头镇牛头一村	32	男	1940 年
马光兴	寿光市台头镇邢西村	24	男	1940 年
马桂芳	寿光市台头镇牛头村	23	男	1940 年
马桂芬	寿光市田柳镇西兴王村	21	男	1940 年
马建生	寿光市台头镇牛头村	28	男	1940 年
马京亭	寿光市台头镇牛头村	38	男	1940 年
马良谦	寿光市台头镇牛头村	28	男	1940 年
马儒学	寿光市台头镇牛头村	19	男	1940 年
马维先	寿光市台头镇牛头村	21	男	1940 年
马日峰	寿光市台头镇牛头村	24	男	1940 年
马智胜	寿光市台头镇牛头村	27	男	1940 年

姓　名	籍　贯	年　龄	性　别	死难时间
孟庆荣	寿光市洛城街道杨家村	31	男	1940 年
孟庆太	寿光市洛城街道杨家村	49	男	1940 年
孟宪斗	寿光市侯镇孟河东村	20	男	1940 年
苗若水	寿光市古城街道苗桥村	41	男	1940 年
齐怀义	寿光市羊口镇官台村	20	男	1940 年
齐美田	寿光市羊口镇官台村	19	男	1940 年
齐生金之兄	寿光市羊口镇官台村	20	男	1940 年
齐书田	寿光市羊口镇官台村	23	男	1940 年
任杨升	寿光市上口镇任家下口村	33	男	1940 年
桑连玉	寿光市古城街道徐家村	26	男	1940 年
宋大路	寿光市营里镇宋家庄子村	22	男	1940 年
宋举仁	寿光市营里镇宋家庄子村	20	男	1940 年
隋来友	寿光市台头镇东庄村	21	男	1940 年
隋象晋	寿光市台头镇东庄村	27	男	1940 年
孙甸陈之父	寿光市洛城街道北亓疃村	47	男	1940 年
孙甸陈之母	寿光市洛城街道北亓疃村	47	女	1940 年
孙家德	寿光市营里镇西黑前村	28	男	1940 年
孙守本	寿光市营里镇西黑前村	24	男	1940 年
孙希明	寿光市营里镇西黑塚子后村	32	男	1940 年
孙益顺	寿光市营里镇西道口村	27	男	1940 年
孙之茂	寿光市洛城街道北亓疃村	27	男	1940 年
唐登造	寿光市田柳镇唐家村	21	男	1940 年
唐登珠	寿光市田柳镇唐家村	48	男	1940 年
唐棣林	寿光市田柳镇唐家村	37	男	1940 年
田保正	寿光市田柳镇田柳村	25	男	1940 年
王宝贤	寿光市羊口镇官台村	20	男	1940 年
王德成	寿光市洛城街道杨家村	25	男	1940 年
王斐然	寿光市营里镇营里社村	—	男	1940 年
王贵衔	寿光市羊口镇官台村	19	男	1940 年
王好合	寿光市侯镇王辛村	28	男	1940 年
王怀清	寿光市田柳镇田柳村六村	19	男	1940 年
王辉衔	寿光市羊口镇官台村	26	男	1940 年

姓　名	籍　贯	年　龄	性　别	死难时间
王吉堂	寿光市台头镇桥子村	20	男	1940 年
王见忠	寿光市营里镇前南河村	23	男	1940 年
王×××	寿光市营里镇前南河村	19	男	1940 年
王金镜	寿光市上口镇广陵一村	20	男	1940 年
王经堂	寿光市台头镇桥子村	17	男	1940 年
王君良	寿光市田柳镇西青村	50	男	1940 年
王可法	寿光市古城街道沙埠屯村	23	男	1940 年
王克温	寿光市台头镇南洋头村	29	男	1940 年
王同丰	寿光市田柳镇后疃村	20	男	1940 年
王万义	寿光市洛城街道康家村	20	男	1940 年
王象江	寿光市洛城街道康家村	20	男	1940 年
王象乾	寿光市田柳镇西青村	19	男	1940 年
王新春	寿光市营里镇陈营村	18	男	1940 年
王玉臣	寿光市侯镇杨家村	20	男	1940 年
王玉河	寿光市古城街道后王村	27	男	1940 年
王中美	寿光市台头镇营子村	27	男	1940 年
王尊清	寿光市洛城街道康家村	21	男	1940 年
王作法	寿光市洛城街道王东村	19	男	1940 年
吴光度	寿光市县营里镇北南河村	30	男	1940 年
吴培兰	寿光市营里镇南岔河村	—	男	1940 年
许志敏	寿光市圣城街道东关村	51	男	1940 年
延寿松	寿光市化龙镇前张村	23	男	1940 年
杨北玲	寿光市洛城街道杨家村	42	男	1940 年
杨东城	寿光市羊口镇官台村	21	男	1940 年
杨丰乐	寿光市营里镇杨家村	26	男	1940 年
杨光显	寿光市洛城街道冯家村	60	男	1940 年
杨刘氏	寿光市稻田镇杨营村	22	女	1940 年
杨寿坤	寿光市古城街道杨家村	32	男	1940 年
杨天奎	寿光市稻田镇北屯村	35	男	1940 年
杨学孟	寿光市洛城街道冯家村	55	男	1940 年
杨学冉	寿光市洛城街道冯家村	33	男	1940 年
杨有信	寿光市营里镇晋家疃村	22	男	1940 年

姓　名	籍　贯	年龄	性别	死难时间
杨之英	寿光市洛城街道杨家村	36	男	1940 年
尹成功	寿光市古城街道桑官村	40	男	1940 年
张安然	寿光市上口镇张北楼村	—	男	1940 年
张德全之母	寿光市田柳镇西青村	46	女	1940 年
张付信	寿光市古城街道北洛村	28	男	1940 年
张国征	寿光市古城街道久二村	48	男	1940 年
张华山之弟	寿光市洛城街道康家村	20	男	1940 年
张景文	寿光市古城街道前疃村	40	男	1940 年
张来瑞	寿光市侯镇东毕一村	21	男	1940 年
张李氏	寿光市侯镇北仉村	48	女	1940 年
张林阁	寿光市上口镇上口二村	18	男	1940 年
张梦经	寿光市羊口镇官台村	40	男	1940 年
张其英	寿光市营里镇东中村	22	男	1940 年
张　氏	寿光市台头镇李王村	75	女	1940 年
张书荣	寿光市上口镇南广村	34	男	1940 年
张树功	寿光市上口镇郭疃西村	23	男	1940 年
张万建	寿光市文家街道河头村	18	男	1940 年
张王氏	寿光市侯镇北仉村	49	女	1940 年
张吴氏	寿光市营里镇辛庄村	42	女	1940 年
张西福	寿光市文家街道河头村	24	男	1940 年
张西敏	寿光市古城街道安家村	48	男	1940 年
张学森	寿光市化龙镇前张村	21	男	1940 年
张玉春	寿光市台头镇大坨村	19	男	1940 年
张玉启	寿光市化龙镇前张村	25	男	1940 年
张玉玺	寿光市上口镇张北楼村	—	男	1940 年
张玉先	寿光市化龙镇丰一村	19	男	1940 年
张在泮	寿光市化龙镇丰一村	20	男	1940 年
赵炳光	寿光市洛城街道牟东村	38	男	1940 年
赵　分	寿光市古城街道赵家村	20	男	1940 年
赵福田	寿光市古城街道杨庄村	23	男	1940 年
赵寒露	寿光市古城街道赵家村	18	男	1940 年
赵瑞海	寿光市古城街道俎家村	44	男	1940 年

姓 名	籍 贯	年 龄	性 别	死难时间
赵世太	寿光市上口镇东前村	23	男	1940 年
赵星台	寿光市上口镇东前村	24	男	1940 年
赵宜松	寿光市洛城街道南城西村	41	男	1940 年
赵玉良	寿光市古城街道赵家村	35	男	1940 年
赵云庆	寿光市古城街道赵家村	32	男	1940 年
赵张氏	寿光市上口镇东前村	36	女	1940 年
郑桂林	寿光市圣城街道城里村	24	男	1940 年
郑叶传	寿光市台头镇三益村	19	男	1940 年
朱敬光	寿光市古城街道十里村	24	男	1940 年
朱守先	寿光市田柳镇王高二村	21	男	1940 年
祖冠珍	寿光市洛城街道牟东村	31	男	1940 年
左希程	寿光市圣城街道田家村	21	男	1940 年
付相信	寿光市孙家集街道南马瞳村	30	男	1940 年
李福胜	寿光市文家街道南马店村	21	男	1940 年
邱则敏	寿光市侯镇西毕村	27	男	1940 年
王兰芬	寿光市文家街道王宇村	22	男	1940 年
王中国	寿光市文家街道王宇村	40	男	1940 年
徐文清	寿光市孙家集街道三元朱村	23	男	1940 年
付潘江	寿光市孙家集街道北马瞳村	50	男	1940 年
贾玉堂之妻	寿光市文家街道北马村	40	女	1940 年
李富来	寿光市化龙镇李屯村	18	男	1940 年
李希海	寿光市化龙镇李屯村	18	男	1940 年
李学冷	寿光市化龙镇李屯村	18	男	1940 年
杨学明之母	寿光市孙家集街道王裴村	30	女	1940 年
张民东	寿光市孙家集街道后杨村	22	男	1940 年
刘贯正	寿光市羊口镇刘旺村	25	男	1940 年
刘青训	寿光市羊口镇刘旺村	25	男	1940 年
张凤胜	寿光市孙家集街道孙集村	2	男	1940 年
陈德智	寿光市台头镇北台头村	42	男	1941 年 1 月
陈多让	寿光市台头镇北台头村	40	男	1941 年 1 月
陈谷妮	寿光市台头镇北台头村	32	女	1941 年 1 月
陈　虎	寿光市台头镇北台头村	38	男	1941 年 1 月

姓　名	籍　贯	年　龄	性　别	死难时间
陈家庆	寿光市台头镇北台头村	42	男	1941 年 1 月
陈见远	寿光市台头镇北台头村	29	男	1941 年 1 月
陈老八	寿光市台头镇北台头村	28	男	1941 年 1 月
陈老八之女	寿光市台头镇北台头村	—	女	1941 年 1 月
陈立山	寿光市台头镇北台头村	29	男	1941 年 1 月
陈培义之母	寿光市台头镇北台头村	28	女	1941 年 1 月
陈庆祥之母	寿光市台头镇北台头村	39	女	1941 年 1 月
陈庆祥之妹	寿光市台头镇北台头村	18	女	1941 年 1 月
陈庆忠之父	寿光市台头镇北台头村	42	男	1941 年 1 月
陈士波	寿光市台头镇北台头村	29	女	1941 年 1 月
陈宣堂之父	寿光市台头镇北台头村	42	男	1941 年 1 月
陈展才	寿光市台头镇北台头村	27	男	1941 年 1 月
陈　芝	寿光市台头镇北台头村	30	女	1941 年 1 月
程振运	寿光市营里镇西北河村	32	男	1941 年 1 月
褚金章	寿光市台头镇南洋头村	35	男	1941 年 1 月
桂智章	寿光市稻田镇殷家村	24	男	1941 年 1 月
刘道德	寿光市台头镇刘家茅坨村	20	男	1941 年 1 月
马生贵	寿光市台头镇牛头村	19	男	1941 年 1 月
苏成哲	寿光市洛城街道高淮村	24	男	1941 年 1 月
苏景德	寿光市洛城街道高淮村	20	男	1941 年 1 月
田世忠	寿光市田柳镇南王里村	25	男	1941 年 1 月
王功成	寿光市营里镇西浊北村	27	男	1941 年 1 月
王希圣	寿光市洛城街道斟灌城里村	22	男	1941 年 1 月
徐德胜	寿光市孙家集街道三元朱村	22	男	1941 年 1 月
杨华村	寿光市田柳镇杨瞳村	34	男	1941 年 1 月
杨在城	寿光市营里镇孙家庄村	20	男	1941 年 1 月
张东方	寿光市台头镇北官庄村	23	男	1941 年 1 月
张舜卿	寿光市孙家集街道胡营王村	31	男	1941 年 1 月
张文会	寿光市侯镇岳庄村	25	男	1941 年 1 月
赵坤玉	寿光市田柳镇赵家村	23	男	1941 年 1 月
郑志端	寿光市台头镇大坨村	31	男	1941 年 1 月
于希文	寿光市孙家集街道高松村	20	男	1941 年 1 月

姓 名	籍 贯	年 龄	性 别	死难时间
范占友	寿光市洛城街道南纸村	19	男	1941 年 1 月
崔福田	寿光市化龙镇崔家村	21	男	1941 年 2 月
侯明友之母	寿光市台头镇北洋头村	31	女	1941 年 2 月
李瑞本	寿光市田柳镇崔家村	41	男	1941 年 2 月
刘福之	寿光市田柳镇邢姚村	30	男	1941 年 2 月
刘兰泽	寿光市田柳镇邢姚村	24	男	1941 年 2 月
刘录山	寿光市田柳镇邢姚村	21	男	1941 年 2 月
石明堂	寿光市圣城街道南关村	35	男	1941 年 2 月
唐沂水	寿光市田柳镇袁家桥村	56	男	1941 年 2 月
王安之父	寿光市台头镇小坨村	62	男	1941 年 2 月
王传明	寿光市孙家集街道丰顺王村	30	男	1941 年 2 月
王之洪	寿光市田柳镇邢姚村	30	男	1941 年 2 月
王之茂	寿光市田柳镇邢姚村	21	男	1941 年 2 月
杨树法	寿光市侯镇杨官庄村	38	男	1941 年 2 月
张桂芬	寿光市田柳镇马家塘村	24	男	1941 年 2 月
张念勋	寿光市纪台镇张庙村	21	男	1941 年 2 月
赵相民	寿光市羊口镇营子村	25	男	1941 年 2 月
郑春普	寿光市台头镇大坨村	31	男	1941 年 2 月
郑道明	寿光市台头镇郑家埝村	31	男	1941 年 2 月
陈怀周	寿光市台头镇南台头村	19	男	1941 年 3 月
董象章	寿光市稻田镇董一村	32	男	1941 年 3 月
郭庆春	寿光市上口镇张家屯村	21	男	1941 年 3 月
侯多寿之父	寿光市台头镇北洋头村	63	男	1941 年 3 月
侯国臣	寿光市台头镇北洋头村	12	男	1941 年 3 月
侯荣贵	寿光市台头镇北洋头村	36	男	1941 年 3 月
侯树奎	寿光市台头镇北洋头村	51	男	1941 年 3 月
侯维儒之二弟	寿光市台头镇北洋头村	35	男	1941 年 3 月
侯献田之妹	寿光市台头镇北洋头村	13	女	1941 年 3 月
侯宣和之堂祖母	寿光市台头镇北洋头村	59	女	1941 年 3 月
李星锡	寿光市营里镇孙家庄村	——	男	1941 年 3 月
李志效	寿光市侯镇李家村	34	男	1941 年 3 月
刘法孔	寿光市田柳镇邢四村	20	男	1941 年 3 月

姓 名	籍 贯	年 龄	性 别	死难时间
马金山	寿光市田柳镇邢姚村	20	男	1941 年 3 月
潘瑞芬	寿光市孙家集街道潘家村	24	男	1941 年 3 月
潘中文	寿光市孙家集街道潘家村	26	男	1941 年 3 月
平在善	寿光市田柳镇郎家营村	20	男	1941 年 3 月
孙岩庆	寿光市孙家集街道孙集村	30	男	1941 年 3 月
孙振南	寿光市化龙镇埠西一村	25	男	1941 年 3 月
王洪福之伯父	寿光市侯镇仇东村	20	男	1941 年 3 月
王相彬	寿光市化龙镇辛家村	28	男	1941 年 3 月
徐建之	寿光市洛城街道南徐村	22	男	1941 年 3 月
杨百华	寿光市营里镇孙家庄村	—	男	1941 年 3 月
杨立芳	寿光市营里镇孙家庄村	—	男	1941 年 3 月
杨银官	寿光市营里镇孙家庄村	—	男	1941 年 3 月
杨在军	寿光市营里镇孙家庄村	—	男	1941 年 3 月
杨在秋	寿光市营里镇孙家庄村	—	男	1941 年 3 月
姚连池	寿光市化龙镇姚家屯村	25	男	1941 年 3 月
赵乐耕	寿光市古城街道杨家庄村	21	男	1941 年 3 月
赵连台之父	寿光市侯镇仇东村	54	男	1941 年 3 月
郑丰池之母	寿光市台头镇小坨村	50	女	1941 年 3 月
郑严光之子	寿光市台头镇一楼村	13	男	1941 年 3 月
侯文德之妻	寿光市台头镇南兵村	45	女	1941 年 4 月
胡信之	寿光市田柳镇寨里村	18	男	1941 年 4 月
胡砚文	寿光市田柳镇邢姚村	20	男	1941 年 4 月
李汉城	寿光市营里镇前浊北村	24	男	1941 年 4 月
李佩瑞	寿光市营里镇李家坞村	20	男	1941 年 4 月
刘长增	寿光市田柳镇郎家营村	21	男	1941 年 4 月
刘文生	寿光市田柳镇邢姚村	19	男	1941 年 4 月
刘玉连	寿光市田柳镇邢姚村	25	男	1941 年 4 月
刘玉山	寿光市营里镇刘旺庄村	18	男	1941 年 4 月
刘中兴之祖父	寿光市台头镇南兵村	38	男	1941 年 4 月
马会水	寿光市台头镇牛头村	21	男	1941 年 4 月
孟兆同	寿光市孙家集街道朱家峪村	20	男	1941 年 4 月
王允吉	寿光市上口镇前王村	35	男	1941 年 4 月

姓 名	籍 贯	年 龄	性 别	死难时间
徐进举	寿光市营里镇吴家营里村	38	男	1941 年 4 月
杨启芳	寿光市营里镇孙家庄村	—	男	1941 年 4 月
杨守成	寿光市羊口镇杨家庄子村	20	男	1941 年 4 月
董琳堂	寿光市稻田镇董一村	23	男	1941 年 4 月
马龙光	寿光市田柳镇马塘村	52	男	1941 年 4 月
丁学琴	寿光市田柳镇马塘村	61	男	1941 年 4 月
马龙田	寿光市田柳镇马塘村	51	男	1941 年 4 月
程绍海	寿光市营里镇西北河村	20	男	1941 年 5 月
傅绍胜	寿光市台头镇傅家茅坨村	23	男	1941 年 5 月
韩芳斋	寿光市上口镇西景明二村	45	男	1941 年 5 月
韩连元	寿光市上口镇西景明三村	25	男	1941 年 5 月
洪俊华	寿光市文家街道大尧村	30	男	1941 年 5 月
侯怀孝	寿光市台头镇北洋头村	30	男	1941 年 5 月
侯千亭	寿光市营里镇侯家营里村	15	男	1941 年 5 月
李得金	寿光市洛城街道卜家村	36	男	1941 年 5 月
李金钵	寿光市侯镇李官村	36	男	1941 年 5 月
李明山	寿光市田柳镇李家庄子村	23	男	1941 年 5 月
李玉仁	寿光市田柳镇崔家村	22	男	1941 年 5 月
刘其然	寿光市田柳镇郎营村	49	男	1941 年 5 月
马瑞符	寿光市台头镇牛头村	21	男	1941 年 5 月
马志盛	寿光市台头镇牛头村	28	男	1941 年 5 月
田汉海	寿光市田柳镇南王里村	19	男	1941 年 5 月
王九功	寿光市营里镇南宅科村	25	男	1941 年 5 月
袁崇德	寿光市稻田镇常流村	40	男	1941 年 5 月
郑宝山	寿光市台头镇小坨村	20	男	1941 年 5 月
段汝贤	寿光市台头镇南台头村	33	男	1941 年 5 月
丁连荣	寿光市营里镇前南河村	29	男	1941 年 6 月
郭兴明	寿光市古城街道南孙云子村	32	男	1941 年 6 月
侯好德	寿光市台头镇北洋头村	21	男	1941 年 6 月
胡宝元	寿光市侯镇黄桥张东村	23	男	1941 年 6 月
李 会	寿光市田柳镇坡里村	22	男	1941 年 6 月
刘学忠之母	寿光市稻田镇常流村	35	女	1941 年 6 月

姓　名	籍　贯	年龄	性别	死难时间
马树行	寿光市台头镇牛头村	25	男	1941 年 6 月
孙金生	寿光市圣城街道徐家村	35	男	1941 年 6 月
孙桔子	寿光市稻田镇常流村	30	男	1941 年 6 月
王守田	寿光市田柳镇田柳村六村	25	男	1941 年 6 月
杨会晶	寿光市圣城街道岳家村	25	男	1941 年 6 月
张耕新	寿光市圣城街道东关村	25	男	1941 年 6 月
张培敏	寿光市田柳镇寨里村	48	男	1941 年 6 月
郑瑞光	寿光市台头镇郑埝村	22	男	1941 年 6 月
王福吉	寿光市营里镇营里社村	—	男	1941 年 6 月
陈建远	寿光市台头镇南台头村	21	男	1941 年 7 月
陈玉亮	寿光市洛城街道陈家村	22	男	1941 年 7 月
丁太顺	寿光市上口镇口子村	26	男	1941 年 7 月
贾炳勋	寿光市孙家集街道后胡营村	22	男	1941 年 7 月
李炳恒	寿光市台头镇前赵埠村	20	男	1941 年 7 月
李象坤	寿光市洛城街道城南村	19	男	1941 年 7 月
刘金生	寿光市侯镇侯四村	27	男	1941 年 7 月
马近堂	寿光市台头镇牛头村	21	男	1941 年 7 月
马相胜	寿光市台头镇张家庄村	21	男	1941 年 7 月
孙喜之	寿光市侯镇仉东村	22	男	1941 年 7 月
田福德	寿光市田柳镇田柳村	24	男	1941 年 7 月
王　新	寿光市古城街道代家村	34	男	1941 年 7 月
王洪彬	寿光市侯镇仉东村	22	男	1941 年 7 月
王兴林	寿光市侯镇陈营村	22	男	1941 年 7 月
王振海	寿光市台头镇郑埝村	21	男	1941 年 7 月
许户子	寿光市台头镇前赵埠村	35	男	1941 年 7 月
杨法孔	寿光市孙家集街道东彦方村	21	男	1941 年 7 月
袁明卿	寿光市文家街道蔡西村	24	男	1941 年 7 月
张兰芬	寿光市田柳镇常家庄村	20	男	1941 年 7 月
甄茂盛	寿光市上口镇甄家北楼村	18	男	1941 年 7 月
甄日华	寿光市上口镇甄家北楼村	24	男	1941 年 7 月
朱云龙	寿光市田柳镇郎家营村	24	男	1941 年 7 月
曹同会	寿光市营里镇曹家辛庄村	22	男	1941 年 8 月

姓　名	籍　贯	年 龄	性 别	死难时间
段汝聪	寿光市台头镇南台头村	19	男	1941 年 8 月
黄茂森	寿光市台头镇张家庄	47	男	1941 年 8 月
李丕然	寿光市田柳镇永甫村	31	男	1941 年 8 月
李先德	寿光市田柳镇南王里村	25	男	1941 年 8 月
刘兰家	寿光市田柳镇邢姚村	19	男	1941 年 8 月
马省三	寿光市台头镇马茅村	32	男	1941 年 8 月
马学群	寿光市田柳镇常家庄村	35	男	1941 年 8 月
马曰阶	寿光市羊口镇齐家庄子村	27	男	1941 年 8 月
隋明强	寿光市台头镇彭家道口一村	25	男	1941 年 8 月
王　训	寿光市文家街道八里村	32	男	1941 年 8 月
王玉海之叔	寿光市文家街道八里村	28	男	1941 年 8 月
杨树兰	寿光市侯镇杨家庄村	35	男	1941 年 8 月
张光明	寿光市上口镇口子村	17	男	1941 年 8 月
张汝官	寿光市台头镇张家庄村	47	男	1941 年 8 月
张友年	寿光市台头镇张家庄村	45	男	1941 年 8 月
赵太然	寿光市台头镇后赵埠村	22	男	1941 年 8 月
郑会宗之父	寿光市台头镇郑莘村	50	男	1941 年 8 月
郑有妮	寿光市台头镇郑莘村	18	女	1941 年 8 月
常本元	寿光市田柳镇常家庄村	22	男	1941 年 9 月
崔胜南	寿光市田柳镇崔家村	17	男	1941 年 9 月
崔锡勇	寿光市田柳镇崔家村	27	男	1941 年 9 月
侯国栋	寿光市台头镇北洋头村	27	男	1941 年 9 月
侯俊堂	寿光市台头镇北洋头村	20	男	1941 年 9 月
侯英津	寿光市台头镇北洋头村	24	男	1941 年 9 月
刘　水	寿光市田柳镇郎营村	24	男	1941 年 9 月
刘长路	寿光市田柳镇郎营村	30	男	1941 年 9 月
刘世红	寿光市田柳镇郎营村	42	男	1941 年 9 月
马烈光	寿光市台头镇牛头村	21	男	1941 年 9 月
隋峰先	寿光市台头镇东庄村	22	男	1941 年 9 月
隋子厚	寿光市台头镇东庄村	28	男	1941 年 9 月
孙桂芳	寿光市营里镇宋家庄子村	35	男	1941 年 9 月
王成义	寿光市田柳镇田柳村六村	23	男	1941 年 9 月

姓 名	籍 贯	年 龄	性 别	死难时间
王来凤之父	寿光市羊口镇李家坞村	67	男	1941 年 9 月
王来凤之母	寿光市羊口镇李家坞村	65	女	1941 年 9 月
王同绪	寿光市化龙镇庆家村	29	男	1941 年 9 月
王玉川	寿光市上口镇张家屯村	47	男	1941 年 9 月
吴九华	寿光市营里镇大北河村	26	男	1941 年 9 月
袁铭功	寿光市田柳镇南袁村	52	男	1941 年 9 月
郑玉布	寿光市台头镇三益村	29	男	1941 年 9 月
周中良	寿光市化龙镇芦营村	19	男	1941 年 9 月
杨在成	寿光市营里镇孙家庄村	—	男	1941 年 10 月
刘登来	寿光市田柳镇刘家桥村	42	男	1941 年 11 月 9 日
刘汝明	寿光市田柳镇唐家村	29	男	1941 年 11 月 9 日
刘汝为	寿光市田柳镇唐家村	36	男	1941 年 11 月 9 日
刘思君	寿光市田柳镇刘家桥村	21	男	1941 年 11 月 9 日
刘相甫	寿光市田柳镇唐家村	51	男	1941 年 11 月 9 日
刘永谋	寿光市田柳镇刘家桥村	23	男	1941 年 11 月 9 日
唐乐善	寿光市田柳镇唐家村	39	男	1941 年 11 月 9 日
唐清淮	寿光市田柳镇唐家村	42	男	1941 年 11 月 9 日
唐桃林	寿光市田柳镇唐家村	37	男	1941 年 11 月 9 日
唐玉纱	寿光市田柳镇唐家村	48	男	1941 年 11 月 9 日
唐梓林	寿光市田柳镇唐家村	35	男	1941 年 11 月 9 日
侯树胜	寿光市台头镇北洋头村	39	男	1941 年 11 月
林祥三	寿光市圣城街道北关村	35	男	1941 年 11 月
马万林	寿光市台头镇牛头村	23	男	1941 年 11 月
杨之祥	寿光市羊口镇官台村	22	男	1941 年 11 月
张洽熙	寿光市上口镇西方吕南村	15	男	1941 年 11 月
郑福桥	寿光市台头镇郑埝村	21	男	1941 年 11 月
曹首三	寿光市营里镇曹家辛庄村	34	男	1941 年 12 月
陈明合	寿光市田柳镇薛家村	46	男	1941 年 12 月
陈培玉	寿光市台头镇邢东村	28	男	1941 年 12 月
陈云合	寿光市田柳镇薛家村	43	男	1941 年 12 月
范如山	寿光市田柳镇阇黎院村	23	男	1941 年 12 月
冯　氏	寿光市营里镇东浊北村	55	女	1941 年 12 月

姓　名	籍　贯	年　龄	性　别	死难时间
苟金成	寿光市上口镇广陵一村	40	男	1941 年 12 月
李明兆	寿光市洛城街道后尹村	42	男	1941 年 12 月
刘吉尤	寿光市圣城街道西陈村	21	男	1941 年 12 月
刘明月	寿光市洛城街道西刘村	18	男	1941 年 12 月
庞兰芳	寿光市洛城街道后尹村	43	男	1941 年 12 月
王成明	寿光市圣城街道北关村	20	男	1941 年 12 月
王恩吉	寿光市上口镇西方吕北村	50	男	1941 年 12 月
王鸿鳌	寿光市营里镇王河南村	44	男	1941 年 12 月
王玉英	寿光市化龙镇北柴村	21	男	1941 年 12 月
杨光智	寿光市营里镇东浊北村	30	男	1941 年 12 月
尹玉泮	寿光市田柳镇东头村	23	男	1941 年 12 月
尹之广	寿光市洛城街道后尹村	45	男	1941 年 12 月
张风伍	寿光市侯镇东泊头村	22	男	1941 年 12 月
桑云祥	寿光市文家街道苏家村	21	男	1941 年 12 月
白效顺	寿光市化龙镇白桥村	26	男	1941 年
曹文美	寿光市羊口镇郭井子村	52	男	1941 年
曹增福	寿光市羊口镇郭井子村	41	男	1941 年
曹增福之妻	寿光市羊口镇郭井子村	40	女	1941 年
曹增福之子	寿光市羊口镇郭井子村	10	男	1941 年
曹增祥	寿光市羊口镇郭井子村	42	男	1941 年
常龙云	寿光市营里镇宅科一村	24	男	1941 年
常艳华	寿光市田柳镇常家庄村	37	男	1941 年
陈德华	寿光市上口镇广陵二村	29	男	1941 年
程树芳	寿光市上口镇兴旺庄村	16	男	1941 年
崔风治	寿光市侯镇西柴村	50	男	1941 年
崔李氏	寿光市田柳镇北岭村	40	女	1941 年
崔希尧	寿光市侯镇西柴村	45	男	1941 年
单丰德	寿光市营里镇北单村	30	男	1941 年
单可训	寿光市营里镇南单前村	38	男	1941 年
单麟生	寿光市营里镇北单村	28	男	1941 年
丁加滨	寿光市营里镇大北河村	21	男	1941 年
董　河	寿光市稻田镇王望村	20	男	1941 年

姓 名	籍 贯	年 龄	性 别	死难时间
董洪延	寿光市稻田镇葛家村	25	男	1941 年
董加奎	寿光市古城街道久二村	30	男	1941 年
董立城	寿光市稻田镇王望村	37	男	1941 年
董立功	寿光市稻田镇王望村	45	男	1941 年
董延山	寿光市古城街道久二村	41	男	1941 年
董智淦	寿光市稻田镇王望村	37	男	1941 年
方义寿	寿光市侯镇黄桥张村	21	男	1941 年
冯成法	寿光市田柳镇冯家村	22	男	1941 年
冯世廉	寿光市田柳镇冯家村	23	男	1941 年
冯宗林	寿光市田柳镇冯家村	24	男	1941 年
付春香	寿光市孙家集街道北马瞳村	12	女	1941 年
付录平	寿光市田柳镇于家村	27	男	1941 年
付占义	寿光市孙家集街道北马瞳村	20	男	1941 年
耿茂成	寿光市侯镇岔一村	21	男	1941 年
郭继顺	寿光市化龙镇裴岭村	—	男	1941 年
郭举山	寿光市侯镇挑沟子村	26	男	1941 年
郭龙昌	寿光市台头镇郑家庄子村	27	男	1941 年
郭书田	寿光市侯镇挑沟子村	25	男	1941 年
郭廷林	寿光市古城街道北冯村	42	男	1941 年
郭兴太	寿光市古城街道南孙云子村	24	男	1941 年
郭朱氏	寿光市洛城街道北徐村	60	女	1941 年
郭子丰	寿光市洛城街道北徐村	25	男	1941 年
国好德	寿光市侯镇鲁丽村	28	男	1941 年
韩秉杰	寿光市上口镇西景明三村	27	男	1941 年
韩芳希	寿光市上口镇西二村	48	男	1941 年
韩怀德	寿光市上口镇西二村	—	男	1941 年
韩岭梅	寿光市古城街道西罗桥村	50	男	1941 年
韩升九	寿光市上口镇西景明三村	33	男	1941 年
韩世荣	寿光市古城街道西罗桥村	18	男	1941 年
韩廷义之三弟	寿光市古城街道东罗村	30	男	1941 年
黄 所	寿光市羊口镇西宅科村	21	男	1941 年
黄大福	寿光市羊口镇东宅科一村	29	男	1941 年

姓 名	籍 贯	年 龄	性 别	死难时间
黄高升	寿光市羊口镇宅一村	23	男	1941 年
黄玉祥	寿光市羊口镇西宅科村	18	男	1941 年
黄泽清	寿光市羊口镇西宅科村	18	男	1941 年
黄振富	寿光市羊口镇西宅科村	21	男	1941 年
纪重庆	寿光市化龙镇板桥村	21	男	1941 年
纪作周	寿光市化龙镇板桥村	19	男	1941 年
姜国杰	寿光市古城街道庵头村	23	男	1941 年
李 忠	寿光市田柳镇南王里村	36	男	1941 年
李登明	寿光市上口镇东景明村	21	男	1941 年
李发之	寿光市田柳镇李家宋村	28	男	1941 年
李凤巢	寿光市古城街道西范家庄村	53	男	1941 年
李福党	寿光市上口镇口子村	21	男	1941 年
李慧英	寿光市上口镇南半截河村	24	男	1941 年
李昆岩	寿光市侯镇李官村	21	男	1941 年
李明起	寿光市上口镇南半截河村	28	男	1941 年
李明月	寿光市上口镇广陵二村	20	男	1941 年
李清章	寿光市上口镇口子村	35	男	1941 年
李全忠	寿光市上口镇南邵一村	60	男	1941 年
李世让	寿光市田柳镇田柳村三村	19	男	1941 年
李 文	寿光市古城街道安家村	46	男	1941 年
李西江	寿光市田柳镇邵岭村	23	男	1941 年
李西三	寿光市田柳镇邵岭村	25	男	1941 年
李希明	寿光市田柳镇北岭村	55	男	1941 年
李效丰	寿光市田柳镇李家村	35	男	1941 年
李养明	寿光市上口镇东景明村	21	男	1941 年
李养贤	寿光市上口镇东景明村	21	男	1941 年
李玉珍	寿光市上口镇广一村	55	男	1941 年
李玉珍	寿光市田柳镇邵岭村	45	男	1941 年
李云生	寿光市羊口镇南木桥村	51	男	1941 年
李在田	寿光市田柳镇邵岭村	25	男	1941 年
李兆焕	寿光市洛城街道岔河村	28	男	1941 年
刘炳辉	寿光市上口镇口子村	20	男	1941 年

姓　名	籍　贯	年龄	性别	死难时间
刘炳玉	寿光市上口镇口子村	18	男	1941 年
刘福胜	寿光市侯镇二村	30	男	1941 年
刘会林	寿光市稻田镇王望村	48	男	1941 年
刘金铨	寿光市营里镇西浊北村	27	男	1941 年
刘进西之女	寿光市化龙镇裴岭村	21	女	1941 年
刘九果	寿光市化龙马庄村	13	男	1941 年
刘连儒	寿光市古城街道更新村	26	男	1941 年
刘明生	寿光市文家街道赵家村	28	男	1941 年
刘泮溪之父	寿光市古城街道刘官村	33	男	1941 年
刘树栋	寿光市田柳镇阇黎院村	17	男	1941 年
刘文灿	寿光市田柳镇邢四村	34	男	1941 年
刘协和	寿光市古城街道刘官村	23	男	1941 年
刘新春	寿光市台头镇河头村	41	男	1941 年
刘振远之三叔	寿光市文家街道刘桥村	25	男	1941 年
刘作林	寿光市稻田镇王望村	35	男	1941 年
罗士林	寿光市古城街道罗家村	40	男	1941 年
麻新田	寿光市羊口镇杨家庄子村	20	男	1941 年
马光先	寿光市羊口镇官台村	26	男	1941 年
马林寿	寿光市台头镇牛头村	27	男	1941 年
马钦敏	寿光市台头镇牛头村	42	男	1941 年
马庆昌	寿光市台头镇牛头村	21	男	1941 年
马庆祥	寿光市圣城街道西关村	42	男	1941 年
马儒荣	寿光市台头镇牛头村	24	男	1941 年
马瑞福	寿光市台头镇牛头村	20	男	1941 年
马尚文之母	寿光市台头镇牛头村	24	女	1941 年
马顺托	寿光市台头镇牛头村	20	男	1941 年
马万农	寿光市台头镇牛头村	22	男	1941 年
马王氏	寿光市台头镇牛头村	49	女	1941 年
马维成	寿光市台头镇牛头村	26	男	1941 年
马相坡	寿光市台头镇张家庄村	28	男	1941 年
马绪先	寿光市台头镇牛头村	21	男	1941 年
马学南之父	寿光市台头镇牛头村	63	男	1941 年

姓 名	籍 贯	年 龄	性 别	死难时间
马学群	寿光市台头镇牛头村	23	男	1941 年
马学忠	寿光市台头镇牛头村	28	男	1941 年
马延禄	寿光市台头镇牛头村	37	男	1941 年
马友能	寿光市台头镇牛头村	21	男	1941 年
马友堂	寿光市台头镇牛头村	26	男	1941 年
苗纪先	寿光市古城街道苗桥村	28	男	1941 年
苗杨州	寿光市古城街道苗桥村	20	男	1941 年
缪西林	寿光市田柳镇永甫村	43	男	1941 年
齐汉源	寿光市上口镇齐家下口村	27	男	1941 年
齐怀福	寿光市羊口镇官台村	20	男	1941 年
齐永泰	寿光市孙家集街道孙集村	24	男	1941 年
庆守义	寿光市化龙镇庆家村	40	男	1941 年
任永德之母	寿光市台头镇彭家道口四村	47	女	1941 年
宋保安	寿光市侯镇岔二村	28	男	1941 年
宋丹明	寿光市侯镇岔二村	30	男	1941 年
宋江水	寿光市台头镇付家庄村	23	男	1941 年
隋春堂	寿光市台头镇东庄村	19	男	1941 年
隋东岳	寿光市台头镇东庄村	24	男	1941 年
隋奎聚	寿光市台头镇东庄村	28	男	1941 年
隋良法	寿光市台头镇东庄村	35	男	1941 年
隋启功	寿光市台头镇彭家道口二村	19	男	1941 年
隋守田之父	寿光市台头镇彭家道口一村	36	男	1941 年
隋象明	寿光市台头镇彭家道口一村	18	男	1941 年
隋延农	寿光市台头镇彭家道口三村	19	男	1941 年
隋中祥	寿光市台头镇东庄村	22	男	1941 年
孙洪玉	寿光市营里镇西道口村	—	男	1941 年
孙太和	寿光市营里镇西黑前村	31	男	1941 年
孙万桢	寿光市营里镇西道口村	—	男	1941 年
田义贤之子	寿光市羊口镇任家村	5	男	1941 年
汪世礼之祖母	寿光市台头镇汪营村	63	女	1941 年
王德丰	寿光市化龙镇南王村	18	男	1941 年
王登泮	寿光市侯镇老大营村	18	男	1941 年

姓　名	籍　贯	年　龄	性　别	死难时间
王凤辉	寿光市洛城街道北纸村	32	男	1941 年
王奉功	寿光市营里镇西浊北村	28	男	1941 年
王洪鳌	寿光市营里镇王家河南村	44	男	1941 年
王洪生之妻	寿光市圣城街道城里村	28	女	1941 年
王积成	寿光市营里镇西浊北村	27	男	1941 年
王金锐	寿光市上口镇广一村	25	男	1941 年
王经波	寿光市田柳镇西青村	20	男	1941 年
王君华	寿光市田柳镇西青村	51	男	1941 年
王俊彦	寿光市营里镇北南河村	21	男	1941 年
王科光	寿光市古城街道沙埠屯村	25	男	1941 年
王龙海	寿光市古城街道苗桥村	58	男	1941 年
王茂堂	寿光市孙家集街道三元王村	19	男	1941 年
王佩山	寿光市田柳镇田柳村六村	30	男	1941 年
王全新	寿光市古城街道后王村	31	男	1941 年
王　氏	寿光市田柳镇王高六村	38	女	1941 年
王世法	寿光市台头镇桥子村	70	男	1941 年
王世太	寿光市台头镇桥子村	32	男	1941 年
王守业	寿光市文家街道业家村	25	男	1941 年
王书波	寿光市上口镇东后村	17	男	1941 年
王太安	寿光市营里镇前南河村	21	男	1941 年
王替会	寿光市营里镇辛庄村	21	男	1941 年
王天然	寿光市田柳镇西青村	21	男	1941 年
王西九	寿光市营里镇西浊北村	31	男	1941 年
王希之	寿光市化龙镇辛旺村	—	男	1941 年
王献吉	寿光市化龙镇南王村	20	男	1941 年
王新成之父	寿光市古城街道沙埠屯村	55	男	1941 年
王学升	寿光市营里镇西浊北村	22	男	1941 年
王勋俏	寿光市营里镇北南河村	21	男	1941 年
王义增	寿光市上口镇回河口村	40	男	1941 年
王永昌	寿光市侯镇河崖子村	27	男	1941 年
王玉桂	寿光市侯镇河崖子村	19	男	1941 年
王月英	寿光市营里镇西浊北村	30	女	1941 年

姓 名	籍 贯	年 龄	性 别	死难时间
王允桂	寿光市上口镇前王村	20	男	1941 年
王章成	寿光市营里镇西浊北村	30	男	1941 年
王振东	寿光市化龙镇中李村	28	男	1941 年
王子新	寿光市孙家集街道三元王村	22	男	1941 年
温金华	寿光市侯镇温家村	21	男	1941 年
温增福	寿光市侯镇温家村	26	男	1941 年
吴培吉	寿光市营里镇南岔河村	—	男	1941 年
吴现成	寿光市营里镇南岔河村	—	男	1941 年
吴友三	寿光市营里镇吴家营里村	19	男	1941 年
吴增禄	寿光市营里镇吴家营里村	25	男	1941 年
锡世关	寿光市洛城街道西锡村	52	男	1941 年
树	寿光市羊口镇南木桥村	40	男	1941 年
肖刘氏	寿光市洛城街道安全村	37	女	1941 年
肖张氏	寿光市洛城街道安全村	39	女	1941 年
徐德堂	寿光市洛城街道北徐村	23	男	1941 年
徐英三	寿光市古城街道尚家村	22	男	1941 年
薛象开	寿光市侯镇北仉村	26	男	1941 年
荀金成	寿光市上口镇广一村	60	男	1941 年
杨本成	寿光市田柳镇巨家庄村	19	男	1941 年
杨大田	寿光市羊口镇西宅科村	18	男	1941 年
杨法祥	寿光市田柳镇常家庄村	27	男	1941 年
杨福润	寿光市田柳镇郎家营村	34	男	1941 年
杨华先	寿光市营里镇东浊北村	26	男	1941 年
杨连会	寿光市田柳镇郎家营村	35	男	1941 年
杨明皋	寿光市营里镇杨家村	31	男	1941 年
杨明黄	寿光市营里镇杨家村	33	男	1941 年
杨清林	寿光市营里镇孙家庄村	18	男	1941 年
杨文亭	寿光市圣城街道梨园村	25	男	1941 年
杨祥吉	寿光市营里镇辛家庄子村	26	男	1941 年
杨秀山之子	寿光市羊口镇齐庄村	20	男	1941 年
杨永喜	寿光市羊口镇杨家庄子村	28	男	1941 年
杨自修	寿光市营里镇晋家疃村	27	男	1941 年

姓 名	籍 贯	年龄	性别	死难时间
张 安	寿光市圣城街道城里村	29	男	1941 年
张保元	寿光市孙家集街道马瞳张村	36	男	1941 年
张道径	寿光市上口镇张家楼后村	21	男	1941 年
张 棣	寿光市台头镇北孙村	26	男	1941 年
张佃明	寿光市田柳镇常家庄村	23	男	1941 年
张冠英	寿光市稻田镇东菜村	23	男	1941 年
张洪文	寿光市营里镇东中村	40	男	1941 年
张化堂	寿光市台头镇李王村	60	男	1941 年
张继堂	寿光市营里镇东中村	21	男	1941 年
张金铿	寿光市田柳镇巨家庄村	24	男	1941 年
张老五	寿光市古城街道久二村	47	男	1941 年
张乐国	寿光市台头镇李王村	34	男	1941 年
张乐书	寿光市田柳镇永甫村	39	男	1941 年
张培文	寿光市上口镇西方吕南村	21	男	1941 年
张以温	寿光市营里镇西中村	18	男	1941 年
张月志	寿光市侯镇张东村	19	男	1941 年
赵长禄	寿光市古城街道俎家村	27	男	1941 年
赵狗子	寿光市圣城街道西关村	23	男	1941 年
赵惠普	寿光市侯镇西柴村	45	男	1941 年
赵林庆之妻	寿光市台头镇彭家道口四村	50	女	1941 年
赵庆吉	寿光市营里镇孙家庄村	—	男	1941 年
赵庆吉	寿光市营里镇晋家瞳村	25	男	1941 年
赵 群	寿光市古城街道赵家村	32	男	1941 年
赵相艮	寿光市台头镇营子村	24	男	1941 年
赵象亭之二兄	寿光市古城街道久一村	18	男	1941 年
赵志名	寿光市侯镇西柴村	48	男	1941 年
赵中信	寿光市侯镇岳庄村	26	男	1941 年
郑福田	寿光市台头镇大坨村	27	男	1941 年
郑洪名	寿光市古城街道垒村	25	男	1941 年
朱敬群	寿光市上口镇回河口村	26	男	1941 年
朱 氏	寿光市田柳镇西王高村	27	女	1941 年
朱西清	寿光市古城街道太平村	26	男	1941 年

姓 名	籍 贯	年 龄	性 别	死难时间
侯念亭	寿光市羊口镇侯辛村	57	男	1941 年
马小月	寿光市孙家集街道周家村	21	男	1941 年
张凤来	寿光市孙家集街道孙集村	22	男	1941 年
张可忠	寿光市圣城街道西公孙村	21	男	1941 年
张向坤	寿光市古城街道袁官村	28	男	1941 年
赵树信之母	寿光市古城街道徐家村	47	女	1941 年
马范修	寿光市台头镇牛头一村	36	男	1941 年
刘光田之三女	寿光市羊口镇刘旺村	15	女	1941 年
刘光田之四女	寿光市羊口镇刘旺村	13	女	1941 年
刘光田之五女	寿光市羊口镇刘旺村	11	女	1941 年
马法修	寿光市台头镇牛头一村	62	男	1941 年
马会经	寿光市台头镇牛头一村	40	男	1941 年
马三省	寿光市台头镇牛头一村	37	男	1941 年
马友朋	寿光市台头镇牛头一村	40	男	1941 年
马玉臻	寿光市台头镇牛头一村	61	男	1941 年
曹中孝	寿光市营里镇曹家辛庄村	25	男	1942 年 1 月
程立冉	寿光市营里镇南岔河村	32	男	1942 年 1 月
程绍仁	寿光市营里镇西北河村	21	男	1942 年 1 月
单洪松	寿光市营里镇北单村	18	男	1942 年 1 月
单洪文	寿光市营里镇北单村	22	男	1942 年 1 月
单效冉	寿光市营里镇北单村	20	男	1942 年 1 月
丁大烈	寿光市营里镇北南河村	23	男	1942 年 1 月
丁志烈	寿光市营里镇北南河村	24	男	1942 年 1 月
郝京禄	寿光市营里镇九曲村	24	男	1942 年 1 月
何伦升	寿光市侯镇草碾村	19	男	1942 年 1 月
李汉昌	寿光市田柳镇崔家村	37	男	1942 年 1 月
李开然	寿光市田柳镇崔家村	27	男	1942 年 1 月
李同禄	寿光市田柳镇崔家村	24	男	1942 年 1 月
马茂公	寿光市台头镇牛头村	27	男	1942 年 1 月
马培林	寿光市台头镇牛头村	28	男	1942 年 1 月
王福增	寿光市古城街道前王村	22	男	1942 年 1 月
王汉封	寿光市田柳镇后疃村	23	男	1942 年 1 月

姓 名	籍 贯	年 龄	性 别	死难时间
王湘桂	寿光市圣城街道城里村	26	男	1942年1月
吴连禄	寿光市营里镇中营村	22	男	1942年1月
杨发信	寿光市上口镇北半截河村	27	男	1942年1月
张冈山	寿光市台头镇蔺家村	46	男	1942年1月
张海亭	寿光市化龙镇夏店村	19	男	1942年1月
张洪喜	寿光市营里镇东中疃村	27	男	1942年1月
张伦经	寿光市田柳镇崔家村	18	男	1942年1月
张沂东	寿光市侯镇黄桥张东村	45	男	1942年1月
张有吉	寿光市侯镇西柴庄村	26	男	1942年1月
郑希升	寿光市台头镇郑埝村	21	男	1942年1月
陈俊三	寿光市田柳镇薛家村	48	男	1942年2月
刘国章	寿光市田柳镇邢姚村	31	男	1942年2月
刘象震	寿光市田柳镇朱崖村	21	男	1942年2月
马曰俭	寿光市台头镇牛头村	20	男	1942年2月
齐安邦	寿光市营里镇杨家村	24	男	1942年2月
任中贤	寿光市台头镇彭家道口三村	21	男	1942年2月
王相贤	寿光市台头镇小坨村	36	男	1942年2月
朱成龙	寿光市田柳镇朱崖村	21	男	1942年2月
朱成仁	寿光市田柳镇朱崖村	22	男	1942年2月
朱文彬	寿光市田柳镇朱崖村	50	男	1942年2月
傅文彩	寿光市台头镇付家茅坨村	24	男	1942年3月
李良范	寿光市田柳镇东头村	23	男	1942年3月
李庆强	寿光市田柳镇南三里村	33	男	1942年3月
蔺元福	寿光市台头镇蔺家村	37	男	1942年3月
刘焕然	寿光市上口镇口子村	36	男	1942年3月
马益胜	寿光市台头镇牛头村	29	男	1942年3月
王学志	寿光市台头镇邢东村	29	男	1942年3月
王子固	寿光市台头镇南洋头村	29	男	1942年3月
张俄辉	寿光市侯镇西柴庄村	25	男	1942年3月
赵法沿	寿光市侯镇赵家辛章村	22	男	1942年3月
赵刚波	寿光市侯镇赵家辛章村	20	男	1942年3月
朱光华	寿光市田柳镇朱崖村	18	男	1942年3月

姓 名	籍 贯	年 龄	性 别	死难时间
郭祥庆	寿光市上口镇吴家下口村	26	男	1942 年 4 月
韩佃甲	寿光市上口镇西景明三村	25	男	1942 年 4 月
刘 禹	寿光市田柳镇郎家营村	23	男	1942 年 4 月
刘英德	寿光市古城街道赵家井子村	19	男	1942 年 4 月
马之俊	寿光市台头镇牛头村	22	男	1942 年 4 月
王道田	寿光市田柳镇崔家村	18	男	1942 年 4 月
王怀林	寿光市羊口镇寇家坞村五村	21	男	1942 年 4 月
王献能	寿光市田柳镇后王村	43	男	1942 年 4 月
王修祠	寿光市田柳镇后王村	21	男	1942 年 4 月
王永茂	寿光市台头镇南洋头村	29	男	1942 年 4 月
王子辉	寿光市田柳镇后疃村	49	男	1942 年 4 月
吴桂桐	寿光市营里镇吴家营里村	24	男	1942 年 4 月
叶汝听	寿光市台头镇刘家茅坨村	20	男	1942 年 4 月
尹清礼	寿光市田柳镇尹家宋村	22	男	1942 年 4 月
于西彦	寿光市羊口镇寇家坞六村	24	男	1942 年 4 月
于象恒	寿光市羊口镇寇家坞村二村	22	男	1942 年 4 月
于象震	寿光市羊口镇寇家坞村二村	23	男	1942 年 4 月
于友芳	寿光市羊口镇寇家坞村二村	21	男	1942 年 4 月
张树文	寿光市侯镇西柴庄村	22	男	1942 年 4 月
朱良智	寿光市侯镇黄桥张东村	20	男	1942 年 4 月
朱清录	寿光市田柳镇朱家村	35	男	1942 年 4 月
陈连水	寿光市田柳镇薛家庄村	21	男	1942 年 5 月
程炳礼	寿光市圣城街道徐家村	27	男	1942 年 5 月
程山远	寿光市营里镇西北河村	26	男	1942 年 5 月
郝荣庆	寿光市台头镇后赵埠村	25	男	1942 年 5 月
李 文	寿光市田柳镇坡里村	21	男	1942 年 5 月
李郭氏	寿光市田柳镇南三里村	61	女	1942 年 5 月
李 妮	寿光市田柳镇南三里村	17	女	1942 年 5 月
刘超然	寿光市田柳镇邢姚村	21	男	1942 年 5 月
刘开吉	寿光市田柳镇邢四村	35	男	1942 年 5 月
刘子杰	寿光市圣城街道徐家村	24	男	1942 年 5 月
任学文	寿光市台头镇北洋头村	22	男	1942 年 5 月

姓　名	籍　贯	年　龄	性　别	死难时间
唐起航	寿光市田柳镇阁黎院村	23	男	1942 年 5 月
尹树坦	寿光市营里镇东北河村	26	男	1942 年 5 月
张修朋	寿光市侯镇泊头村	22	男	1942 年 5 月
张之胜	寿光市台头镇牛头村	23	男	1942 年 5 月
郑效先	寿光市台头镇小坨村	20	男	1942 年 5 月
常大忠	寿光市田柳镇常家庄村	24	男	1942 年 6 月
丁大成	寿光市田柳镇东青村	34	男	1942 年 6 月
丁世荣	寿光市营里镇大北河村	30	男	1942 年 6 月
董家祥	寿光市古城街道久安村	25	男	1942 年 6 月
刘丰岗	寿光市田柳镇寨里村	20	男	1942 年 6 月
刘万法	寿光市田柳镇刘家桥村	22	男	1942 年 6 月
马俊福	寿光市化龙镇安乐村	42	男	1942 年 6 月
马培文	寿光市台头镇牛头村	26	男	1942 年 6 月
马如岗	寿光市台头镇蔺家村	39	男	1942 年 6 月
马秀礼	寿光市台头镇牛头村	26	男	1942 年 6 月
王法科	寿光市营里镇李家坞村	27	男	1942 年 6 月
王同乐	寿光市营里镇北南河村	28	男	1942 年 6 月
王中正	寿光市台头镇后寨子村	17	男	1942 年 6 月
尹书田	寿光市田柳镇尹家宋村	23	男	1942 年 6 月
张池堂	寿光市化龙镇张屯村	28	男	1942 年 6 月
张世杰	寿光市田柳镇巨家庄村	23	男	1942 年 6 月
朱洪滨	寿光市侯镇前下舟村	21	男	1942 年 6 月
曹同智	寿光市营里镇东浊北村	22	男	1942 年 7 月
刁振文	寿光市田柳镇田柳村	22	男	1942 年 7 月
丁丰海	寿光市营里镇西北河村	29	男	1942 年 7 月
丁玉太	寿光市营里镇大北河村	57	男	1942 年 7 月
韩群峰	寿光市上口镇西景明三村	24	男	1942 年 7 月
韩以德	寿光市上口镇西景明二村	33	男	1942 年 7 月
扈学智	寿光市化龙镇张屯村	24	男	1942 年 7 月
李光武	寿光市上口镇西广陵村	25	男	1942 年 7 月
李会迎	寿光市台头镇前赵埠村	41	男	1942 年 7 月
李文选	寿光市田柳镇常家庄村	24	男	1942 年 7 月

姓　名	籍　贯	年　龄	性　别	死难时间
刘良辰	寿光市田柳镇郎营村	23	男	1942 年 7 月
田洪典	寿光市田柳镇田柳村	21	男	1942 年 7 月
田黄海	寿光市田柳镇田柳村	21	男	1942 年 7 月
田庆德	寿光市田柳镇田柳村	24	男	1942 年 7 月
王金台	寿光市田柳镇郎营村	26	男	1942 年 7 月
王明山	寿光市田柳镇郎营村	29	男	1942 年 7 月
王世怀	寿光市田柳镇郎营村	25	男	1942 年 7 月
王世俊	寿光市田柳镇郎营村	31	男	1942 年 7 月
王相佐	寿光市田柳镇郎营村	21	男	1942 年 7 月
王学冉	寿光市田柳镇郎营村	40	男	1942 年 7 月
郑武宗	寿光市台头镇郑埝村	26	男	1942 年 7 月
崔玉芳	寿光市田柳镇崔家村	21	男	1942 年 8 月
单济升	寿光市上口镇南半截河村	22	男	1942 年 8 月
韩凤阶	寿光市上口镇西景明三村	41	男	1942 年 8 月
郝玉相	寿光市稻田镇西菜村	36	男	1942 年 8 月
侯天渠	寿光市台头镇南兵村	21	男	1942 年 8 月
李俊益	寿光市田柳镇南王里村	28	男	1942 年 8 月
李全庆	寿光市上口镇口子村	24	男	1942 年 8 月
刘满堂	寿光市上口镇东堤村	46	男	1942 年 8 月
刘在亭	寿光市古城街道刘家官庄村	20	男	1942 年 8 月
刘子甲	寿光市化龙镇鲍家村	23	男	1942 年 8 月
马成之	寿光市台头镇邢西村	21	男	1942 年 8 月
隋成德	寿光市台头镇彭家道口三村	21	男	1942 年 8 月
汪青海	寿光市台镇汪家营村	47	男	1942 年 8 月
汪世明	寿光市台镇汪家营村	20	男	1942 年 8 月
吴铁军	寿光市营里镇吴家营里村	24	男	1942 年 8 月
杨居镜	寿光市田柳镇崔家村	21	男	1942 年 8 月
杨西元	寿光市田柳镇邵家岭村	24	男	1942 年 8 月
尹玉堂	寿光市田柳镇东头村	29	男	1942 年 8 月
张清宅	寿光市稻田镇西菜村	60	男	1942 年 8 月
张汝森	寿光市孙家集街道齐家庄子村	16	男	1942 年 8 月
赵安清	寿光市田柳镇赵家村	20	男	1942 年 8 月

姓 名	籍 贯	年 龄	性 别	死难时间
郑乐亭	寿光市台头镇郑垯村	18	男	1942 年 8 月
崔西火	—	27	男	1942 年 8 月
桑立山	寿光市古城街道东罗村	18	男	1942 年 8 月
曹长贤	寿光市羊口镇郭井子村	26	男	1942 年 9 月 6 日
冯宝春	寿光市羊口镇官台村	60	男	1942 年 9 月 6 日
高梅燕	寿光市营里镇鹿家村	—	男	1942 年 9 月 6 日
高维俭	寿光市羊口镇刘旺村	23	男	1942 年 9 月 6 日
侯乐胜	寿光市营里镇卧铺村	35	男	1942 年 9 月 6 日
侯孟礼	寿光市营里镇卧铺村	55	男	1942 年 9 月 6 日
侯中秋	寿光市营里镇卧铺村	53	男	1942 年 9 月 6 日
黄福新	寿光市营里镇宅科二村	30	男	1942 年 9 月 6 日
黄庆福	寿光市营里镇宅科二村	43	男	1942 年 9 月 6 日
刘金城之子	寿光市羊口镇郭井子村	20	男	1942 年 9 月 6 日
刘农清	寿光市羊口镇北木桥村	21	男	1942 年 9 月 6 日
马亭刚	寿光市台头镇太平村	30	男	1942 年 9 月 6 日
王保民	寿光市田柳镇王高八村	36	男	1942 年 9 月 6 日
王洪喜	寿光市田柳镇王高八村	16	男	1942 年 9 月 6 日
王马氏	寿光市台头镇桥子村	38	女	1942 年 9 月 6 日
王马氏之子	寿光市台头镇桥子村	8 个月	男	1942 年 9 月 6 日
王启发之二叔	寿光市羊口镇官台村	22	男	1942 年 9 月 6 日
王世安	寿光市台头镇桥子村	32	男	1942 年 9 月 6 日
王树林	寿光市羊口镇寇家坞村	15	男	1942 年 9 月 6 日
王绪起	寿光市台头镇桥子村	33	男	1942 年 9 月 6 日
王英才	寿光市羊口镇寇家坞村	51	男	1942 年 9 月 6 日
徐乐之	寿光市羊口镇李家坞村	62	男	1942 年 9 月 6 日
徐连水	寿光市羊口镇李家坞村	58	男	1942 年 9 月 6 日
徐严功之子	寿光市羊口镇李家坞村	1	男	1942 年 9 月 6 日
杨东郊	寿光市营里镇孙家庄村	—	男	1942 年 9 月 6 日
杨福祥	寿光市羊口镇寇家坞村	37	男	1942 年 9 月 6 日
杨洪傲	寿光市羊口镇杨庄村	50	男	1942 年 9 月 6 日
杨洪单	寿光市羊口镇杨庄村	40	男	1942 年 9 月 6 日
杨京奎	寿光市羊口镇杨庄村	22	男	1942 年 9 月 6 日

姓 名	籍 贯	年龄	性别	死难时间
杨京修	寿光市羊口镇杨庄村	25	男	1942 年 9 月 6 日
杨京义	寿光市羊口镇杨庄村	18	男	1942 年 9 月 6 日
杨　俊	寿光市羊口镇杨庄村	19	女	1942 年 9 月 6 日
杨鲁森	寿光市羊口镇杨庄村	50	男	1942 年 9 月 6 日
杨三辇	寿光市羊口镇杨庄村	20	男	1942 年 9 月 6 日
杨志善	寿光市羊口镇齐庄村	24	男	1942 年 9 月 6 日
于百川	寿光市羊口镇寇家坞村	45	男.	1942 年 9 月 6 日
于泮清	寿光市羊口镇寇家坞村	52	男	1942 年 9 月 6 日
于千金	寿光市羊口镇寇家坞村	57	男	1942 年 9 月 6 日
张升道	寿光市营里镇李家庄村	34	男	1942 年 9 月 6 日
张子青	寿光市羊口镇李家坞村	30	男	1942 年 9 月 6 日
付学道	寿光市孙家集街道北马疃村	50	男	1942 年 9 月 24 日
吴立烈	寿光市营里镇鹿家村	—	男	1942 年 9 月 24 日
鲍汉元	寿光市化龙镇鲍家村	28	男	1942 年 9 月
曹同方	寿光市营里镇曹家辛庄村	26	男	1942 年 9 月
曹同志	寿光市营里镇曹家辛庄村	31	男	1942 年 9 月
曹益堂	寿光市营里镇曹家辛庄村	22	男	1942 年 9 月
曹中庆	寿光市营里镇曹家辛庄村	21	男	1942 年 9 月
柴秀春	寿光市台头镇禹王沟村	26	男	1942 年 9 月
常佃盈	寿光市田柳镇常家庄村	34	男	1942 年 9 月
常龙田	寿光市田柳镇常家庄村	19	男	1942 年 9 月
常寿全	寿光市田柳镇常家庄村	20	男	1942 年 9 月
陈布云	寿光市田柳镇薛家庄村	20	男	1942 年 9 月
陈彩云	寿光市田柳镇薛家庄村	16	男	1942 年 9 月
陈东相	寿光市台头镇马家庄村	70	男	1942 年 9 月
陈洪德	寿光市田柳镇刘家桥村	34	男	1942 年 9 月
陈洪秀	寿光市田柳镇陈马村	17	男	1942 年 9 月
陈兰桂	寿光市田柳镇陈马村	25	男	1942 年 9 月
陈良喜	寿光市化龙镇张屯村	19	男	1942 年 9 月
陈树贞	寿光市田柳镇陈马村	22	男	1942 年 9 月
陈宪章之母	寿光市台头镇马家庄村	55	女	1942 年 9 月
陈学明之母	寿光市台头镇马家庄村	38	女	1942 年 9 月

姓 名	籍 贯	年 龄	性 别	死难时间
程义德	寿光市营里镇西北河村	22	男	1942 年 9 月
崔万明	寿光市化龙镇崔家村	58	男	1942 年 9 月
崔雨亭	寿光市田柳镇崔家村	34	男	1942 年 9 月
丁爱文	寿光市营里镇大北河村	27	男	1942 年 9 月
丁洪升	寿光市营里镇大北河村	20	男	1942 年 9 月
丁就绪	寿光市营里镇西北河村	28	男	1942 年 9 月
丁可式	寿光市营里镇大北河村	27	男	1942 年 9 月
丁来文	寿光市营里镇大北河村	30	男	1942 年 9 月
丁修道	寿光市营里镇大北河村	21	男	1942 年 9 月
范金柱	寿光市田柳镇阁黎院村	28	男	1942 年 9 月
冯林章	寿光市羊口镇官台村	41	男	1942 年 9 月
傅洪笈	寿光市台头镇傅家茅坨村	19	男	1942 年 9 月
高正堂	寿光市营里镇鹿家村	—	男	1942 年 9 月
郭逐之	寿光市侯镇东泊头村	19	男	1942 年 9 月
韩树春	寿光市上口镇西景明二村	22	男	1942 年 9 月
郝先升	寿光市营里镇郝柳村	23	男	1942 年 9 月
郝之佃	寿光市营里镇郝柳村	27	男	1942 年 9 月
郝之景	寿光市营里镇郝柳村	24	男	1942 年 9 月
侯昌令	寿光市台头镇北洋头村	31	男	1942 年 9 月
侯成祥之弟	寿光市台头镇北洋头村	20	男	1942 年 9 月
侯法令	寿光市台头镇北洋头村	29	男	1942 年 9 月
侯桂秋	寿光市台头镇北洋头村	34	男	1942 年 9 月
侯景增	寿光市台头镇北洋头村	17	男	1942 年 9 月
侯乐彦	寿光市营里镇侯家营里村	25	男	1942 年 9 月
侯丕文	寿光市台头镇北洋头村	22	男	1942 年 9 月
侯玉楠	寿光市台头镇北洋头村	54	男	1942 年 9 月
胡文尧	寿光市古城街道古二村	31	男	1942 年 9 月
黄顺功	寿光市台头镇东宅科一村	29	男	1942 年 9 月
黄效路	寿光市营里镇鹿家村	—	男	1942 年 9 月
黄玉温	寿光市台头镇东宅科一村	32	男	1942 年 9 月
晋元荣	寿光市营里镇大北河村	28	男	1942 年 9 月
孔繁镇	寿光市田柳镇邢四村	27	男	1942 年 9 月

姓 名	籍 贯	年 龄	性 别	死难时间
李春明	寿光市化龙镇北柴村	22	男	1942 年 9 月
李登贤	寿光市上口镇东景明村	22	男	1942 年 9 月
李方升	寿光市田柳镇芦家庄村	46	男	1942 年 9 月
李桂年	寿光市田柳镇崔家村	49	男	1942 年 9 月
李汉忠	寿光市田柳镇崔家村	29	男	1942 年 9 月
李洪志	寿光市洛城街道斟灌城南村	32	男	1942 年 9 月
李建良	寿光市侯镇侯镇村	17	男	1942 年 9 月
李培然	寿光市田柳镇崔家村	29	男	1942 年 9 月
李培顺	寿光市营里镇孙家庄村	—	男	1942 年 9 月
李佩贞	寿光市台头镇张家庄村	39	男	1942 年 9 月
李钦先	寿光市上口镇广陵二村	31	男	1942 年 9 月
李清华	寿光市洛城街道东斟灌村	26	男	1942 年 9 月
李清堂	寿光市田柳镇李家庄子村	21	男	1942 年 9 月
李树臻	寿光市田柳镇李家庄子村	26	男	1942 年 9 月
李天祥	寿光市田柳镇崔家村	20	男	1942 年 9 月
李亭兰	寿光市田柳镇崔家村	39	男	1942 年 9 月
李文端之妻	寿光市羊口镇北木桥村	23	女	1942 年 9 月
李文光	寿光市洛城街道东斟灌村	22	男	1942 年 9 月
李学孟	寿光市田柳镇崔家村	23	男	1942 年 9 月
蔺光福	寿光市化龙镇蔺家村	20	男	1942 年 9 月
蔺景春	寿光市化龙镇蔺家村	20	男	1942 年 9 月
刘道成	寿光市台头镇傅家茅坨村	20	男	1942 年 9 月
刘登高	寿光市田柳镇刘家桥村	21	男	1942 年 9 月
刘贵宗	寿光市洛城街道西刘村	23	男	1942 年 9 月
刘海门之妻	寿光市羊口镇北木桥村	26	女	1942 年 9 月
刘敬文	寿光市田柳镇永甫村	31	男	1942 年 9 月
刘乐之	寿光市营里镇西浊北村	20	男	1942 年 9 月
刘泮功	寿光市营里镇北岔河村	24	男	1942 年 9 月
刘培荣之妻	寿光市羊口镇北木桥村	20	女	1942 年 9 月
刘 氏	寿光市台头镇太平村	55	女	1942 年 9 月
刘新河	寿光市营里镇西中村	39	男	1942 年 9 月
刘永庆	寿光市上口镇后牟邸村	20	男	1942 年 9 月

姓　名	籍　贯	年　龄	性　别	死难时间
马东津	寿光市台头镇马家庄村	45	男	1942 年 9 月
马福田之母	寿光市台头镇马家庄村	52	女	1942 年 9 月
马景卓	寿光市台头镇太平村	70	男	1942 年 9 月
马俊昌	寿光市羊口镇官台村	25	男	1942 年 9 月
马克顺	寿光市台头镇太平村	63	男	1942 年 9 月
马兰芬	寿光市田柳镇瓦底桥村	20	男	1942 年 9 月
马乐章	寿光市台头镇牛头村	26	男	1942 年 9 月
马绳祖	寿光市台头镇牛头村	21	男	1942 年 9 月
马世林	寿光市台头镇马家庄村	42	男	1942 年 9 月
马体孝	寿光市台头镇牛头村	20	男	1942 年 9 月
齐昌三	寿光市营里镇杨家村	21	男	1942 年 9 月
齐汇源	寿光市上口镇齐家下口村	17	男	1942 年 9 月
齐守义	寿光市台头镇营子村	26	男	1942 年 9 月
邵学文	寿光市上口镇王家北楼村	26	男	1942 年 9 月
隋增盛	寿光市台头镇彭家道口二村	25	男	1942 年 9 月
隋诸宗	寿光市台头镇东庄村	19	男	1942 年 9 月
孙化循	寿光市营里镇西黑塚子村	39	男	1942 年 9 月
唐金德	寿光市田柳镇阇黎院村	26	男	1942 年 9 月
唐　氏	寿光市台头镇太平村	52	女	1942 年 9 月
王炳温	寿光市台头镇南洋头村	31	男	1942 年 9 月
王佃富	寿光市田柳镇东头村	54	男	1942 年 9 月
王福林	寿光市田柳镇田柳村三村	21	男	1942 年 9 月
王福宗	寿光市侯镇东泊头村	14	男	1942 年 9 月
王光然	寿光市羊口镇寇家坞村三村	21	男	1942 年 9 月
王洪禄	寿光市营里镇东北河村	22	男	1942 年 9 月
王洪升	寿光市田柳镇郎家营村	17	男	1942 年 9 月
王洪柱	寿光市台头镇蔺家村	51	男	1942 年 9 月
王金明	寿光市上口镇广陵一村	24	男	1942 年 9 月
王景和	寿光市田柳镇后王村	21	男	1942 年 9 月
王乐卿	寿光市田柳镇田柳村三村	27	男	1942 年 9 月
王立功	寿光市田柳镇田柳村六村	23	男	1942 年 9 月
王良治	寿光市营里镇前南河村	28	男	1942 年 9 月

姓 名	籍 贯	年 龄	性 别	死难时间
王明金	寿光市洛城街道小官道村	22	男	1942 年 9 月
王泮升	寿光市营里镇前南河村	34	男	1942 年 9 月
王佩海	寿光市田柳镇田柳村六村	23	男	1942 年 9 月
王 氏	寿光市台头镇太平村	68	女	1942 年 9 月
王世英	寿光市田柳镇郎家营村	23	男	1942 年 9 月
王树三	寿光市台头镇辛庄村	24	男	1942 年 9 月
王水清	寿光市营里镇前南河村	19	男	1942 年 9 月
王太岳	寿光市营里镇前南河村	23	男	1942 年 9 月
王天然	寿光市田柳镇后疃村	29	男	1942 年 9 月
王锡禄	寿光市侯镇前下舟村	27	男	1942 年 9 月
王献光	寿光市田柳镇后王村	41	男	1942 年 9 月
王象玉	寿光市田柳镇郎营村	32	男	1942 年 9 月
王兴斌	寿光市营里镇王家河南村	28	男	1942 年 9 月
王星芳	寿光市营里镇前南河村	19	男	1942 年 9 月
王秀芳	寿光市田柳镇阇黎院村	27	男	1942 年 9 月
王砚公	寿光市田柳镇邢姚村	41	男	1942 年 9 月
王元江	寿光市营里镇前南河村	29	男	1942 年 9 月
王元津	寿光市营里镇北南河村	21	男	1942 年 9 月
王元章	寿光市营里镇北南河村	17	男	1942 年 9 月
王云海	寿光市台头镇刘家茅坨村	22	男	1942 年 9 月
王之然	寿光市台头镇李王庄村	32	男	1942 年 9 月
温金锋	寿光市侯镇温家村	22	男	1942 年 9 月
吴积金	寿光市营里镇南岔河村	23	男	1942 年 9 月
吴现合	寿光市营里镇南岔河村	32	男	1942 年 9 月
吴学道	寿光市营里镇鹿家村	—	男	1942 年 9 月
吴之远	寿光市营里镇南岔河村	53	男	1942 年 9 月
夏江水	寿光市台头镇刘家茅坨村	28	男	1942 年 9 月
徐光增	寿光市营里镇李家坞村	28	男	1942 年 9 月
杨炳文	寿光市羊口镇寇家坞村一村	21	男	1942 年 9 月
杨炳宣	寿光市营里镇王柳村	31	男	1942 年 9 月
杨成才	寿光市田柳镇郎家营村	21	男	1942 年 9 月
杨福堂	寿光市营里镇孙家庄村	—	男	1942 年 9 月

姓　名	籍　贯	年　龄	性　别	死难时间
杨光胜	寿光市营里镇东浊北村	27	男	1942 年 9 月
杨华桂	寿光市营里镇前浊北村	24	男	1942 年 9 月
杨金亭	寿光市营里镇孙家庄村	30	男	1942 年 9 月
杨俊亭	寿光市营里镇孙家庄村	—	男	1942 年 9 月
杨克勤	寿光市营里镇孙家庄村	—	男	1942 年 9 月
杨茂同	寿光市营里镇孙家庄村	—	男	1942 年 9 月
杨万顺	寿光市营里镇西浊北村	19	男	1942 年 9 月
杨星亭	寿光市营里镇孙家庄村	—	男	1942 年 9 月
杨秀芳	寿光市营里镇孙家庄村	22	男	1942 年 9 月
杨秀海	寿光市营里镇孙家庄村	20	男	1942 年 9 月
杨永信	寿光市营里镇孙家庄村	—	男	1942 年 9 月
杨友三	寿光市营里镇晋家疃村	18	男	1942 年 9 月
杨元录	寿光市营里镇孙家庄村	20	男	1942 年 9 月
杨增义	寿光市营里镇九曲村	23	男	1942 年 9 月
杨兆俊	寿光市营里镇晋家疃村	32	男	1942 年 9 月
杨志学	寿光市营里镇孙家庄村	19	男	1942 年 9 月
于池滨	寿光市营里镇鹿家村	—	男	1942 年 9 月
于东光	寿光市台头镇马家庄村	25	男	1942 年 9 月
于建文	寿光市羊口镇寇家坞村二村	20	男	1942 年 9 月
于凌九	寿光市羊口镇寇家坞村二村	23	男	1942 年 9 月
于彦增	寿光市羊口镇寇家坞六村	20	男	1942 年 9 月
张德符	寿光市羊口镇寇家坞村三村	21	男	1942 年 9 月
张德清	寿光市羊口镇寇家坞村三村	21	男	1942 年 9 月
张德耀	寿光市羊口镇寇家坞三村	22	男	1942 年 9 月
张东川	寿光市上口镇河疃村	21	男	1942 年 9 月
张光三	寿光市田柳镇西埠头村	22	男	1942 年 9 月
张国勋	寿光市侯镇西柴庄村	21	男	1942 年 9 月
张华训	寿光市羊口镇寇家坞村三村	20	男	1942 年 9 月
张乐交	寿光市营里镇西中村	55	男	1942 年 9 月
张茂松	寿光市营里镇西中村	27	男	1942 年 9 月
张孟春	寿光市营里镇西中村	41	男	1942 年 9 月
张泮龙	寿光市上口镇三北楼村	23	男	1942 年 9 月

姓　名	籍　贯	年　龄	性　别	死难时间
张培德	寿光市孙家集街道西彦方村	21	男	1942 年 9 月
张其军	寿光市营里镇东中村	35	男	1942 年 9 月
张芹芬	寿光市田柳镇巨家庄村	24	男	1942 年 9 月
张瑞祥	寿光市上口镇南半截河村	20	男	1942 年 9 月
张士贞	寿光市营里镇营里社村	28	男	1942 年 9 月
张隋亨	寿光市上口镇上口二村	43	男	1942 年 9 月
张文秀	寿光市田柳镇田柳村六村	28	男	1942 年 9 月
张贤才	寿光市营里镇西中村	57	男	1942 年 9 月
张　修	寿光市台头镇张家庄村	25	男	1942 年 9 月
张月礼	寿光市上口镇郭疃西村	26	男	1942 年 9 月
张跃津	寿光市侯镇西柴庄村	21	男	1942 年 9 月
张云汉	寿光市上口镇西伦疃村	24	男	1942 年 9 月
张之寿	寿光市上口镇河疃村	28	男	1942 年 9 月
张治仁	寿光市上口镇西伦疃村	29	男	1942 年 9 月
赵金升	寿光市上口镇西伦疃村	24	男	1942 年 9 月
赵明水	寿光市营里镇寇家坞村三村	18	男	1942 年 9 月
赵泮洋	寿光市田柳镇赵家村	23	男	1942 年 9 月
甄成贵	寿光市上口镇甄家北楼村	38	男	1942 年 9 月
甄茂林	寿光市上口镇甄家北楼村	31	男	1942 年 9 月
甄茂松	寿光市上口镇甄家北楼村	28	男	1942 年 9 月
郑丛江	寿光市台头镇大坨村	34	男	1942 年 9 月
郑道明	寿光市台头镇大坨村	41	男	1942 年 9 月
郑文海	寿光市台头镇大坨村	25	男	1942 年 9 月
郑学贤	寿光市台头镇大坨村	40	男	1942 年 9 月
朱凤喜	寿光市侯镇黄桥张东村	21	男	1942 年 9 月
朱奉召	寿光市营里镇辛庄村	22	男	1942 年 9 月
朱玉仁	寿光市田柳镇朱家庄子村	21	男	1942 年 9 月
朱云芳	寿光市侯镇黄桥张东村	21	女	1942 年 9 月
朱振兴之母	寿光市台头镇马家庄村	69	女	1942 年 9 月
田成宗之祖母	寿光市田柳镇田柳村	70	女	1942 年 10 月
田汉永之母	寿光市田柳镇田柳村	55	女	1942 年 10 月
田汉永之子	寿光市田柳镇田柳村	6	男	1942 年 10 月

姓 名	籍 贯	年 龄	性 别	死难时间
田华光之姐	寿光市田柳镇田柳村	20	女	1942 年 10 月
田庆之母	寿光市田柳镇田柳村	60	女	1942 年 10 月
田世功	寿光市田柳镇田柳村	60	男	1942 年 10 月
田文光之妻	寿光市田柳镇田柳村	30	女	1942 年 10 月
田厌庆之父	寿光市田柳镇田柳村	55	男	1942 年 10 月
田哲安之祖父	寿光市田柳镇田柳村	67	男	1942 年 10 月
王佃碧	寿光市台头镇一楼村	30	男	1942 年 10 月
王佃华	寿光市台头镇一楼村	27	男	1942 年 10 月
朱云祥之妻	寿光市田柳镇田柳村	60	女	1942 年 10 月
程广经	寿光市营里镇西北河村	23	男	1942 年 11 月
田 洽	寿光市田柳镇田柳村	65	男	1942 年 11 月
燕俊芳	寿光市古城街道临二村	35	男	1942 年 11 月
燕俊山	寿光市古城街道临二村	30	男	1942 年 11 月
于凌林	寿光市营里镇寇家坞村二村	19	男	1942 年 11 月
张法孟	寿光市洛城街道寨里村	20	男	1942 年 11 月
张公佐	寿光市台头镇张家庄村	27	男	1942 年 11 月
李汉阳	寿光市稻田镇马寨村	36	男	1942 年 12 月
李文祥	寿光市田柳镇崔家村	26	男	1942 年 12 月
刘京龙	寿光市田柳镇邢一村	46	男	1942 年 12 月
刘庆家	寿光市田柳镇邢二村	52	男	1942 年 12 月
刘文景	寿光市田柳镇邢一村	42	男	1942 年 12 月
强找子	—	42	男	1942 年 12 月
王可利	寿光市田柳镇邢二村	41	男	1942 年 12 月
王玉池	寿光市营里镇营里社村	16	男	1942 年 12 月
杨相芬	寿光市营里镇东浊北村	23	男	1942 年 12 月
杨永亨	寿光市营里镇孙家庄村	20	男	1942 年 12 月
杨永亭	寿光市营里镇孙家庄村	—	男	1942 年 12 月
张洪点	寿光市洛城街道寨里村	20	男	1942 年 12 月
郑传维	寿光市台头镇郑埝村	19	男	1942 年 12 月
郑重登	寿光市台头镇郑埝村	21	男	1942 年 12 月
崔武斌	寿光市稻田镇马寨村	55	男	1942 年 12 月
曹长岭之二叔	寿光市羊口镇郭井子村	23	男	1942 年

姓 名	籍 贯	年 龄	性 别	死难时间
曹长松	寿光市羊口镇郭井子村	23	男	1942 年
曹福先	寿光市羊口镇郭井子村	25	男	1942 年
曹银堂	寿光市羊口镇郭井子村	21	男	1942 年
曹中立	寿光市羊口镇郭井子村	21	男	1942 年
长 青	寿光市田柳镇王高五村	27	男	1942 年
常大中	寿光市田柳镇常家庄村	62	男	1942 年
常方田	寿光市田柳镇常家庄村	52	男	1942 年
常华宪	寿光市田柳镇常家庄村	38	男	1942 年
常胜之	寿光市羊口镇官台村	19	男	1942 年
陈树智	寿光市田柳镇冯家宋村	25	男	1942 年
陈相升	寿光市田柳镇薛家村	30	男	1942 年
陈玉阶	寿光市田柳镇薛家村	37	男	1942 年
崔桂芬	寿光市圣城街道南魏村	29	男	1942 年
崔景昌	寿光市古城街道贺西村	60	男	1942 年
大 嘎	寿光市羊口镇南木桥村	15	男	1942 年
单乐之妻	寿光市营里镇南单后村	44	女	1942 年
单学文	寿光市古城街道单家村	20	男	1942 年
单永清之妻	寿光市营里镇南单后村	43	女	1942 年
德 才	寿光市田柳镇王高五村	27	男	1942 年
丁乐道	寿光市营里镇东北河村	18	男	1942 年
丁 氏	寿光市营里镇东北河村	50	女	1942 年
丁顺升	寿光市营里镇大北河村	24	男	1942 年
丁西寿	寿光市营里镇前南河村	30	男	1942 年
董风为	寿光市洛城街道董家庄子村	24	男	1942 年
范纯金	寿光市田柳镇阇黎院村	25	男	1942 年
范国卿	寿光市田柳镇阇黎院村	22	男	1942 年
范锡恩	寿光市古城街道代家村	32	男	1942 年
冯杰生	寿光市羊口镇官台村	28	男	1942 年
冯香春之妻	寿光市田柳镇冯家村	27	女	1942 年
冯雨楼	寿光市田柳镇冯家村	22	男	1942 年
巩学深	寿光市圣城街道北关村	40	男	1942 年
郭承英	寿光市侯镇东岔河村	21	男	1942 年

姓 名	籍 贯	年 龄	性 别	死难时间
郭存义	寿光市侯镇东岔河村	27	男	1942 年
郭润斋	寿光市侯镇东岔河村	20	男	1942 年
郭世文	寿光市古城街道北冯村	19	男	1942 年
郭绥之	寿光市侯镇东岔河村	19	男	1942 年
郭天禄	寿光市上口镇兴旺庄村	32	男	1942 年
郭西吉	寿光市侯镇东岔河村	21	男	1942 年
郭西林	寿光市侯镇东岔河村	20	男	1942 年
郭信之	寿光市侯镇东岔河村	20	男	1942 年
郭永德	寿光市古城街道北冯村	22	男	1942 年
胡广河之嫂	寿光市古城街道古一村	57	女	1942 年
胡广顺	寿光市古城街道古一村	50	男	1942 年
胡敬书	寿光市古城街道贺西村	24	男	1942 年
胡泮之	寿光市古城街道古一村	35	男	1942 年
胡 碰	寿光市古城街道古一村	25	男	1942 年
胡维变	寿光市古城街道野虎村	23	男	1942 年
胡云秀	寿光市古城街道古一村	60	男	1942 年
黄怀忠	寿光市羊口镇西宅科村	32	男	1942 年
黄乐礼	寿光市侯镇黄庄村	26	男	1942 年
黄士营	寿光市羊口镇西宅科村	19	男	1942 年
贾方成	寿光市洛城街道六股村	22	男	1942 年
贾象震	寿光市化龙镇贾家村	19	男	1942 年
贾应良之祖父	寿光市文家街道北马村	46	男	1942 年
蒋作林	寿光市古城街道杨家庄村	20	男	1942 年
康来发	寿光市古城街道野虎村	23	男	1942 年
李 安	寿光市上口镇广二村	40	男	1942 年
李成之	寿光市田柳镇西埠村	25	男	1942 年
李承义	寿光市侯镇前下舟村	19	男	1942 年
李德全	寿光市古城街道野虎村	23	男	1942 年
李恩和	寿光市上口镇西北上口村	40	男	1942 年
李方栋	寿光市田柳镇闫家村	40	男	1942 年
李福之之子	寿光市侯镇一村	20	男	1942 年
李虎臣	寿光市古城街道瓦庙村	39	男	1942 年

姓 名	籍 贯	年 龄	性 别	死难时间
李怀德	寿光市洛城街道冯家村	35	男	1942 年
李怀友	寿光市上口镇南半截河村	28	男	1942 年
李 会	寿光市田柳镇西埠村	27	男	1942 年
李金环亲属	寿光市侯镇一村	26	男	1942 年
李金江	寿光市田柳镇李家村	37	男	1942 年
李金来	寿光市台头镇韩庄村	44	男	1942 年
李金印	寿光市洛城街道东斟灌村	32	男	1942 年
李茂金	寿光市侯镇一村	26	男	1942 年
李气香	寿光市上口镇南邵一村	60	男	1942 年
李清连	寿光市上口镇李家南邵村	23	男	1942 年
李 庆	寿光市圣城街道城里村	29	女	1942 年
李庆元	寿光市上口镇南邵一村	46	男	1942 年
李荣森	寿光市侯镇李官村	37	男	1942 年
李生辉	寿光市洛城街道桥南里村	45	男	1942 年
李士武	寿光市田柳镇巨家村	48	男	1942 年
李世吉	寿光市田柳镇常家村	41	男	1942 年
李寿源	寿光市侯镇李官村	24	男	1942 年
李树芳	寿光市侯镇	46	男	1942 年
李树新	寿光市古城街道罗庄村	30	男	1942 年
李素金亲属	寿光市侯镇一村	20	男	1942 年
李素金亲属	寿光市侯镇一村	25	女	1942 年
李西周	寿光市孙家集街道	24	男	1942 年
李希荣	寿光市田柳镇北岭村	39	男	1942 年
李希佐之妻	寿光市上口镇南邵一村	60	女	1942 年
李相彬	寿光市上口镇南邵一村	45	男	1942 年
李象萃	寿光市上口镇西北上口村	21	男	1942 年
李效州	寿光市上口镇南邵一村	59	男	1942 年
李秀春	寿光市羊口镇南木桥村	48	男	1942 年
李玉春	寿光市台头镇李家湾村	35	男	1942 年
李兆吉	寿光市上口镇程北上口村	45	男	1942 年
李作玉	寿光市田柳镇李家宋村	31	男	1942 年
梁佃启之三弟	寿光市化龙镇城南村	—	男	1942 年

姓 名	籍 贯	年 龄	性 别	死难时间
刘帮介之姐	寿光市田柳镇邢二村	15	女	1942 年
刘滨源	寿光市营里镇东浊北村	22	男	1942 年
刘 成	寿光市古城街道刘家村	20	男	1942 年
刘福三	寿光市田柳镇刘家村	50	男	1942 年
刘冠英	寿光市古城街道野虎村	26	男	1942 年
刘浩然	寿光市侯镇河西村	26	男	1942 年
刘洪秀	寿光市营里镇西浊北村	23	男	1942 年
刘怀庆	寿光市田柳镇刘家村	50	男	1942 年
刘继洲	寿光市侯镇河西村	30	男	1942 年
刘金山	寿光市古城街道太平村	50	男	1942 年
刘景芳	寿光市营里镇西中疃村	26	男	1942 年
刘景华	寿光市田柳镇刘家村	38	男	1942 年
刘克胜	寿光市田柳镇芦家庄村	36	男	1942 年
刘明刚	寿光市文家街道刘桥村	30	男	1942 年
刘其寿	寿光市田柳镇邢二村	71	男	1942 年
刘 仁	寿光市古城街道桥子村	28	男	1942 年
刘如川	寿光市古城街道桥子村	30	男	1942 年
刘儒源	寿光市营里镇东浊北村	25	男	1942 年
刘 氏	寿光市田柳镇刘家村	50	女	1942 年
刘 氏	寿光市田柳镇刘家村	51	女	1942 年
刘顺邦	寿光市营里镇西浊北村	20	男	1942 年
刘体畔	寿光市古城街道范沟子村	25	男	1942 年
刘廷军	寿光市圣城街道东公孙村	25	男	1942 年
刘维成	寿光市田柳镇邢二村	18	男	1942 年
刘维卿	寿光市营里镇西浊北村	26	男	1942 年
刘希舜之母	寿光市圣城街道城里村	35	女	1942 年
刘相艮	寿光市营里镇西浊北村	27	男	1942 年
刘湘江之母	寿光市田柳镇邢二村	70	女	1942 年
刘象乾	寿光市田柳镇刘家村	27	男	1942 年
刘新成	寿光市侯镇西毕村	28	男	1942 年
刘新之母	寿光市田柳镇邢二村	40	女	1942 年
刘新之祖母	寿光市田柳镇邢二村	66	女	1942 年

姓　名	籍　贯	年　龄	性　别	死难时间
刘兴田	寿光市营里镇东浊北村	27	男	1942 年
刘行之二兄	寿光市古城街道顶盖村	26	男	1942 年
刘学堂	寿光市古城街道太平村	25	男	1942 年
刘业勤	寿光市台头镇三楼村	29	男	1942 年
刘英德	寿光市古城街道桥子村	20	男	1942 年
刘　增	寿光市古城街道更新村	26	男	1942 年
刘重清	寿光市圣城街道东公孙村	53	男	1942 年
刘宗义	寿光市文家街道刘桥村	21	男	1942 年
马传治	寿光市台头镇牛头村	23	男	1942 年
马大德	寿光市古城街道赵家村	55	男	1942 年
马道友	寿光市台头镇牛头村	19	男	1942 年
马高山	寿光市台头镇牛头村	20	男	1942 年
马冠学	寿光市台头镇牛头村	22	男	1942 年
马会堂	寿光市台头镇牛头村	26	男	1942 年
马建功	寿光市台头镇牛头村	25	男	1942 年
马　俊	寿光市台头镇牛头村	26	男	1942 年
马俊方	寿光市羊口镇官台村	23	男	1942 年
马李氏	寿光市台头镇牛头村	56	女	1942 年
马泮芳	寿光市台头镇牛头村	21	男	1942 年
马泮江	寿光市台头镇牛头村	19	男	1942 年
马品香	寿光市台头镇牛头村	29	男	1942 年
马启孔	寿光市台头镇牛头村	27	男	1942 年
马仁义	寿光市台头镇牛头村	19	男	1942 年
马如刚	寿光市台头镇蔺家村	39	男	1942 年
马若章	寿光市台头镇牛头一村	26	男	1942 年
马省祖	寿光市台头镇牛头村	21	男	1942 年
马士明	寿光市台头镇邢西村	20	男	1942 年
马树春	寿光市台头镇牛头村	23	男	1942 年
马亭凤	寿光市田柳镇太平村	21	男	1942 年
马万东	寿光市台头镇牛头村	21	男	1942 年
马相山	寿光市台头镇张家庄村	28	男	1942 年
马秀亭	寿光市台头镇牛头村	28	男	1942 年

姓 名	籍 贯	年 龄	性 别	死难时间
马学贡	寿光市台头镇牛头村	31	男	1942 年
马学顺	寿光市台头镇牛头村	27	男	1942 年
马学陶	寿光市台头镇牛头村	25	男	1942 年
马宜胜	寿光市台头镇牛头村	29	男	1942 年
马云龙	寿光市田柳镇后疃村	26	男	1942 年
苗池之妻	寿光市古城街道苗桥村	40	女	1942 年
苗信之	寿光市古城街道苗桥村	45	男	1942 年
齐培荣	寿光市上口镇齐家下口村	42	男	1942 年
齐生财	寿光市羊口镇官台村	21	男	1942 年
齐士铎	寿光市上口镇齐家下口村	22	男	1942 年
齐永和	寿光市孙家集街道	20	男	1942 年
齐永太	寿光市孙家集街道	24	男	1942 年
齐张氏	寿光市上口镇齐家下口村	22	女	1942 年
邱连芳	寿光市圣城街道后张村	—	男	1942 年
邱宗广	寿光市侯镇西毕村	25	男	1942 年
仁金母	寿光市上口镇南邵一村	55	女	1942 年
任连元	寿光市羊口镇任家村	47	男	1942 年
任学文	寿光市台头镇牛头村	23	男	1942 年
桑继武	寿光市文家街道文家村	27	男	1942 年
宋举仁	寿光市营里镇宋家村	21	男	1942 年
宋乃昌	寿光市侯镇岔二村	19	男	1942 年
宋训臣	寿光市田柳镇田柳村三村	23	男	1942 年
宋训山	寿光市田柳镇田柳村三村	28	男	1942 年
隋崇岭	寿光市台头镇东庄村	32	男	1942 年
隋洪文	寿光市台头镇东庄村	19	男	1942 年
隋蓝林	寿光市台头镇付家庄村	49	男	1942 年
隋泽友	寿光市台头镇东庄村	22	男	1942 年
孙佰令之妻	寿光市营里镇西黑塚子后村	30	女	1942 年
孙炳成	寿光市营里镇西道口村	26	男	1942 年
孙丞垣	寿光市营里镇西黑塚子后村	30	男	1942 年
孙福祥	寿光市营里镇西黑前村	37	男	1942 年
孙桂之	寿光市营里镇孙河南村	33	男	1942 年

姓 名	籍 贯	年 龄	性 别	死难时间
孙红林	寿光市圣城街道杨家村	24	男	1942 年
孙化旬	寿光市营里镇西黑塚子后村	40	男	1942 年
孙敬臣	寿光市营里镇益隆道口村	36	男	1942 年
孙九余	寿光市营里镇西黑塚子后村	27	男	1942 年
孙兰修	寿光市洛城街道北城西村	30	男	1942 年
孙丕增	寿光市营里镇西黑家子村	36	男	1942 年
孙汝梅	寿光市孙家集街道	22	男	1942 年
孙树冉之妻	寿光市营里镇西黑塚子后村	25	女	1942 年
孙树贞	寿光市文家街道朱桥村	42	男	1942 年
孙天保	寿光市洛城街道北城西村	44	男	1942 年
孙文修	寿光市圣城街道杨家村	33	男	1942 年
孙延庆	寿光市孙家集街道	30	男	1942 年
孙玉林	寿光市圣城街道杨家村	50	男	1942 年
孙子云	寿光市文家街道朱桥村	46	男	1942 年
唐国吉	寿光市田柳镇阁黎院村	23	男	1942 年
唐学仁	寿光市田柳镇唐家村	32	男	1942 年
田 德	寿光市田柳镇田柳村	24	男	1942 年
田玉芝	寿光市营里镇辛庄村	27	男	1942 年
王长安	寿光市田柳镇邢二村	68	男	1942 年
王成儒	寿光市化龙镇中李村	25	男	1942 年
王成文	寿光市田柳镇西青村	40	男	1942 年
王春兆	寿光市营里镇辛庄村	19	男	1942 年
王 村	寿光市田柳镇苇园子村	18	男	1942 年
王德民	寿光市营里镇前南河村	20	男	1942 年
王德修	寿光市营里镇前南河村	31	男	1942 年
王东荣	寿光市营里镇前南河村	26	男	1942 年
王东生	寿光市纪台镇东方村	27	男	1942 年
王东兴	寿光市营里镇前南河村	28	男	1942 年
王恩成	寿光市台头镇付家庄村	19	男	1942 年
王恩举	寿光市营里镇王河南村	22	男	1942 年
王凤祥	寿光市台头镇后寨子村	56	男	1942 年
王福刚	寿光市田柳镇刘家村	50	男	1942 年

姓 名	籍 贯	年 龄	性 别	死难时间
王福贵	寿光市田柳镇田柳村三村	24	男	1942 年
王福连	寿光市营里镇东北河村	32	男	1942 年
王福之	寿光市古城街道曹家村	32	男	1942 年
王福宗	寿光市侯镇东岔河村	22	男	1942 年
王高庭	寿光市上口镇西方吕南村	21	男	1942 年
王官文	寿光市营里镇辛庄村	18	男	1942 年
王桂兰	寿光市孙家集街道丰顺王村	24	女	1942 年
王国训	寿光市田柳镇西兴王村	24	男	1942 年
王好俊	寿光市田柳镇田柳村五村	20	男	1942 年
王洪森	寿光市营里镇西黑塚子后村	31	男	1942 年
王化孔	寿光市台头镇付家庄村	22	男	1942 年
王景彦	寿光市田柳镇后王村	16	男	1942 年
王克成	寿光市营里镇西黑塚子后村	32	男	1942 年
王奎伟	寿光市洛城街道北纸村	28	男	1942 年
王李氏	寿光市田柳镇王高五村	27	女	1942 年
王良民	寿光市营里镇前南河村	19	男	1942 年
王良善	寿光市田柳镇李家村	39	男	1942 年
王路金	寿光市营里镇北南河村	19	男	1942 年
王钦功	寿光市侯镇陈营村	22	男	1942 年
王清湖	寿光市营里镇营里社村	26	男	1942 年
王三礼	寿光市田柳镇西青村	19	男	1942 年
王绍成	寿光市营里镇西浊北村	30	男	1942 年
王士成	寿光市县营里镇北南河村	23	男	1942 年
王 氏	寿光市田柳镇刘家村	51	女	1942 年
王世俊	寿光市羊口镇	—	男	1942 年
王书同	寿光市台头镇桥子村	20	男	1942 年
王树摅	寿光市营里镇东北河村	20	男	1942 年
王廷水	寿光市营里镇营里社村	20	男	1942 年
王万善	寿光市田柳镇西青村	42	男	1942 年
王温良	寿光市营里镇北南河村	19	男	1942 年
王西德	寿光市营里镇西浊北村	29	男	1942 年
王西鹤	寿光市营里镇西浊北村	21	男	1942 年

姓 名	籍 贯	年 龄	性 别	死难时间
王西山	寿光市营里镇西浊北村	30	男	1942 年
王现武	寿光市营里镇前南河村	30	男	1942 年
王献龙	寿光市田柳镇后疃村	30	男	1942 年
王相鼎	寿光市田柳镇郎家营村	22	男	1942 年
王相文	寿光市台头镇南洋头村	35	男	1942 年
王象贞	寿光市营里镇李家坞村	28	男	1942 年
王孝顺	寿光市营里镇营里社村	—	男	1942 年
王心广	寿光市洛城街道北纸村	45	男	1942 年
王新起	寿光市营里镇营里社村	19	男	1942 年
王星元	寿光市营里镇前南河村	29	男	1942 年
王绪立	寿光市营里镇营里社村	47	男	1942 年
王永昌	寿光市营里镇河崖子村	—	男	1942 年
王友之	寿光市田柳镇西青村	22	男	1942 年
王元俊	寿光市营里镇北南河村	21	男	1942 年
王云茂	寿光市侯镇陈营村	23	男	1942 年
王泽生	寿光市田柳镇王高五村	28	男	1942 年
魏保昌	寿光市侯镇后下舟村	23	男	1942 年
魏光山	寿光市侯镇后下舟村	25	男	1942 年
吴好友	寿光市营里镇南岔河村	—	男	1942 年
吴乐贤	寿光市营里镇南岔河村	—	男	1942 年
吴振汉	寿光市营里镇南岔河村	22	男	1942 年
奚连华	寿光市上口镇东伦疃村	32	男	1942 年
夏儒同	寿光市古城街道古二村	63	男	1942 年
德	寿光市圣城街道东公孙村	—	男	1942 年
肖佃奎	寿光市古城街道杨庄村	25	男	1942 年
信百科	寿光市化龙镇信桥村	17	男	1942 年
徐林图	寿光市台头镇付家庄村	54	男	1942 年
徐龙川	寿光市古城街道尚家村	22	男	1942 年
徐沛兴	寿光市台头镇付家庄村	47	男	1942 年
徐言明之父	寿光市台头镇付家庄村	54	男	1942 年
杨安成	寿光市营里镇东北河村	40	男	1942 年
杨保和	寿光市古城街道安家村	18	男	1942 年

姓 名	籍 贯	年 龄	性 别	死难时间
杨本荣	寿光市田柳镇杨瞳村	17	男	1942 年
杨法信	寿光市上口镇北半截河村	27	男	1942 年
杨福清	寿光市田柳镇王家庄村	26	男	1942 年
杨光增	寿光市营里镇孙家庄村	—	男	1942 年
杨广增	寿光市营里镇孙家庄村	24	男	1942 年
杨洪武	寿光市营里镇东浊北村	24	男	1942 年
杨化德	寿光市营里镇前南河村	29	男	1942 年
杨连桂	寿光市古城街道徐家村	41	男	1942 年
杨美森	寿光市古城街道罗庄村	45	男	1942 年
杨清水	寿光市营里镇孙家庄村	24	男	1942 年
杨荣三	寿光市营里镇晋家瞳村	27	男	1942 年
杨善义	寿光市县营里镇北南河村	22	男	1942 年
杨 氏	寿光市田柳镇刘家村	50	女	1942 年
杨守仁	寿光市羊口镇杨家庄子村	19	男	1942 年
杨廷桂	寿光市古城街道俎家村	30	男	1942 年
杨万祥之母	寿光市古城街道顶盖村	42	女	1942 年
杨永福	寿光市营里镇孙家庄村	26	男	1942 年
杨增礼	寿光市营里镇东浊北村	26	男	1942 年
杨之谦	寿光市田柳镇邢二村	19	男	1942 年
杨子义	寿光市田柳镇李家宋村	23	男	1942 年
杨佐才	寿光市营里镇晋家瞳村	—	男	1942 年
殷红军	寿光市古城街道单家庄子村	45	男	1942 年
殷永来	寿光市古城街道前瞳村	26	男	1942 年
尹冠乙	寿光市古城街道桑官村	28	男	1942 年
张宝山	寿光市上口镇西方吕南村	19	男	1942 年
张保之	寿光市营里镇益隆道口村	27	男	1942 年
张成九	寿光市上口镇河瞳村	33	男	1942 年
张德忠	寿光市营里镇西黑塚子后村	34	男	1942 年
张佃策	寿光市古城街道范沟村	42	男	1942 年
张殿策	寿光市古城街道范沟村	35	男	1942 年
张洪图	寿光市文家街道前游村	24	男	1942 年
张化春	寿光市台头镇李王村	57	男	1942 年

姓 名	籍 贯	年 龄	性 别	死难时间
张家业	寿光市营里镇西黑前村	24	男	1942 年
张宽荣	寿光市上口镇西方吕南村	21	男	1942 年
张兰棱	寿光市台头镇李王村	36	男	1942 年
张立训	寿光市上口镇口子村	31	男	1942 年
张茂厚	寿光市侯镇申明亭村	21	男	1942 年
张茂举之兄	寿光市营里镇西黑塚子后村	2	男	1942 年
张孟耕	寿光市台头镇官台村	35	男	1942 年
张明合	寿光市营里镇东中村	39	男	1942 年
张清礼	寿光市侯镇黄桥张村	24	男	1942 年
张汝金	寿光市台头镇李王村	43	男	1942 年
张 舍	寿光市古城街道罗家村	32	男	1942 年
张世太	寿光市古城街道野虎村	20	男	1942 年
张顺儒	寿光市台头镇张家庄村	28	男	1942 年
张廷冶	寿光市营里镇益隆道口村	24	男	1942 年
张同山	寿光市台头镇蔺家村	53	男	1942 年
张西川	寿光市古城街道野虎村	42	男	1942 年
张孝义	寿光市古城街道野虎村	48	男	1942 年
张绪明	寿光市化龙镇芦营村	20	男	1942 年
张以文	寿光市营里镇西中村	26	男	1942 年
张益田	寿光市台头镇张家庄村	20	男	1942 年
张玉新	寿光市营里镇营里社村	21	男	1942 年
张云寿	寿光市上口镇河疃村	28	男	1942 年
张正照	寿光市上口镇西方吕南村	19	男	1942 年
张之生	寿光市台头镇牛头村	23	男	1942 年
赵昌武	寿光市上口镇东前村	22	男	1942 年
赵恩渥	寿光市侯镇赵辛村	20	男	1942 年
赵光汉	寿光市田柳镇王高二村	27	男	1942 年
赵光亮	寿光市田柳镇王高三村	25	男	1942 年
赵庆祥	寿光市营里镇孙家庄村	—	男	1942 年
赵庆祥	寿光市营里镇晋家疃村	24	男	1942 年
赵瑞其	寿光市古城街道姐家村	25	男	1942 年
赵守伦	寿光市上口镇后赵村	31	男	1942 年

姓　名	籍　贯	年　龄	性　别	死难时间
赵树范	寿光市古城街道赵家村	23	男	1942 年
赵　万	寿光市圣城街道九巷村	52	男	1942 年
赵玉全	寿光市古城街道赵家村	17	男	1942 年
赵至增	寿光市侯镇赵辛村	35	男	1942 年
赵子文	寿光市古城街道赵家村	26	男	1942 年
赵子章	寿光市古城街道赵家村	29	男	1942 年
郑希玲	寿光市孙家集街道郑家庄子村	24	男	1942 年
郑学圣	寿光市台头镇大坨村	32	男	1942 年
仲兆信	寿光市侯镇岳庄村	21	男	1942 年
周泮池	寿光市古城街道代家村	63	男	1942 年
朱凤阁	寿光市羊口镇官台村	45	男	1942 年
朱秀章	寿光市洛城街道寒东村	21	男	1942 年
朱英华	寿光市田柳镇西青村	18	男	1942 年
朱玉仁	寿光市田柳镇朱家村	35	男	1942 年
祝效孟	寿光市古城街道太平村	22	男	1942 年
桑好俭之母	寿光市古城街道徐家村	30	女	1942 年
王传经	寿光市孙家集街道丰顺王村	60	男	1942 年
王纯孝	寿光市孙家集街道丰顺王村	30	男	1942 年
王老七	寿光市孙家集街道丰顺王村	25	男	1942 年
王宣统	寿光市孙家集街道丰顺王村	31	男	1942 年
张凤鸣	寿光市孙家集街道孙集村	20	男	1942 年
张千修	寿光市文家街道台柳村	24	男	1942 年
张学孔	寿光市古城街道刘官村	32	男	1942 年
赵金鳌	寿光市圣城街道九巷村	35	男	1942 年
王光锴	寿光市孙家集街道三元朱村	24	男	1942 年
张保江	寿光市孙家集街道张家庄村	20	男	1942 年
张兰孝	寿光市文家街道河头村	32	男	1942 年
丁张氏	寿光市羊口镇单家村	50	女	1942 年
王树松之父	寿光市羊口镇官台村	40	男	1942 年
张度轮	寿光市羊口镇官台村	40	男	1942 年冬
崔向太	寿光市洛城街道后寨村	26	男	1943 年 1 月 7 日
郭廷栋之祖母	寿光市古城街道南孙村	60	女	1943 年 1 月 7 日

姓　名	籍　贯	年　龄	性　别	死难时间
何　月	寿光市古城街道尚家村	30	男	1943 年 1 月 7 日
刘兰奎之妻	寿光市古城街道尚家村	50	女	1943 年 1 月 7 日
刘玉明	寿光市古城街道垒村	23	男	1943 年 1 月 7 日
王泮林之妻	寿光市古城街道尚家村	30	女	1943 年 1 月 7 日
武从彦	寿光市古城街道北孙村	35	男	1943 年 1 月 7 日
武好琴之祖父	寿光市古城街道北孙村	70	男	1943 年 1 月 7 日
武金香之母	寿光市古城街道北孙村	65	女	1943 年 1 月 7 日
武俊之妻	寿光市古城街道北孙村	28	女	1943 年 1 月 7 日
武克忠	寿光市古城街道北孙村	10	男	1943 年 1 月 7 日
武如修之妻	寿光市古城街道北孙村	60	女	1943 年 1 月 7 日
武效洲	寿光市古城街道北孙村	25	男	1943 年 1 月 7 日
徐冠贤	寿光市古城街道尚家村	60	男	1943 年 1 月 7 日
徐冠云	寿光市古城街道尚家村	50	男	1943 年 1 月 7 日
徐鹤彦	寿光市古城街道尚家村	75	男	1943 年 1 月 7 日
徐华亭	寿光市古城街道尚家村	60	男	1943 年 1 月 7 日
徐京九之母	寿光市古城街道尚家村	60	女	1943 年 1 月 7 日
徐静亭	寿光市古城街道尚家村	72	男	1943 年 1 月 7 日
徐连坡之妻	寿光市古城街道尚家村	17	女	1943 年 1 月 7 日
徐连友	寿光市古城街道尚家村	34	男	1943 年 1 月 7 日
徐连株	寿光市古城街道尚家村	70	男	1943 年 1 月 7 日
徐连坐	寿光市古城街道尚家村	25	男	1943 年 1 月 7 日
徐连坐之父	寿光市古城街道尚家村	50	男	1943 年 1 月 7 日
徐明策	寿光市古城街道尚家村	25	男	1943 年 1 月 7 日
徐沈阳	寿光市古城街道尚家村	—	男	1943 年 1 月 7 日
徐天全之祖母	寿光市古城街道尚家村	60	女	1943 年 1 月 7 日
徐同全之祖母	寿光市古城街道尚家村	60	女	1943 年 1 月 7 日
徐秀贵之兄	寿光市古城街道尚家村	30	男	1943 年 1 月 7 日
徐秀兰	寿光市古城街道尚家村	17	男	1943 年 1 月 7 日
徐秀良	寿光市古城街道尚家村	25	男	1943 年 1 月 7 日
徐言学之母	寿光市古城街道尚家村	70	女	1943 年 1 月 7 日
徐振四	寿光市古城街道尚家村	60	男	1943 年 1 月 7 日
郑哑巴	寿光市古城街道北孙村	48	男	1943 年 1 月 7 日

姓　名	籍　贯	年龄	性别	死难时间
郑洪茂之二姐	寿光市古城街道垒村	20	女	1943 年 1 月 7 日
郑兰亭	寿光市古城街道北孙村	50	男	1943 年 1 月 7 日
郑明亭	寿光市古城街道北孙村	38	男	1943 年 1 月 7 日
郑希家	寿光市古城街道北孙村	38	男	1943 年 1 月 7 日
郑学书	寿光市古城街道北孙村	50	男	1943 年 1 月 7 日
郑义宗之父	寿光市古城街道北孙村	50	男	1943 年 1 月 7 日
郑雨亭	寿光市古城街道北孙村	44	男	1943 年 1 月 7 日
张家禄	寿光市洛城街道后寨村	25	男	1943 年 1 月 17 日
程振兴	寿光市侯镇东毕二村	31	男	1943 年 1 月
郭希文	寿光市田柳镇东马村	23	男	1943 年 1 月
侯佃军	寿光市孙家集街道东侯村	25	男	1943 年 1 月
李长法	寿光市上口镇南邵二村	22	男	1943 年 1 月
李发起	寿光市侯镇黄疃村	19	男	1943 年 1 月
李坤元	寿光市孙家集街道楼子李村	35	男	1943 年 1 月
李茂胜	寿光市田柳镇崔家村	24	男	1943 年 1 月
李元祚	寿光市上口镇西北上口村	41	男	1943 年 1 月
田洪照	寿光市田柳镇田柳村	27	男	1943 年 1 月
王友关	寿光市羊口镇寇家坞村三村	20	男	1943 年 1 月
吴乘龙	寿光市上口镇付吴邵村一村	27	男	1943 年 1 月
杨洪法	寿光市台头镇杨家庄子村	26	男	1943 年 1 月
杨之喜	寿光市台头镇齐家庄子村	30	男	1943 年 1 月
赵辉祥	寿光市圣城街道赵仕村	—	男	1943 年 1 月
崔万丰	寿光市化龙镇崔家村	41	男	1943 年 2 月
单鹏元	寿光市营里镇宅科三村	27	男	1943 年 2 月
郝清沂	寿光市营里镇宅科三村	36	男	1943 年 2 月
李丰江	寿光市洛城街道东斟灌村	42	男	1943 年 2 月
李清栋	寿光市洛城街道东斟灌村	34	男	1943 年 2 月
刘复兴	寿光市洛城街道东锡村	21	男	1943 年 2 月
孙风楼	寿光市孙家集街道范于村	22	男	1943 年 2 月
王占鳌	寿光市化龙镇庞家村	22	男	1943 年 2 月
张文书	寿光市台头镇张家庄村	18	男	1943 年 2 月
王琬	寿光市田柳镇苇园子村	60	男	1943 年 3 月 2 日

姓 名	籍 贯	年 龄	性 别	死难时间
高学增	寿光市文家街道高家村	40	男	1943 年 3 月 8 日
韩全寿	寿光市文家街道韩家村	24	男	1943 年 3 月 8 日
张明礼	寿光市文家街道高家村	72	男	1943 年 3 月 8 日
张万庆	寿光市文家街道高家村	42	男	1943 年 3 月 8 日
张度明	寿光市羊口镇官台村	32	男	1943 年 3 月 13 日
杨德州	寿光市羊口镇杨庄村	—	男	1943 年 3 月 27 日
杨富河	寿光市羊口镇杨庄村	31	男	1943 年 3 月 27 日
杨国千	寿光市羊口镇杨庄村	20	男	1943 年 3 月 27 日
杨国之兄	寿光市羊口镇杨庄村	18	男	1943 年 3 月 27 日
杨庆兰	寿光市羊口镇杨庄村	58	男	1943 年 3 月 27 日
杨全发	寿光市羊口镇杨庄村	35	男	1943 年 3 月 27 日
杨世义	寿光市羊口镇杨庄村	28	男	1943 年 3 月 27 日
杨守亭	寿光市羊口镇杨庄村	40	男	1943 年 3 月 27 日
杨五子	寿光市羊口镇杨庄村	—	男	1943 年 3 月 27 日
杨显荣	寿光市羊口镇杨庄村	60	男	1943 年 3 月 27 日
杨信连	寿光市羊口镇杨庄村	—	男	1943 年 3 月 27 日
杨云成	寿光市羊口镇杨庄村	48	男	1943 年 3 月 27 日
杨云祥	寿光市羊口镇杨庄村	60	男	1943 年 3 月 27 日
卜照吉	寿光市洛城街道西斟灌村	40	男	1943 年 3 月
陈 修	寿光市上口镇南半村	52	男	1943 年 3 月
崔存中	寿光市化龙镇崔家村	32	男	1943 年 3 月
丁树仁	寿光市营里镇大北河村	20	男	1943 年 3 月
杜光礼	寿光市洛城街道复盛村	25	男	1943 年 3 月
傅九升	寿光市台头镇付家茅坨村	22	男	1943 年 3 月
晋子成	寿光市洛城街道高东村	40	男	1943 年 3 月
李继文	寿光市圣城街道李仕村	40	男	1943 年 3 月
李茂三	寿光市田柳镇崔家村	26	男	1943 年 3 月
李天运	寿光市田柳镇崔家村	24	男	1943 年 3 月
李新润	寿光市上口镇口子村	20	男	1943 年 3 月
李增汗	寿光市孙家集街道范于村	20	男	1943 年 3 月
蔺广尽	寿光市化龙镇蔺家村	25	男	1943 年 3 月
刘存善	寿光市孙家集街道淄河店村	30	男	1943 年 3 月

姓　名	籍　贯	年　龄	性　别	死难时间
刘岱山	寿光市上口镇黄河口村	20	男	1943 年 3 月
刘树梅	寿光市上口镇老庄村	19	男	1943 年 3 月
刘树同	寿光市上口镇老庄村	18	男	1943 年 3 月
刘毓华	寿光市上口镇黄河口村	27	男	1943 年 3 月
刘岳山	寿光市上口镇黄河口村	18	男	1943 年 3 月
刘之勤	寿光市洛城街道高东村	38	男	1943 年 3 月
吕桐林	寿光市纪台镇吕三村	18	男	1943 年 3 月
马泮杰	寿光市台头镇牛头村	34	男	1943 年 3 月
马小香	寿光市台头镇牛头村	19	男	1943 年 3 月
齐子恒	寿光市孙家集街道齐家村	20	男	1943 年 3 月
苏介芝	寿光市洛城街道西斟灌村	58	男	1943 年 3 月
孙兰亭	寿光市洛城街道西斟灌村	46	男	1943 年 3 月
孙守业	寿光市孙家集街道崔家村	38	男	1943 年 3 月
孙照德	寿光市孙家集街道崔家村	25	男	1943 年 3 月
唐国军	寿光市洛城街道西斟灌村	60	男	1943 年 3 月
王云水	寿光市孙家集街道丰顺王村	25	男	1943 年 3 月
魏同升	寿光市侯镇许岭村	46	男	1943 年 3 月
燕俊德	寿光市古城街道临二村	30	男	1943 年 3 月
燕新太	寿光市古城街道临二村	60	男	1943 年 3 月
于万福	寿光市洛城街道西斟灌村	26	男	1943 年 3 月
张　栋	寿光市上口镇南半村	46	男	1943 年 3 月
张保营	寿光市上口镇三北楼村	14	男	1943 年 3 月
张埠辉	寿光市洛城街道寨里村	24	男	1943 年 3 月
张存荣之兄	寿光市上口镇三北楼村	10	男	1943 年 3 月
张存荣之姐	寿光市上口镇三北楼村	7	女	1943 年 3 月
张公堂	寿光市孙家集街道范于村	19	男	1943 年 3 月
张光荣之外甥	寿光市上口镇三北楼村	8	男	1943 年 3 月
张济东	寿光市文家街道河头村	44	男	1943 年 3 月
张奎万	寿光市营里镇鹿家村	—	男	1943 年 3 月
张明义	寿光市营里镇东中村	23	男	1943 年 3 月
张士珍	寿光市孙家集街道崔家村	32	男	1943 年 3 月
张守礼	寿光市洛城街道营子村	30	男	1943 年 3 月

姓　名	籍　贯	年　龄	性　别	死难时间
张同福	寿光市洛城街道寨里村	45	男	1943 年 3 月
张万重	寿光市文家街道河头村	31	男	1943 年 3 月
张为莲	寿光市纪台镇张庙村	43	女	1943 年 3 月
张兆福	寿光市化龙镇张屯村	22	男	1943 年 3 月
张志烈	寿光市文家街道河头村	42	男	1943 年 3 月
赵连杰	寿光市洛城街道西斟灌村	30	男	1943 年 3 月
郑德欣	寿光市台头镇小坨村	24	男	1943 年 3 月
董克志	寿光市文家街道冀家村	21	男	1943 年 4 月 5 日
董书斋	寿光市文家街道冀家村	20	男	1943 年 4 月 5 日
董在旭	寿光市文家街道冀家村	23	男	1943 年 4 月 5 日
高　步	寿光市文家街道西陈村	26	男	1943 年 4 月 5 日
高连胜	寿光市孙家集街道泽科村	24	男	1943 年 4 月 5 日
高茂桃	寿光市文家街道高官村	23	男	1943 年 4 月 5 日
高书功	寿光市洛城街道高西村	18	男	1943 年 4 月 5 日
高学仁	寿光市孙家集街道高松村	21	男	1943 年 4 月 5 日
高增光	寿光市洛城街道高西村	18	男	1943 年 4 月 5 日
郭金良	寿光市古城街道南孙村	23	男	1943 年 4 月 5 日
郭金玉	寿光市古城街道南孙村	40	男	1943 年 4 月 5 日
郭洛坛	寿光市古城街道南孙村	40	男	1943 年 4 月 5 日
郭孟俊	寿光市古城街道南孙村	40	男	1943 年 4 月 5 日
郭培荣	寿光市古城街道南孙村	27	男	1943 年 4 月 5 日
韩客成	寿光市文家街道韩家村	23	男	1943 年 4 月 5 日
韩象伍	寿光市孙家集街道岳寺韩村	25	男	1943 年 4 月 5 日
洪俊民	寿光市文家街道大尧村	30	男	1943 年 4 月 5 日
侯存孝	寿光市孙家集街道潘家村	18	男	1943 年 4 月 5 日
黄允孚	寿光市孙家集街道西侯村	23	男	1943 年 4 月 5 日
黄允生	寿光市孙家集街道西侯村	34	男	1943 年 4 月 5 日
贾树谷	寿光市孙家集街道后胡营村	23	男	1943 年 4 月 5 日
蒋在郇	寿光市孙家集街道蒋集村	24	男	1943 年 4 月 5 日
李春荣	寿光市孙家集街道大李村	21	男	1943 年 4 月 5 日
李仁茂	寿光市纪台镇桃园村	24	男	1943 年 4 月 5 日
李树森	寿光市纪台镇桃园村	22	男	1943 年 4 月 5 日

姓 名	籍 贯	年 龄	性 别	死难时间
李同增	寿光市文家街道南马店村	31	男	1943 年 4 月 5 日
李友明	寿光市文家街道南马店村	33	男	1943 年 4 月 5 日
刘炳熙	寿光市孙家集街道胡一村	19	男	1943 年 4 月 5 日
刘少冉	寿光市文家街道北洋村	24	男	1943 年 4 月 5 日
刘树礼	寿光市文家街道西陈村	22	男	1943 年 4 月 5 日
刘文华	寿光市孙家集街道胡营王村	19	男	1943 年 4 月 5 日
刘文伟	寿光市孙家集街道胡营王村	20	男	1943 年 4 月 5 日
刘学理	寿光市孙家集街道西庄子村	22	男	1943 年 4 月 5 日
刘中奎	寿光市孙家集街道西庄子村	21	男	1943 年 4 月 5 日
刘宗泗	寿光市孙家集街道胡一村	25	男	1943 年 4 月 5 日
马登福	寿光市孙家集街道石家村	19	男	1943 年 4 月 5 日
马拐子	寿光市孙家集街道大李村	21	男	1943 年 4 月 5 日
牟风良	寿光市纪台镇冉家村	24	男	1943 年 4 月 5 日
牟跃亭	寿光市纪台镇冉家村	22	男	1943 年 4 月 5 日
牟振亚	寿光市纪台镇冉家村	23	男	1943 年 4 月 5 日
桑培元	寿光市孙家集街道潘家村	21	男	1943 年 4 月 5 日
孙安邦	寿光市孙家集街道崔家村	21	男	1943 年 4 月 5 日
孙成轩	寿光市孙家集街道岳寺李村	18	男	1943 年 4 月 5 日
孙成之	寿光市洛城街道郭营村	49	男	1943 年 4 月 5 日
孙际孔	寿光市孙家集街道钓鱼台村	19	男	1943 年 4 月 5 日
孙兰田	寿光市孙家集街道大李村	31	男	1943 年 4 月 5 日
孙茂桂	寿光市孙家集街道孙集村	22	男	1943 年 4 月 5 日
孙树楷	寿光市孙家集街道三元孙村	22	男	1943 年 4 月 5 日
孙树钦	寿光市孙家集街道三元孙村	26	男	1943 年 4 月 5 日
王福明	寿光市洛城街道卞家村	22	男	1943 年 4 月 5 日
王梅林	寿光市孙家集街道王裴村	26	男	1943 年 4 月 5 日
王梅秀	寿光市孙家集街道王裴村	24	男	1943 年 4 月 5 日
王明书之兄	寿光市古城街道临三村	20	男	1943 年 4 月 5 日
王世贤	寿光市孙家集街道东彦方村	24	男	1943 年 4 月 5 日
王松和	寿光市孙家集街道王裴村	25	男	1943 年 4 月 5 日
王宣升	寿光市文家街道冀家村	22	男	1943 年 4 月 5 日
王兆荣	寿光市纪台镇埃坡村	24	男	1943 年 4 月 5 日

姓　名	籍　贯	年　龄	性　别	死难时间
武其青	寿光市古城街道北孙村	22	男	1943 年 4 月 5 日
武文丛	寿光市古城街道北孙村	20	男	1943 年 4 月 5 日
武英仕	寿光市古城街道北孙村	24	男	1943 年 4 月 5 日
修跃亭	寿光市纪台镇冉家村	32	男	1943 年 4 月 5 日
徐丙军	寿光市古城街道尚家村	35	男	1943 年 4 月 5 日
徐迪华	寿光市古城街道尚家村	50	男	1943 年 4 月 5 日
徐龙汉	寿光市古城街道尚家村	25	男	1943 年 4 月 5 日
徐銮斗	寿光市古城街道尚家村	20	男	1943 年 4 月 5 日
徐明西之母	寿光市古城街道尚家村	60	女	1943 年 4 月 5 日
徐庆策之祖父	寿光市古城街道尚家村	60	男	1943 年 4 月 5 日
徐庆富	寿光市古城街道尚家村	25	男	1943 年 4 月 5 日
徐树东	寿光市古城街道尚家村	26	男	1943 年 4 月 5 日
徐树森之妻	寿光市古城街道尚家村	38	女	1943 年 4 月 5 日
徐顺泉之祖母	寿光市古城街道尚家村	60	女	1943 年 4 月 5 日
徐天华	寿光市古城街道尚家村	40	男	1943 年 4 月 5 日
徐行九	寿光市古城街道尚家村	40	男	1943 年 4 月 5 日
徐言路	寿光市古城街道尚家村	26	男	1943 年 4 月 5 日
徐言胜	寿光市古城街道尚家村	15	男	1943 年 4 月 5 日
徐言顺	寿光市古城街道尚家村	25	男	1943 年 4 月 5 日
徐振树之母	寿光市古城街道尚家村	60	女	1943 年 4 月 5 日
徐振水	寿光市古城街道尚家村	60	男	1943 年 4 月 5 日
徐之寒之妻	寿光市古城街道尚家村	35	女	1943 年 4 月 5 日
燕成道之妻	寿光市古城街道临三村	30	女	1943 年 4 月 5 日
燕成德	寿光市古城街道临三村	50	男	1943 年 4 月 5 日
燕国良	寿光市古城街道临三村	55	男	1943 年 4 月 5 日
杨佃举	寿光市洛城街道柴家村	25	男	1943 年 4 月 5 日
杨在江	寿光市孙家集街道大李村	26	男	1943 年 4 月 5 日
张成秀	寿光市孙家集街道郭家村	24	男	1943 年 4 月 5 日
张成轩	寿光市纪台镇桃园村	23	男	1943 年 4 月 5 日
张东升	寿光市稻田镇西菜村	24	男	1943 年 4 月 5 日
张董氏	寿光市文家街道台柳村	19	女	1943 年 4 月 5 日
张好忠	寿光市纪台镇桃园村	23	男	1943 年 4 月 5 日

姓　名	籍　贯	年　龄	性　别	死难时间
张继文	寿光市孙家集街道埠子村	22	男	1943 年 4 月 5 日
张家路	寿光市洛城街道后寨村	33	男	1943 年 4 月 5 日
张禄怀	寿光市文家街道西陈村	27	男	1943 年 4 月 5 日
张民邦	寿光市孙家集街道寨子村	17	男	1943 年 4 月 5 日
张青山	寿光市孙家集街道朱家峪村	18	男	1943 年 4 月 5 日
张清溪	寿光市孙家集街道寨子村	23	男	1943 年 4 月 5 日
张清章	寿光市稻田镇西菜村	23	男	1943 年 4 月 5 日
张汝林	寿光市文家街道后游村	20	男	1943 年 4 月 5 日
张世信	寿光市孙家集街道埠子村	21	男	1943 年 4 月 5 日
张卫东	寿光市文家街道后游村	22	男	1943 年 4 月 5 日
张文卓	寿光市孙家集街道埠子村	20	男	1943 年 4 月 5 日
张西恩	寿光市纪台镇堠坡村	25	男	1943 年 4 月 5 日
张英俊	寿光市孙家集街道东彦方村	23	男	1943 年 4 月 5 日
张中信	寿光市孙家集街道泽科村	22	男	1943 年 4 月 5 日
张作元	寿光市文家街道后游村	19	男	1943 年 4 月 5 日
郑洪彬	寿光市古城街道垒村	40	男	1943 年 4 月 5 日
郑兰丛之母	寿光市古城街道垒村	60	女	1943 年 4 月 5 日
郑民荣	寿光市古城街道垒村	72	男	1943 年 4 月 5 日
郑荣德	寿光市古城街道北孙村	20	男	1943 年 4 月 5 日
郑为厚之母	寿光市古城街道垒村	70	女	1943 年 4 月 5 日
郑云京	寿光市古城街道垒村	50	男	1943 年 4 月 5 日
郑子修	寿光市孙家集街道郑家村	22	男	1943 年 4 月 5 日
陈玉玺	寿光市洛城街道陈家村	33	男	1943 年 4 月 7 日
尚理勋	寿光市孙家集街道蒋集村	22	男	1943 年 4 月 10 日
汤升云	寿光市孙家集街道汤家村	24	男	1943 年 4 月 10 日
张清怀	寿光市稻田镇西菜村	41	男	1943 年 4 月 14 日
张显光	寿光市稻田镇西菜村	60	男	1943 年 4 月 14 日
成　客	寿光市圣城街道西关村	21	男	1943 年 4 月
陈维德	寿光市孙家集街道达字刘村	20	男	1943 年 4 月
成训之母	寿光市上口镇南半村	39	女	1943 年 4 月
范福祥之子	寿光市古城街道西范村	—	男	1943 年 4 月
范聿修	寿光市圣城街道城里村	28	男	1943 年 4 月

姓 名	籍 贯	年 龄	性 别	死难时间
高云轩	寿光市孙家集街道岳寺高村	20	男	1943 年 4 月
国秀山	寿光市侯镇东毕二村	28	男	1943 年 4 月
国秀阵	寿光市侯镇东毕二村	26	男	1943 年 4 月
国振华	寿光市侯镇东毕二村	23	男	1943 年 4 月
韩结实	寿光市洛城街道韩家村	31	男	1943 年 4 月
侯立源	寿光市孙家集街道东侯村	25	男	1943 年 4 月
侯世民	寿光市孙家集街道东侯村	25	男	1943 年 4 月
晋全礼	寿光市化龙镇张屯村	23	男	1943 年 4 月
寇文光	寿光市圣城街道前朴村	20	男	1943 年 4 月
寇文辉	寿光市圣城街道前朴村	21	男	1943 年 4 月
李德广	寿光市孙家集街道边线王村	26	男	1943 年 4 月
李福臣	寿光市圣城街道李仕村	32	男	1943 年 4 月
李福臣之妻	寿光市圣城街道李仕村	30	女	1943 年 4 月
李国祥	寿光市洛城街道城南村	39	男	1943 年 4 月
李红敫	寿光市田柳镇南王里村	27	男	1943 年 4 月
李洪来	寿光市圣城街道延庆村	30	男	1943 年 4 月
李洪元	寿光市圣城街道东七村	20	男	1943 年 4 月
李建彬	寿光市洛城街道东斟灌村	55	男	1943 年 4 月
李乐仁	寿光市洛城街道卞家村	30	男	1943 年 4 月
李凌波	寿光市孙家集街道范于村	18	男	1943 年 4 月
李茂武	寿光市洛城街道城南村	20	男	1943 年 4 月
李美香	寿光市圣城街道岳家村	21	男	1943 年 4 月
李荣庆	寿光市洛城街道东斟灌村	62	男	1943 年 4 月
李三重	寿光市洛城街道东斟灌村	28	男	1943 年 4 月
李世忠	寿光市田柳镇东庄子村	32	男	1943 年 4 月
李同坦	寿光市田柳镇崔家村	22	男	1943 年 4 月
李武奎	寿光市洛城街道城南村	40	男	1943 年 4 月
李之河	寿光市洛城街道东斟灌村	30	男	1943 年 4 月
梁佃甲	寿光市化龙镇城南村	30	男	1943 年 4 月
梁洪志	寿光市圣城街道金马村	16	男	1943 年 4 月
梁庭柱	寿光市圣城街道南胡村	23	男	1943 年 4 月
梁燕昌	寿光市圣城街道金马村	28	男	1943 年 4 月

姓　名	籍　贯	年　龄	性　别	死难时间
林来之弟	寿光市圣城街道西关村	22	男	1943 年 4 月
刘承宗	寿光市圣城街道东公孙村	24	男	1943 年 4 月
刘景尧	寿光市孙家集街道一甲村	19	男	1943 年 4 月
刘敬堂	寿光市上口镇老庄村	20	男	1943 年 4 月
刘树义	寿光市上口镇老庄村	19	男	1943 年 4 月
刘现书	寿光市孙家集街道前杨村	20	男	1943 年 4 月
卢清云	寿光市孙家集街道卢家庄村	27	男	1943 年 4 月
马德润	寿光市台头镇牛头村	22	男	1943 年 4 月
马兰坡	寿光市圣城街道东关村	25	男	1943 年 4 月
马树森	寿光市台头镇牛头村	21	男	1943 年 4 月
马曰松	寿光市台头镇牛头村	27	男	1943 年 4 月
苏德义	寿光市洛城街道高淮村	24	男	1943 年 4 月
苏家林	寿光市洛城街道高淮村	25	男	1943 年 4 月
苏景兆	寿光市洛城街道高淮村	23	男	1943 年 4 月
孙宝光	寿光市孙家集街道孙家庄村	24	男	1943 年 4 月
孙　鹏	寿光市孙家集街道西屯村	28	男	1943 年 4 月
孙汝启	寿光市圣城街道南胡村	23	男	1943 年 4 月
孙士亮	寿光市孙家集街道西屯村	25	男	1943 年 4 月
孙思义	寿光市孙家集街道西屯村	29	男	1943 年 4 月
孙维杰	寿光市圣城街道南胡村	20	男	1943 年 4 月
孙月东	寿光市孙家集街道马家村	23	男	1943 年 4 月
陶国富	寿光市圣城街道大仓村	22	男	1943 年 4 月
田更启	寿光市田柳镇田柳村	30	男	1943 年 4 月
田连图	寿光市田柳镇田柳村	50	男	1943 年 4 月
田明地	寿光市田柳镇田柳村	70	男	1943 年 4 月
田普德之妹	寿光市田柳镇田柳村	19	女	1943 年 4 月
田普德之母	寿光市田柳镇田柳村	50	女	1943 年 4 月
田普德之祖母	寿光市田柳镇田柳村	70	女	1943 年 4 月
田树棣	寿光市田柳镇田柳村	30	男	1943 年 4 月
王宝元之兄	寿光市孙家集街道石门董村	22	男	1943 年 4 月
王继孟	寿光市孙家集街道后杨村	19	男	1943 年 4 月
王继尧	寿光市孙家集街道呙宋台村	23	男	1943 年 4 月

姓 名	籍 贯	年 龄	性 别	死难时间
王金鳌	寿光市圣城街道南后三村	24	男	1943 年 4 月
王金府	寿光市圣城街道南后三村	28	男	1943 年 4 月
王伟清	寿光市圣城街道东营村	35	男	1943 年 4 月
王孝竹	寿光市孙家集街道前王村	24	男	1943 年 4 月
王永才	寿光市孙家集街道前杨村	22	男	1943 年 4 月
王永忠	寿光市孙家集街道前杨村	20	男	1943 年 4 月
王玉朋	寿光市孙家集街道边线王村	24	男	1943 年 4 月
魏继绪之大叔	寿光市孙家集街道营子村	18	男	1943 年 4 月
魏继绪之二叔	寿光市孙家集街道营子村	16	男	1943 年 4 月
吴梁子	寿光市上口镇南半村	47	男	1943 年 4 月
锡景堂	寿光市洛城街道东锡村	20	男	1943 年 4 月
徐学孔	寿光市田柳镇芦家庄村	42	男	1943 年 4 月
杨佃奎	寿光市孙家集街道吕宋台村	30	男	1943 年 4 月
杨高林	寿光市侯镇仉西村	50	男	1943 年 4 月
杨士忠	寿光市圣城街道岳家村	24	男	1943 年 4 月
杨秀录	寿光市营里镇孙家庄村	—	男	1943 年 4 月
杨玉藻	寿光市田柳镇寨里村	21	男	1943 年 4 月
杨振国	寿光市孙家集街道前杨村	18	男	1943 年 4 月
于三水	寿光市洛城街道东于村	27	男	1943 年 4 月
张本良	寿光市圣城街道西公孙村	—	男	1943 年 4 月
张炳文	寿光市圣城街道东公孙村	24	男	1943 年 4 月
张长福	寿光市圣城街道南胡村	21	男	1943 年 4 月
张德胜	寿光市孙家集街道西张村	23	男	1943 年 4 月
张华南	寿光市化龙镇芦营村	23	男	1943 年 4 月
张华胜	寿光市化龙镇苏社村	20	男	1943 年 4 月
张建讯	寿光市台头镇张家庄村	24	男	1943 年 4 月
张金标	寿光市圣城街道南胡村	24	男	1943 年 4 月
张金丰	寿光市上口镇南半村	50	男	1943 年 4 月
张金征	寿光市圣城街道金马村	21	男	1943 年 4 月
张兰新	寿光市孙家集街道张家庄村	50	男	1943 年 4 月
张立成	寿光市孙家集街道寨子村	48	男	1943 年 4 月
张孟玉	寿光市孙家集街道贾家村	23	男	1943 年 4 月

姓 名	籍 贯	年 龄	性 别	死难时间
张明信	寿光市圣城街道赵旺村	26	男	1943 年 4 月
张泮德	寿光市圣城街道南胡村	28	男	1943 年 4 月
张儒臣	寿光市田柳镇东头村	20	男	1943 年 4 月
张儒玉	寿光市田柳镇东头村	20	男	1943 年 4 月
张慎之	寿光市台头镇张家庄村	25	男	1943 年 4 月
张世明之大伯	寿光市圣城街道东关村	41	男	1943 年 4 月
张仕径	寿光市上口镇颜家北楼村	25	男	1943 年 4 月
张树勋	寿光市圣城街道南胡村	26	男	1943 年 4 月
张同钦	寿光市圣城街道大仓村	21	男	1943 年 4 月
张文广	寿光市孙家集街道寨子村	50	男	1943 年 4 月
张希久	寿光市孙家集街道张家庄村	18	男	1943 年 4 月
张效增	寿光市圣城街道大仓村	22	男	1943 年 4 月
张学芹	寿光市孙家集街道西张村	22	男	1943 年 4 月
张学仁	寿光市圣城街道东公孙村	25	男	1943 年 4 月
张玉秀	寿光市孙家集街道石门董村	25	男	1943 年 4 月
张子芳	寿光市孙家集街道营子村	20	男	1943 年 4 月
赵桂元	寿光市圣城街道十里村	—	男	1943 年 4 月
郑本义	寿光市台头镇郑埝村	22	男	1943 年 4 月
周效玉	寿光市田柳镇芦家村	24	男	1943 年 4 月
周永堂	寿光市孙家集街道营子村	22	男	1943 年 4 月
朱成道	寿光市田柳镇朱崖村	20	男	1943 年 4 月
朱光吉	寿光市圣城街道东七村	40	男	1943 年 4 月
朱浩新	寿光市圣城街道东七村	40	男	1943 年 4 月
朱明连	寿光市孙家集街道二甲村	20	男	1943 年 4 月
朱文全	寿光市圣城街道东七村	20	男	1943 年 4 月
朱 辛	寿光市孙家集街道三甲村	18	男	1943 年 4 月
朱东坡	寿光市田柳镇朱崖村	22	男	1943 年 4 月
侯保太	寿光市台头镇北洋头村	53	男	1943 年 5 月
侯克英	寿光市台头镇北洋头村	54	男	1943 年 5 月
姜兴家	寿光市纪台镇姜家村	23	男	1943 年 5 月
李凌早	寿光市孙家集街道范于村	19	男	1943 年 5 月
李寿敫	寿光市田柳镇崔家村	21	男	1943 年 5 月

姓 名	籍 贯	年 龄	性 别	死难时间
李欣伦	寿光市稻田镇东里村	48	男	1943 年 5 月
李玉早	寿光市田柳镇崔家村	29	男	1943 年 5 月
刘长源	寿光市田柳镇郎家营村	30	男	1943 年 5 月
刘道园	寿光市洛城街道高东村	40	男	1943 年 5 月
刘兰田	寿光市化龙镇姚家屯村	21	男	1943 年 5 月
隋兆修	寿光市化龙镇西柴村	29	男	1943 年 5 月
王大德	寿光市纪台镇武庙村	23	男	1943 年 5 月
王云祥	寿光市营里镇李家坞村	23	男	1943 年 5 月
肖佃英	寿光市洛城街道中心村	22	男	1943 年 5 月
肖福清	寿光市侯镇东毕村二村	22	男	1943 年 5 月
徐澄清	寿光市营里镇吴家营里村	27	男	1943 年 5 月
徐国光	寿光市纪台镇张庙村	19	男	1943 年 5 月
徐文科	寿光市纪台镇张庙村	26	男	1943 年 5 月
徐学绍	寿光市纪台镇张庙村	46	男	1943 年 5 月
杨守光	寿光市台头镇北洋头村	22	男	1943 年 5 月
杨守先	寿光市台头镇北洋头村	22	男	1943 年 5 月
张新斋	寿光市洛城街道高东村	35	男	1943 年 5 月
郎会军	寿光市洛城街道郎家村	45	男	1943 年 5 月
杨成吉	寿光市营里镇王柳村	21	男	1943 年 5 月
陈效训	寿光市田柳镇陈马村	24	男	1943 年 6 月
丁乐天	寿光市营里镇西北河村	23	男	1943 年 6 月
郭俊贤	寿光市侯镇东岔河村	27	男	1943 年 6 月
郭树范	寿光市洛城街道郭营村	41	男	1943 年 6 月
郭顺之	寿光市侯镇东岔河村	21	男	1943 年 6 月
郭玉峰之妹	寿光市洛城街道郭营村	25	女	1943 年 6 月
郭玉峰之外甥	寿光市洛城街道郭营村	—	男	1943 年 6 月
郝君升	寿光市营里镇郝柳村	26	男	1943 年 6 月
贾侯恩	寿光市孙家集街道三甲村	28	男	1943 年 6 月
蒋天恩	寿光市台头镇后赵埠村	22	男	1943 年 6 月
刘世荣	寿光市台头镇刘家茅坨村	27	男	1943 年 6 月
唐效文	寿光市田柳镇袁家桥村	42	男	1943 年 6 月
王吉林	寿光市羊口镇寇家坞村三村	19	男	1943 年 6 月

姓 名	籍 贯	年 龄	性 别	死难时间
王克智	寿光市田柳镇西青村	25	男	1943 年 6 月
王相胜	寿光市台头镇小坨村	27	男	1943 年 6 月
王永启	寿光市化龙镇北柴村	25	男	1943 年 6 月
杨士秀	寿光市孙家集街道范于村	18	男	1943 年 6 月
尹华云	寿光市洛城街道后尹村	24	男	1943 年 6 月
尹守仁	寿光市洛城街道后尹村	23	男	1943 年 6 月
尹秀才	寿光市洛城街道后尹村	24	男	1943 年 6 月
于恩然	寿光市羊口镇寇家坞村一村	22	男	1943 年 6 月
张风明	寿光市孙家集街道范于村	20	男	1943 年 6 月
张汉元	寿光市侯镇西柴庄村	27	男	1943 年 6 月
郑子强	寿光市台头镇郑埝村	21	男	1943 年 6 月
陈瑞文	寿光市洛城街道留吕村	47	男	1943 年 6 月
郎丰山	寿光市洛城街道郎家村	47	男	1943 年 6 月
孙风起	寿光市洛城街道留吕村	32	男	1943 年 6 月
常新元	寿光市田柳镇常家庄村	37	男	1943 年 7 月
陈恩平	寿光市台头镇南台头村	24	男	1943 年 7 月
崔乃修	寿光市化龙镇崔家村	25	男	1943 年 7 月
崔有永	寿光市化龙镇崔家村	19	男	1943 年 7 月
李国勉	寿光市田柳镇南王里村	46	男	1943 年 7 月
李其禄	寿光市化龙镇鲍家村	25	男	1943 年 7 月
李效用	寿光市化龙镇张屯村	37	男	1943 年 7 月
李增著	寿光市化龙镇李家村	19	男	1943 年 7 月
刘培合	寿光市台头镇张家庄村	20	男	1943 年 7 月
刘振川	寿光市台头镇刘家河头村	22	男	1943 年 7 月
马慎修	寿光市台头镇牛头村	36	男	1943 年 7 月
曲文平	寿光市孙家集街道鲍楼村	32	男	1943 年 7 月
王邦来	寿光市营里镇李家坞村	20	男	1943 年 7 月
王灌俊	寿光市化龙镇东柴村	30	男	1943 年 7 月
王化泽	寿光市洛城街道闫家村	30	男	1943 年 7 月
王连举	寿光市文家街道王东村	58	男	1943 年 7 月
王树林	寿光市上口镇西方吕北村	54	男	1943 年 7 月
杨和德	寿光市营里镇杨家营里村	24	男	1943 年 7 月

姓 名	籍 贯	年 龄	性 别	死难时间
张月明	寿光市侯镇黄桥张东村	21	男	1943 年 7 月
仇成九	寿光市台头镇辛庄村	29	男	1943 年 7 月
赵国佐之兄	寿光市台头镇后赵埠村	26	男	1943 年 7 月
郑德荣	寿光市台头镇小垞村	20	男	1943 年 7 月
郑书田	寿光市台头镇小垞村	26	男	1943 年 7 月
朱连成	寿光市田柳镇后王村	50	男	1943 年 7 月
祝德立	寿光市孙家集街道二甲村	24	男	1943 年 7 月
王景卫	寿光市文家街道王宇村	27	男	1943 年 7 月
陈现功	寿光市台头镇马家庄村	28	男	1943 年 8 月
侯德山	寿光市孙家集街道东侯村	26	男	1943 年 8 月
侯付信	寿光市营里镇侯家营里村	27	男	1943 年 8 月
侯桂贞	寿光市营里镇侯家营里村	29	男	1943 年 8 月
侯来头	寿光市营里镇侯辛庄村	20	男	1943 年 8 月
侯选德	寿光市台头镇南兵村	21	男	1943 年 8 月
蒋云岭	寿光市台头镇后赵埠村	36	男	1943 年 8 月
李炳西	寿光市孙家集街道石门董村	23	男	1943 年 8 月
刘象平	寿光市营里镇刘旺庄村	31	男	1943 年 8 月
潘希通	寿光市羊口镇营子村	18	男	1943 年 8 月
桑学文	寿光市孙家集街道潘家村	27	男	1943 年 8 月
隋西江	寿光市台头镇后寨子村	16	男	1943 年 8 月
孙风吉	寿光市洛城街道留吕村	52	男	1943 年 8 月
田儒滨	寿光市田柳镇田柳村	27	男	1943 年 8 月
王桂池	寿光市营里镇杨家柳杭村	—	男	1943 年 8 月
王桂周	寿光市营里镇营里社村	25	男	1943 年 8 月
王怀珍	寿光市孙家集街道冎宋台村	32	男	1943 年 8 月
王顺林	寿光市羊口镇营子村	25	男	1943 年 8 月
王卫荣	寿光市羊口镇营子村	26	男	1943 年 8 月
王显烈	寿光市上口镇西方吕北村	32	男	1943 年 8 月
王 辛	寿光市侯镇东毕二村	21	男	1943 年 8 月
王永顺	寿光市台头镇南洋头村	43	男	1943 年 8 月
王玉行	寿光市田柳镇西埠头村	35	男	1943 年 8 月
王玉竹	寿光市田柳镇东埠头村	25	男	1943 年 8 月

姓　名	籍　贯	年　龄	性　别	死难时间
王振川	寿光市营里镇营里社村	34	男	1943 年 8 月
徐树坦	寿光市营里镇李家坞村	25	男	1943 年 8 月
张树坦	寿光市台头镇李王庄村	22	男	1943 年 8 月
张同学	寿光市洛城街道寨里村	23	男	1943 年 8 月
郑希贤	寿光市台头镇郑埝村	24	男	1943 年 8 月
陈成吉	寿光市洛城街道留吕村	28	男	1943 年 8 月
范玉熙	寿光市化龙镇二簧庄子村	28	男	1943 年 9 月
侯存仁	寿光市孙家集街道潘家村	22	男	1943 年 9 月
姜云禄	寿光市纪台镇姜家村	26	男	1943 年 9 月
姜云明	寿光市纪台镇姜家村	18	男	1943 年 9 月
李丰坦	寿光市田柳镇崔家村	19	男	1943 年 9 月
刘云龙	寿光市台头镇彭家道口四村	17	男	1943 年 9 月
彭佃邦	寿光市孙家集街道潘家村	55	男	1943 年 9 月
任峰山	寿光市上口镇西景明二村	32	男	1943 年 9 月
任金声	寿光市上口镇任家下口村	47	男	1943 年 9 月
隋成德	寿光市台头镇彭家道口二村	19	男	1943 年 9 月
孙守平	寿光市圣城街道杨家村	28	男	1943 年 9 月
王凤水	寿光市田柳镇田柳村六村	36	男	1943 年 9 月
王耀东	寿光市羊口镇李家坞村	29	男	1943 年 9 月
徐立学	寿光市营里镇吴家营里村	22	男	1943 年 9 月
于西孟	寿光市羊口镇寇家坞村三村	24	男	1943 年 9 月
张国卿	寿光市田柳镇寨里村	28	男	1943 年 9 月
张书经	寿光市田柳镇东头村	20	男	1943 年 9 月
郑国大	寿光市台头镇郑埝村	33	男	1943 年 9 月
祝文献	寿光市侯镇四岐仓村	32	男	1943 年 9 月
王春和	寿光市营里镇营里社村	—	男	1943 年 9 月
王方快	寿光市营里镇营里社村	—	男	1943 年 9 月
王新芳	寿光市营里镇营里社村	—	男	1943 年 9 月
王春富	寿光市营里镇王河南村	60	男	1943 年 10 月
王寿桦	寿光市营里镇王河南村	23	男	1943 年 10 月
钟希征	寿光市侯镇钟家村	25	男	1943 年 10 月
陈寿考	寿光市田柳镇陈马村	24	男	1943 年 11 月

姓 名	籍 贯	年 龄	性 别	死难时间
张祥荣	寿光市上口镇西方吕南村	22	男	1943 年 11 月
赵瑞林	寿光市侯镇赵家辛章村	34	男	1943 年 11 月
唐洪斌	寿光市田柳镇阁黎院村	24	男	1943 年 12 月
辛汶平	寿光市化龙镇辛家村	32	男	1943 年 12 月
张月智	寿光市侯镇黄桥张东村	18	男	1943 年 12 月
赵迥波	寿光市侯镇赵家辛章村	25	男	1943 年 12 月
张文山	寿光市稻田镇西菜村	40	男	1943 年 12 月
布 头	寿光市田柳镇闫家村	——	男	1943 年
曹长坤	寿光市羊口镇郭井子村	30	男	1943 年
曹玉春	寿光市田柳镇闫家村	40	男	1943 年
曹在仁	寿光市古城街道前疃村	28	男	1943 年
曹志仁	寿光市古城街道单家庄子村	27	男	1943 年
常福田	寿光市田柳镇常家庄村	25	男	1943 年
常济水	寿光市田柳镇常家庄村	52	男	1943 年
陈继庆	寿光市古城街道庵头村	27	男	1943 年
陈路州	寿光市古城街道赵家井子村	30	男	1943 年
陈永年	寿光市营里镇宋家村	20	男	1943 年
单光泉	寿光市营里镇北单村	23	男	1943 年
丁西信	寿光市营里镇前南河村	18	男	1943 年
董树生	寿光市洛城街道冯家村	30	男	1943 年
段庆文	寿光市洛城街道段家村	25	男	1943 年
范国同	寿光市圣城街道城里村	60	男	1943 年
范国同之妻	寿光市圣城街道城里村	58	女	1943 年
范国同之子	寿光市圣城街道城里村	24	男	1943 年
范国忠	寿光市圣城街道城里村	40	男	1943 年
范林熙	寿光市圣城街道城里村	41	男	1943 年
冯长清	寿光市营里镇东浊北村	25	男	1943 年
冯化德	寿光市古城街道杨家庄村	35	男	1943 年
冯 健	寿光市羊口镇官台村	20	男	1943 年
冯永宽	寿光市田柳镇冯家村	20	男	1943 年
高乐滨	寿光市营里镇辛庄村	21	男	1943 年
郭方新	寿光市古城街道南孙村	23	男	1943 年

姓 名	籍 贯	年 龄	性 别	死难时间
郭洪田	寿光市上口镇郭疃东村	32	男	1943 年
郭孔亮	寿光市侯镇东岔河村	21	男	1943 年
国礼书	寿光市侯镇鲁丽村	19	男	1943 年
国同盛	寿光市侯镇鲁丽村	22	男	1943 年
韩钦兆	寿光市圣城街道前朴村	27	男	1943 年
韩全福	寿光市古城街道西罗桥村	18	男	1943 年
韩文珍	寿光市古城街道西罗桥村	21	男	1943 年
郝西忠	寿光市营里镇九曲村	26	男	1943 年
胡光兴	寿光市古城街道瓦庙村	22	男	1943 年
胡景书	寿光市古城街道贺东村	—	男	1943 年
黄士红	寿光市营里镇营里社村	—	男	1943 年
黄太华	寿光市侯镇西黄庄村	23	男	1943 年
纪明新	寿光市化龙镇钦西村	28	男	1943 年
纪效禹	寿光市化龙镇板桥村	21	男	1943 年
姜玉海	寿光市侯镇后下舟村	22	男	1943 年
蒋来道	寿光市台头镇后赵埠村	50	男	1943 年
晋培兴	寿光市营里镇西浊北村	23	男	1943 年
李长吉	寿光市古城街道野虎村	24	男	1943 年
李超芳	寿光市侯镇黄疃村	27	男	1943 年
李超伦	寿光市侯镇黄疃村	26	男	1943 年
李承尧	寿光市侯镇前下舟村	33	男	1943 年
李德章	寿光市洛城街道冯家村	21	男	1943 年
李东河	寿光市侯镇黄疃村	25	男	1943 年
李根生	寿光市上口镇南邵一村	25	男	1943 年
李根旺	寿光市上口镇南邵一村	26	男	1943 年
李明臣	寿光市洛城街道冯家村	21	男	1943 年
李培成	寿光市侯镇	42	男	1943 年
李如池	寿光市侯镇老大营村	20	男	1943 年
李树汀	寿光市古城街道罗庄村	17	男	1943 年
李同春	寿光市上口镇南邵一村	24	男	1943 年
李 文	寿光市田柳镇西埠村	25	男	1943 年
李希田	寿光市上口镇广二村	60	男	1943 年

姓 名	籍 贯	年 龄	性 别	死难时间
李相贤	寿光市侯镇李官村	28	男	1943 年
李言伦	寿光市上口镇西北上口村	26	男	1943 年
李 杨	寿光市侯镇挑沟村	35	男	1943 年
李振远	寿光市文家街道西河村	22	男	1943 年
李正之	寿光市上口镇口子村	41	男	1943 年
梁荣芝	寿光市文家街道吕家村	27	男	1943 年
刘爱国之父	寿光市圣城街道城里村	25	男	1943 年
刘爱民	寿光市台头镇三楼村	49	男	1943 年
刘丙焕	寿光市古城街道野虎村	25	男	1943 年
刘成美	寿光市台头镇河头村	17	男	1943 年
刘东溪之姐	寿光市田柳镇闫家村	18	女	1943 年
刘东夏	寿光市上口镇双井口村	18	男	1943 年
刘法贵	寿光市台头镇河头村	20	男	1943 年
刘福林	寿光市营里镇西浊北村	24	男	1943 年
刘广河	寿光市古城街道徐家村	25	男	1943 年
刘国祥	寿光市台头镇河头村	21	男	1943 年
刘汉之	寿光市文家街道刘桥村	19	男	1943 年
刘际亨	寿光市文家街道南官桥村	21	男	1943 年
刘金平	寿光市田柳镇郎家营庄村	22	男	1943 年
刘金胜	寿光市古城街道刘家官庄村	23	男	1943 年
刘进科	寿光市田柳镇常家庄村	41	男	1943 年
刘明本	寿光市文家街道刘桥村	20	男	1943 年
刘明臣	寿光市营里镇袁刘村灶户刘村	22	男	1943 年
刘明玉	寿光市文家街道赵家村	32	男	1943 年
刘世华	寿光市古城街道野虎村	24	男	1943 年
刘守庆	寿光市古城街道野虎村	51	男	1943 年
刘庶邦	寿光市稻田镇北河崖村	—	男	1943 年
刘素卿	寿光市田柳镇永甫村	30	男	1943 年
刘万福	寿光市洛城街道贤疃村	25	男	1943 年
刘象红	寿光市田柳镇唐家村	41	男	1943 年
刘象然	寿光市田柳镇唐家村	40	男	1943 年
刘在忠	寿光市古城街道刘家官庄村	23	男	1943 年

姓 名	籍 贯	年 龄	性 别	死难时间
刘镇池	寿光市田柳镇王高五村	27	男	1943 年
马福祥	寿光市台头镇牛头村	23	男	1943 年
马会芬	寿光市台头镇牛头村	19	男	1943 年
马慎伦	寿光市台头镇牛头村	27	男	1943 年
马圣增	寿光市台头镇牛头村	22	男	1943 年
马万宗	寿光市台头镇牛头村	20	男	1943 年
马跃亭	寿光市台头镇牛头村	23	男	1943 年
苗恒欣	寿光市田柳镇张前村	50	男	1943 年
齐长周	寿光市化龙镇钦西村	20	男	1943 年
齐元春	寿光市侯镇杨家村	23	男	1943 年
任　×	寿光市羊口镇	25	男	1943 年
任煜怀之堂兄	寿光市羊口镇任家村	16	男	1943 年
任煜怀之兄	寿光市羊口镇任家村	18	男	1943 年
沈焕明	寿光市圣城街道城里村	22	男	1943 年
石明信	寿光市圣城街道南关村	36	男	1943 年
石永平	寿光市圣城街道西关村	20	男	1943 年
宋光星	寿光市侯镇黄疃村	27	男	1943 年
宋国贞	寿光市侯镇岔二村	26	男	1943 年
宋老四	寿光市羊口镇	33	男	1943 年
宋守玉	寿光市侯镇岔二村	21	男	1943 年
宋武佐	寿光市侯镇南宋岭村	41	男	1943 年
宋延宗	寿光市侯镇岔一村	21	男	1943 年
宋宗金	寿光市侯镇岔二村	26	男	1943 年
隋广龙	寿光市台头镇东庄村	19	男	1943 年
隋洪光	寿光市台头镇东庄村	20	男	1943 年
隋建福	寿光市台头镇东庄村	43	男	1943 年
隋寿亭	寿光市台头镇东庄村	25	男	1943 年
隋永兴	寿光市台头镇东庄村	25	男	1943 年
隋中福	寿光市台头镇东庄村	31	男	1943 年
孙福勇	寿光市洛城街道城里村	20	男	1943 年
孙好礼	寿光市营里镇西道口村	45	男	1943 年
孙乐山	寿光市古城街道周家村	22	男	1943 年

姓 名	籍 贯	年 龄	性 别	死难时间
孙良本	寿光市营里镇西黑前村	27	男	1943 年
孙树勋	寿光市营里镇西道口村	22	男	1943 年
孙协太	寿光市营里镇西黑家子后村	24	男	1943 年
孙有为	寿光市羊口镇	25	男	1943 年
孙玉楷	寿光市营里镇西黑塚子后村	31	男	1943 年
孙玉文	寿光市营里镇西黑前村	22	男	1943 年
孙振华	寿光市营里镇西道口村	17	男	1943 年
孙志盈	寿光市化龙镇埠西村一村	20	男	1943 年
菊 太	寿光市田柳镇闫家村	—	男	1943 年
田丰明	寿光市古城街道罗家村	20	男	1943 年
王宝林之长兄	寿光市台头镇南洋头村	31	男	1943 年
王宝田	寿光市田柳镇后疃村	40	男	1943 年
王春荣	寿光市营里镇辛庄村	23	男	1943 年
王德仁	寿光市田柳镇张前村	60	男	1943 年
王东出	寿光市侯镇王辛村	23	男	1943 年
王耿堂	寿光市台头镇桥子村	42	男	1943 年
王广民	寿光市田柳镇王高五村	27	男	1943 年
王汉钦	寿光市县营里镇北南河村	25	男	1943 年
王怀全	寿光市上口镇广一村	19	男	1943 年
王吉顺	寿光市营里镇营里社村	—	男	1943 年
王 江	寿光市洛城街道北纸村	40	男	1943 年
王金建	寿光市上口镇广一村	28	男	1943 年
王金月	寿光市县营里镇北南河村	24	男	1943 年
王敬亭	寿光市侯镇前下舟村	24	男	1943 年
王连进	寿光市洛城街道城里村	20	男	1943 年
王路章	寿光市营里镇周家庄子村	20	男	1943 年
王培信	寿光市田柳镇西兴王村	22	男	1943 年
王顺才	寿光市营里镇前南河村	29	男	1943 年
王天才	寿光市台头镇南洋头村	25	男	1943 年
王同仁	寿光市古城街道兴旺村	20	男	1943 年
王西周	寿光市营里镇西浊北村	30	男	1943 年
王献恩	寿光市田柳镇后王村	21	男	1943 年

姓　名	籍　贯	年　龄	性　别	死难时间
王效顺	寿光市营里镇营里社村	31	男	1943 年
王新春	寿光市侯镇赵家辛章村	22	男	1943 年
王新之	寿光市营里镇周家庄子村	24	男	1943 年
王育才	寿光市营里镇前南河村	28	男	1943 年
王云衔	寿光市羊口镇官台村	22	男	1943 年
王执怀	寿光市田柳镇王高五村	27	男	1943 年
魏恒福	寿光市古城街道徐家村	30	男	1943 年
魏礼泰	寿光市圣城街道东郭村	—	男	1943 年
魏伦之	寿光市侯镇后下舟村	23	男	1943 年
魏明章	寿光市文家街道布政村	24	男	1943 年
魏明忠	寿光市侯镇后下舟村	21	男	1943 年
魏培良	寿光市侯镇后下舟村	23	男	1943 年
魏世贤	寿光市侯镇后下舟村	25	男	1943 年
魏同兴	寿光市侯镇后下舟村	25	男	1943 年
魏同萱	寿光市侯镇后下舟村	23	男	1943 年
魏永和	寿光市侯镇后下舟村	24	男	1943 年
魏永久	寿光市侯镇后下舟村	26	男	1943 年
魏永山	寿光市侯镇后下舟村	23	男	1943 年
魏永修	寿光市侯镇后下舟村	24	男	1943 年
吴维均	寿光市侯镇北寨村	28	男	1943 年
夏金路	寿光市古城街道周家村	30	男	1943 年
夏士官	寿光市圣城街道城里村	40	男	1943 年
肖德顺	寿光市洛城街道安全村	21	男	1943 年
徐　文	寿光市古城街道临三村	50	男	1943 年
徐文房	寿光市侯镇前下舟村	24	男	1943 年
许桂贞	寿光市文家街道先锋村	30	男	1943 年
燕汝博	寿光市古城街道临三村	25	男	1943 年
燕友兴	寿光市古城街道临二村	40	男	1943 年
燕云烈之祖父	寿光市古城街道临二村	40	男	1943 年
杨道生	寿光市营里镇晋家疃村	22	男	1943 年
杨建臣	寿光市营里镇西浊北村	24	男	1943 年
杨梅森	寿光市古城街道罗庄村	35	男	1943 年

姓　名	籍　贯	年　龄	性　别	死难时间
杨明道	寿光市古城街道曹家村	23	男	1943 年
杨启兴	寿光市古城街道马范村	22	男	1943 年
杨廷臣	寿光市营里镇西浊北村	22	男	1943 年
杨秀来	寿光市营里镇孙家庄村	25	男	1943 年
杨义德	寿光市营里镇西黑塚子后村	29	男	1943 年
杨育三	寿光市营里镇晋家疃村	33	男	1943 年
杨召勋	寿光市羊口镇杨家庄子村	21	男	1943 年
于效起	寿光市侯镇地沟村	25	男	1943 年
袁昊龙	寿光市羊口镇	35	男	1943 年
袁　×	寿光市羊口镇	30	男	1943 年
张宝营	寿光市侯镇东泊头村	23	男	1943 年
张丙彦	寿光市古城街道临一村	29	男	1943 年
张德龙	寿光市上口镇河疃村	38	男	1943 年
张福才	寿光市圣城街道金马村	22	男	1943 年
张光太	寿光市台头镇李王村	53	男	1943 年
张洪升	寿光市上口镇西方吕南村	20	男	1943 年
张金安	寿光市台头镇李王村	22	男	1943 年
张景明	寿光市孙家集街道西彦村	35	男	1943 年
张敬堂	寿光市古城街道西范村	26	男	1943 年
张俊民	寿光市洛城街道营子村	47	男	1943 年
张奎万	寿光市营里镇辛庄村	39	男	1943 年
张来河	寿光市侯镇东毕一村	18	男	1943 年
张连宝	寿光市侯镇泊头村	24	男	1943 年
张连元	寿光市洛城街道营子村	29	男	1943 年
张培德	寿光市侯镇黄桥张东村	29	男	1943 年
张朋来	寿肖市营里镇西黑前村	22	男	1943 年
张　圈	寿光市圣城街道梨园村	37	男	1943 年
张全书	寿光市营里镇西中村	22	男	1943 年
张山坡	寿光市侯镇东毕一村	19	男	1943 年
张守规	寿光市洛城街道营子村	38	男	1943 年
张守树	寿光市洛城街道营子村	25	男	1943 年
张万平	寿光市古城街道罗家村	22	男	1943 年

姓 名	籍 贯	年 龄	性 别	死难时间
张锡明	寿光市古城街道野虎村	24	男	1943 年
张新春	寿光市营里镇西中村	34	男	1943 年
张新春	寿光市营里镇西中村	29	男	1943 年
张义德	寿光市洛城街道营子村	51	男	1943 年
张英官	寿光市洛城街道营子村	24	男	1943 年
张玉吉	寿光市营里镇东中村	40	男	1943 年
张玉珍	寿光市古城街道临一村	18	男	1943 年
张元明	寿光市化龙镇乐业村	23	男	1943 年
张之贞	寿光市营里镇东中村	19	男	1943 年
张治丰	寿光市田柳镇常家庄村	29	男	1943 年
张子同	寿光市台头镇张家庄村	30	男	1943 年
仇怀仁	寿光市侯镇仇家村	19	男	1943 年
仇 欣	寿光市侯镇仇家村	26	男	1943 年
仇左贤	寿光市侯镇仇家村	16	男	1943 年
赵超然	寿光市田柳镇赵家村	27	男	1943 年
赵恩荣	寿光市侯镇赵辛村	25	男	1943 年
赵果怀	寿光市田柳镇苇园子村	25	男	1943 年
赵华堂	寿光市洛城街道牟西村	37	男	1943 年
赵乐京	寿光市古城街道曹家村	23	男	1943 年
赵临朐	寿光市洛城街道城里村	25	男	1943 年
赵新昌	寿光市洛城街道城里村	21	男	1943 年
郑丛功	寿光市台头镇大坨村	28	男	1943 年
郑金龙	寿光市台头镇大坨村	24	男	1943 年
郑西欣之祖父	寿光市台头镇大坨村	57	男	1943 年
郑 玉	寿光市田柳镇于家村	16	男	1943 年
周冠杰	寿光市古城街道周家村	22	男	1943 年
朱光宗	寿光市侯镇前下舟村	23	男	1943 年
朱茂同	寿光市上口镇回河口村	40	男	1943 年
朱英之	寿光市洛城街道寒东村	23	男	1943 年
祖振邦	寿光市洛城街道牟东村	18	男	1943 年
李省三	寿光市孙家集街道石家村	27	男	1943 年
李玉松	寿光市孙家集街道黄埠村	35	男	1943 年

姓　名	籍　贯	年　龄	性　别	死难时间
张保致	寿光市孙家集街道张家庄村	24	男	1943 年
张可尊	寿光市孙家集街道张家庄村	23	男	1943 年
王兆贤	寿光市孙家集街道王庙村	24	男	1943 年
张士俊	寿光市孙家集街道崔家村	21	男	1943 年
张学芹之妻	寿光市孙家集街道崔家村	30	女	1943 年
朱维汉	寿光市孙家集街道西侯村	21	男	1943 年
蔺福全	寿光市化龙镇蔺家村	30	男	1943 年
单亦盛	寿光市古城街道单家村	38	男	1943 年
董庆峰	寿光市田柳镇北王里村	19	男	1943 年
董庆佳	寿光市田柳镇北王里村	20	男	1943 年
董庆顺	寿光市田柳镇北王里村	17	男	1943 年
董绍贤	寿光市田柳镇北王里村	18	男	1943 年
姜广德	寿光市孙家集街道王庙村	52	男	1943 年
信守义之父	寿光市化龙镇信桥村	42	男	1943 年
孙德禄	寿光市孙家集街道孙家庄村	50	男	1943 年
郝华清	寿光市圣城街道郝家村	40	男	1943 年
郝乌臣	寿光市孙家集街道黄埠村	19	男	1943 年
张安邦	寿光市圣城街道赵旺村	27	男	1943 年
张德俭	寿光市古城街道常治村	42	男	1943 年
曹成之	寿光市营里镇曹家辛庄村	21	男	1944 年 1 月
方永寿	寿光市上口镇后牟邵村	28	男	1944 年 1 月
李丙香	寿光市台头镇前赵埠村	18	男	1944 年 1 月
蔺汉江	寿光市台头镇蔺家村	24	男	1944 年 1 月
刘朋伍	寿光市孙家集街道淄河店村	25	男	1944 年 1 月
马景文	寿光市孙家集街道马家村	19	男	1944 年 1 月
马万田	寿光市洛城街道马家庄子村	23	男	1944 年 1 月
田洪书	寿光市田柳镇田柳村	23	男	1944 年 1 月
王淑兰	寿光市台头镇马家庄村	20	男	1944 年 1 月
杨秀梅	寿光市营里镇孙家庄村	22	男	1944 年 1 月
于发文	寿光市羊口镇寇家坞村	33	男	1944 年 1 月
王　汉	寿光市侯镇东地沟村	29	男	1944 年 2 月 8 日
王乐天	寿光市侯镇东地沟村	31	男	1944 年 2 月 8 日

姓 名	籍 贯	年 龄	性 别	死难时间
王 良	寿光市侯镇东地沟村	26	男	1944 年 2 月 8 日
单吉业	寿光市羊口镇营子村	20	男	1944 年 2 月
胡兆星	寿光市侯镇黄桥张东村	26	男	1944 年 2 月
李如湘	寿光市上口镇南半截河村	54	男	1944 年 2 月
刘东升	寿光市化龙镇姚家屯村	21	男	1944 年 2 月
马化和	寿光市台头镇牛头村	23	男	1944 年 2 月
张洪波	寿光市侯镇红庙村	20	男	1944 年 2 月
张学芹	寿光市孙家集街道崔家村	30	男	1944 年 2 月
王有能	寿光市洛城街道柴家村	28	男	1944 年 3 月 10 日
王有续	寿光市洛城街道柴家村	35	男	1944 年 3 月 10 日
袁玉桂	寿光市洛城街道柴家村	30	男	1944 年 3 月 10 日
陈龙堂	寿光市台头镇北台头村	38	男	1944 年 3 月
陈永治	寿光市台头镇北台头村	27	男	1944 年 3 月
付云溪	寿光市孙家集街道东马村	25	男	1944 年 3 月
李玉栋	寿光市上口镇东后村	24	男	1944 年 3 月
李玉贞	寿光市上口镇东后村	24	男	1944 年 3 月
李元春	寿光市田柳镇南王里村	22	男	1944 年 3 月
刘立宝	寿光市孙家集街道一甲村	30	男	1944 年 3 月
宋科升	寿光市侯镇岔一村	21	男	1944 年 3 月
孙道忠	寿光市洛城街道北城西村	29	男	1944 年 3 月
孙甲文	寿光市洛城街道北城西村	22	男	1944 年 3 月
王大有	寿光市纪台镇武庙村	25	男	1944 年 3 月
王树训	寿光市台头镇南洋头村	44	男	1944 年 3 月
王益三	寿光市田柳镇东青村	25	男	1944 年 3 月
辛可文	寿光市化龙镇辛家村	24	男	1944 年 3 月
杨惠东	寿光市古城街道范沟子村	24	男	1944 年 3 月
张文阁	寿光市羊口镇宅科四村	55	女	1944 年 3 月
郑德润	寿光市台头镇小坨村	28	男	1944 年 3 月
郑关杰	寿光市台头镇小坨村	27	男	1944 年 3 月
杨 氏	寿光市孙家集街道潘家村	15	女	1944 年 3 月
魏和元	寿光市纪台镇魏家村	32	男	1944 年 4 月 5 日
魏佳纪	寿光市纪台镇魏家村	20	男	1944 年 4 月 5 日

姓　名	籍　贯	年　龄	性　别	死难时间
魏连升	寿光市纪台镇魏家村	29	男	1944 年 4 月 5 日
魏良田	寿光市纪台镇魏家村	24	男	1944 年 4 月 5 日
魏强元	寿光市纪台镇魏家村	23	男	1944 年 4 月 5 日
魏庆增	寿光市纪台镇魏家村	32	男	1944 年 4 月 5 日
魏中泉	寿光市纪台镇魏家村	22	男	1944 年 4 月 5 日
张乐之	寿光市纪台镇桃园村	24	男	1944 年 4 月 10 日
董　义	寿光市上口镇南半村	48	男	1944 年 4 月
侯荣富之父	寿光市台头镇北洋头村	45	男	1944 年 4 月
李明光	寿光市上口镇南半截河村	25	男	1944 年 4 月
刘象林	寿光市孙家集街道一甲村	24	男	1944 年 4 月
牟明熙	寿光市上口镇牟邵村	34	男	1944 年 4 月
宁儒德	寿光市台头镇辛庄村	18	男	1944 年 4 月
王德亭	寿光市台头镇牛头村	28	男	1944 年 4 月
王江青	寿光市田柳镇瓦底桥村	24	男	1944 年 4 月
王茂德	寿光市洛城街道官桥村	38	男	1944 年 4 月
王明儒	寿光市化龙镇中李村	17	男	1944 年 4 月
王执恒	寿光市田柳镇后王村	39	男	1944 年 4 月
学义之母	寿光市上口镇南半村	50	女	1944 年 4 月
于泮洪	寿光市羊口镇寇家坞六村	25	男	1944 年 4 月
常玉华	寿光市田柳镇后王村	53	男	1944 年 5 月
陈风东之父	寿光市洛城街道留吕村	57	男	1944 年 5 月
崔国柱	寿光市化龙镇崔家村	39	男	1944 年 5 月
李友马	寿光市田柳镇南王里村	25	男	1944 年 5 月
王怀荣	寿光市营里镇前南河村	21	男	1944 年 5 月
王思孟	寿光市台头镇付家庄村	27	男	1944 年 5 月
王肃五	寿光市洛城街道河东圩村	26	男	1944 年 5 月
王象乾	寿光市田柳镇后疃村	23	男	1944 年 5 月
魏友三	寿光市纪台镇魏家村	24	男	1944 年 5 月
尹树堂	寿光市洛城街道留吕村	42	男	1944 年 5 月
张清畦	寿光市洛城街道留吕村	47	男	1944 年 5 月
赵日林	寿光市田柳镇赵家村	21	男	1944 年 5 月
郑希武	寿光市台头镇郑埝村	42	男	1944 年 5 月

姓　名	籍　贯	年　龄	性　别	死难时间
郝增秀	寿光市营里镇宅科三村	32	男	1944 年 6 月
侯永照	寿光市营里镇侯家营里村	31	男	1944 年 6 月
黄乐春	寿光市侯镇黄庄村	24	男	1944 年 6 月
李连全	寿光市田柳镇永甫村	30	男	1944 年 6 月
马儒阶	寿光市台头镇牛头村	25	男	1944 年 6 月
马瑞林	寿光市台头镇牛头村	27	男	1944 年 6 月
孙保曾	寿光市洛城街道北城西村	25	男	1944 年 6 月
孙道成	寿光市洛城街道北城西村	26	男	1944 年 6 月
孙开俊	寿光市洛城街道北城西村	25	男	1944 年 6 月
王长贵	寿光市羊口镇王家庄子村	25	男	1944 年 6 月
王良香	寿光市田柳镇田柳村六村	26	男	1944 年 6 月
王致元	寿光市田柳镇田柳村六村	24	男	1944 年 6 月
延思学	寿光市化龙镇裴岭村	18	男	1944 年 6 月
张金寿	寿光市田柳镇巨家庄村	41	男	1944 年 6 月
张立新	寿光市化龙镇丰二村	14	男	1944 年 6 月
张文清	寿光市侯镇杨官庄村	22	男	1944 年 6 月
朱川烈	寿光市田柳镇后王村	52	男	1944 年 6 月
朱川玉	寿光市田柳镇后王村	52	男	1944 年 6 月
朱元修	寿光市田柳镇田柳村六村	46	男	1944 年 6 月
曹世范	寿光市营里镇曹家辛庄村	20	男	1944 年 7 月
董日普	寿光市上口镇广陵一村	29	男	1944 年 7 月
侯永三	寿光市台头镇北洋头村	38	男	1944 年 7 月
鞠延德	寿光市化龙镇信老村	19	男	1944 年 7 月
刘金祥	寿光市上口镇口子村	20	男	1944 年 7 月
王景龙	寿光市田柳镇后疃村	22	男	1944 年 7 月
姚金柱	寿光市化龙镇姚家屯村	23	男	1944 年 7 月
曹长录	寿光市营里镇郭井子村	27	男	1944 年 8 月
常松田	寿光市田柳镇常家庄村	32	男	1944 年 8 月
陈金培	寿光市田柳镇陈马村	23	男	1944 年 8 月
高学闵	寿光市孙家集街道卢家庄村	29	男	1944 年 8 月
郝清安	寿光市营里镇宅科三村	28	男	1944 年 8 月
李从信	寿光市营里镇前浊北村	24	男	1944 年 8 月

姓 名	籍 贯	年龄	性别	死难时间
李树桐	寿光市田柳镇崔家村	34	男	1944 年 8 月
李玉春	寿光市田柳镇南王里村	23	男	1944 年 8 月
李振水	寿光市洛城街道高西村	45	男	1944 年 8 月
马兴堂	寿光市台头镇牛头村	25	男	1944 年 8 月
隋启昌	寿光市台头镇彭家道口三村	18	男	1944 年 8 月
隋英龙	寿光市台头镇彭家道口三村	23	男	1944 年 8 月
王凤和	寿光市羊口镇寇家坞村四村	23	男	1944 年 8 月
王化中	寿光市羊口镇寇家坞村五村	26	男	1944 年 8 月
杨万锷	寿光市孙家集街道大李村	23	男	1944 年 8 月
杨万志	寿光市孙家集街道大李村	25	男	1944 年 8 月
于进仁	寿光市营里镇前浊北村	27	男	1944 年 8 月
胡立叶之姐	寿光市古城街道贺东村	28	女	1944 年 9 月
胡立叶之母	寿光市古城街道贺东村	58	女	1944 年 9 月
李成福	寿光市台头镇张家庄村	35	男	1944 年 9 月
李科进	寿光市孙家集街道范于村	23	男	1944 年 9 月
刘 之	寿光市文家街道业家村	25	男	1944 年 9 月
王东河	寿光市羊口镇寇家坞村	61	男	1944 年 9 月
王桂池	寿光市营里镇王柳村	24	男	1944 年 9 月
吴兆三	寿光市营里镇中营村	29	男	1944 年 9 月
许兆风	寿光市化龙镇魏家庄子村	22	男	1944 年 9 月
尹德功	寿光市洛城街道后尹村	45	男	1944 年 9 月
尹培忠	寿光市洛城街道后尹村	31	男	1944 年 9 月
张伯谦	寿光市台头镇马家庄村	34	男	1944 年 9 月
周春源	寿光市古城街道周家庄村	39	男	1944 年 9 月
袁国星	寿光市洛城街道柴家村	27	男	1944 年 10 月 7 日
洪光耀	寿光市文家街道大尧村	19	男	1944 年 11 月
李家庆	寿光市稻田镇东里村	25	男	1944 年 11 月
刘东昌	寿光市上口镇双井口村	28	男	1944 年 11 月
隋效敏	寿光市化龙镇魏家庄子村	40	男	1944 年 11 月
王森照	寿光市台头镇马家庄村	28	男	1944 年 11 月
杨云洪	寿光市古城街道杨家庄村	21	男	1944 年 11 月
张学文	寿光市田柳镇西埠头村	28	男	1944 年 11 月

姓　名	籍　贯	年　龄	性　别	死难时间
王方芝	寿光市营里镇李家庄村	26	男	1944 年 12 月
王荣才	寿光市营里镇前南河村	23	男	1944 年 12 月
曹　氏	寿光市羊口镇	50	女	1944 年
曹永清	寿光市古城街道曹家村	23	男	1944 年
陈树智	寿光市田柳镇薛家村	27	男	1944 年
陈兴文	寿光市营里镇北单村	25	男	1944 年
程道亭	寿光市羊口镇	30	男	1944 年
崔炳烈	寿光市营里镇东黑村	20	男	1944 年
崔成友之兄	寿光市圣城街道崔家村	29	男	1944 年
崔廷芳	寿光市侯镇前下舟村	22	男	1944 年
单继身	寿光市台头镇北单村	20	男	1944 年
刁光斗	寿光市羊口镇	35	男	1944 年
丁公绪	寿光市营里镇西北河村	33	男	1944 年
董曰普	寿光市上口镇广一村	34	男	1944 年
冯永智	寿光市田柳镇冯家村	20	男	1944 年
高　氏	寿光市古城街道桑官村	50	女	1944 年
高有营	寿光市孙家集街道岳寺高村	26	男	1944 年
郭存身	寿光市侯镇丰台岭村	19	男	1944 年
郭照光	寿光市侯镇地沟村	21	男	1944 年
韩龙云	寿光市上口镇西景明三村	19	男	1944 年
韩明辉	寿光市文家街道韩家村	23	男	1944 年
郝京成	寿光市营里镇九曲村	38	男	1944 年
郝京忠	寿光市营里镇九曲村	40	男	1944 年
郝连奎	寿光市营里镇九曲村	41	男	1944 年
胡玉官之二弟	寿光市古城街道野虎村	50	男	1944 年
黄金龙	寿光市羊口镇西宅科村	22	男	1944 年
纪长兴	寿光市化龙镇板桥村	22	男	1944 年
李　江	寿光市侯镇挑沟子村	26	男	1944 年
李长松	寿光市羊口镇北木桥村	46	男	1944 年
李长月	寿光市羊口镇北木桥村	36	男	1944 年
李道贤	寿光市化龙镇信桥村	18	男	1944 年
李德新	寿光市圣城街道西石村	30	男	1944 年

姓 名	籍 贯	年 龄	性 别	死难时间
李 津	寿光市田柳镇西埠村	22	男	1944 年
李来顺	寿光市上口镇广陵二村	29	男	1944 年
李秋鹤	寿光市田柳镇李家村	42	男	1944 年
李树南	寿光市古城街道罗庄村	20	男	1944 年
李召济	寿光市上口镇南半截河村	30	男	1944 年
梁洪元	寿光市圣城街道金马村	44	男	1944 年
梁茂月	寿光市洛城街道梁家村	23	男	1944 年
林学孟	寿光市文家街道业家村	20	男	1944 年
刘川吉	寿光市上口镇东堤村	43	男	1944 年
刘东岭	寿光市上口镇双井口村	21	男	1944 年
刘良富之父	寿光市圣城街道西关村	22	男	1944 年
刘培红	寿光市羊口镇北木桥村	20	男	1944 年
刘清峰	寿光市台头镇刘家茅坨村	23	男	1944 年
刘世平	寿光市圣城街道东公孙村	34	男	1944 年
刘四明	寿光市圣城街道西公孙村	43	男	1944 年
刘玉波	寿光市古城街道顶盖子村	26	男	1944 年
马传文	寿光市台头镇牛头村	21	男	1944 年
马道广	寿光市台头镇牛头村	30	男	1944 年
马芳亭	寿光市台头镇牛头村	20	男	1944 年
马桂林	寿光市台头镇牛头村	22	男	1944 年
马龙江	寿光市台头镇牛头村	21	男	1944 年
马儒秸	寿光市台头镇牛头村	25	男	1944 年
马盛堂	寿光市台头镇牛头村	25	男	1944 年
马维顺	寿光市台头镇牛头村	20	男	1944 年
马西符	寿光市台头镇牛头村	21	男	1944 年
马协胜	寿光市台头镇蔺家村	18	男	1944 年
马秀峰	寿光市台头镇牛头村	27	男	1944 年
宋明顺	寿光市侯镇岭二村	20	男	1944 年
宋森春	寿光市侯镇岔二村	22	男	1944 年
隋笃庆	寿光市台头镇彭家道口二村	52	男	1944 年
隋洪喜	寿光市台头镇东庄村	26	男	1944 年
孙来宾	寿光市营里镇西道口村	—	男	1944 年

姓　名	籍　贯	年　龄	性　别	死难时间
唐多厚	寿光市田柳镇袁家桥村	21	男	1944 年
王光荣	寿光市台头镇南洋头村	22	男	1944 年
王花智	寿光市上口镇西方吕北村	21	男	1944 年
王化南	寿光市台头镇南洋头村	32	男	1944 年
王金鼎	寿光古城街道沙埠屯村	28	男	1944 年
王开国	寿光市田柳镇朱家庄子村	23	男	1944 年
王奎勋	寿光市古城街道莱坞村	20	男	1944 年
王连友	寿光市侯镇王圈村	29	男	1944 年
王清池	寿光市化龙镇南王村	44	男	1944 年
王清堂	寿光市圣城街道南后三村	30	男	1944 年
王万友	寿光市田柳镇西青村	30	男	1944 年
王希文	寿光市营里镇南王家村	58	男	1944 年
王延善	寿光市圣城街道西关村	29	男	1944 年
王耀东	寿光市县营里镇北南河村	19	男	1944 年
王志浩	寿光市营里镇西黑前村	34	男	1944 年
王志祥	寿光市营里镇益隆道口村	34	男	1944 年
吴　氏	寿光市羊口镇	30	女	1944 年
夏文超	寿光市化龙镇夏店村	26	男	1944 年
信登堂	寿光市化龙镇信桥村	18	男	1944 年
徐守训	寿光市圣城街道西石村	24	男	1944 年
杨禄增	寿光市营里镇王柳村	23	男	1944 年
杨永寿	寿光市羊口镇杨家庄子村	28	男	1944 年
杨志丰	寿光市营里镇东浊北村	21	男	1944 年
杨智芳	寿光市营里镇孙家庄村	22	男	1944 年
杨子美	寿光市营里镇宅科五村	43	男	1944 年
尹清河	寿光市侯镇河崖子村	30	男	1944 年
于冠卿	寿光市侯镇地沟村	23	男	1944 年
于金良	寿光市侯镇地沟村	46	男	1944 年
张佃奎	寿光市上口镇河疃村	19	男	1944 年
张浩兴	寿光市侯镇黄桥张村	24	男	1944 年
张合林	寿光市营里镇宅科五村	63	男	1944 年
张较之	寿光市侯镇东泊头村	30	男	1944 年

姓　名	籍　贯	年　龄	性　别	死难时间
张金池	寿光市圣城街道城里村	23	男	1944 年
张金良	寿光市上口镇西方吕南村	26	男	1944 年
张金亭	寿光市侯镇挑沟村	31	男	1944 年
张立仁	寿光市台头镇蔺家村	53	男	1944 年
张如潭	寿光市侯镇地沟村	30	男	1944 年
张世兴	寿光市古城街道前疃村	27	男	1944 年
张松涛	寿光市营里镇宅科五村	42	男	1944 年
张伟南	寿光市羊口镇北木桥村	30	男	1944 年
张孝成	寿光市古城街道野虎村	27	男	1944 年
张有官	寿光市羊口镇西宅科村	23	男	1944 年
张玉生	寿光市上口镇北半截河村	44	男	1944 年
张云之	寿肖市营里镇西黑前村	19	男	1944 年
赵守让	寿光市侯镇赵辛村	28	男	1944 年
赵元顶	寿光市圣城街道西公孙村	32	男	1944 年
郑广大	寿光市台头镇大坨村	56	男	1944 年
訾高居	寿光市圣城街道西关村	31	男	1944 年
张东汉	寿光市孙家集街道达字刘村	20	男	1944 年
汤升平	寿光市孙家集街道汤家村	46	男	1944 年
王安田	寿光市古城街道单家村	20	男	1944 年
李海昌	寿光市化龙镇李屯村	21	男	1944 年
臧桂荣	寿光市营里镇宅科三村	42	女	1945 年 1 月
丁方忠	寿光市营里镇东北河村	19	男	1945 年 1 月
高　昌	寿光市营里镇鹿家村	—	男	1945 年 1 月
侯乐枫	寿光市营里镇侯家营里村	22	男	1945 年 1 月
侯树苍	寿光市营里镇侯家营里村	30	男	1945 年 1 月
刘铁山	寿光市羊口镇南木桥村	20	男	1945 年 1 月
王桂堂	寿光市台头镇辛庄村	20	男	1945 年 1 月
王怀宣	寿光市上口镇广陵一村	18	男	1945 年 1 月
王世江	寿光市营里镇李家坞村	28	男	1945 年 1 月
王雨云	寿光市台头镇小坨村	36	男	1945 年 1 月
张佃起	寿光市古城街道范沟子村	22	男	1945 年 1 月
张高年	寿光市营里镇宅科三村	68	男	1945 年 1 月

姓 名	籍 贯	年 龄	性 别	死难时间
张林瑞	寿光市化龙镇丰城村	20	男	1945 年 1 月
张龙亭	寿光市田柳镇丁家庄子村	22	男	1945 年 1 月
张子民	寿光市化龙镇西丰村	28	男	1945 年 1 月
赵华池	寿光市侯镇赵家辛章村	24	男	1945 年 1 月
周立道	寿光市化龙镇西文家村	26	男	1945 年 1 月
李成德	寿光市台头镇张家庄村	22	男	1945 年 2 月
李法奠	寿光市上口镇口子村	24	男	1945 年 2 月
唐山云	寿光市田柳镇袁家桥村	21	男	1945 年 2 月
王英昌之妻	寿光市营里镇营里社村	—	女	1945 年 2 月
王英昌之子	寿光市营里镇营里社村	—	男	1945 年 2 月
于胶东	寿光市台头镇马家庄村	25	男	1945 年 2 月
张宗仁	寿光市田柳镇巨家村	52	男	1945 年 2 月
陈成书	寿光市田柳镇陈马村	23	男	1945 年 3 月
陈怀书	寿光市台头镇北台头村	27	男	1945 年 3 月
丁庆礼	寿光市洛城街道店子村	18	男	1945 年 3 月
郝增瑞	寿光市营里镇宅科三村	30	男	1945 年 3 月
李三奎	寿光市田柳镇南王里村	21	男	1945 年 3 月
刘 氏	寿光市田柳镇邢一村	50	女	1945 年 3 月
刘玉枝	寿光市田柳镇丁家村	25	男	1945 年 3 月
王洪吉	寿光市田柳镇邢一村	43	男	1945 年 3 月
王林各	寿光市田柳镇邢一村	45	男	1945 年 3 月
王兴业	寿光市羊口镇营子村	32	男	1945 年 3 月
杨树梅	寿光市侯镇仉西村	40	男	1945 年 3 月
张金锡	寿光市台头镇李王庄村	40	男	1945 年 3 月
张龙亭	寿光市田柳镇丁家村	26	男	1945 年 3 月
郭树举	寿光市洛城街道郭营村	25	男	1945 年 4 月
郝群卿	寿光市营里镇郝柳村	24	男	1945 年 4 月
侯振礼	寿光市台头镇北洋头村	26	男	1945 年 4 月
李云青	寿光市化龙镇魏家村	19	男	1945 年 4 月
刘家兴	寿光市侯镇三村	19	男	1945 年 4 月
刘家兴	寿光市上口镇后牟邵村	20	男	1945 年 4 月
刘建中	寿光市侯镇三村	20	男	1945 年 4 月

姓　名	籍　贯	年　龄	性　别	死难时间
马俊峰	寿光市田柳镇马家塘村	22	男	1945 年 4 月
马玉顺	寿光市台头镇牛头村	18	男	1945 年 4 月
王佃选	寿光市田柳镇东头村	33	男	1945 年 4 月
王建江	寿光市营里镇北南河村	30	男	1945 年 4 月
王同仁	寿光市古城街道金旺村	21	男	1945 年 4 月
魏泮会	寿光市纪台镇纪台村	22	男	1945 年 4 月
杨志芳	寿光市营里镇孙家庄村	—	男	1945 年 4 月
尹玉才	寿光市田柳镇东头村	29	男	1945 年 4 月
张国俊之母	寿光市营里镇宅科三村	53	女	1945 年 4 月
张仁之	寿光市营里镇宅科三村	23	男	1945 年 4 月
张言明	寿光市上口镇张家屯村	16	男	1945 年 4 月
郑同伦	寿光市台头镇三益村	50	男	1945 年 4 月
董荣昌	寿光市洛城街道董后村	23	男	1945 年 4 月
董如海	寿光市洛城街道董后村	22	男	1945 年 4 月
丁长珍	寿光市营里镇西北河村	25	男	1945 年 5 月
丁方营	寿光市洛城街道店子村	19	男	1945 年 5 月
郭宝林之叔	寿光市洛城街道郭营村	31	男	1945 年 5 月
李长禄之母	寿光市圣城街道北坦村	33	女	1945 年 5 月
李公华	寿光市上口镇南半截河村	19	男	1945 年 5 月
李松亭	寿光市化龙镇南马店村	20	男	1945 年 5 月
李象辛	寿光市上口镇口子村	33	男	1945 年 5 月
杨效法	寿光市羊口镇杨家庄子村	29	男	1945 年 5 月
张九德之母	寿光市圣城街道九巷村	60	女	1945 年 5 月
张俊生	寿光市侯镇北仉村	18	男	1945 年 5 月
赵　璧	寿光市圣城街道九巷村	30	男	1945 年 5 月
常禄山	寿光市田柳镇常家庄村	32	男	1945 年 6 月
郝进华	寿光市营里镇宅科三村	56	男	1945 年 6 月
刘　灼	寿光市田柳镇郎家营村	25	男	1945 年 6 月
刘玉芝	寿光市田柳镇丁家庄子村	26	男	1945 年 6 月
马万祯	寿光市台头镇牛头村	19	男	1945 年 6 月
马元阶	寿光市台头镇牛头村	24	男	1945 年 6 月
邱如海	寿光市圣城街道东关村	23	男	1945 年 6 月

姓　名	籍　贯	年　龄	性　别	死难时间
任登隆	寿光市上口镇任家下口村	20	男	1945 年 6 月
王德兴	寿光市文家街道八里村	24	男	1945 年 6 月
徐启平	寿光市营里镇吴家营里村	27	男	1945 年 6 月
尹玉相	寿光市田柳镇东头村	24	男	1945 年 6 月
张献寿	寿光市文家街道台柳村	18	男	1945 年 6 月
张玉相	寿光市田柳镇东头村	24	男	1945 年 6 月
郑继方	寿光市古城街道磊村	27	男	1945 年 6 月
刘昌宗	寿光市纪台镇张庙村	22	男	1945 年 6 月
张金贵	寿光市田柳镇巨家村	26	男	1945 年 6 月
崔西恩	寿光市田柳镇崔家村	31	男	1945 年 7 月
贾志会	寿光市化龙镇贾家村	19	男	1945 年 7 月
李登亭	寿光市洛城街道斟灌城南村	49	男	1945 年 7 月
李泮泉	寿光市侯镇侯镇村	21	男	1945 年 7 月
李秀三	寿光市羊口镇官台村	24	男	1945 年 7 月
刘志云	寿光市侯镇三村	35	男	1945 年 7 月
马法林	寿光市台头镇牛头村	45	男	1945 年 7 月
马国昌	寿光市台头镇牛头村	24	男	1945 年 7 月
马会之	寿光市田柳镇常家庄村	18	男	1945 年 7 月
马如胡	寿光市台头镇蔺家村	30	男	1945 年 7 月
马正元	寿光市台头镇牛头村	40	男	1945 年 7 月
唐景尧	寿光市田柳镇袁家桥村	24	男	1945 年 7 月
许昌凤	寿光市化龙镇魏家村	20	男	1945 年 7 月
赵法周	寿光市侯镇赵家辛章村	23	男	1945 年 7 月
段学贤	寿光市台头镇南台头村	26	男	1945 年 8 月
贺法尧	寿光市台头镇邢西村	22	男	1945 年 8 月
侯方德	寿光市台头镇北洋头村	22	男	1945 年 8 月
侯英俊	寿光市台头镇北洋头村	31	男	1945 年 8 月
侯元林	寿光市台头镇北洋头村	25	男	1945 年 8 月
侯忠堂	寿光市台头镇北洋头村	21	男	1945 年 8 月
胡国京	寿光市圣城街道北胡村	34	男	1945 年 8 月
李　×	寿光市上口镇北半截河村	24	男	1945 年 8 月
李超海	寿光市上口镇北半截河村	24	男	1945 年 8 月

姓 名	籍 贯	年 龄	性 别	死难时间
李成林	寿光市台头镇张家庄村	24	男	1945 年 8 月
李万贵	寿光市台头镇彭家道口三村	24	男	1945 年 8 月
刘东坡	寿光市化龙镇东柴村	25	男	1945 年 8 月
刘敬程	寿光市古城街道石头屋子村	25	男	1945 年 8 月
马元太	寿光市台头镇牛头村	25	男	1945 年 8 月
桑乐玉	寿光市古城街道徐家村	20	男	1945 年 8 月
隋从文	寿光市圣城街道东营村	22	男	1945 年 8 月
王明鉴	寿光市洛城街道小官道村	32	男	1945 年 8 月
徐立堂	寿光市营里镇李家坞村	27	男	1945 年 8 月
燕培然	寿光市古城街道临泽村二村	47	男	1945 年 8 月
杨奎相	寿光市营里镇孙家庄村	19	男	1945 年 8 月
杨如珍	寿光市羊口镇杨家庄子村	25	男	1945 年 8 月
张可行	寿光市文家街道前游村	21	男	1945 年 8 月
张茂亭	寿光市田柳镇巨家村	50	男	1945 年 8 月
张新兴	寿光市化龙镇丰二村	17	男	1945 年 8 月
张增胜	寿光市洛城街道高东村	40	男	1945 年 8 月
韩起德之父	寿光市古城街道东罗村	47	男	1945 年 9 月
侯钦忠	寿光市台头镇北洋头村	31	男	1945 年 9 月
侯希秋	寿光市营里镇李家坞村	28	男	1945 年 9 月
侯永祥	寿光市台头镇北台头村	38	男	1945 年 9 月
黄伦升	寿光市羊口镇西宅科村	28	男	1945 年 9 月
李卫坦	寿光市田柳镇崔家村	27	男	1945 年 9 月
刘福聚	寿光市化龙镇南官桥村	25	男	1945 年 9 月
刘克功	寿光市田柳镇郎家营村	25	男	1945 年 9 月
孙举才	寿光市台头镇北洋头村	22	男	1945 年 9 月
田普胜	寿光市田柳镇田柳村	27	男	1945 年 9 月
杨玉仁	寿光市侯镇杨官庄村	25	男	1945 年 9 月
张逢武	寿光市侯镇东泊头村	20	男	1945 年 9 月
郑洪升	寿光市台头镇大坨村	27	男	1945 年 9 月
王超选	寿光市洛城街道官桥村	27	男	1945 年 10 月
陈法政	寿光市田柳镇芦家庄村	18	男	1945 年 11 月
高继贤	寿光市孙家集街道陈家庄子村	20	男	1945 年 11 月

姓 名	籍 贯	年 龄	性 别	死难时间
李 伦	寿光市田柳镇朱家庄子村	23	男	1945 年 11 月
李如章	寿光市洛城街道斟灌城南村	26	男	1945 年 11 月
任炳光	寿光市侯镇斜庙子村	21	男	1945 年 11 月
孙凤升	寿光市台头镇邢西村	21	男	1945 年 11 月
杨成训	寿光市洛城街道留吕村四村	23	男	1945 年 11 月
杨奎英	寿光市上口镇北半截河村	23	男	1945 年 11 月
杨明鸢	寿光市营里镇齐家村	38	男	1945 年 11 月
刘义三	寿光市田柳镇刘家村	18	男	1945 年 12 月
隋本成	寿光市台头镇东庄村	41	男	1945 年 12 月
王学胜	寿光市侯镇仉家村	19	男	1945 年 12 月
魏恒清	寿光市化龙镇布政村	25	男	1945 年 12 月
常寿田	寿光市田柳镇常家庄村	25	男	1945 年
戴云升	寿光市台头镇牛头村	24	男	1945 年
单继庆	寿光市营里镇北单村	32	男	1945 年
单连溪	寿光市营里镇南单前村	23	男	1945 年
丁 ×	寿光市羊口镇	—	男	1945 年
范苗氏	寿光市古城街道东范村	60	女	1945 年
方玉祥	寿光市侯镇东河南村	22	男	1945 年
冯桂田	寿光市羊口镇官台村	20	男	1945 年
冯润生	寿光市羊口镇官台村	22	男	1945 年
冯 氏	寿光市田柳镇巨家村	71	女	1945 年
高世袭	寿光市文家街道高官村	25	男	1945 年
葛孚孔	寿光市洛城街道屯西村	30	男	1945 年
郭汗臣	寿光市化龙镇裴西村	35	男	1945 年
韩邦三	寿光市上口镇西景明三村	20	男	1945 年
韩宝安	寿光市古城街道西罗桥村	59	男	1945 年
韩宝修	寿光市古城街道西罗桥村	60	男	1945 年
韩光煜	寿光市稻田镇韩埠村	23	男	1945 年
韩俊峰	寿光市上口镇西景明三村	20	男	1945 年
韩世礼	寿光市田柳镇郎家营村	27	男	1945 年
胡禄昌	寿光市侯镇黄桥张村	17	男	1945 年
纪多仁	寿光市化龙镇板桥村	22	男	1945 年

姓 名	籍 贯	年 龄	性 别	死难时间
纪多香	寿光市化龙镇板桥村	37	男	1945 年
贾德三	寿光市化龙镇贾家村	20	男	1945 年
李冰焕	寿光市化龙镇李家村	48	男	1945 年
李丁金	寿光市侯镇	19	男	1945 年
李东山	寿光市上口镇口子村	45	男	1945 年
李洪祥	寿光市上口镇口子村	27	男	1945 年
李连安	寿光市侯镇挑沟村	23	男	1945 年
李 伦	寿光市田柳镇朱家村	36	男	1945 年
李 氏	寿光市田柳镇巨家村	72	女	1945 年
李文效	寿光市田柳镇巨家村	65	男	1945 年
李文仲	寿光市羊口镇北木桥村	18	男	1945 年
李益法	寿光市上口镇口子村	17	男	1945 年
李占中	寿光市侯镇挑沟村	41	男	1945 年
林守经	寿光市上口镇林家下口三村	20	男	1945 年
蔺景柳	寿光市文家街道北泮村	21	男	1945 年
刘安民	寿光市台头镇河头村	19	男	1945 年
刘炳锡	寿光市上口镇南半截河村	30	男	1945 年
刘 春	寿光市台头镇河头村	37	男	1945 年
刘汉民	寿光市侯镇岔二村	27	男	1945 年
刘继宾	寿光市圣城街道北关村	22	男	1945 年
刘来宾	寿光市古城街道野虎村	24	男	1945 年
刘品一	寿光市羊口镇北木桥村	23	男	1945 年
刘清周	寿光市文家街道西陈村	24	男	1945 年
刘树章	寿光市上口镇西堤村	—	男	1945 年
刘玉宣	寿光市田柳镇李家宋村	26	男	1945 年
马兰洲	寿光市田柳镇瓦子桥村	26	男	1945 年
马培芬	寿光市台头镇牛头村	20	男	1945 年
马西三	寿光市台头镇牛头村	20	男	1945 年
马元秸	寿光市台头镇牛头村	24	男	1945 年
马曰清	寿光市台头镇牛头村	28	男	1945 年
马月街	寿光市羊口镇齐庄村	30	男	1945 年
孟繁林	寿光市侯镇炉房村	31	男	1945 年

姓 名	籍 贯	年 龄	性 别	死难时间
齐明成	寿光市侯镇地沟村	48	男	1945 年
任登龙	寿光市上口镇任家下口村	22	男	1945 年
隋许斌	寿光市台头镇河头村	57	男	1945 年
王炳光	寿光市侯镇王家村	25	男	1945 年
王大发	寿光市羊口镇莱央子村	60	男	1945 年
王德训	寿光市田柳镇西兴王村	20	男	1945 年
王国道	寿光市稻田镇东风村	20	男	1945 年
王华堂	寿光市孙家集街道三元王村	25	男	1945 年
王介奎	寿光市营里镇前南河村	40	男	1945 年
王敬之	寿光市侯镇前下舟村	22	男	1945 年
王明道	寿光市古城街道后王村	34	男	1945 年
王培功	寿光市营里镇营里社村	27	男	1945 年
王培训	寿光市台头镇南洋头村	28	男	1945 年
王如金	寿光市县营里镇北南河村	19	男	1945 年
王守业	寿光市田柳镇阎黎院村	18	男	1945 年
王希正	寿光市侯镇炉房村	26	男	1945 年
王秀堂	寿光市台头镇桥子村	20	男	1945 年
魏国礼	寿光市侯镇后下舟村	25	男	1945 年
魏鹤田	寿光市稻田镇东风村	26	男	1945 年
魏培英	寿光市侯镇后下舟村	23	男	1945 年
吴建阁	寿光市营里镇中营村	31	男	1945 年
吴连山	寿光市上口镇小营村	31	男	1945 年
吴英春	寿光市上口镇小营村	27	男	1945 年
武怀德	寿光市古城街道北孙村	50	男	1945 年
信维明	寿光市化龙镇信桥村	17	男	1945 年
徐步鳌	寿光市化龙镇和平村	18	男	1945 年
徐春龙	寿光市纪台镇尧河店子村	25	男	1945 年
徐令伟	寿光市侯镇前下舟村	25	男	1945 年
许金国	寿光市上口镇许家村	18	男	1945 年
闫安世	寿光市侯镇泊头村	25	男	1945 年
颜廷栋	寿光市田柳镇刘家村	41	男	1945 年
杨光乾	寿光市营里镇东浊北村	25	男	1945 年

姓 名	籍 贯	年 龄	性 别	死难时间
杨海清	寿光市田柳镇常家庄村	24	男	1945 年
杨京元	寿光市羊口镇杨家庄子村	24	男	1945 年
杨俊秀	寿光市营里镇九曲村	19	男	1945 年
杨培烈	寿光市营里镇九曲村	44	男	1945 年
杨儒林	寿光市田柳镇李家宋村	29	男	1945 年
杨 氏	寿光市营里镇九曲村	38	女	1945 年
杨文吉	寿光市营里镇孙家庄村	19	男	1945 年
杨子修	寿光市田柳镇李家宋村	27	男	1945 年
于佃举	寿光市侯镇地沟村	26	男	1945 年
于连云	寿光市侯镇地沟村	24	男	1945 年
于世功	寿光市侯镇地沟村	22	男	1945 年
于堂升	寿光市侯镇地沟村	31	男	1945 年
于兴水	寿光市侯镇地沟村	23	男	1945 年
于英礼	寿光市侯镇地沟村	26	男	1945 年
袁可伍	寿光市侯镇侯镇村	55	男	1945 年
岳成忠	寿光市化龙镇信桥村	20	男	1945 年
张大马	寿光市圣城街道城里村	42	男	1945 年
张东真	寿光市羊口镇北木桥村	26	男	1945 年
张丰孟	寿光市营里镇宅科五村	12	男	1945 年
张乐之	寿光市羊口镇北木桥村	20	男	1945 年
张刘氏	寿光市田柳镇巨家村	70	女	1945 年
张天德	寿光市营里镇西黑前村	31	男	1945 年
张永增	寿光市侯镇河沟村	36	男	1945 年
张有身	寿光市营里镇宅科五村	30	男	1945 年
张玉莲	寿光市古城街道刘官村	24	女	1945 年
张云庆	寿光市圣城街道西关村	35	男	1945 年
张治九	寿光市田柳镇常家庄村	35	男	1945 年
仇文荣	寿光市侯镇仇家村	24	男	1945 年
朱光华	寿光市田柳镇田柳村二村	26	男	1945 年
朱光先	寿光市侯镇前下舟村	22	男	1945 年
朱俊杰	寿光市田柳镇田柳村	25	男	1945 年
朱克润	寿光市侯镇挑沟村	22	男	1945 年

姓 名	籍 贯	年 龄	性 别	死难时间
李春禄	寿光市化龙镇蔺家村	25	男	1945 年
常渭滨	寿光市田柳镇常家庄村	28	男	—
李长江	寿光市田柳镇北岭村	17	男	—
李汉卿	寿光市田柳镇崔家村	31	男	—
李 氏	寿光市田柳镇崔家村	38	女	—
李氏之子	寿光市田柳镇崔家村	19	男	—
李朱氏	寿光市田柳镇崔家村	35	女	—
刘德盈	寿光市化龙镇裴岭村	—	男	—
毛冠奎	—	19	男	—
齐安邦	寿光市营里镇齐家村	—	男	—
齐昌三	寿光市营里镇齐家村	—	男	—
齐连儒	寿光市营里镇齐家村	—	男	—
齐效波	寿光市营里镇齐家村	—	男	—
齐正茂	寿光市营里镇齐家村	—	男	—
宋耕田	寿光市田柳镇东青村	50	男	—
王光斗	寿光市营里镇东浊北村	28	男	—
王金鼎	寿光市古城街道沙埠屯村	25	男	—
王九章	寿光市营里镇周家村	28	男	—
王泮水	寿光市田柳镇东青村	27	男	—
王守礼	寿光市古城街道刘家村	—	男	—
王同升	寿光市营里镇周家村	44	男	—
王温让	寿光市营里镇前南河村	20	男	—
王孝文	寿光市营里镇营里社村	—	男	—
王玉芹	寿光市田柳镇东青村	50	男	—
武怀仁	寿光市古城街道北孙村	40	男	—
武怀信	寿光市古城街道北孙村	30	男	—
杨敬江	寿光市田柳镇杨疃村	23	男	—
尹炳德	寿光市田柳镇东头村	36	男	—
尹文钵	寿光市营里镇河崖子村	—	男	—
张怀安	寿光市化龙镇辛旺村	—	男	—
张树起	寿光市圣城街道十里村	—	男	—
何安民	寿光市台头镇邢东村	42	男	1938 年 10 月

姓 名	籍 贯	年 龄	性 别	死难时间
王有道	寿光市营里镇南王家村	27	男	1938 年 12 月
周世亭	寿光市营里镇南王家村	17	男	1938 年 12 月
吴 铠	寿光市侯镇果子园村	48	男	1938 年 1 月 1 日
王先章	寿光市侯镇果子园村	47	男	1938 年 1 月 1 日
周世亭	寿光市营里镇王家村	16	男	1938 年 2 月
王有道	寿光市营里镇王家村	20	男	1938 年 2 月
宫 青	寿光市台头镇邢东村	38	男	1938 年 5 月
宫 新	寿光市台头镇邢东村	27	男	1938 年 5 月
张 屯	寿光市文家街道台柳村	22	男	1938 年秋
杨玉林	寿光市文家街道蔡东村	40	男	1938 年
张万三	寿光市营里镇央子村	30	男	1938 年
宫 蓝	寿光市台头镇邢东村	18	男	1938 年
唐观海	寿光市田柳镇袁桥村	20	男	1938 年
朱学然	寿光市田柳镇西青村	20	男	1938 年
李龙江	寿光市上口镇东北上口村	—	男	1938 年
刘永华	寿光市孙家集街道胡营二村	18	男	1939 年 4 月
刘康华	寿光市孙家集街道胡营二村	18	男	1939 年 4 月
卢清溪	寿光市孙家集街道卢家村	22	男	1939 年 5 月
张文学	寿光市台头镇北孙村	24	男	1939 年 6 月
孟光安	寿光市台头镇南洋头村	53	男	1939 年 6 月
宫 云	寿光市台头镇邢东村	20	男	1939 年 7 月
刘永富	寿光市化龙镇化龙桥村	25	男	1939 年 7 月
李凤兰	寿光市孙家集街道边线王村	18	男	1939 年 8 月
张志诚	寿光市孙家集街道小店铺村	22	男	1939 年
秦友和	寿光市稻田镇东稻田村	38	男	1939 年
王树南	寿光市台头镇南洋头村	25	男	1939 年
林有之	寿光市圣城街道西关村	—	男	1939 年
毕同义	寿光市田柳镇苇园村	20	男	1939 年
林有之	寿光市圣城街道西关村	—	男	1939 年
温国祥	寿光市侯镇岳庄村	18	男	1939 年
王仲伦	寿光市孙家集街道丰顺王村	40	男	1939 年
王化道	寿光市孙家集街道丰顺王村	30	男	1939 年

姓 名	籍 贯	年 龄	性 别	死难时间
彭彦光	寿光市孙家集街道彭家村	22	男	1939 年
彭国光之二弟	寿光市孙家集街道彭家村	27	男	1939 年
王德安	寿光市台头镇南洋头村	28	男	1940 年 3 月
陈丙文	寿光市上口镇南半村	29	男	1940 年 3 月
王之会	寿光市台头镇付茅村	42	男	1940 年 8 月
王奎章	寿光市台头镇南洋头村	70	男	1940 年 8 月
李显元	寿光市洛城街道闫家村	23	男	1940 年 8 月
韩来顺之兄	寿光市文家街道韩家村	31	男	1940 年
周松青	寿光市营里镇吴家村	30	男	1940 年
王兆祥	寿光市台头镇南洋头村	31	男	1940 年
王相振	寿光市台头镇南洋头村	29	男	1940 年
孙守业	寿光市化龙镇信老村	20	男	1940 年
隋树淡	寿光市化龙镇安乐村	19	男	1940 年
隋九令	寿光市化龙镇安乐村	18	男	1940 年
王升堂	寿光市洛城街道高湛村	26	男	1940 年
王小元	寿光市田柳镇后疃村	19	男	1940 年
王泮芬	寿光市田柳镇后疃村	19	男	1940 年
齐东方	寿光市上口镇齐家村	21	男	1940 年
齐银方	寿光市上口镇齐家村	23	男	1940 年
齐金方	寿光市上口镇齐家村	25	男	1940 年
齐华山	寿光市上口镇齐家村	24	男	1940 年
李富亮	寿光市上口镇南邵一村	23	男	1940 年
李相秀	寿光市上口镇南邵一村	22	男	1940 年
杨家滨	寿光市侯镇杨官村	17	男	1940 年
齐连成	寿光市侯镇杨家村	23	男	1940 年
刘若农	寿光市孙家集街道肖家营村	33	男	1940 年
张桂春	寿光市圣城街道椒园村	—	男	1941 年 1 月
刘洪前	寿光市台头镇郑辇村	27	男	1941 年 3 月
郑规范	寿光市台头镇郑辇村	28	男	1941 年 3 月
田丰管	寿光市上口镇南半村	31	男	1941 年 7 月
付象润	寿光市台头镇付茅村	39	男	1941 年 8 月
郑少宗之弟	寿光市台头镇郑辇村	26	男	1941 年 9 月

姓　名	籍　贯	年　龄	性　别	死难时间
郑子勤之三兄	寿光市台头镇郑辇村	30	男	1941 年 9 月
刘华书	寿光市古城街道刘官村	32	男	1941 年 11 月
锡泮池	寿光市洛城街道东锡村	30	男	1941 年
郑会东之祖父	寿光市台头镇大坨村	36	男	1941 年
郑　兴	寿光市台头镇大坨村	23	男	1941 年
隋天福	寿光市台头镇道口一村	25	男	1941 年
白效先	寿光市化龙镇白桥村	26	男	1941 年
李龙增	寿光市古城街道罗庄村	30	男	1941 年
刘凤来	寿光市圣城街道九巷村	20	男	1941 年
寇本月	寿光市圣城街道马范村	—	男	1941 年
寇红之三弟	寿光市圣城街道马范村	—	男	1941 年
李希文	寿光市上口镇广二村	37	男	1941 年
寇洪涕	寿光市圣城街道马范村	—	男	1941 年
杨树文	寿光市侯镇杨官村	41	男	1941 年
付　焘	寿光市孙家集街道南马疃村	30	男	1941 年
张学志	寿光市孙家集街道范于村	18	男	1942 年 2 月
王中诚	寿光市上口镇方吕北村	18	男	1942 年 3 月
张逢祥	寿光市营里镇西中村	36	男	1942 年 4 月
张玉春	寿光市营里镇西中村	28	男	1942 年 4 月
杨东成	寿光市台头镇北洋头村	49	男	1942 年 4 月
侯玉迁	寿光市台头镇北洋头村	37	男	1942 年 4 月
侯贵林	寿光市台头镇北洋头村	48	男	1942 年 4 月
张淮滨	寿光市上口镇南半村	31	男	1942 年 4 月
杨会滨	寿光市圣城街道岳家村	40	男	1942 年 4 月
侯荣富	寿光市台头镇北洋头村	42	男	1942 年 4 月
辛志增	寿光市化龙镇辛家村	33	男	1942 年 5 月
郑春景	寿光市台头镇郑辇村	26	男	1942 年 6 月
陈恒礼	寿光市台头镇北台头村	26	男	1942 年 6 月
董永才	寿光市洛城街道闫家村	19	男	1942 年 8 月
张为德	寿光市纪台镇张庙村	30	男	1942 年 9 月
陈大音	寿光市台头镇北台头村	19	男	1942 年 9 月
陈家路	寿光市台头镇北台头村	20	男	1942 年 9 月

姓 名	籍 贯	年 龄	性 别	死难时间
陈好义	寿光市台头镇北台头村	19	男	1942 年 9 月
陈忠诚	寿光市台头镇北台头村	25	男	1942 年 9 月
杨昌堂	寿光市羊口镇杨庄村	28	男	1942 年 9 月 6 日
张怀青	寿光市台头镇蔺家村	34	男	1942 年 9 月 6 日
王子贤	寿光市羊口镇寇家坞村	36	男	1942 年 9 月 6 日
陈玉杰	寿光市上口镇南半村	30	男	1942 年 11 月
锡庆乐	寿光市洛城街道东锡村	22	男	1942 年
宋世珍	寿光市营里镇宋家村	30	男	1942 年
王左修	寿光市营里镇南王家村	55	男	1942 年
杨金山	寿光市营里镇九曲村	30	男	1942 年
马老三	寿光市台头镇马家庄村	35	男	1942 年
梁伟德	寿光市台头镇明楼村	27	男	1942 年
隋元贞	寿光市台头镇东庄村	25	男	1942 年
杨寿增	寿光市古城街道杨家村	30	男	1942 年
朱士城	寿光市田柳镇二村	26	男	1942 年
李象翠	寿光市上口镇西北上口村	21	男	1942 年
李×堂	寿光市侯镇侯一村	37	男	1942 年
李金岩	寿光市侯镇侯一村	35	男	1942 年
赵秀卿	寿光市上口镇东前村	25	男	1942 年
赵佃奎	寿光市上口镇东前村	23	男	1942 年
赵美卿	寿光市上口镇东前村	25	男	1942 年
赵云吉	寿光市上口镇东前村	27	男	1942 年
赵邮吉	寿光市上口镇东前村	29	男	1942 年
赵功卿	寿光市上口镇东前村	31	男	1942 年
王兰庄	寿光市洛城街道屯西村	17	男	1942 年
杨玉琢	寿光市孙家集街道呙宋台村	25	男	1942 年
郑功钦	寿光市古城街道垒村	20	男	1943 年 1 月
郑好义	寿光市古城街道垒村	20	男	1943 年 1 月
张桂春	寿光市圣城街道椒园村	—	男	1943 年 1 月
赵固本	寿光市圣城街道赵仕村	—	男	1943 年 1 月
黄明经	寿光市圣城街道赵仕村	—	男	1943 年 1 月
姚玉江之父	寿光市孙家集街道王庙村	47	男	1943 年 2 月

姓　名	籍　贯	年　龄	性　别	死难时间
王建功	寿光市孙家集街道王庙村	31	男	1943 年 2 月
吕传武	寿光市纪台镇吕三村	21	男	1943 年 2 月
杨新华	寿光市羊口镇杨庄村	31	男	1943 年 3 月 27 日
杨　匣	寿光市羊口镇杨庄村	30	男	1943 年 3 月 27 日
杨发轮之母	寿光市羊口镇杨庄村	50	女	1943 年 3 月 27 日
杨慧兰之母	寿光市羊口镇杨庄村	47	女	1943 年 3 月 27 日
杨希增	寿光市羊口镇杨庄村	40	男	1943 年 3 月 27 日
杨录真	寿光市羊口镇杨庄村	32	男	1943 年 3 月 27 日
马　海	寿光市羊口镇杨庄村	31	男	1943 年 3 月 27 日
杨福荣	寿光市羊口镇杨庄村	—	男	1943 年 3 月 27 日
杨云亭	寿光市羊口镇杨庄村	—	男	1943 年 3 月 27 日
韩华北	寿光市洛城街道韩家村	50	男	1943 年 4 月
韩士基	寿光市洛城街道韩家村	42	男	1943 年 4 月
王希武	寿光市孙家集街道五合村	23	男	1943 年 4 月
王同学	寿光市孙家集街道前杨村	23	男	1943 年 4 月
李天祥	寿光市孙家集街道胡营王村	22	男	1943 年 4 月
刘继怀	寿光市孙家集街道胡营王村	22	男	1943 年 4 月
耿光跃	寿光市孙家集街道孙集村	20	男	1943 年 4 月
张守经	寿光市孙家集街道孙集村	23	男	1943 年 4 月
张向前	寿光市孙家集街道西张村	22	男	1943 年 4 月
张全敬	寿光市孙家集街道西张村	24	男	1943 年 4 月
张奇风	寿光市孙家集街道西张村	22	男	1943 年 4 月
陈泮之	寿光市台头镇北台头村	22	男	1943 年 4 月
陈恩光	寿光市台头镇北台头村	40	男	1943 年 4 月
崔友成之兄	寿光市圣城街道崔家村	28	男	1943 年 4 月
左东升	寿光市文家街道业家村	22	男	1943 年 4 月
翟洪勋	寿光市孙家集街道大李村	22	男	1943 年 4 月
陈伟金	寿光市台头镇北台头村	27	男	1943 年 5 月
李忠义	寿光市田柳镇南王里村	24	男	1943 年 5 月
张禄亭	寿光市文家街道西陈村	20	男	1943 年 6 月
高云祥	寿光市孙家集街道岳寺高村	25	男	1943 年 8 月
郑法冉	寿光市上口镇南广村	45	男	1943 年 9 月

姓 名	籍 贯	年 龄	性 别	死难时间
郑金贵	寿光市上口镇南广村	14	男	1943 年 9 月
张德胜	寿光市上口镇南广村	38	男	1943 年 9 月
张书学	寿光市上口镇南广村	37	男	1943 年 9 月
郭连友	寿光市上口镇南广村	36	男	1943 年 9 月
郭西玉	寿光市上口镇南广村	33	男	1943 年 9 月
李俊堂	寿光市上口镇南广村	17	男	1943 年 9 月
魏兴义	寿光市洛城街道孙家村	26	男	1943 年
王立申	寿光市洛城街道孙家村	17	男	1943 年
刘青习	寿光市洛城街道孙家村	15	男	1943 年
付保三	寿光市孙家集街道北马疃村	23	男	1943 年
张好吉	寿光市稻田镇北河崖村	—	男	1943 年
赵有东	寿光市稻田镇西庞村	42	男	1943 年
黄庭栋	寿光市营里镇王柳村	—	男	1943 年
张好义	寿光市化龙镇丰三村	23	男	1943 年
金克勤	寿光市古城街道杨家村	36	男	1943 年
袁明东	寿光市田柳镇南袁村	28	男	1943 年
王桂林	寿光市田柳镇东青村	23	男	1943 年
赵国梁	寿光市田柳镇苇园村	30	男	1943 年
赵长德	寿光市田柳镇苇园村	30	男	1943 年
王美臣	寿光市田柳镇苇园村	29	男	1943 年
李祥云	寿光市上口镇东北上口村	52	男	1943 年
李可宝	寿光市上口镇东北上口村	—	男	1943 年
李可前	寿光市上口镇东北上口村	—	男	1943 年
李如玉	寿光市侯镇南寨村	22	男	1943 年
刘道畅	寿光市台头镇河头村	24	男	1943 年
张泮池	寿光市上口镇三北楼村	23	男	1944 年 2 月
李 恒	寿光市田柳镇南王里村	20	男	1944 年 3 月
杨作雨	寿光市洛城街道柴家村	27	男	1944 年 8 月
梁茂芝	寿光市洛城街道梁家村	22	男	1944 年
张宝山	寿光市洛城街道复兴村	22	男	1944 年
王学田	寿光市营里镇南王村	58	男	1944 年
孙 氏	寿光市营里镇南王家村	58	女	1944 年

姓 名	籍 贯	年 龄	性 别	死难时间
王国卿	寿光市营里镇南王家村	38	男	1944 年
王英才	寿光市田柳镇李家宋村	25	男	1944 年
郭大和	寿光市侯镇申明亭村	29	男	1944 年
张思开	寿光市侯镇申明亭村	29	男	1944 年
王 臣	寿光市侯镇杨家村	17	男	1944 年
李 洪	寿光市上口镇东后村	33	男	1944 年
宋光明	寿光市稻田镇卜家村	48	男	1945 年 2 月
周文轩	寿光市稻田镇卜家村	46	男	1945 年 2 月
李三奎	寿光市田柳镇南王里村	21	男	1945 年 3 月
郭树林之弟	寿光市洛城街道郭营村	27	男	1945 年 4 月
梁焕东	寿光市洛城街道梁家村	22	男	1945 年
合 计	**4072**			

责任人：张锡贵　张祥森　　　　　核实人：孟　健　郭振兴　　　　　填表人：郭振兴
填报单位（签章）：寿光市委党史研究室　　　　　　　　　　填报时间：2009 年 4 月 25 日

后　记

在中央党史研究室组织指导下，山东省于 2006 年开展了抗日战争时期人口伤亡和财产损失大型调研活动（以下简称"抗损调研"）。抗损调研的成果之一，是通过全省普遍的乡村走访调查，广泛收集见证人和知情人的口述资料，如实记录伤亡者的姓名、籍贯、性别、年龄、死难时间等信息，编纂一部《山东省抗日战争时期伤亡人员名录》（以下简称《名录》）。《名录》于 2010 年编纂完成后，共收录抗日战争时期日军造成的山东现行政区域范围内的伤亡人员 46.9 万余名。以《名录》为基础，我们选择信息比较完整、填写比较规范的 100 个县（市、区）抗日战争时期死难人员名录，经省市县三级党史部门进一步整理、编纂，形成了《山东省百县（市、区）抗日战争时期死难者名录》，共收录死难者169173 人。

2005 年，中央党史研究室部署开展《抗日战争时期中国人口伤亡和财产损失》这一重大课题的调研工作。考虑到这项课题是一项艰巨复杂的浩大工程，山东省委党史研究室确定先行试点，在取得经验的基础上全面展开。2006 年 3 月，山东省委党史研究室在全省 17 个市选择 30 个县（市、区）作为抗损调研试点单位。在中央党史研究室指导下，山东省委党史研究室按照全国调研工作方案确定的指导思想、组织领导、调研项目、工作步骤、基本要求等，制定下发了《山东省抗日战争时期人口伤亡和财产损失调研试点工作方案》。各试点县（市、区）建立了两支调研队伍：一是县（市、区）建立由党史、档案、史志等单位人员组成的档案与文献资料查阅队伍；二是乡（镇）、村建立走访调查队伍。调查的方式是：以村为单位，以 70 岁以上老人为重点，走访调查见证人和知情人，调查人员根据访问情况填写调查表，被调查人员确认填写的内容准确无误后签字（按手印）；以乡（镇）为单位对调查表记录的人员伤亡和财产损失情况进行汇总统计；以县（市、区）为单位查阅历史档案和文献资料，细致梳理人员伤亡和财产损失情况记录，汇总统计本县（市、区）人口伤亡和财产损失情况。试点工作于 7 月底结束。

试点期间，中央党史研究室不仅从方案规划设计，调研方法步骤确定，以及走访调查和档案查阅等各个环节需要把握的问题，给予我们精心指导，而且一再提出把调研工作做成"基础工程、精品工程、警世工程、传世工程"的标准要求，不断提升我们对这项工作的认识高度。

在中央党史研究室的悉心指导下，试点工作不仅取得重要成果，而且深化了我们对抗损调研工作的认识，增强了我们做好这项工作的责任意识。

一是收集了大量历史档案和文献资料，掌握了历史上山东省对抗损问题的调研情况，对如何深化调研取得了新的认识。

试点期间，30个试点县（市、区）共查阅历史档案2.36万卷，文献资料6859册，收集档案、文献资料3.72万份。主要包括：抗日战争胜利后，山东解放区政府、冀鲁豫解放区政府和国民党山东省政府、国民党青岛市政府对抗日战争时期山东省境内人口伤亡和财产损失所做的调查资料；新中国成立后，为收集日本战犯罪行证据，由山东省人民政府统一组织领导，各级公安、检察机关所做的调查资料；20世纪五六十年代和改革开放以来，各级党史、史志、文史部门，社科研究单位和民间人士对抗日战争时期发生在山东省境内的人口伤亡和财产损失重大事件所做的典型调查资料等。

通过分析这些资料，可以看到，解放区政府和国民党政府所做的调查，调查时间是抗战胜利后至1946年初，调查方法是按照联合国救济总署设定的战争灾害损失调查项目进行的，调查目的在于战后救济与善后，着重于人口伤亡和财产损失的数据统计，其调查覆盖山东全境，统计数据全面、可靠，但缺少伤亡者具体信息的记录。新中国成立后及改革开放新时期的调查，留存了日本战犯和受害人、当事人的大量口供和证词。这些口供和证词记录了伤亡者姓名、被害经过等许多具体信息，但仅限于部分重大事件中的少数伤亡者。据此，我们认识到，虽然通过系统整理散落在各级档案馆、图书馆、博物馆的档案和文献中的历次调查资料，可以在确凿的历史档案、文献资料以及人证、物证等证据的基础上，进一步查明山东省抗日战争时期人口伤亡和财产损失的情况，但还是难以在全省范围内查明伤亡者更多的具体信息。因此，还需要我们做更多的工作。

二是收集了大量见证人、知情人口述资料，掌握了乡村走访调查的样本选择和操作方法，深化了对直接调查重要性的认识。

30个试点县（市、区）走访调查19723个村庄、103.6万人，召开座谈会13.13万人次，收集证人证言22.42万份。这些证言证词记载了当年日军的累累罪行。虽然时间已经过去了六七十年，见证人的有些记忆已很不完整、有些仅是片段式的，但亲眼目睹过同胞亲人惨遭劫难的老人们，仍能清晰讲述出其刻骨铭心的深刻记忆；虽然有些村庄已经消失，有些家族整个被日军杀绝，从而导致一些信息中断，但大多数村庄仍然保留有历史记忆，大量死难者有亲人或后人在世。

基于对证言证词的分析，我们认识到：村落是民族记忆的历史载体、家族生活的社会单元，保留着家族绵延续绝的历史信息；70 岁以上老人在抗日战争胜利时已有十几岁，具备准确记忆的能力。以行政村为调查样本、以全省 609 万在世的 70 岁以上老人为重点人群，采用乡村走访调查的方法，可以收集更多的抗日战争时期伤亡人员信息，以弥补过去历次调查留下的缺憾。

三是查阅了世界其他国家对二战时期死难者调查的文献资料，增强了我们对历史负责、对死难者亡灵负责、对国际社会和人类文明负责的民族担当意识。

试点期间，山东省委党史研究室组织研究人员查阅了世界各国对二战时期死难者调查和纪念的相关资料。"尊重每一个生命，珍惜每一个人的存亡"，在第二次世界大战灾难的调查和纪念中得到充分体现。2004 年，以色列纪念纳粹大屠杀的主题是"直到最后一个犹太人，直到最后一个名字"。在美国建立的珍珠港纪念碑上，死难者有名有姓，十分具体。在泰国、缅甸交界的二战遗址桂河大桥旁，盟军死难者纪念公墓整齐刻写着死难者的名字。铭记死难者的名字，抚平创伤让死难者安息，成为国际社会通行的做法。但是，日本全面侵华战争中造成数百万山东人民伤亡，60 多年来在尘封的历史档案中记录的多是一串串伤亡数字，至今没有一部记录死难者相关信息的大型专著。随着当事人和见证者相继逝去，再不完成这方面的调查，将会成为无法弥补的历史缺憾。推动开展一次乡村普遍调查，尽可能多地查找死难者的名字、记录死难者的相关信息，既可告慰死难者的冤魂亡灵，又可留存日军残酷暴行的铁证。这是我们历史工作者的良心所在，责任所在！

中央党史研究室对山东试点工作及取得的成果给予充分肯定和高度评价，同意山东省委党史研究室对试点成果的分析和对抗损调研工作的认识，提出了开展山东省抗日战争时期人口伤亡和财产损失大型调研活动的指导意见，并要求努力实现以下两个主要目标：

一是在收集整理以往历次抗损调研成果的基础上，准确查明山东省抗日战争时期人口伤亡和财产损失的情况。即由省市县三级党史、史志、档案等部门具有一定研究能力的人员，广泛收集散落在各地档案馆、图书馆、博物馆的抗损资料，在系统整理、深入分析研究 60 多年来各级政府、社会团体、研究机构等调查和研究成果的基础上，准确查明山东省抗日战争时期人口伤亡和财产损失的情况；

二是开展一次普遍的乡村走访调查，尽可能多地调查记录伤亡者的信息，弥补以往历次调查的不足。即按照统一方法步骤，由乡村两级组成走访调查队伍，以行政村为调查样本、以70岁以上老人为重点调查人群，通过进村入户走访调查，广泛收集见证人和知情人的口述资料，如实记录死难者的姓名、性别、年龄、籍贯、伤亡时间、伤亡原因等信息。

在中央党史研究室的指导下，山东省委党史研究室研究制定了《山东省抗日战争时期人口伤亡和财产损失课题调研工作方案》，明确了抗损调研的指导思想、目标任务、方法步骤和保障措施等要求。在中央党史研究室的推动下，山东省成立了由党史、财政、史志、档案、民政、文化、出版、统计、司法等单位组成的大型调研活动领导小组，下设课题研究办公室（重大专项课题组）。

2006年10月中旬，山东省抗损调研领导小组研究通过并下发了《山东省抗日战争时期人口伤亡和财产损失课题调研工作方案》及关于录制走访取证声像资料、重大惨案进行司法公证、编写抗损大事记等相关配套方案，统一复制并下发了由中央党史研究室设计制定的"抗日战争时期人口伤亡调查表"、"抗日战争时期财产损失调查表"、"抗日战争时期人口伤亡统计表"、"抗日战争时期财产损失统计表"。

各市、县（市、区）按照方案要求进行了筹备部署：

一是组织调研队伍。各市、县（市、区）成立了抗损调查委员会，从党史、史志、档案、民政、统计、图书馆等单位抽调10~20名人员组成抗损课题办公室，主要负责本地调研工作的组织协调，历史档案和文献资料的查阅、收集、分析整理、汇总统计等任务。全省共组织档案文献查阅人员3910名。各乡（镇）抽调5~10人组成走访调查取证组，具体承担本乡（镇）各村的走访调查取证工作。全省各乡（镇）调查组依托村党支部、村委会共组织走访调查取证人员32万余名。

二是培训调研人员。各市培训所属县（市、区）骨干调研队伍，培训主要采取以会代训的形式，重点推广试点县（市、区）调研工作中的成功做法。各县（市、区）培训所属乡（镇）调研队伍，培训采取选择一个典型村或镇进行集中调研、现场观摩的形式。

三是乡（镇）以行政村为单位对辖区内70岁以上老人登记造册，统一印制并向70岁以上老人发放了"抗日战争时期人口伤亡和财产损失入户调查明白纸"，告知调查的目的和有关事项。

2006 年 10 月 25 日，山东省抗损调研领导小组召开了全省抗损调研动员会议。10 月 26 日，走访取证工作在全省乡村全面展开。各乡（镇）走访调查取证组携带录音、录像设备和"抗日战争时期人口伤亡调查表"、"抗日战争时期财产损失调查表"等深入辖区行政村走访调查。调查人员主要由乡（镇）调查组人员和村党支部、村委会成员以及离退休老干部和退休教师组成。调查对象是各村 70 岁以上老人。

调查人员按照"抗日战争时期人口伤亡调查表"设置的栏目，主要询问被调查人所知道的抗日战争时期伤亡者姓名、年龄，伤亡时间、地点、经过（被日军枪杀、烧杀、活埋、砍杀、奸杀、溺水等情节）、伤亡者人数等情况。被调查人讲述，调查人员如实记录。记录完成后调查人员当场向被调查人宣读记录，被调查人确认无误后签名或盖章、按手印，调查人同时填写调查单位、调查人姓名、调查日期。证人讲述的死难者遇难现场遗址存在或部分存在的，调查组在证人指证的遗址现场（田埂、河沟、大树、坟地、小桥、水井、宅基地等）拍摄照片、录制声像资料。至此，形成一份完整的证言证词。

对于文献资料中记载的一次伤亡 10 人以上的惨案，各县（市、区）课题办公室组织党史、档案、史志等部门专业人员进行了专题调查，调查主要采取召开见证人、知情人座谈会的形式，调查过程全程录音、录像。对证言证词准确完整、具备司法公证条件的惨案，司法公证部门进行了司法公证。

为加强对调研工作的协调和指导，确保乡村走访调查目标的实现，山东省抗损课题研究办公室建立了督导制度、联系点制度、信息通报制度。省市县三级抗损课题研究办公室主任负责本辖区调研工作的督查指导，分别深入市、县（市、区）、乡（镇）检查调研工作开展情况。各市抗损课题研究办公室向所属县（市、区）派出督导员，深入乡（镇）、村检查指导调查取证工作，解决遇到的具体问题。省、市抗损课题研究办公室每位成员确定一个县（市、区）或一个乡（镇）为联系点，各县（市、区）抗损课题研究办公室每位成员联系一个乡（镇）或一个重点村，具体指导调研工作开展。为交流经验，落实措施，山东省抗损课题研究办公室编发课题调研《工作简报》150 多期。

截止到 2006 年 12 月中旬，大规模的乡村走访取证工作结束，全省乡村两级走访调查队伍共走访调查 8 万余个行政村、507 万余名 70 岁以上老人，分别占全省行政村总数和 70 岁以上老人总数的 95% 和 80% 以上，共收集证言证词 79 万余份。录制了包括证人讲述事件过程、事件遗址、有关实物证据等内容的大量影像资料，其中拍摄照片 7376 幅（同一底片者计为一幅），录音录像 49678 分钟，制作光盘 2037 张，并对专题调查的 301 个惨案进行了司法公证。

自 2006 年 12 月中旬开始，调研工作进入回头检查和分类汇总调研材料阶段。各乡（镇）调查组回头检查走访调查取证是否有遗漏的重点村庄和重点人群，收集的证言证词中证人是否签名、盖章、留下指纹，证言是否表述准确，调查人、调查单位、调查日期等是否填写齐全。在回头检查的基础上，将有关事件、伤亡者信息等如实记载下来，填写"抗日战争时期人口伤亡统计表"、"抗日战争时期财产损失统计表"。

12 月 16 日，山东省抗损课题研究办公室印制并下发了《山东省抗日战争时期伤亡人员名录》表格。《名录》包括死难人员和受伤人员的"姓名"、"籍贯"、"年龄"、"性别"、"伤亡时间"、"伤亡地点"、"伤亡原因"等要素。《名录》以乡（镇）为单位填写，以县（市、区）为单位汇总，于 2007 年 7 月完成。

自 2007 年 8 月开始，山东省抗损课题研究办公室对各地上报的调研资料进行分类整理和分析研究，发现《名录》明显存在以下不足：一是《名录》收录的伤亡人员数远远少于档案资料中记载的抗日战争时期全省伤亡人数。山东解放区政府和冀鲁豫解放区政府调查统计的山东省平民伤亡人口为 518 万余人，国民党山东省政府和青岛市政府调查统计的全省平民伤亡人口为 653 万余人，《名录》收录的查清姓名的伤亡人员仅有 46 万余人，不到全省实际伤亡人口数的十分之一。分析其中原因，从见证人、知情人的层面看，主要是此次调研距抗日战争胜利已达 61 年之久，大多数见证人、知情人已经去世，加之部分村庄消失、搬迁，大量人口流动，调研活动中接受调查的 70 岁以上老人仅是当时见证人和知情人中的极少部分，而且他们中有些当时年龄较小、记忆模糊，只能回忆印象深刻的部分。从死难者的层面看，主要是记录伤亡者名字信息的家谱、墓碑在"文化大革命"时期大多已被销毁、损坏，许多名字随着时间流逝难以被后人记住。受农村传统习俗的影响，大多数农村妇女没有具体名字，而许多儿童在名字还没有固定下来时就已遇难。许多家族灭绝的遇难者，因没有留下后人而造成信息中断，难以通过知情人准确回忆姓名等信息。二是各县（市、区）名录收录的查清姓名的伤亡人员在人数的多少上与实际伤亡人数的多少不成正比，其中部分县（市、区）在抗日战争时期遭日军破坏程度接近，但所收录的伤亡人员在数量上存在较大差异。主要原因是调研活动的走访调查阶段，各县（市、区）对此项工作的重视程度、投入力量和走访调查的深入细致程度存在较大差异，有些县（市、区）在走访调查中遗漏见证人和知情人，有的在证言证词的梳理中遗漏伤亡者的填写。三是《名录》确定的各项要素有的填写不全，有些填写不完整、不规范。主要原因是，《名录》所依据的"证言证词"记录的要素有许多本身就不完整、不全面，而《名录》填写者来自乡（镇）调查组的数万名调查人员，在填写规范上也难以达到一致。

根据中央党史研究室关于编纂《抗日战争时期中国人口伤亡和财产损失调研丛书》的要求，针对《名录》中存在的主要问题，山东省抗损课题研究办公室于2009年初制定下发了《关于编纂〈山东省抗日战争时期伤亡人员名录〉有关要求的通知》（以下简称《通知》）。《通知》要求各市、县（市、区）党史部门以对历史高度负责的精神，集中时间、集中力量，对《名录》进行逐一核实和修订，真正把《名录》编纂成经得起历史检验和各方质疑的精品工程、传世工程、警世工程。《通知》明确了各市、县（市、区）的编纂任务和责任要求，各市委党史研究室负责所辖县（市、区）、高新技术开发区、经济开发区伤亡人员名录补充和核实校订工作的具体部署、组织指导、督促检查和汇总上报工作。各市委党史研究室主任为第一责任人，对本市所辖县（市、区）伤亡人员名录核实校订工作质量和完成时限负总责；确定一名科长为具体责任人，协助第一责任人做好工作部署和组织指导工作，具体做好督促检查和汇总上报工作。各县（市、区）委党史研究室具体负责本县（市、区）伤亡人员名录的补充、核实和校订工作。县（市、区）委党史研究室主任为责任人，对伤亡人员名录的真实性、可靠性负总责。各县（市、区）分别确定1至2名填表人和核实人。填表人根据《名录》表格的规范标准认真填写，确保无遗漏、无错误。《名录》正式出版后，责任人和填表人、核实人具体负责对来自各方的质询进行答疑。责任人、核实人、填表人在本县（市、区）伤亡人员名录最后一页页尾签名，并注明填报单位和填报时间。

《通知》下发后，各市委党史研究室确定了本市抗日战争时期伤亡人员名录编纂工作第一责任人和直接责任人。全省140个县（市、区）和16个经济开发区、高新技术开发区共确定了460余名责任人、核实人、填表人，并明确了责任。各县（市、区）党史研究室根据《通知》要求，细致梳理调研资料特别是走访调查资料，认真核实伤亡人员各要素，补充遗漏的伤亡人员。部分县（市、区）还针对调研资料中存在的伤亡人员基本要素表述不清、填写不完整等情况，进行实地回访或电话回访，补充了部分遗漏和填写不完整的要素。各县（市、区）抗日战争时期伤亡人员名录补充、核实工作完成后，各市委党史研究室按照《通知》提出的要求，进行了认真审核把关，对达不到要求的，返回县（市、区）进一步修订。

至 2010 年 10 月，全省 140 个县（市、区）和 16 个经济开发区、高新技术开发区共 156 个区域单位全部完成了《名录》的补充、核实和校订工作，共收录抗日战争时期因战争因素造成的、查清姓名的伤亡人员 46 万余名。此后，中央党史研究室安排中共党史出版社对《名录》进行多次编校，但终因《名录》存在伤亡原因、伤亡地点等要素不规范、不完整和缺失较多等诸多因素，未能正式出版。

2014 年初，中央党史研究室组织展开新一轮抗损课题调研成果审核出版工作，并把《名录》纳入《抗日战争时期中国人口伤亡和财产损失调研丛书》第一批出版。按照中央党史研究室的部署要求，山东省抗损课题研究办公室组织力量对 2010 年整理编纂的《名录》再次进行认真审核，从中选择死难者信息比较完整、规范的 100 个县（市、区）死难者名录，组织力量集中进行编纂。在编纂中，删除了信息缺失较多的死难者死难原因、死难地点等要素，保留了信息比较完整的姓名、籍贯、性别、年龄、死难时间等 5 项要素。2014 年 8 月，《山东省百县（市、区）抗日战争时期死难者名录》编纂完成后，山东省抗损课题研究办公室将其下发各市和相关县（市、区）进行了再次核对。

山东省抗日战争时期人口伤亡和财产损失大型调研活动和《山东省百县（市、区）抗日战争时期死难者名录》的编纂工作是一项极其复杂的系统工程。这项工程自始至终按照中央党史研究室设定的调研项目、方法步骤和基本要求开展，自始至终得到中央党史研究室的精心指导，倾注着中央党史研究室领导和专家的智慧和心血；这项工程得到了全省各级各有关部门和广大基层干部的积极支持和热情参与，包含着全省数十万名调研人员的辛勤奉献和全省各级党史部门数百名编纂人员历时数年的艰辛付出。

在调研活动和《名录》编纂过程中，每位死难者的名字，都激起亲历者、知情人难以言尽的惨痛回忆和血泪控诉，他们的所说令人震颤、催人泪下。我们深知：通过系统、详尽、具体的调查，将当年山东人民的巨大伤亡和损失尽可能完整地记载下来，上可告慰死难者的冤魂亡灵，表达后人的祭奠和怀念，下可教育子孙后代"牢记历史、珍爱和平"。我们深感：对发生在六七十年前的巨大灾难进行调查，由于资料散失、在世证人越来越少，调查和研究的难度难以想象，但良心和责任驱使我们力求使调查更加扎实、有力、具体和准确，给历史、给子孙一个负责任的交代。由于对那场巨大的战争灾难进行调查研究，毕竟是一项复杂的浩大工程，需要经过一个长期的研究过程，我们对许多调研资料的梳理还不够细致全面，对调研资料的研究还需进一步深化，我们目前取得的调研成果和研究编纂成果，都与中央党史研究室的要求存在一定差距。我们将以对历史负责、对人民负责、对死难者负责、对子孙负责的态度，不断深化研究，陆续推出阶段性研究成果，为推动人类和平和文明进步作出应有的贡献。

山东省抗损课题研究办公室
山东省委党史研究室重大专项课题组
2014 年 8 月